Zwischen Aufklärung und Revolution
Die deutschen Lande im Wandel (1770 - 1848)
Ralf Schönert

Zwischen Aufklärung und Revolution

Die deutschen Lande im Wandel (1770 - 1848)

Ralf Schönert

Impressum

Bibliografische Information der Deutschen Nationalbibliothek: Die Deutsche Nationalbibliothek verzeichnet diese Publikation in der Deutschen Nationalbibliografie; detaillierte bibliografische Daten sind im Internet über http://dnb.dnb.de abrufbar.

Die automatisierte Analyse des Werkes, um daraus Informationen insbesondere über Muster, Trends und Korrelationen gemäß §44b UrhG („Text und Data Mining") zu gewinnen, ist untersagt.

Verlag: BoD · Books on Demand GmbH, In de Tarpen 42, 22848 Norderstedt

Druck: Libri Plureos GmbH, Friedensallee 273, 22763 Hamburg

ISBN: 978-3-7597-5820-0

Inhaltsverzeichnis

1. EINLEITUNG – KONTEXT UND RELEVANZ DER FRANZÖSISCHEN REVOLUTION IN EUROPA UND SPEZIELL IN DEN DEUTSCHEN LANDEN

Das Jahr 1789 markierte den Beginn einer Dekade, die die Welt veränderte. Die Revolution in Frankreich war so radikal, dass ihre Auswirkungen weit über die Grenzen hinaus bis tief nach Europa spürbar waren. Diese Zeit stellte die alte Ordnung infrage und legte die Grundlagen für die moderne Welt.

In Paris brodelte die Unzufriedenheit, und die Menschen, lange unterdrückt, erhoben sich gegen das Ancien Régime. Die Revolution war mehr als ein Protest – sie stellte die politischen und gesellschaftlichen Prinzipien neu auf und prägte die modernen Demokratien.

Die Auswirkungen der Revolution erstreckten sich von den Prunkräumen des Versailler Hofes bis in die ärmsten Viertel von Paris und waren überall spürbar. König Ludwig XVI., einst der mächtige Herrscher eines großen Reiches, geriet in den Strudel politischer Intrigen, der ihn letztlich auf den fatalen Weg zur Guillotine führte.

Die Revolution beeinflusste ganz Europa. In den deutschen Territorien, wo die Ordnung von Eliten dominiert wurde, begannen die Ideale von Freiheit und Gleichheit, die traditionellen Strukturen zu hinterfragen.

In Deutschland führte dies zu intensiven Debatten und Reformen. An Universitäten und in Salons wurden die Schriften von Rousseau und Voltaire diskutiert. Die Fürsten sahen sich gezwungen, ihre Herrschaft zu modernisieren, um den Forderungen nach Mitbestimmung gerecht zu werden.

In diesem Buch werde ich die vielschichtigen Reaktionen und Veränderungen in den deutschen Ländern als direkte und indirekte Folgen

der politischen Umwälzungen in Frankreich beleuchten. Durch lebendige Anekdoten und kritische Analysen werde ich die Atmosphäre jener Zeit einfangen und aufzeigen, wie das Echo der Französischen Revolution das Fundament für das heutige Europa legte – ein tiefgreifender Wandel, der von den Hügeln Montmartres bis zu den Burgen
des Rheinlandes zu spüren war und die Geschichte Europas für immer
prägte.

Europäischer Kontext der Französischen Revolution

Die Französische Revolution war ein Ereignis von enormer Vielschich-
tigkeit und Tragweite. Sie entstand aus einem komplexen Zusammenspiel politischer, wirtschaftlicher, sozialer und intellektueller Faktoren.[1] Im Kern brodelte eine tiefe Finanzkrise, in die Frankreich durch
kostspielige Kriege und den verschwenderischen Lebensstil von Adel
und Krone gestürzt worden war. Eine detaillierte Analyse der sozialen
und politischen Ausgangslage in den deutschen Landen vor der
Revolution erfolgt in Kapitel 2.

Parallel dazu durchlief das intellektuelle Klima Frankreichs mit dem
Aufstieg der Aufklärung einen tiefgreifenden Wandel. Aufklärerische
Denker wie Rousseau und Voltaire stellten die hierarchischen und au-
toritären Strukturen infrage, die die europäische Gesellschaft seit
Jahrhunderten prägten. Sie propagierten Prinzipien wie Gleichheit,
Freiheit und Brüderlichkeit, die die Fundamente der bestehenden
Ordnung ins Wanken brachten und den Boden für revolutionäre Um-
brüche bereiteten.

Die revolutionären Ideen verbreiteten sich schnell und fanden besonders in den deutschen Landen fruchtbaren Boden. Sie inspirierten be-

---

1 François Furet, Jean-Jacques Rousseau und die Französische Revolution.
 Jan Patočka-Gedächtnisvorlesung 1994, Passagen, Wien 1994, ISBN 3-
 85165-151-0

geisterte Debatten, während sie gleichzeitig Widerstand hervorriefen. Manche sahen in ihnen eine Bedrohung, andere eine Chance.

Die Revolution markierte einen Wendepunkt in der europäischen Geschichte. Sie veränderte politische und soziale Strukturen grundlegend und inspirierte Generationen, für Freiheit und Gerechtigkeit einzutreten. Ihre Ideale legten das Fundament moderner demokratischer Werte und Institutionen.

Die Französische Revolution und die deutschen Lande

Am Ende des 18. Jahrhunderts präsentierte sich das Heilige Römische Reich Deutscher Nation als ein vielschichtiges Mosaik aus Fürstentümern, Herzogtümern und freien Städten – eine Konföderation mit lockeren politischen Bindungen, aber zugleich stark zersplitterten kulturellen und politischen Identitäten.[2] Mit dem Ausbruch der Französischen Revolution im Jahr 1789 wirkten die revolutionären Wellen wie ein Katalysator und brachten die latenten Spannungen und Hoffnungen in diesen deutschen Gebieten zum Vorschein. Während in Paris die Bastille gestürmt wurde, schafften es revolutionäre Schriften und Pamphlete über die Grenze nach Deutschland und fanden dort eifrige Leser. Voller radikaler Ideale wie Freiheit, Gleichheit und Brüderlichkeit, entfachten diese Schriften insbesondere in deutschen Städten wie Hamburg und Frankfurt, wo das Bürgertum wirtschaftlich stark war, ein Feuer der Begeisterung und den Wunsch, die veralteten feudalen Strukturen abzuschütteln.

In Lesegesellschaften und Geheimbünden versammelten sich Akademiker, Juristen und junge Intellektuelle, um die Errungenschaften in Frankreich zu diskutieren und Visionen für ähnliche Reformen in den eigenen Landen zu entwerfen. Doch nicht alle reagierten positiv auf die revolutionären Ideen aus Frankreich. Viele Fürsten und Adelige sa-

---

2   Peter H. Wilson, The Holy Roman Empire. A Thousand Years of Europe's History. Allen Lane, London 2016, ISBN 978-1-84614-318-2

hen darin eine direkte Bedrohung ihrer Privilegien und Machtbasis. Die Revolution symbolisierte für sie Chaos und den Untergang der göttlich legitimierten Ordnung. So entfachte sich ein Spannungsfeld zwischen jenen, die Veränderung wollten, und jenen, die die alte Ordnung verteidigten – eine Dynamik, die die Entwicklung der deutschen Lande tief prägte.

Die Hinrichtung von König Ludwig XVI. im Jahr 1793 markierte einen dramatischen Wendepunkt. Monarchen und Fürsten in den deutschen Gebieten fürchteten nun, die revolutionären Unruhen könnten auch auf ihre Territorien übergreifen. Diese Ängste verschärften sich mit den französischen Revolutionskriegen, die bald auch die deutschen Gebiete erfassten, sowohl durch militärische Auseinandersetzungen als auch durch politische Erschütterungen. Die Französische Revolution wirkte so als gewaltiger Katalysator für Veränderungen, die, wenn auch nicht immer sofort, die deutschen Territorien allmählich veränderten.

Der Reichsdeputationshauptschluss von 1803, der als direkte Folge der napoleonischen Kriege entstand, führte zur Säkularisierung und Mediatisierung vieler kleinerer Reichsstände und zur Konsolidierung von Macht und Territorium im Reich. Gleichzeitig inspirierten die Ideen von Freiheit und Nationalismus, die durch die Französische Revolution entfacht wurden, eine wachsende nationalistische Bewegung in den deutschen Ländern, die nach einer politischen Einheit strebte. Diese Entwicklungen führten schließlich 1815 zur Gründung des Deutschen Bundes – eine Reaktion auf die Herausforderungen und Chancen, die sich aus den Kriegen und den politischen Umbrüchen ergaben.

Die Französische Revolution hinterließ ein Erbe, das die politische Kultur Deutschlands und Europas tief prägte. Sie legte den Grundstein für eine neue politische Ordnung, die in den liberalen und nationalen Bewegungen des 19. Jahrhunderts ihren Ausdruck fand. Die Märzrevolution von 1848, getragen von Idealen von Freiheit und nationaler Souveränität, zeigte, wie tief die Einflüsse der Revolution von 1789 in den deutschen Landen verwurzelt waren.

Ein besonders prägnantes Beispiel für die Übertragung der revolutionären Ideen bietet die Stadt Mainz, eine der ersten deutschen Städte, die die Französische Revolution unmittelbar erlebte. Mainz veranschaulicht eindrucksvoll, wie die revolutionären Gedanken über Frankreich hinaus ihre Spuren hinterließen.

In diesem Buch werden Primär- und Sekundärquellen verwendet, um die Ereignisse, Ideen und Entwicklungen des 18. und 19. Jahrhunderts in den deutschen Landen darzustellen. Primärquellen umfassen zeitgenössische Schriften, Briefe und Protokolle, während Sekundärliteratur zur Einordnung und Kontextualisierung herangezogen wurde.

Primärquellen:

1. Briefe von Georg Forster, gesammelt in: Georg Forster: Werke in vier Bänden, hg. von Gerhard Steiner, Aufbau-Verlag, Berlin 1984.
2. Protokolle des Reichstags, Archiv: Deutsches Historisches Institut, Bestand 112.

Sekundärquellen:

1. Joachim Whaley: Germany and the Holy Roman Empire Vol. 1 and 2. Oxford University Press, 2011-2012.
2. Christoph Nonn: Von der Aufklärung zur Gegenrevolution. Historische Zeitschrift, 2000.

Die Mainzer Republik: Ein historisches Beispiel

Im Oktober 1792 erreichten die Auswirkungen der Französischen Revolution einen neuen Höhepunkt, als französische Revolutionstruppen die strategisch wichtige Stadt Mainz eroberten. Diese militärische

Aktion war nicht nur ein taktischer Gewinn, sondern leitete auch eine kurze, jedoch tiefgreifende Periode ein, in der die revolutionären Ideen direkt auf die deutschen Lande übertragen wurden.

Im März 1793, nur wenige Monate nach der Eroberung, wurde die Mainzer Republik als Schwesterrepublik Frankreichs proklamiert. Diese Gründung war symbolträchtig und markierte den Höhepunkt des direkten Einflusses der Französischen Revolution in Deutschland. Die Mainzer Republik verkörperte die ambitionierte Vision der Revolutionäre, ihre Ideale von Freiheit, Gleichheit und Brüderlichkeit über die nationalen Grenzen Frankreichs hinaus zu verbreiten.

Die Mainzer Republik, obwohl von kurzer Dauer, diente als leuchtendes Beispiel für die Verbreitung revolutionärer Ideale. Sie inspirierte ähnliche Bewegungen in anderen Teilen Europas und demonstrierte die transformative Kraft revolutionärer Ideen, die weit über die Grenzen ihres Ursprungslandes hinausreichen konnten. Diese Episode in der deutschen Geschichte illustriert eindrucksvoll, wie tief und weitreichend der Einfluss der Französischen Revolution war, selbst in Gebieten, die nur temporär unter direktem französischen Einfluss standen.

Einer der führenden Köpfe dieser Bewegung war Georg Forster, ein renommierter Naturforscher und Revolutionär, der eine Schlüsselrolle bei der Verbreitung der revolutionären Ideen in Deutschland spielte. Forster und seine Mitstreiter gründeten den Mainzer Jakobinerklub, der sich für die Einführung republikanischer Verfassungen nach französischem Vorbild in Deutschland einsetzte.

Die Gründung der Mainzer Republik beruhte auf der Überzeugung, dass die Prinzipien der Freiheit, Gleichheit und Brüderlichkeit universelle Gültigkeit besitzen und zur Grundlage der politischen Ordnung in den deutschen Territorien werden sollten. Während ihrer kurzen Existenz setzte die Republik eine Reihe von Reformen um, die diese Prinzipien widerspiegelten, darunter die Abschaffung feudaler Privilegien und die Einführung der Pressefreiheit.

Jedoch stieß die Mainzer Republik auf erheblichen Widerstand. Die umliegenden deutschen Staaten, unterstützt von Preußen und Österreich, sahen in ihr eine Bedrohung für die bestehende Ordnung. Im Juli 1793 wurde Mainz nach einer Belagerung von den Koalitionstruppen zurückerobert, und die Republik wurde aufgelöst. Die Führer der Mainzer Republik, darunter Forster, mussten ins Exil gehen oder wurden verfolgt.

Als die Wellen der Französischen Revolution die Ufer des Rheins erreichten, entzündeten sie eine Flamme der Hoffnung und des Wandels in der Stadt Mainz. Die Errichtung der Mainzer Republik war ein direktes Echo der Pariser Ereignisse, ein leuchtendes Beispiel dafür, wie die revolutionären Ideen von Freiheit, Gleichheit und Brüderlichkeit über nationale Grenzen hinweg resonieren konnten. Diese erste demokratische Republik auf deutschem Boden wurde zum Brennpunkt politischer und sozialer Experimente, die das Potenzial hatten, die alte feudale Struktur tiefgreifend zu verändern.

Doch die Geschichte der Mainzer Republik ist nicht nur eine von Erfolg und Fortschritt. Sie ist auch eine Geschichte von Konflikten und Konfrontationen, die die Komplexität der Beziehungen zwischen der Französischen Revolution und den deutschen Landen offenbart. Die revolutionären Ideen fanden in Mainz einen fruchtbaren Boden, zogen die Massen an und inspirierten eine neue Vision der Gesellschaft. Dennoch waren diese Ideen nicht überall willkommen. Sie stießen auf tief verwurzelten Widerstand, der in den Traditionen und der Macht der alten Ordnung verankert war.

Adelige und kirchliche Führer sahen in den neuen Ideen eine Bedrohung ihrer jahrhundertealten Privilegien und leisteten erbitterten Widerstand. Dieser Kampf zwischen Alt und Neu, zwischen Revolution und Restauration, spielte sich auf den Straßen von Mainz, in den Salons der Intellektuellen und auf den Feldern der Bauern ab. Die Auseinandersetzungen waren geprägt von leidenschaftlichen Debatten, geheimen Versammlungen und öffentlichen Proklamationen, die alle darauf abzielten, die Herzen und den Verstand der Menschen zu gewinnen.

Das Scheitern der Mainzer Republik war nicht nur Folge militärischer Interventionen, sondern auch Ausdruck innerer Zerrissenheit und mangelnder Unterstützung. Ihre Niederlage bedeutete ein vorläufiges Ende revolutionärer Bestrebungen in Deutschland, doch ihre Ideen lebten weiter. Die Geschichte der Republik verdeutlicht die Herausforderungen und Chancen politischer Veränderung – wie revolutionäre Funken kurz aufleuchten, erlöschen, aber die Landschaft nachhaltig prägen können.[3]

3 Die Mainzer Republik, 1982, von Franz Dumont; ISBN 978-3878540908

2. VORGESCHICHTE: DIE POLITISCHE UND SOZIALE LAGE IN DEN DEUTSCHEN LANDEN VOR DER REVOLUTION

Vor der Französischen Revolution war das Heilige Römische Reich Deutscher Nation ein komplexes Gefüge, das aus über 300 unabhängigen Staaten bestand. Diese Territorien – von großen Königreichen bis zu kleinen Grafschaften – waren durch ihre Autonomie geprägt, was ein dynamisches, aber zugleich schwerfälliges politisches System schuf. Jedes Territorium hatte eigene Gesetze, Rechtsprechung und häufig auch eine eigenständige Außenpolitik. Diese Dezentralisierung ermöglichte eine flexible Anpassung an lokale Gegebenheiten, erschwerte jedoch eine zentrale Steuerung und Einigung auf reichsweite Entscheidungen.

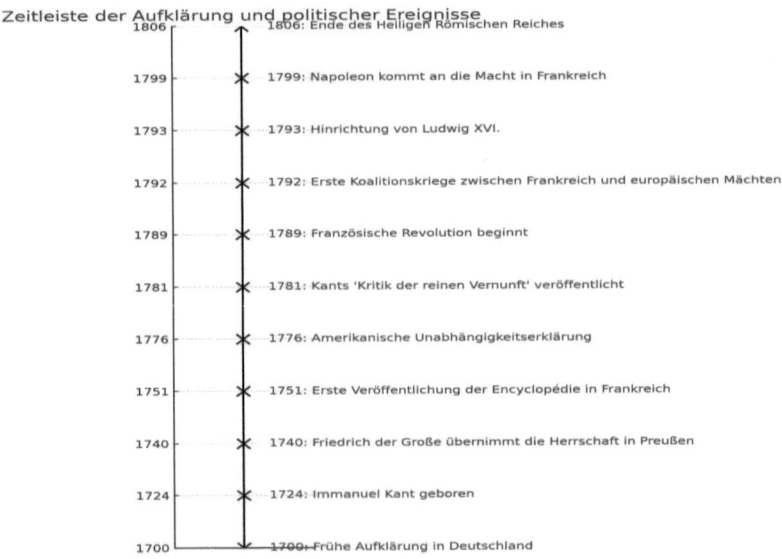

Abbildung 1: Zeitleiste der politischen Ereignisse, Quelle: Eigene Darstellung, © Ralf Schönert

14

Die Heterogenität der politischen Landschaft und die aufkommende Aufklärung schufen ein dynamisches Umfeld, das traditionelle Machtstrukturen infrage stellte und ein Klima für politischen Austausch und Diskussion förderte.

In diesem Kontext waren die deutschen Staaten nicht nur Schauplatz für eine Vielzahl lokaler Machtspiele und dynastischer Politiken, sondern auch für eine zunehmende Bewegung hin zu mehr geistiger Freiheit und politischer Selbstbestimmung. Dieser Nährboden an politischer und sozialer Vielfalt sollte sich als entscheidend erweisen, als die Wellen der Französischen Revolution schließlich über sie hinwegfegten und die Landschaft für immer veränderten.

Politische Struktur

Die politische Landschaft der deutschen Lande vor der Französischen Revolution gleicht einem faszinierenden Mosaik, in dem jedes einzelne Steinchen eine eigene Geschichte und Bedeutung besitzt. Sie öffnet das Tor zu einer Welt voller Gegensätze, Vielfalt und politischer Raffinesse, die das Heilige Römische Reich Deutscher Nation prägten. Dieses Reich, ein eigenwilliges Konstrukt aus zahllosen souveränen Territorien und halbautonomen Einheiten, wirkte auf den ersten Blick wie ein ungeordnetes Durcheinander, eine chaotische Ansammlung unterschiedlichster Machtbereiche. Doch bei näherem Hinsehen entpuppt sich dieses vermeintliche Durcheinander als raffiniert ausbalanciertes System, das die Komplexität politischer Macht und Herrschaft in Europa so einzigartig widerspiegelt wie kaum ein anderes Gebilde seiner Zeit.

Politische Struktur des Heiligen Römischen Reiches

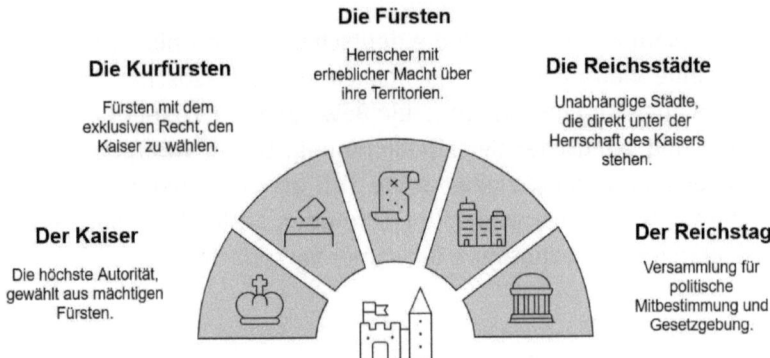

Die Fürsten

Die Kurfürsten

Fürsten mit dem exklusiven Recht, den Kaiser zu wählen.

Herrscher mit erheblicher Macht über ihre Territorien.

Die Reichsstädte

Unabhängige Städte, die direkt unter der Herrschaft des Kaisers stehen.

Der Kaiser

Die höchste Autorität, gewählt aus mächtigen Fürsten.

Der Reichstag

Versammlung für politische Mitbestimmung und Gesetzgebung.

Abbildung 2: Politische Struktur des Heiligen Römischen Reiches, Quelle: Eigene Darstellung, © Ralf Schönert

Man könnte sich das Heilige Römische Reich wie ein riesiges Flickwerk aus Leinen und Seide vorstellen, mit prunkvollen Färben und simplen Stücken, die gemeinsam ein einmaliges Kunstwerk ergaben. Jedes Territorium – ob großes Herzogtum, bäuerliche Reichsstadt oder geistlicher Kirchenstaat – hatte seine eigenen Herrscher, Gesetze und Traditionen. Diese unterschiedlichen Einheiten waren wie die Fäden, die zu einem großen Teppich verwoben waren, teils lose und scheinbar wahllos, teils kunstvoll miteinander verbunden. Gemeinsam bildeten sie ein politisches Gebilde, das trotz seiner augenscheinlichen Fragilität eine bemerkenswerte Langlebigkeit bewies.

Die Vielfalt der Strukturen innerhalb dieses politischen Systems mag heutigen Betrachtern befremdlich erscheinen – wie eine verwirrende Karte, auf der jedes Landstück anders gefärbt ist, ohne klare Grenzen oder einheitliche Regeln. Doch genau diese Unordnung ermöglichte es, dass die unterschiedlichen Interessen der zahlreichen Akteure – Fürsten, Bischöfe, Städte und Adelige – immer wieder in ein dynamisches Gleichgewicht gebracht wurden. Das Heilige Römische Reich war kein monolithischer Staat wie die zentralisierten Monarchien Frankreichs oder Englands, sondern vielmehr ein Netzwerk von Allianzen, Rivalitäten und wechselseitigen Abhängigkeiten, das auf geschickter Diplomatie, taktischen Ehen und endlosen Verhandlungen beruhte.

Diese politisch-kulturelle Vielfalt schuf ein Modell der Organisation, das für die europäische Geschichte einzigartig war: Weder völlig dezentralisiert noch streng zentralistisch, sondern vielmehr ein Spielplatz der Macht, auf dem die Regeln immer wieder neu ausgehandelt wurden. Genau darin liegt die Faszination dieses Kapitels der deutschen Geschichte – einer Zeit, in der Macht nicht einfach von oben nach unten ausgeübt wurde, sondern in einem komplexen Zusammenspiel verschiedenster Akteure verhandelt werden musste, die alle ihren Platz in diesem einzigartigen Mosaik der deutschen Lande behaupten wollten.

Eine detaillierte Untersuchung dieser Struktur eröffnet die Möglichkeit, tief in die jahrhundertealten Traditionen des Heiligen Römischen Reiches einzutauchen. Es erlaubt uns, die subtilen Verbindungen und Beziehungen zwischen den verschiedenen Territorien zu erforschen und die politischen Dynamiken zu verstehen, die es ermöglichten, dass die revolutionären Ideen aus Frankreich so unterschiedliche Resonanzen fanden. Jedes Territorium innerhalb des Reiches besaß seine eigene Regierungsform, seine eigene Rechtsprechung und oft auch eine eigenständige Außenpolitik. Dies führte zu einer reichhaltigen Vielfalt an politischen Kulturen und Praktiken, die das Reich nicht nur zu einem interessanten Forschungsfeld, sondern auch zu einem lebendigen Experimentierfeld politischer Möglichkeiten machten.

Man stelle sich vor, dass das Reich wie ein vielverzweigtes Flussdelta funktionierte: Jedes Territorium war ein eigener Arm des großen Stroms, der mal ruhig und behäbig floss, mal wilde Windungen nahm. Der Hauptfluss mag das gesamte Reich dargestellt haben, aber die vielen einzelnen Verzweigungen, die Territorien, entwickelten eigene Strömungen und fanden eigene Wege durch die Landschaft. Diese Vielfalt und Eigenständigkeit führte dazu, dass die revolutionären Ideen aus Frankreich in manchen Teilen des Reiches wie ein plötzlicher Regensturm wirkten, der die Ufer überflutete und neue Wege bahnte, während sie anderswo wie ein sanfter Nieselregen kaum Spuren hinterließen.

Diese politischen Strukturen waren jedoch nicht nur ein Ausdruck der Unordnung, sondern auch ein Zeichen bemerkenswerter Anpassungsfähigkeit. Die Territorien entwickelten oft eigene, innovative Lösungen, um den Herausforderungen ihrer Zeit zu begegnen. So konnte beispielsweise eine kleine Reichsstadt, die ihre Souveränität verteidigen musste, auf diplomatische Mittel und geschickte Bündnisse setzen, während ein mächtiges Herzogtum auf militärische Macht und wirtschaftliche Stärke baute. Diese Flexibilität ermöglichte es dem Reich, eine Vielzahl an Einflüssen zu absorbieren und zu integrieren, ohne in starren Strukturen zu erstarren.

Es ist diese Mischung aus Vielfalt, Flexibilität und beständiger Verhandlung, die das Heilige Römische Reich zu einem der faszinierendsten politischen Gebilde Europas machte. Es war ein Ort, an dem die Herrscher ebenso wie die Untertanen ständig neu verhandeln mussten, wie Macht und Verantwortung verteilt wurden. Diese Dynamiken, die auf den ersten Blick unüberschaubar erscheinen mögen, waren es letztlich, die es dem Reich ermöglichten, die revolutionären Strömungen des späten 18. Jahrhunderts aufzunehmen, zu verarbeiten und in vielerlei Hinsicht auf eine Art zu transformieren, die weit über seine Grenzen hinaus Wirkung zeigte.

Diese Vielfalt stellte sowohl eine Stärke als auch eine Herausforderung für das Heilige Römische Reich dar. Einerseits ermöglichte sie eine flexible Anpassung an die unterschiedlichen lokalen Gegebenheiten und Bedürfnisse der Territorien, andererseits machte sie es schwierig, eine einheitliche Reichspolitik zu entwickeln und zu koordinieren. Man könnte sich das Reich wie ein riesiges Orchester vorstellen, in dem jedes Instrument seine eigene Melodie spielte. Diese individuellen Stimmen brachten eine außergewöhnliche Harmonie hervor, solange die Instrumente gut aufeinander abgestimmt waren. Doch wenn der Takt verloren ging, drohte das Zusammenspiel in ein verwirrendes Durcheinander aus gleichzeitigen Klängen zu zerfallen.

Die Beziehungen zwischen den Territorien waren oft durch ein komplexes Geflecht von Allianzen, Rivalitäten und diplomatischen Manövern geprägt. Diese interterritorialen Verbindungen waren wie die unsichtbaren Fäden, die ein kompliziertes Netz spannen, das sowohl die Stabilität als auch die Fragilität des Reiches ausmachte. Ein kleiner Konflikt konnte eine Welle von Auswirkungen nach sich ziehen, ähnlich wie das Zupfen an einem losen Faden ein ganzes Gewebe ins Wanken bringen konnte. Diese diplomatischen Beziehungen waren jedoch auch ein Schlüssel für das Überleben des Reiches, da sie es den Akteuren ermöglichten, flexibel auf die sich ständig verändernden politischen Herausforderungen zu reagieren.

Gerade diese politischen Strukturen und Dynamiken bereiteten den Boden für eine besondere Offenheit gegenüber neuen Ideen, insbesondere jenen, die durch die Französische Revolution ihren Weg ins Reich fanden. Die Fähigkeit des Heiligen Römischen Reiches, fremde Konzepte aufzunehmen, anzupassen und zu integrieren, erwies sich als entscheidend für seine Entwicklung und die Art und Weise, wie es mit den Herausforderungen der revolutionären Umwälzungen umging. Es war, als ob das Reich einen fruchtbaren Boden bot, auf dem die Samen der Revolution entweder prächtig gedeihen oder im

Schatten der alten Strukturen verdorren konnten. Die Anpassungsfähigkeit war dabei der entscheidende Faktor, der darüber entschied, ob neue Ideen blühen oder verwelken würden.

Die Geschichte des Heiligen Römischen Reiches in dieser Zeit ist daher auch eine Geschichte des Wandels und der Transformation. In einer Epoche, in der alte Ordnungen infrage gestellt und neue Ideen geboren wurden, zeigte das Reich eine bemerkenswerte Fähigkeit, sich selbst immer wieder neu zu erfinden. Diese stetige Anpassung, das dynamische Gleichgewicht zwischen Bewahren und Erneuern, macht das Heilige Römische Reich zu einem faszinierenden Beispiel für die Resilienz politischer Systeme inmitten tiefgreifender Umwälzungen.

Das Heilige Römische Reich Deutscher Nation

Das Heilige Römische Reich Deutscher Nation (HRRDN) war ein politisches Gebilde von erstaunlicher Komplexität und Vielfalt, oft beschrieben als ein Konglomerat unterschiedlichster politischer Entitäten. Es repräsentierte eine faszinierende Form der politischen Organisation, die in der europäischen Geschichte ihresgleichen sucht. Das Reich setzte sich aus einer Vielzahl von Einheiten zusammen: Königreiche, Herzogtümer, Fürstentümer, Graf- und Herrschaften, freie Reichsstädte und geistliche Territorien – jedes von ihnen mit seinen eigenen Besonderheiten. Diese politische Fragmentierung war keineswegs zufällig, sondern das Ergebnis einer langen historischen Entwicklung, die tief ins Mittelalter zurückreicht.

Jedes dieser Territorien genoss ein hohes Maß an Autonomie. Das bedeutete, dass sie ihre eigenen Regierungen, Rechtssysteme, Währungen und sogar Heere besaßen. In manchen Fällen führten sie auch eine eigenständige Außenpolitik. Diese Autonomie war wie ein Schutzschild, der es den einzelnen Territorien ermöglichte, ihre regionalen Interessen zu wahren und auf lokale Herausforderungen passgenau zu reagieren – so, als ob jeder Landstrich seine eigene Melodie spielte und doch Teil einer gewaltigen Symphonie war. Gleichzeitig führte diese Dezentralisierung jedoch auch zu einer gewissen Zersplitterung, die das Reich in seiner Gesamtheit weniger einheitlich und oftmals schwerfällig in der Entscheidungsfindung machte.

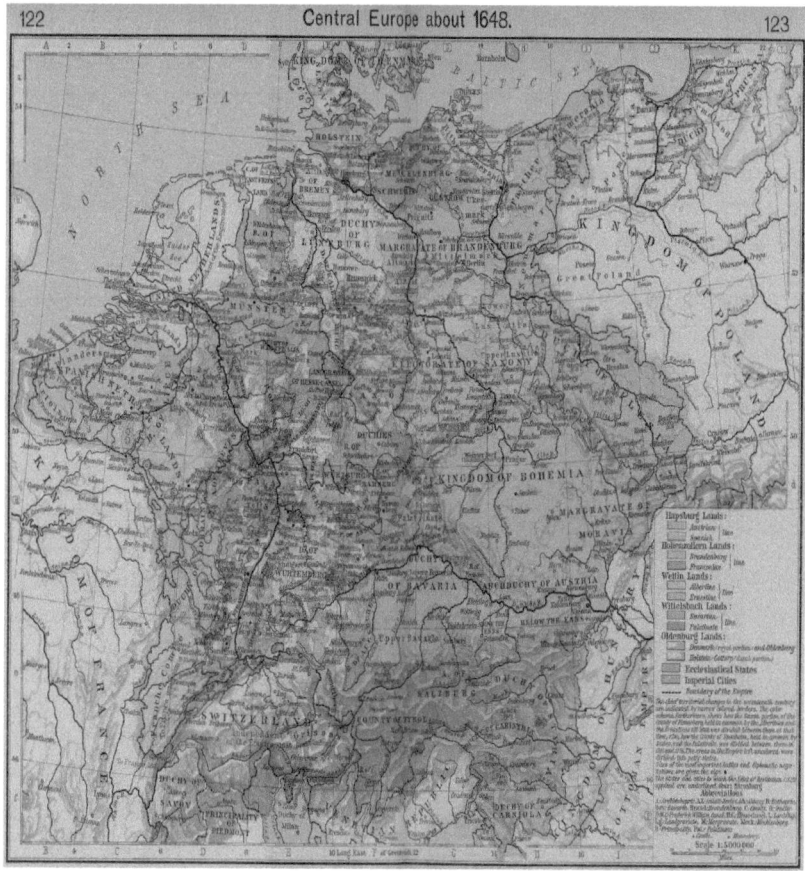

Abbildung 3: Karte des Heiligen Römischen Reiches nach dem Westfälischen Frieden 1648

Die politische Struktur des HRRDN lässt sich als ein prächtiger Flicken-teppich beschreiben, dessen jedes Teilstück eine eigene Geschichte und Identität repräsentierte. Die vielen Fürstentümer und Grafschaf-ten waren wie eigenständige Inseln in einem riesigen Meer, jede mit ihren eigenen Gesetzen, Traditionen und Interessen. Die Vielschichtig-keit und Eigenständigkeit dieser Territorien bot ein anschauliches Bild der politischen Landschaft Europas vor der Modernisierung der Staatsstrukturen, die durch die Französische Revolution und die dar-auf folgenden politischen Umwälzungen eingeleitet wurde. Zu dieser Zeit war die Machtverteilung noch stark lokalisiert, und die politische Einheit des Reiches bestand eher in einer losen Föderation unabhän-giger Fürsten als in einem zentralisierten Staat.

Theoretisch lag die oberste Autorität im Heiligen Römischen Reich beim Kaiser. Doch in der Praxis war die Realität der Machtverhältnisse weitaus komplizierter. Der Kaiser stand zwar an der Spitze des Rei-ches, aber sein Einfluss hing in hohem Maße von den Kurfürsten ab, den mächtigsten Territorialherren des Reiches. Diese Kurfürsten wa-ren nicht nur aufgrund ihrer großen Ländereien und Ressourcen von Bedeutung, sondern auch, weil sie das exklusive Recht hatten, den Kaiser zu wählen. Dieser Wahlakt war kein einfacher Formalismus, sondern ein komplexer und tief politischer Prozess, geprägt von Ver-handlungen, Allianzen und oft auch von handfesten Konflikten.

Man könnte sich die Kaiserauswahl wie ein großes Schachspiel vor-stellen, bei dem jeder Kurfürst seinen eigenen Vorteil suchte und ver-suchte, die bestmögliche Position zu erreichen. Jeder von ihnen brachte seine territorialen Interessen und politischen Ambitionen in den Prozess ein, wodurch die Wahl zu einem Geflecht aus Verspre-chen, Drohungen und Zugeständnissen wurde. Der gewählte Kaiser musste ein wahrer Meister der Diplomatie sein, der stets bemüht war, das Gleichgewicht zwischen den teils gegensätzlichen Interessen der Kurfürsten zu wahren.

Diese Notwendigkeit, ständig zwischen verschiedenen und oft wider-
streitenden Interessen zu vermitteln, bestimmte maßgeblich die
Amtsführung des Kaisers. Seine Rolle war weniger die eines absoluten
Herrschers als vielmehr die eines geschickten Vermittlers, der darauf
bedacht war, die fragile Balance des Reiches zu erhalten. Der Kaiser
musste immer wieder beweisen, dass er in der Lage war, die loyalen
Bündnisse zu schmieden und zu pflegen, die das Reich zusammenhiel-
ten. So war die Position des Kaisers im Heiligen Römischen Reich eine
Mischung aus Macht und ständiger diplomatischer Anstrengung – ein
Balanceakt, der das politische Gebilde des Reiches über Jahrhunderte
hinweg stabil hielt, auch wenn die Einheit des Reiches oft nur von der
dünnsten der politischen Fäden zusammengehalten wurde.

Die Reichsinstitutionen

Die zentralen Institutionen des Heiligen Römischen Reiches Deutscher Nation – der Reichstag, der Reichshofrat und das Reichskammergericht – spielten eine essenzielle Rolle in der Aufrechterhaltung
und Gestaltung der politischen Ordnung des Reiches. Jede dieser Institutionen trug auf ihre eigene Weise dazu bei, das vielschichtige
Gefüge dieses Gebildes zu stabilisieren und zu regulieren.

Der Reichstag, das allgemeine Ständeparlament des Reiches, war
wahrscheinlich die sichtbarste dieser Institutionen. Er setzte sich aus
drei Kurien zusammen: den Kurfürsten, den Fürsten und den freien
Reichsstädten. Diese Dreiteilung spiegelt die hierarchische Struktur
des Reiches wider und bot eine einzigartige Plattform für die Vertreter der verschiedenen Stände, um zusammenzukommen und reichsweite Angelegenheiten zu verhandeln. Der Reichstag war wie eine ge-
waltige Bühne, auf der die Interessen der unterschiedlichen Akteure
des Reiches aufgeführt wurden. Die Kurfürsten – die Dirigenten dieses
politischen Orchesters – setzten den Takt, während die Fürsten und

die Vertreter der Reichsstädte ihre eigenen Melodien in das Stück einbrachten.

Theoretisch war der Reichstag ein mächtiges Forum, das entscheidende politische Diskussionen führte und die Weichen für das gesamte Reich stellte. Doch in der Praxis war der Reichstag oft mehr ein Schauplatz der Verhandlungen und des Kompromisses. Man könnte ihn sich wie einen riesigen Marktplatz vorstellen, auf dem verschiedene Interessen und Forderungen ausgestellt wurden und die Verhandlungskunst der Teilnehmer den Preis bestimmte. Jeder Akteur kam mit eigenen Agenden und Zielen, und so wurden Entscheidungen nicht selten durch endlose Debatten verzögert.

Der Reichshofrat wiederum war das zentrale Beratungsgremium des Kaisers. Er agierte wie ein strategisches Hauptquartier, in dem die verschiedensten Konflikte des Reiches besprochen und bewertet wurden. Hier traf der Kaiser gemeinsam mit seinen Beratern Entscheidungen, die oft Einfluss auf die territoriale Stabilität und die Machtverteilung im Reich hatten. Der Reichshofrat war das Instrument, mit dem der Kaiser versuchte, die Zügel der Herrschaft fest in der Hand zu behalten, auch wenn er sich gleichzeitig den Einflüssen und Forderungen der mächtigen Kurfürsten nicht entziehen konnte.

Das Reichskammergericht schließlich bildete das rechtliche Rückgrat des Heiligen Römischen Reiches. Es war wie das Sicherheitsnetz, das das Gleichgewicht der Macht bewahren sollte, indem es als höchstes Gericht des Reiches fungierte und Rechtsstreitigkeiten zwischen den Reichsangehörigen klärte. Es stand für das Prinzip der Rechtsstaatlichkeit in einem ansonsten oft durch politische Interessen zerrissenen Gebilde. Das Reichskammergericht symbolisierte das Bestreben, das Recht über die Willkür zu stellen und einen geordneten Rahmen zu schaffen, innerhalb dessen die Machtspiele der Herrscher ausgetragen wurden.

Diese drei Institutionen – der Reichstag, der Reichshofrat und das Reichskammergericht – bildeten das Rückgrat des Heiligen Römischen Reiches. Sie waren die Stützen, die dieses komplexe System aufrechterhielten, indem sie sowohl für die politische Diskussion, die kaiserliche Entscheidungsfindung als auch für die rechtliche Stabilität sorgten. Das Heilige Römische Reich war weit davon entfernt, ein einheitlicher Nationalstaat zu sein, doch es besaß Mechanismen, die es ihm ermöglichten, trotz aller Unterschiede und Rivalitäten eine Form von Ordnung und Zusammenhalt zu bewahren.

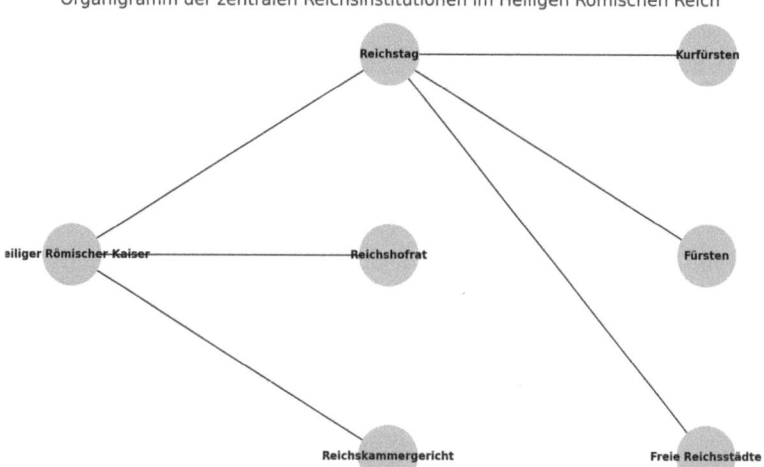

Organigramm der zentralen Reichsinstitutionen im Heiligen Römischen Reich

Abbildung 4: Reichsinstitutionen, Quelle: Eigene Darstellung, © Ralf Schönert

In der Praxis jedoch erwiesen sich die Entscheidungsprozesse im Reichstag oft als langwierig und komplex. Dies lag nicht zuletzt an der Vielzahl der vertretenen Interessen und der Dynamik der Machtverhältnisse zwischen den Mitgliedern. Man könnte den Reichstag mit einem Schiff vergleichen, das auf stürmischer See navigierte: Jeder

der Vertreter hielt ein eigenes Ruder in der Hand, und während einige in dieselbe Richtung ruderten, versuchten andere, das Schiff nach ihren eigenen Vorstellungen zu lenken. Besonders die mächtigeren Mitglieder, allen voran die Kurfürsten, hatten oftmals einen überproportionalen Einfluss auf die Richtung, die eingeschlagen wurde.

Diese Dominanz der Kurfürsten im Entscheidungsprozess führte dazu, dass die Beschlüsse des Reichstags nicht immer die Interessen des gesamten Reiches widerspiegelten. Vielmehr standen häufig die eigenen Vorteile der mächtigen Territorien im Vordergrund. Die Kurfürsten waren wie die Kapitäne auf diesem überladenen Schiff – sie entschieden, wann die Segel gesetzt oder eingeholt wurden, und hatten die Mittel, ihre Wünsche durchzusetzen. Dabei blieben die kleineren Fürstentümer und Reichsstädte oft zurück, ihre Stimmen gingen im Sturm der Verhandlungen unter.

Das bedeutet jedoch nicht, dass der Reichstag keine wichtigen Entscheidungen getroffen hätte. Vielmehr zeigt es die Schwierigkeit, in einem derart dezentralisierten politischen System zu einem Konsens zu gelangen, der alle Interessen berücksichtigt. Jeder Beschluss war das Ergebnis eines zähen Ringens um Macht und Einfluss, ein ständiger Tanz der Kompromisse und der Verhandlungen. Der Prozess war wie ein langes Schachspiel, bei dem jede Bewegung wohlüberlegt sein musste, um die eigenen Interessen zu schützen, ohne die Gegenspieler allzu sehr gegen sich aufzubringen.

So spiegelt die Arbeit des Reichstags die grundlegende Problematik des Heiligen Römischen Reiches wider: Die Balance zwischen den großen und kleinen Mächten, das Ringen um Konsens in einem von vielen unterschiedlichen Interessen durchzogenen Gebilde. Diese Balanceakte machten die Entscheidungsfindung zu einem langwierigen, aber auch bemerkenswert stabilen Prozess, der das Reich über Jahrhunderte hinweg zusammenhielt, obwohl es ständig von den individuellen Agenden seiner mächtigen Mitglieder bedroht wurde.

Neben dem Reichstag spielten auch der Reichshofrat und das Reichskammergericht entscheidende Rollen in der juristischen und administrativen Struktur des Heiligen Römischen Reiches. Diese beiden Institutionen agierten wie die stillen, aber unentbehrlichen Säulen, die das komplexe Gefüge des Reiches stützten und stabilisierten.

Der Reichshofrat, das höchste Gericht des Kaisers, war eine Art oberster Rat, der sich vor allem mit rechtlichen Fragen von besonderer politischer Brisanz beschäftigte. Man könnte ihn sich als das strategische Steuerinstrument des Kaisers vorstellen, mit dem dieser versuchte, die Kontrolle über die verworrenen Pfade der Machtpolitik zu behalten. Hier wurden oft die Konflikte der mächtigsten Akteure des Reiches entschieden, und der Reichshofrat fungierte dabei wie ein Schiedsrichter, der den Ball im Spiel hielt, ohne die Interessen des Kaisers aus den Augen zu verlieren. Der Reichshofrat war ein Ort, an dem nicht nur Recht, sondern auch politische Macht verhandelt wurde.

Das Reichskammergericht hingegen war das rechtliche Rückgrat des Reiches. Es war verantwortlich für die Rechtsprechung in Streitigkeiten zwischen den Reichsständen und für die Bearbeitung von Appellationen gegen Urteile lokaler und regionaler Gerichte. Man könnte das Reichskammergericht mit einem großen, stabilen Anker vergleichen, der die vielen auseinanderstrebenden Teile des Reiches festhielt und verhinderte, dass sie in den Strudeln der Machtkämpfe auseinanderdrifteten. Es sorgte dafür, dass die Prinzipien der Rechtsstaatlichkeit, so unvollkommen sie in jener Zeit auch gewesen sein mögen, dennoch ein festes Fundament hatten. Indem es als höchste Instanz für Gerechtigkeit diente, war das Reichskammergericht das Symbol für den Versuch, den Rechtsfrieden im Reich zu wahren.

Zusammen bildeten der Reichshofrat und das Reichskammergericht das Rückgrat der politischen und rechtlichen Ordnung des Heiligen Römischen Reiches. Sie waren wie die beiden Arme eines Balancierenden, der versuchte, das fragile Gleichgewicht zwischen den vielen divergierenden Interessen der Reichsstände zu wahren. Trotz der oft schwerfälligen Prozesse und der scheinbar endlosen Komplexität trugen sie maßgeblich zur Stabilität und Kontinuität des Reiches bei. Diese Institutionen bewirkten, dass das Reich, so dezentralisiert und vielgestaltig es auch war, dennoch ein Maß an Ordnung und Beständigkeit erfuhr, das es über Jahrhunderte hinweg zusammenhielt.

Der Reichshofrat und das Reichskammergericht waren für rechtliche Angelegenheiten zuständig und dienten als höchste Gerichtsinstanzen im Reich. Sie spielten eine kritische Rolle bei der Schlichtung von Streitigkeiten zwischen den Territorien und bei der Aufrechterhaltung eines gemeinsamen Rechtsrahmens, was zur rechtlichen Einheit des Reiches beitrug.[4]

Das Reichskammergericht, gegründet im späten 15. Jahrhundert, war eine der zentralen rechtlichen Institutionen im Heiligen Römischen Reich Deutscher Nation. Seine Errichtung markierte einen Wendepunkt in der Geschichte der deutschen Rechtsprechung, indem es eine überregionale Gerichtsbarkeit etablierte, die lokale und territoriale Rechtsprechungen überlagerte. Dieser Text wird die Entstehung, Struktur, Funktionen und das historische Erbe des Reichskammergerichts umfassend beleuchten und seine Bedeutung in der deutschen und europäischen Geschichte hervorheben.

Die Gründung des Reichskammergerichts im Jahr 1495 durch Kaiser Maximilian I. während des Reichstags zu Worms war eine Antwort auf das wachsende Bedürfnis nach einer einheitlichen und gerechten Rechtsprechung im gesamten Heiligen Römischen Reich. Vor seiner Gründung waren Rechtsstreitigkeiten überwiegend Sache lokaler und regionaler Gerichte, was zu ei-

---

4 Neue Studien zur frühneuzeitlichen Reichsgeschichte / hrsg. von Johannes Kunisch, 1987, ISBN 978-3-428-06193-8

ner uneinheitlichen und oft parteiischen Rechtsprechung führte. Das neue Gericht sollte die Rechtseinheit stärken, den inneren Frieden sichern und eine unparteiische Rechtsprechung gewährleisten.

Das Reichskammergericht setzte sich aus einem Präsidenten, mehreren Beisitzern (Richtern), Assessoren, Fiskalen, Anwälten, Sekretären und weiterem Personal zusammen. Seine Mitglieder wurden vom Kaiser und den Reichsständen ernannt, was dem Gericht eine überregionale und überkonfessionelle Zusammensetzung verlieh. Die Richter waren zumeist legale Gelehrte, die nach ihrer juristischen Expertise ausgewählt wurden, und nicht nach ihrer regionalen Herkunft oder politischen Zugehörigkeit.

Die Zuständigkeiten des Reichskammergerichts waren breit gefächert und umfassten zivilrechtliche, lehnrechtliche und einige strafrechtliche Angelegenheiten. Es diente als Berufungsinstanz für Entscheidungen untergeordneter Gerichte und konnte auch in erster Instanz angerufen werden, insbesondere bei Streitigkeiten zwischen Reichsständen oder Reichsangehörigen und der Reichsgewalt.

Das Reichskammergericht spielte eine entscheidende Rolle bei der Entwicklung und Vereinheitlichung des deutschen Rechtssystems. Es trug zur Kodifizierung von Rechtsnormen bei, förderte die Rechtssicherheit und half, lokale Rechtsbräuche mit übergeordneten Reichsgesetzen in Einklang zu bringen. Die Verfahren vor dem Reichskammergericht waren relativ formalisiert und basierten auf dem römisch-kanonischen Recht, das umfangreiche schriftliche Dokumentationen und juristische Argumentationen erforderte. Das Gericht trug auch zur Friedenssicherung im Reich bei, indem es Rechtsmittel gegen Übergriffe und Willkürakte bot. Seine Entscheidungen waren für alle Reichsangehörigen bindend und konnten nur in seltenen Fällen durch den Kaiser aufgehoben werden. Damit war das Reichskammergericht ein zentrales Instrument zur Durchsetzung des Reichsrechts und zur Begrenzung der Macht einzelner Territorialherren. Das Reichskammergericht bestand bis zur Auflösung des Heiligen Römischen Reiches im Jahr 1806. Seine Geschichte spiegelt die Komplexität und Vielfältigkeit der deutschen Rechtstradition sowie die politischen und sozialen Veränderungen wider, die Deutschland und Europa in dieser Zeit durchliefen. Das Gericht hinterließ ein umfangreiches Archiv an Entscheidungen, die bis heute von Historikern und Juristen studiert *werden und wertvolle Einblicke in die Rechts- und Sozialgeschichte des Reichs bieten.*

Auch wenn das Reichskammergericht mit dem Ende des Reiches seine direkte Bedeutung verlor, setzte es doch Maßstäbe für die Unabhängigkeit und Professionalität der Rechtsprechung, die in nachfolgenden deutschen Gerichten und im modernen Rechtsstaat weiterleben. Seine Prinzipien der Rechtssicherheit und Gerechtigkeit, die Bemühungen um eine überregionale und unparteiische Rechtsprechung und seine Rolle bei der Schaffung eines einheitlichen Rechtsraums sind wesentliche Bestandteile des juristischen Erbes Deutschlands.

Das Reichskammergericht war mehr als nur ein Gericht; es war eine Institution, die das Recht, die Politik und die Gesellschaft im Heiligen Römischen Reich maßgeblich prägte. Durch seine Arbeit trug es zur Entwicklung eines einheitlichen Rechtssystems bei, förderte den inneren Frieden und stärkte das Konzept einer übergeordneten Rechtsordnung. Die Geschichte des Reichskammergerichts bietet faszinierende Einblicke in die Vergangenheit und lehrt uns über die Bedeutung und Herausforderungen von Recht und Gerechtigkeit in einer komplexen und vielfältigen Gesellschaft.

Territoriale Autonomie und lokale Machtstrukturen

Die politische Macht im Heiligen Römischen Reich Deutscher Nation war nicht nur zwischen dem Kaiser und den Territorialherren aufgeteilt, sondern auch innerhalb der einzelnen Territorien selbst stark dezentralisiert. In vielen dieser Territorien mussten die Herrscher ihre Macht mit den sogenannten Ständen teilen – Versammlungen, die sich aus Vertretern des Adels, der Geistlichkeit und der Städte zusammensetzten. Diese Stände agierten wie gewichtige Gegenpole zu den Herrschern, indem sie bedeutende lokale Autorität ausübten. Vor allem in Bereichen wie der Steuererhebung und der Gesetzgebung spielten sie eine zentrale Rolle, wodurch ihnen eine wesentliche Funktion in der Verwaltung und politischen Gestaltung ihrer Territorien zukam.

Man könnte sich diese Struktur der Machtteilung wie ein großes Netz vorstellen, das in viele Knotenpunkte unterteilt ist – jeder Knoten repräsentiert eine Gruppe mit eigenen Interessen und eigener Autorität. Die Stände waren nicht bloß passive Beobachter, sondern aktive Teilnehmer, die dafür sorgten, dass die Herrscher ihre Entscheidungen nicht isoliert fällen konnten. Diese geteilte Macht führte zu einer bemerkenswerten Vielfalt an politischen Systemen innerhalb des Reiches. Einige Territorien, wie Preußen oder Sachsen, waren stark zentralisiert und militarisiert, wo die Herrscher eine straffe Kontrolle ausübten und Entscheidungen schnell und effizient durchsetzen konnten, wie ein Kommandant, der klare Befehle erteilt und strikte Disziplin erwartet.

Im Gegensatz dazu standen kleinere Grafschaften und freie Reichsstädte, in denen die Machtverteilung weitaus komplexer war. In diesen Gebieten gab es oft mehrere lokale Gremien und Vertreter, die in die Entscheidungsfindung eingebunden waren, wodurch die Bürger dieser Territorien verhältnismäßig hohe Freiheitsgrade genossen. Es war, als ob jeder Bürger in diesen kleineren politischen Einheiten eine Stimme hatte, die zwar nicht laut, aber in der Masse doch entscheidend sein konnte. Diese dezentrale Machtverteilung schuf eine Art lokales Gleichgewicht, das den Menschen mehr Mitbestimmung ermöglichte und gleichzeitig die Entscheidungsprozesse verkomplizierte.

Diese Unterschiede in der politischen Organisation führten dazu, dass das Heilige Römische Reich wie ein Mosaik aus verschiedenen Regierungssystemen wirkte, jedes einzigartig und auf seine Weise funktional. Während einige Territorien durch straffe, militärisch geprägte Strukturen gekennzeichnet waren, erinnerten andere an Bürgergemeinschaften, in denen das Wort des Einzelnen mehr Gewicht hatte. Diese Vielfalt machte das Reich zu einer einzigartigen politischen

Landschaft in Europa, in der sowohl autoritäre als auch partizipative Elemente nebeneinander existierten und miteinander wetteiferten.

Diese Vielfalt spiegelte sich nicht nur in den politischen Strukturen wider, sondern auch in der kulturellen und sozialen Entwicklung der Territorien. Die verschiedenen Ansätze zur Machtteilung beeinflussten, wie die Menschen lebten, arbeiteten und miteinander interagierten. Das Heilige Römische Reich war ein faszinierendes, wenn auch politisch komplexes und manchmal schwerfälliges Gebilde, das trotz seiner inneren Widersprüche eine bemerkenswerte Stabilität und Beständigkeit zeigte. Es war, als ob all diese unterschiedlichen Mosaiksteine zusammengenommen ein Bild ergaben, das größer und beständiger war als die Summe seiner Teile.

Hier einige Beispiele:

Freie Reichsstädte

- *Hamburg:* Als eine der bedeutenden freien Reichsstädte hatte Hamburg eine komplexe Selbstverwaltung, die durch das Hamburger Ratssystem gekennzeichnet war. Dieses System umfasste verschiedene Gremien wie den Rat der Stadt, die Bürgerschaft und verschiedene Zünfte, die in der lokalen Politik und Wirtschaft eine Rolle spielten.

- *Nürnberg:* Auch Nürnberg, eine weitere freie Reichsstadt, hatte eine ausgeprägte lokale Verwaltung, die aus einem Rat bestand, der sich aus Vertretern verschiedener Berufsgruppen zusammensetzte. Die Stadt war für ihre Handwerkszünfte bekannt, die großen Einfluss auf die lokale Politik und Gesetzgebung hatten.

Kleinere Grafschaften

- *Grafschaft Mark:* In der Grafschaft Mark gab es eine komplexe Machtstruktur, in der der Landesherr, unterstützt von landständischen Versammlungen, regierte. Diese Versammlungen bestanden aus Vertretern des Adels, der Geistlichkeit und der Städte, die gemeinsam über Steuerbewilligungen und lokale Gesetze entschieden.

- *Grafschaft Lippe:* Die Grafschaft Lippe, gelegen im heutigen Nordrhein-Westfalen, Deutschland, bietet ein anschauliches Beispiel für die Machtstrukturen kleinerer Territorien im Heiligen Römischen Reich. Als eine relativ kleine politische Einheit bewahrte Lippe eine bemerkenswerte Autonomie mit einer eigenen, ausgeprägten Verwaltungsstruktur.

<u>Machtstrukturen in der Grafschaft Lippe:</u> Die politische Organisation der Grafschaft Lippe war stark durch das Wirken ihrer landständischen Versammlungen geprägt. Diese Ständeversammlungen, bestehend aus Vertretern des Adels, der Geistlichkeit und später auch der Städte, bildeten das Herzstück der lokalen Gesetzgebung und Verwaltung. Sie waren wie ein gut eingespieltes Orchester, bei dem jede Stimme – ob adelig, geistlich oder bürgerlich – ihren Beitrag zum harmonischen Funktionieren der Grafschaft leistete. Dabei fungierten die Stände als Gegengewicht zur Macht des regierenden Grafen, der die oberste Exekutivgewalt innehatte, jedoch ohne die Zustimmung der Stände in vielen zentralen Belangen kaum handeln konnte.

Die Macht des Grafen von Lippe wurde durch die Mitwirkungsrechte der Stände bei wichtigen Entscheidungen, wie etwa der Steuererhebung und gesetzgeberischen Maßnahmen, deutlich eingeschränkt. Diese Teilung der Macht führte zu einer ständigen Verhandlung der politischen Zuständigkeiten. Man könnte sich das politische System der Grafschaft wie ein fein austariertes Mobile vorstellen: Jede Bewegung eines Elements beeinflusste das gesamte Gleichgewicht. Die Stände sorgten dafür, dass der Graf nicht allein regieren konnte, sondern auf die Zustimmung seiner Untertanen angewiesen war, wodurch ein gewisses Maß an Mitbestimmung gewährleistet wurde.

Diese Machtverteilung war typisch für viele kleinere Territorien des Heiligen Römischen Reiches, die nicht über die zentralisierte Machtstruktur größerer Staaten wie Preußen oder Bayern verfügten. In diesen größeren Staaten herrschte eine straffe Kontrolle, bei der Entscheidungen schnell und ohne größere Rücksprache gefällt werden konnten – ähnlich wie ein General, der seinen Soldaten klare Befehle erteilt. Im Gegensatz dazu waren die kleineren Territorien wie Lippe eher wie Gemeinschaften, in denen viele Stimmen gehört wurden, bevor eine Entscheidung getroffen werden konnte.

Diese Form der Machtteilung führte zu einer bemerkenswerten politischen Kultur, in der nicht nur der Adel, sondern auch die Geistlichkeit und die Städte eine bedeutende Rolle spielten. Diese Vielfalt der Stimmen verlieh der Grafschaft eine gewisse Widerstandsfähigkeit gegenüber autokratischen Tendenzen, indem sie sicherstellte, dass Entscheidungen auf einem breiteren Konsens basierten. Das politische System der Grafschaft Lippe war daher ein Beispiel dafür, wie auch in einem feudal geprägten Umfeld Elemente der Teilhabe und Mitbestimmung verwirklicht werden konnten. Es schuf ein dynamisches, wenn auch manchmal schwerfälliges System, das die Interessen der verschiedenen sozialen Gruppen miteinander in Einklang zu bringen versuchte.

Beispiele für die Wirksamkeit der Stände: Ein konkretes Beispiel für die Aktivitäten der Stände in Lippe ist die Regelung der Erbfolge und die Auseinandersetzungen, die im 17. Jahrhundert um die Herrschaft entbrannten. Die Stände hatten oft das Recht, in solchen Streitfällen zu vermitteln und ihre Zustimmung zu grundlegenden Änderungen in der politischen Führung zu geben. So waren sie maßgeblich an der Beilegung der Lipper Erbfolgestreitigkeiten beteiligt, die nach dem Aussterben der Linie Lippe-Brake aufkamen.

Man kann sich diese Situation wie ein angespanntes Schachspiel vorstellen, bei dem jede Partei darauf bedacht war, ihre Position zu sichern und strategische Vorteile zu wahren. Nach dem Aussterben der Linie Lippe-Brake stand die Grafschaft vor der Unsicherheit, wer die Nachfolge antreten sollte. In dieser kritischen Phase waren es die Stände, die wie erfahrene Schiedsrichter auftraten und sicherstellten, dass das Gleichgewicht der Grafschaft nicht in Chaos verfiel. Sie hatten nicht nur eine beratende Funktion, sondern konnten ihre Zustimmung als Hebel nutzen, um den Verlauf der Nachfolgeregelung aktiv zu beeinflussen.

Die Stände handelten als Vermittler zwischen den verschiedenen Anspruchsparteien und stellten sicher, dass keine der konkurrierenden Seiten zu viel Macht erhielt, was das fragile Gleichgewicht der Grafschaft hätte gefährden können. Dies war keine einfache Aufgabe, sondern ein Balanceakt, der sowohl diplomatisches Geschick als auch politischen Weitblick erforderte. Die Beteiligung der Stände an den Erbfolgestreitigkeiten demonstrierte eindrucksvoll ihre Fähigkeit, inmitten politischer Unsicherheit Stabilität zu gewährleisten und die Interessen der verschiedenen Gruppen innerhalb der Grafschaft in Einklang zu bringen.

Durch ihr Eingreifen konnten die Stände verhindern, dass die Erbstreitigkeiten die Grafschaft in eine Phase der Instabilität führten, wie es in vielen anderen Territorien des Heiligen Römischen Reiches der Fall war, wenn eine klare Erbfolge fehlte. Ihr Engagement war ein wesentlicher Faktor, der dazu beitrug, die politische Kontinuität in Lippe zu bewahren und die Grundlagen für eine stabile Herrschaft zu legen. Dieses Beispiel zeigt, wie die Stände als Korrektiv und Gegengewicht zur exekutiven Macht des Grafen fungierten, indem sie nicht nur passiv reagierten, sondern aktiv an der politischen Gestaltung ihrer Heimat mitwirkten.[5]

5   et al. Die Territorien des Reichs im Zeitalter der Reformation und Konfessionalisierung. Land und Konfession 1500–1650. Band 1–7. Münster 1990–1997, von Prof. Dr. Anton Schindling

Der Einfluss externer Mächte

Das Heilige Römische Reich Deutscher Nation war keineswegs ein isoliertes politisches Gebilde, sondern befand sich in einem ständigen Wechselspiel mit seinen europäischen Nachbarn. Die Beziehungen zu diesen Nachbarn waren oft von Konflikten und diplomatischen Rivalitäten geprägt, wie ein ständig pulsierender Tanz zwischen Kooperation und Konkurrenz. Besonders die größeren Reichsterritorien wie Österreich und Preußen nahmen eine bedeutende Rolle in der europäischen Politik ein. Ihre politischen Ambitionen, sowohl innerhalb des Reiches als auch auf der internationalen Bühne, bestimmten maßgeblich die interne Dynamik des Reiches. Diese Ambitionen führten häufig zu Bündnissen und Konflikten, die weit über die Grenzen des Reiches hinaus Auswirkungen hatten und die gesamte europäische Landschaft prägten.

Vor der Französischen Revolution zeichnete sich die politische Struktur der deutschen Lande durch eine tiefgreifende Fragmentierung aus, kombiniert mit einer komplexen Mischung aus Autonomie und Interdependenz. Es war, als ob das Reich aus einer Vielzahl von unabhängigen Inseln bestand, die jedoch alle Teil eines größeren Archipels waren. Diese einzigartige Struktur prägte die politische Kultur des Reiches und schuf ein Umfeld, in dem neue Ideen langsam, aber stetig zirkulieren und sich anpassen konnten. Diese politische Vielgestaltigkeit ermöglichte es, dass unterschiedlichste politische und soziale Strömungen nebeneinander existieren konnten, ohne dass eine einzige Macht die absolute Kontrolle ausübte. Das Reich war ein lebendiges Mosaik, in dem keine Farbe zu stark dominierte, sondern alle Elemente eine eigenständige, aber ineinander verwobene Existenz führten.

Als schließlich die revolutionären Wellen aus Frankreich die deutschen Lande erreichten, trafen sie auf eine vielschichtige politische Landschaft. Diese Landschaft war in vielerlei Hinsicht einzigartig in Europa und durch ihre Vielfalt und Komplexität geprägt. Die bestehenden politischen Strukturen und die tief verwurzelten autonomen Traditionen der einzelnen Territorien boten einen fruchtbaren Boden für die Aufnahme neuer Ideen. Diese Ideen, die in Frankreich mit Sturmgewalt aufkamen, fanden in den deutschen Territorien verschiedene Ausdrucksformen. Während manche Regionen eher widerständig reagierten und ihre alten Traditionen verteidigten, wurden an anderen Orten die revolutionären Gedanken als Chance für Erneuerung gesehen. Dieses Wechselspiel aus Beharrung und Wandel beeinflusste das politische Gefüge des Reiches nachhaltig.

Das Heilige Römische Reich zeigte damit eine bemerkenswerte Fähigkeit, äußere Einflüsse zu absorbieren und in die eigene, vielschichtige Struktur zu integrieren. Die Vielfalt der Territorien und ihre autonomen Traditionen ermöglichten es, dass Veränderungen nicht in einem gleichförmigen Muster stattfanden, sondern regional unterschiedlich, wie einzelne Wellen, die auf das Ufer treffen – mal sanft und aufnahmebereit, mal stürmisch und zurückweisend. Dadurch blieb das Reich ein politisch komplexes Gebilde, dessen scheinbare Schwerfälligkeit jedoch auch die Grundlage für seine Widerstandsfähigkeit und Beständigkeit bildete. Inmitten der Umwälzungen, die Europa erfassten, blieb das Reich ein faszinierendes Beispiel für die Balance zwischen Vielfalt, Anpassung und Beständigkeit.

Wirtschaftliche Bedingungen

Die wirtschaftliche Landschaft der deutschen Lande vor der Französischen Revolution war so vielschichtig wie das politische Geflecht des Heiligen Römischen Reiches Deutscher Nation. In diesem Flickenteppich unterschiedlicher Territorien entwickelten sich die wirtschaftlichen Aktivitäten in sehr unterschiedlichem Tempo. Diese Vielfalt war nicht nur auf die geografische Beschaffenheit der Region zurückzuführen, sondern auch auf historische Entwicklungen und die spezifischen politischen Rahmenbedingungen der jeweiligen Gebiete.

Einige Regionen profitierten besonders von ihren natürlichen Ressourcen oder von ihrer Lage an strategisch bedeutenden Handelswegen. So waren etwa die Hansestädte Hamburg und Bremen wahre Zentren des Handels und der Seefahrt, begünstigt durch ihre Lage an wichtigen Wasserstraßen. Diese Städte ähnelten einem geschäftigen Bienenstock: Schiffe kamen und gingen, die Lagerhäuser waren gefüllt mit Waren aus aller Welt, und die Handelsbeziehungen reichten weit über die Grenzen des Reiches hinaus. Der maritime Handel ermöglichte diesen Städten eine wirtschaftliche Blüte, die sie zu einem bedeutenden Bestandteil der gesamten Wirtschaftsstruktur des Reiches machte.

Anders sah es in den landwirtschaftlich geprägten Regionen aus. Diese Gebiete waren vom Wohl und Wehe der Natur abhängig: Fruchtbarer Boden und ein günstiges Klima konnten für Wohlstand sorgen, während schlechte Bodenverhältnisse oder ungünstige Wetterlagen oft zu Missernten und wirtschaftlicher Not führten. Das ländliche Leben in diesen Gebieten verlief meist gemächlich, die Landwirtschaft bestimmte den Alltag, und die Fortschritte waren oft langsam und schwer erarbeitet. Das Bild eines Bauernhofs mit Pflug, Ochsengespann und kargen Feldern vermittelt hier einen Eindruck der Herausforderungen, denen sich die Menschen gegenüber sahen.

In einigen Regionen begann sich bereits eine industrielle Entwicklung abzuzeichnen, besonders dort, wo Bodenschätze wie Kohle und Erz leicht zugänglich waren. Das Ruhrgebiet und Sachsen entwickelten sich zu aufstrebenden Zentren der Eisen- und Stahlproduktion sowie der Textilindustrie. Diese frühen Industrialisierungsbemühungen wurden von den jeweiligen territorialen Herrschern aktiv gefördert, die das wirtschaftliche Potenzial erkannten und Investitionen in diese Bereiche vorantrieben. Dampfbetriebene Maschinen, rauchende Schlote und geschäftige Werkhallen zeichneten einen scharfen Kontrast zu den landwirtschaftlich geprägten Regionen.

Diese wirtschaftliche Diversität war eng verknüpft mit der politischen Zersplitterung des Heiligen Römischen Reiches. Jedes Territorium verfügte über eigene Gesetze und Regelungen, die den Handel, die Zölle und das Handwerk bestimmten. Diese unterschiedlichen rechtlichen Rahmenbedingungen beeinflussten direkt die wirtschaftlichen Möglichkeiten und die sozioökonomische Entwicklung in den jeweiligen Regionen. Es war, als würde jedes Territorium sein eigenes Spiel spielen, mit eigenen Regeln und Zielen, was eine einheitliche Entwicklung erschwerte, aber zugleich auch eine erstaunliche Vielfalt ermöglichte.

Um die wirtschaftlichen Verhältnisse der deutschen Lande vor der Französischen Revolution wirklich zu verstehen, ist es notwendig, die einzelnen wirtschaftlichen Sektoren, die regionalen Unterschiede und die zugrunde liegenden sozioökonomischen Dynamiken genauer zu betrachten. Diese komplexen Zusammenhänge formten das Fundament jener Epoche und prägten das Leben der Menschen, die in diesem mosaikartigen Reich lebten. Die wirtschaftliche Landschaft war nicht nur ein Spiegel der natürlichen Gegebenheiten, sondern auch ein Abbild der politischen und sozialen Strukturen, die das Leben im Heiligen Römischen Reich bestimmten.

Agrarwirtschaft

Die Agrarwirtschaft bildete das Rückgrat der Wirtschaft in den deutschen Landen, doch sie war durch eine breite Palette unterschiedlicher Methoden und Produktivitätsniveaus geprägt. In vielen Regionen war die Dreifelderwirtschaft die vorherrschende Praxis. Diese traditionelle Form der Landbewirtschaftung teilte das Ackerland in drei Teile: einen für den Winteranbau, einen für den Sommeranbau und einen, der brachlag, um sich zu regenerieren. Diese Methode, die bereits seit Jahrhunderten verwendet wurde, bot kaum Raum für Innovation und Anpassung an neue landwirtschaftliche Techniken. Sie war wie ein altes, vertrautes Werkzeug, das zwar seinen Zweck erfüllte, aber die Grenzen seiner Möglichkeiten erreicht hatte. Dadurch blieb die Produktivität begrenzt, was für viele Bauern ein Leben voller harter Arbeit mit nur mäßigen Erträgen bedeutete.

Während die Dreifelderwirtschaft das Fundament der landwirtschaftlichen Produktion bildete, spiegelte sie gleichzeitig die Begrenzungen und Zwänge wider, unter denen die bäuerliche Bevölkerung lebte. Für viele Bauern war der Alltag von harter körperlicher Arbeit, existenziellen Unsicherheiten und einer nahezu vollständigen Abhängigkeit von Großgrundbesitzern oder der Kirche geprägt. Diese Abhängigkeit äußerte sich nicht nur in der Form von Abgaben und Frondiensten, sondern auch in einem Gefühl der Machtlosigkeit gegenüber den Anforderungen der herrschenden Klassen.

Die Aufteilung des Landes in kleine Parzellen bedeutete, dass viele Bauern nicht genug erwirtschaften konnten, um Überschüsse zu erzielen oder in Krisenzeiten Rücklagen zu bilden. Missernten, Krankheiten oder Naturkatastrophen waren keine abstrakten Bedrohungen, sondern realistische Szenarien, die ganze Familien an den Rand des Ruins bringen konnten. Die Erzählungen aus dieser Zeit berichten von einer ständigen Suche nach Stabilität: Wie durch persönliche Berichte eines anonymen Landarbeiters aus Baden festgehalten, war der Ernteausfall von 1789 nicht nur eine wirtschaftliche, sondern auch eine soziale Katastrophe. Es brachte Unruhen mit sich, bei denen Bauern Güterhäuser plünderten oder Abgaben verweigerten – erste Anzeichen eines breiteren Widerstands gegen feudale Strukturen.

Ebenso entscheidend war die Frage der Mobilität und sozialen Teilhabe. Während einige wenige freie Bauern durch strategische Pachtverträge oder Erbschaften ihren Status verbessern konnten, war die Mehrheit der Landbevölkerung fest in ein System eingebunden, das den sozialen Aufstieg nahezu unmöglich machte. Bildung war ein Luxus, der fast ausschließlich den städtischen Eliten vorbehalten blieb. Die Stimmen der Bauern, ob in Form von anonymen Pamphleten oder bei Geheimbundversammlungen wie im Umfeld der Mainzer Republik, machten deutlich, dass Freiheit und Gerechtigkeit für sie mehr bedeuteten als theoretische Konzepte: Es ging um die konkrete Befreiung von Frondiensten, die faire Verteilung von Boden und die Reduktion erdrückender Abgabenlasten.

Die gesellschaftliche Position der Bauern zeigt, wie stark das Leben auf dem Land in der Tradition des Mittelalters verankert blieb, auch wenn aufklärerische Ideen bereits Einzug in die Städte hielten. Dieses Spannungsfeld zwischen Tradition und Wandel machte die Bauern zu zentralen, wenn auch oft unbeachteten Akteuren der gesellschaftlichen Entwicklung. Ihre Perspektive verdeutlicht, wie tief die revolutionären Umbrüche die bestehende soziale Ordnung bedrohten und gleichzeitig neue Hoffnung weckten.

Auch die Besitzverhältnisse auf dem Land variierten stark. In einigen Gegenden lebten Kleinbauern, die ihr eigenes Stück Land bewirtschafteten und dadurch eine gewisse Unabhängigkeit genossen. Diese unabhängigen Bauern kämpften oft wie Einzelkämpfer auf ihren Feldern – sie waren frei, aber auch allein für ihren Erfolg oder Misserfolg verantwortlich. In anderen Regionen hingegen dominierten Großgrundbesitzer oder der Adel, die weitläufige Ländereien kontrollierten. Diese Großgrundbesitzer profitierten von der Arbeit abhängiger Bauern, die unter schwierigen Bedingungen für sie arbeiteten. Diese Verhältnisse erinnerten an eine Pyramide, an deren Spitze der Adel stand, während die breite Basis aus hart arbeitenden Bauern bestand, deren Mühen die Reichtümer der Herrschaft sicherten.

Ein weiteres prägendes Element der ländlichen Wirtschaftsstruktur war die Agrarverfassung, insbesondere die noch weit verbreiteten Praktiken der Leibeigenschaft und des Frondienstes. Diese feudalen Strukturen banden die Bauern an das Land und an ihre Herren, wie

Ketten, die die Bewegungsfreiheit und die wirtschaftliche Selbständigkeit der Menschen einschränkten. Leibeigene mussten einen großen Teil ihrer Arbeitskraft auf den Feldern ihrer Herren einsetzen, ohne dafür eine direkte Entlohnung zu erhalten. Dies führte zu einer ineffizienten Nutzung der Arbeitskraft und hielt die Entwicklung der landwirtschaftlichen Produktion auf einem niedrigen Niveau. Man kann sich das wie eine Mühle vorstellen, die sich unablässig dreht, dabei aber kaum Fortschritt erzielt – viel Arbeit, wenig Ertrag.

Diese Kombination aus veralteten Produktionsmethoden und tief verwurzelten feudalen Abhängigkeiten führte zu einer niedrigen landwirtschaftlichen Effizienz. Die ineffiziente Nutzung des Landes trug erheblich zur Armut und zur Unzufriedenheit unter den ländlichen Bevölkerungsschichten bei. Die sozialen und wirtschaftlichen Spannungen, die aus dieser Situation erwuchsen, waren in vielen Regionen deutlich spürbar und bildeten eine der Grundlagen für die sozialen Unruhen, die sich später in die breiteren revolutionären Bewegungen des 18. und 19. Jahrhunderts einreihten. Wie ein langsam glimmender Funke, der immer mehr Nahrung findet, bereiteten diese Spannungen den Boden für tiefgreifende Veränderungen, die letztlich das Ende des feudalen Systems einleiten sollten.

Handwerk und Zünfte

Das Handwerk war das Herz der städtischen Wirtschaft im Heiligen Römischen Reich und in fest gefügten Zunftstrukturen organisiert. Diese Zünfte waren weit mehr als einfache Berufsvereinigungen; sie waren die Motoren des sozialen und wirtschaftlichen Lebens in den Städten. Sie setzten Standards für die Qualität der hergestellten Waren, überwachten die Ausbildung der Lehrlinge und regelten die wirtschaftlichen Bedingungen ihrer Mitglieder. Die strengen Regeln, die sie aufstellten – etwa zur Anzahl der Betriebe oder zur Einführung neuer Produktionsmethoden – sollten ein hohes handwerkliches Können sicherstellen und gleichzeitig eine gewisse soziale Sicherheit gewährleisten. Man kann sich diese Strukturen wie ein gut geöltes Uhrwerk vorstellen: jeder Zahnrad griff ineinander, um einen stabilen, vertrauten Rhythmus zu garantieren.

Doch in dieser Regelhaftigkeit lag auch eine Schattenseite. Die strengen Vorschriften der Zünfte wirkten wie ein unsichtbares Netz, das jegliche Form von Innovation einfing, bevor sie das Handwerk erreichen konnte. Neue Produktionsmethoden und technische Entwicklungen wurden nur zögerlich aufgenommen, und die Expansion der Betriebe war oft limitiert. Die Zünfte waren wie Wächter an einem Tor, die sorgsam auswählten, was passieren durfte und was nicht – eine Haltung, die zwar Stabilität garantierte, aber den Wettbewerb und Fortschritt in den städtischen Zentren drosselte.

Die Handwerker waren eine zentrale Säule der städtischen Wirtschaft, doch innerhalb ihrer Berufsstände bestanden erhebliche soziale Unterschiede. Während Meister als angesehene Bürger über Wohlstand und Einfluss verfügten, war das Leben der einfachen Gesellen oft von Unsicherheit und Abhängigkeit geprägt. Gesellen, die für ihre Meister arbeiteten, lebten häufig in prekären Verhältnissen. Ihre Bezahlung war meist knapp bemessen, sodass viele gezwungen waren, zusätzliche Arbeiten anzunehmen oder in schlechten Wohnverhältnissen zu hausen.

Ein weiterer Aspekt des Gesellendaseins war die stark eingeschränkte berufliche Mobilität. Der Zugang zur Meisterwürde – ein Status, der wirtschaftliche Unabhängigkeit und soziale Anerkennung versprach – war an hohe finanzielle und gesellschaftliche Voraussetzungen gebunden. Diese Hürden hielten viele Gesellen ein Leben lang in der Abhängigkeit von ihren Meistern. Die sogenannte „Walz", die verpflichtende Wanderschaft der Gesellen, sollte zwar der beruflichen Weiterentwicklung dienen, brachte jedoch auch erhebliche Belastungen mit sich. Gesellen waren während ihrer Wanderjahre auf die Gunst lokaler Zünfte angewiesen, die ihnen Unterkunft und Arbeit gewährten, oder sie waren gezwungen, von Stadt zu Stadt zu ziehen, oft ohne Garantie auf eine Anstellung.

Besonders in Zeiten wirtschaftlicher Krisen, wie während der Umbrüche durch die Französische Revolution, verschärften sich die Spannungen zwischen den verschiedenen Schichten innerhalb des Handwerks. Die Unsicherheit der Märkte und die Konkurrenz durch frühindustrielle Manufakturen setzten die Handwerksbetriebe unter Druck, was die ohnehin schwierige Lage der Gesellen zusätzlich belastete. In vielen Städten kam es zu Protesten und Aufständen, bei denen Gesellen gegen die Privilegien der Meister und die rigiden Regeln der Zünfte aufbegehrten. Diese Bewegungen wurden jedoch oft brutal unterdrückt, und ihre Forderungen nach besseren Arbeitsbedingungen und einem gerechteren Zugang zu den Ressourcen blieben meist unerfüllt.

Ein bemerkenswertes Beispiel für die aufkommende Organisation der einfachen Handwerker war die Entstehung von Geheimbünden und losen Vereinen, die die Interessen der Gesellen vertraten. Diese Vorläufer der späteren Gewerkschaften legten den Grundstein für eine kollektive Selbstvertretung, die es den Arbeitern ermöglichte, ihre Stimme in den sozialen und politischen Diskurs einzubringen. Ihr Einfluss blieb in der beschriebenen Epoche zwar begrenzt, markierte jedoch den Beginn einer langfristigen Bewegung für soziale Gerechtigkeit.

Mit dem Einsetzen des Bevölkerungswachstums im 18. Jahrhundert und der steigenden Nachfrage nach Gütern stieß dieses System jedoch zunehmend an seine Grenzen. Es war, als ob die alten Mauern der Zünfte langsam Risse bekamen. In vielen Städten begannen Manufakturen zu entstehen, die außerhalb der zünftischen Regulierungen operierten. Diese neuen Betriebe waren flexibler und innovativer – sie konnten schneller auf die Bedürfnisse des Marktes reagieren und ließen die starren Strukturen der Zünfte alt aussehen. Es war der

Beginn eines Wandels, eines allmählichen Übergangs von einer handwerklich geprägten Wirtschaft hin zu einer industriell orientierten Produktion. Man könnte sagen, dass das Handwerk wie ein alter Baum war, dessen Wurzeln tief in der Tradition verankert waren, während die neuen Manufakturen wie junge Triebe waren, die sich mutig ihren Weg ans Licht bahnten.

Dieser Wandel markierte den Beginn einer tiefgreifenden Umstrukturierung der städtischen Ökonomie. Die Manufakturen brachten eine neue Dynamik mit sich, eine Aufbruchstimmung, die die Möglichkeiten der industriellen Revolution erahnen ließ. Die Zünfte standen nun vor der Herausforderung, ihren Platz in dieser sich wandelnden Welt zu behaupten. Doch während sie versuchten, ihre Traditionen zu bewahren, rollte die Welle der Veränderung unaufhaltsam weiter – ein Vorbote der Revolutionen und gesellschaftlichen Umwälzungen, die Europa im 18. und 19. Jahrhundert erfassten.[6]

6 Michael North (Hrsg.): Deutsche Wirtschaftsgeschichte. Ein Jahrtausend im Überblick. C.H.Beck Verlag, München 2005, ISBN 3-406-50266-0

Zeitleiste des Wandels vom Handwerk zur industriellen Produktion

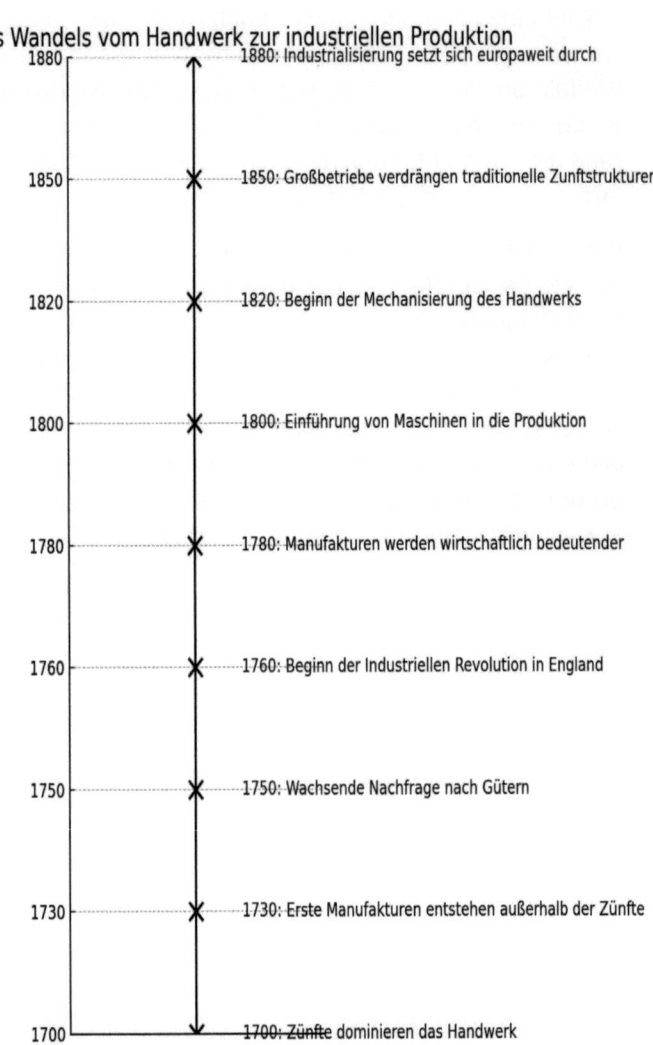

1880 — 1880: Industrialisierung setzt sich europaweit durch

1850 — 1850: Großbetriebe verdrängen traditionelle Zunftstrukturen

1820 — 1820: Beginn der Mechanisierung des Handwerks

1800 — 1800: Einführung von Maschinen in die Produktion

1780 — 1780: Manufakturen werden wirtschaftlich bedeutender

1760 — 1760: Beginn der Industriellen Revolution in England

1750 — 1750: Wachsende Nachfrage nach Gütern

1730 — 1730: Erste Manufakturen entstehen außerhalb der Zünfte

1700 — 1700: Zünfte dominieren das Handwerk

Abbildung 5: Zeitleiste des Wandels vom Handwerk zur industriellen Produktion, Quelle: Eigene Darstellung, © Ralf Schönert

Handel und Verkehr

Die Handelsnetzwerke in den deutschen Landen vor der Französischen Revolution waren ein komplexes Geflecht aus regionaler Fragmentierung und politischen Barrieren, die den Warenfluss oft behinderten. Doch trotz dieser Hindernisse entwickelten sich bedeutende Handelszentren wie Hamburg oder Frankfurt am Main zu pulsierenden Drehscheiben des überregionalen und internationalen Handels. Der Rhein, die Elbe und die Donau waren wie die Lebensadern dieser Zeit – große Wasserstraßen, die den Transport von Gütern ermöglichten und den Handel beschleunigten. Diese Flüsse boten eine effiziente und kostengünstige Möglichkeit, Waren zu bewegen, während die Landwege oft in einem erbärmlichen Zustand waren – holprig und unzuverlässig, so dass der Warentransport auf ihnen stets eine Herausforderung blieb.

Der Fernhandel, insbesondere mit Luxusgütern und Kolonialwaren wie Gewürzen, Textilien und exotischen Produkten, verhalf einigen Städten und Regionen zu großem Wohlstand. Diese Waren waren begehrt, nicht nur wegen ihrer Seltenheit und Exklusivität, sondern auch, weil sie hohe Gewinnmargen versprachen. Man kann sich die Begehrlichkeit solcher Güter wie die heutige Nachfrage nach den neuesten technologischen Errungenschaften vorstellen – wer sie besaß, konnte sich von der Masse abheben. Städte wie Augsburg und Nürnberg profitierten enorm von diesen Handelsbeziehungen, was ihnen nicht nur Wohlstand, sondern auch kulturelle Blüte brachte. Ihre reichen Kaufleute förderten Kunst und Architektur, was man heute noch in den prachtvollen Gebäuden und Museen der Stadt bewundern kann. Doch der Fernhandel schuf auch Abhängigkeiten – von ausländischen Märkten und politischen Entwicklungen, die oft weit jenseits der Grenzen des Heiligen Römischen Reiches lagen. Diese Abhängigkeiten waren wie unsichtbare Fäden, die das wirtschaftliche Wohl der deutschen Handelszentren an das Auf und Ab der internationalen Politik knüpften.

Gleichzeitig führte die zunehmende wirtschaftliche Verflechtung innerhalb Europas und mit anderen Teilen der Welt zu einem langsamen, aber spürbaren Wandel in der Produktion und im Konsumverhalten. Diese Veränderungen hatten tiefgreifende Auswirkungen auf die soziale Struktur und die Lebensweise in den deutschen Landen. Mit der wachsenden Verfügbarkeit importierter Waren veränderten sich auch die Vorlieben der Verbraucher. Es war, als ob eine neue Welt des Konsums entstand – die Menschen entwickelten neue Bedürfnisse und sozial geprägte Rituale, die das lokale Wirtschaftsleben nachhaltig beeinflussten. Der Genuss von Kolonialwaren wie Kaffee und Tee wurde bald zu einem festen Bestandteil des gesellschaftlichen Lebens, und in den Städten entstanden die ersten Kaffeehäuser, die nicht nur Orte des Konsums, sondern auch des gesellschaftlichen Austauschs wurden. Diese neuen Konsumgewohnheiten waren ein Vorbote der Veränderungen, die mit der industriellen Revolution noch tiefgreifender in die Gesellschaft eingreifen sollten.

Ein interessantes, jedoch weitgehend unbekanntes Phänomen der mittelalterlichen und frühen Neuzeit in den deutschen Landen war das sogenannte "Steckengeld". Diese spezielle Art von Zollgebühr wurde auf einigen wichtigen Handelswegen erhoben und hatte eine doppelte Funktion. Zum einen wurde sie für die Nutzung der Wege fällig, zum anderen diente sie als eine Art Sicherheitsleistung, die bei der Einfahrt in eine Stadt entrichtet werden musste. Das Steckengeld wurde bei der Ausfahrt zurückerstattet, sofern der Reisende keine Schäden verursacht hatte – eine Regelung, die wie ein Pfand funktionierte, um Verantwortung zu garantieren.

Der Begriff "Steckengeld" stammt möglicherweise von dem deutschen Wort "stecken", was so viel wie "verstecken" bedeutet. In der Praxis handelte es sich oft um diskrete Zahlungen, bei denen Geld oder Wertgegenstände an bestimmte Personen übergeben wurden, um Vorteile zu erlangen. Diese Vorteile konnten vielfältiger Natur sein: die Beschleunigung eines Verfahrens, die Umgehung bestehender Gesetze oder gar die Erlangung spezieller Privilegien. Man kann sich vorstellen, wie ein Kaufmann in der Dämmerung am Tor einer Stadt steht, die Münzen in der Hand, bereit, das Wohlwollen eines Torwärters zu erkaufen, damit er seine Waren zügig ins Stadtzentrum bringen kann.

Auch wenn das "Steckengeld" historisch in das Mittelalter und die frühe Neuzeit gehört, ist das Konzept dahinter alles andere als vergangen. In vielen Ländern ist Korruption bis heute ein gravierendes Problem, das sich negativ auf die Effizienz der Verwaltung, die Gerechtigkeit in der Gesellschaft und das Vertrauen der Bürger in ihre Regierungen auswirkt. Steckengeld steht symbolisch für eine der ältesten Versuchungen der Menschheit: den Weg des geringsten Widerstands durch den Einsatz von Geld zu nehmen.

Seit einigen Jahren haben internationale Organisationen und Regierungen verstärkt Maßnahmen ergriffen, um Bestechung und Korruption einzudämmen. Diese Bemühungen umfassen eine Stärkung von Transparenz- und Kontrollmechanismen, die Durchsetzung strengerer Gesetze sowie die Förderung einer Kultur der Integrität und Ethik in der öffentlichen Verwaltung. Trotzdem bleibt die Versuchung bestehen. Das Bild des Kaufmanns am Stadttor mag heute durch eine moderne Büroszene ersetzt sein, doch die grundlegende Dynamik – der Austausch von Vorteilen gegen Wohlwollen – ist universell und zeitlos.

Das "Steckengeld" erinnert an die dunkleren Seiten der menschlichen Natur und zeigt, dass Korruption ein Problem ist, das keine geografischen oder zeitlichen Grenzen kennt. Diese historischen Praktiken verdeutlichen die Komplexität und die Vielfältigkeit der wirtschaftlichen Regelungen innerhalb des Heiligen Römischen Reiches – einer

Welt, in der sich Handelsmänner und Bürger ständig zwischen Traditionen, gesetzlichen Vorschriften und den Versuchungen des leichteren Weges bewegen mussten.[7]

Frühindustrialisierung

Am Vorabend der Französischen Revolution begannen sich in einigen Regionen der deutschen Lande die ersten Anzeichen einer industriellen Entwicklung abzuzeichnen. Diese Phase der Frühindustrialisierung wurde vor allem durch die Nutzung neuer Energiequellen wie Wasser- und Dampfkraft sowie durch die Einführung von Maschinen, insbesondere in der Textilproduktion, charakterisiert. Auch wenn diese Fortschritte noch begrenzt und regional beschränkt blieben, legten sie dennoch die entscheidenden Grundsteine für den späteren, umfassenderen industriellen Wandel. Es war, als ob die ersten Funken einer großen Feuerstelle entfacht wurden, die später ganz Europa erleuchten sollte.

Die wirtschaftliche Landschaft der deutschen Lande vor der Französischen Revolution war von einer tiefen Dualität geprägt: Hier standen traditionelle, oft veraltete Wirtschaftsformen neben aufkommenden, modernen Produktionsweisen und neuen Handelsbeziehungen. Diese Mischung schuf eine spannende Dynamik, in der sowohl konservative als auch progressive Ideen auf fruchtbaren Boden fielen. Es war, als ob zwei Welten aufeinanderprallten: die alte, landwirtschaftlich geprägte Ordnung und die neue, maschinenbetriebene Zukunft. Diese Konstellation führte zu einer spannungsgeladenen Atmosphäre, die durch die Impulse der Französischen Revolution weiter angefacht wurde – je nachdem, aus welcher gesellschaftlichen Gruppe man die

---

7   Hermann Kellenbenz, Deutsche Wirtschaftsgeschichte. Beck, München (Beck'sche Sonderausgaben); Band 1: Von den Anfängen bis zum Ende des 18. Jahrhunderts, 1977, ISBN 3-406-06987-8

Entwicklungen betrachtete, bedeuteten sie Hoffnung oder Bedrohung.

Ein Schüsselmoment für die industrielle Entwicklung in Deutschland fand im Jahr 1784 statt: Johann Gottfried Brügelmann, ein visionärer Unternehmer, gründete die erste mechanische Baumwollspinnerei in Ratingen. Diese Fabrik, die als Cromford Mill bekannt wurde, war die erste ihrer Art auf dem europäischen Kontinent, die das wasserbetriebene Spinnverfahren des Engländers Richard Arkwright nutzte. Diese Einrichtung symbolisierte den Beginn der industriellen Produktion in Deutschland – ein Novum, das die Textilindustrie nachhaltig verändern sollte.

Johann Gottfried Brügelmann, geboren 1750 in Elberfeld (heute Teil von Wuppertal), war ein Mann, der von neuen Ideen beflügelt wurde. Während einer Reise nach England, dem Epizentrum der industriellen Revolution, lernte er die innovativen Methoden der Textilproduktion kennen, die in Arkwrights berühmter Fabrik in Cromford eingesetzt wurden. Die Vorstellung, solche fortschrittlichen Techniken nach Deutschland zu bringen, entfachte in ihm eine Vision. Brügelmann wählte Ratingen als Standort für seine Spinnerei, da es günstig zwischen den Wirtschaftszentren des Ruhrgebiets und den Textilzentren des Bergischen Landes lag. Zudem bot der Angerbach die notwendige Wasserkraft für den Betrieb der Maschinen.

Die Maschinen, die in der Cromford Spinnerei zum Einsatz kamen, waren direkte Nachbildungen von Arkwrights Erfindungen, jedoch an die regionalen Gegebenheiten angepasst. Ihre Einführung revolutionierte die Textilproduktion in Deutschland. Während vorher das Handspinnrad mühsam Faden für Faden produzierte, arbeiteten Brügelmanns Maschinen effizienter und schneller. Die Produktionskosten sanken, die Qualität des Garns stieg, und die deutschen Textilprodukte wurden wettbewerbsfähiger. Man kann sich die Veränderung vorstellen wie den Sprung von handgefertigten Einzelstücken zu massengefertigten, präzisen Produkten – eine Revolution, die den Markt grundlegend veränderte.

Die Gründung der Spinnerei in Ratingen hatte tiefgreifende Auswirkungen auf die Region. Sie zog zahlreiche Arbeiter an und führte zur Expansion der lokalen Infrastruktur. Neue Wohngebiete entstanden, und die steigende Nachfrage nach Dienstleistungen und Gütern sorgte für einen wirtschaftlichen Aufschwung. Die sozialen Strukturen veränderten sich: Wo zuvor ländliche Ruhe geherrscht hatte, entstand nun eine dynamische, industriell geprägte Gemeinschaft. Der Wandel war spürbar – wie ein Fluss, der sein Bett verlässt und neue Pfade einschlägt, veränderte die Industrialisierung das Leben der Menschen grundlegend.

Die Errichtung der ersten mechanischen Baumwollspinnerei durch Johann Gottfried Brügelmann im Jahr 1784 markierte einen entscheidenden Moment in der deutschen Industriegeschichte. Dieses Ereignis war mehr als nur die Gründung einer Fabrik – es war der Beginn einer neuen Ära, die den Weg für die spätere umfassende Industrialisierung Deutschlands ebnete. Brügelmanns Unternehmergeist und seine visionäre Anwendung englischer Technologien waren der Funke, der eine industrielle Bewegung entzündete, die Deutschland schließlich zu einer der führenden Industrienationen machen sollte. Sein Mut, neue Wege zu gehen, legte den Grundstein für die moderne industrielle Produktion in Deutschland und veränderte das Land nachhaltig.

Soziale Verhältnisse

Die sozialen Verhältnisse in den deutschen Landen vor der Französischen Revolution spiegelten eine Gesellschaft wider, die an der Schwelle zur Moderne stand, jedoch noch tief in traditionellen Strukturen verankert war. Diese Welt war von einer starken hierarchischen Ordnung durchdrungen, die das tägliche Leben in vielerlei Hinsicht prägte. Die rechtliche Stellung der einzelnen Stände, die kulturellen Normen und die Lebensweisen der Menschen wurden stark durch diese hierarchischen Strukturen beeinflusst.

Während in den oberen Schichten die Verteidigung traditioneller Privilegien dominierte, kämpften die unteren Klassen – Bauern, Handwerker und Tagelöhner – um existenzielle Verbesserungen. Diese Spannungen spiegelten sich sowohl in den Städten als auch auf dem Land wider und prägten den gesellschaftlichen Wandel in den deutschen Ländern nachhaltig.

Die feudalen Abhängigkeiten der Bauernschaft bildeten eine zentrale Ursache für soziale Konflikte. Die Mehrheit der Bauern lebte unter der Last von Abgaben, Frondiensten und begrenzten Freiheiten. Diese feudalen Verpflichtungen wurden durch regionale Variationen geprägt, doch das Grundprinzip blieb überall gleich: Der Bauer war sowohl wirtschaftlich als auch rechtlich an die Grundherren gebunden. Diese Abhängigkeit führte dazu, dass viele Bauern kaum Spielraum für eigenständige Entscheidungen hatten. Besonders in Krisenzeiten, wie während der Hungerjahre von 1770–1772, verschärften sich die Spannungen. Berichte aus Württemberg und Bayern dokumentieren Bauernproteste, bei denen Forderungen nach der Reduktion von Abgaben und einer gerechteren Landverteilung laut wurden.

Ein konkretes Beispiel für diese Unruhen war die sogenannte „Mehlrevolte" von 1794 in Baden. Dort plünderten Bauern Speicher und verweigerten die Zahlung von Abgaben, da die Preise für Getreide in

Folge der Revolutionskriege stark gestiegen waren. Diese Proteste wurden jedoch von den Obrigkeiten niedergeschlagen, was die Frustration der Bauern weiter anheizte. Die Französische Revolution wirkte in diesem Kontext als Hoffnungsträger: Die Ideale von Freiheit und Gleichheit inspirierten viele, auch in den deutschen Landen ähnliche Reformen einzufordern.

In den Städten waren die sozialen Spannungen vor allem zwischen dem aufstrebenden Bürgertum und den traditionellen Handwerkszünften spürbar. Während die Zünfte darum kämpften, ihre althergebrachten Privilegien zu verteidigen, strebte das Bürgertum nach wirtschaftlicher Freiheit und einer Lockerung der rigiden Handwerksordnungen. Gleichzeitig fühlten sich die einfachen Handwerker und Gesellen von beiden Seiten bedroht. Auf der einen Seite sahen sie sich mit steigenden Anforderungen und wachsendem Konkurrenzdruck konfrontiert, auf der anderen Seite waren sie von den Entscheidungsgremien der Zünfte weitgehend ausgeschlossen.

Ein Beispiel für diese innerstädtischen Spannungen ist die Stadt Nürnberg, die in der beschriebenen Epoche ein Zentrum des Handwerks und der Zünfte war. Hier kam es immer wieder zu Konflikten zwischen den Meistern und den Gesellen. Während die Meister versuchten, ihre Monopole aufrechtzuerhalten, forderten die Gesellen bessere Arbeitsbedingungen und eine stärkere Mitbestimmung in den Zünften. Diese Spannungen führten 1796 zu einem Aufstand, bei dem die Gesellen mit Streiks und Demonstrationen ihre Forderungen unterstrichen. Doch auch diese Bewegung scheiterte letztlich an der Übermacht der städtischen Obrigkeit und der wirtschaftlichen Abhängigkeit der Gesellen von ihren Meistern.

Ein oft übersehener Aspekt der sozialen Spannungen war die Rolle der Frauen. In den unteren Schichten trugen Frauen einen erheblichen Teil zur Wirtschaft bei, sei es als Arbeiterinnen in der Landwirtschaft, als Näherinnen oder als Verkäuferinnen auf den Märkten.

Dennoch waren sie rechtlich und gesellschaftlich weitgehend ausgeschlossen. Die Revolutionen in Frankreich und die aufkommenden reformistischen Ideen weckten jedoch auch bei Frauen Hoffnungen auf mehr Rechte und soziale Anerkennung.

In Mainz, das 1792 kurzzeitig unter französischer Kontrolle stand, organisierten Frauen aus den unteren Schichten Proteste gegen die hohen Brotpreise. Diese Proteste waren keine isolierten Ereignisse, sondern Teil einer breiteren Bewegung, die Frauen in politischen und sozialen Diskursen sichtbar machte. In den deutschen Landen blieb ihre Rolle jedoch auf symbolische Akte beschränkt, da die traditionellen Geschlechterrollen stark verankert waren.

Auch innerhalb der privilegierten Klassen waren Spannungen spürbar. Während konservative Kräfte wie der Adel und die Geistlichkeit ihre Positionen verteidigten, gab es innerhalb des Bürgertums progressive Kräfte, die eine Reform der bestehenden Verhältnisse forderten. Viele Juristen, Lehrer und Kaufleute sahen in den revolutionären Ideen eine Chance, die Ständegesellschaft aufzubrechen und eine meritokratische Ordnung zu schaffen. Diese Spannungen führten zu einer Polarisierung innerhalb der Städte, die in manchen Fällen sogar in offene Konflikte mündete.

Ein markantes Beispiel hierfür war die Mainzer Republik, in der ein Teil des städtischen Bürgertums die französischen Ideale enthusiastisch aufnahm, während der andere Teil – oft aus Angst vor wirtschaftlicher Instabilität – die alten Strukturen verteidigte. Diese inneren Konflikte zeigten die Zerbrechlichkeit der sozialen Ordnung, die durch die Revolution in Frage gestellt wurde.

Die sozialen Spannungen in den deutschen Landen während der Französischen Revolution waren vielfältig und tiefgreifend. Sie spiegelten die sozialen und wirtschaftlichen Ungleichheiten wider, die durch die feudale Ordnung und die ständische Gesellschaft aufrechterhalten wurden. Gleichzeitig verdeutlichten sie die Dynamik und das Potenzial für Veränderungen, die durch die revolutionären Ideen angestoßen wurden.

Diese Spannungen prägten nicht nur die Gesellschaft der damaligen Zeit, sondern legten auch den Grundstein für die späteren sozialen Bewegungen des 19. Jahrhunderts. Sie zeigen, wie tief die Französische Revolution und ihre Ideale in die deutschen Lande hineinwirkten und welche Herausforderungen und Chancen diese Epoche mit sich brachte.

In dieser Gesellschaft hatten die verschiedenen Stände – Adel, Bürgertum, Bauern und Gesinde – jeweils klar definierte Rechte und Pflichten, die gesetzlich verankert waren. Der Adel genoss weitreichende Privilegien, die sich vor allem in der Kontrolle über große Ländereien und in politischen Einflussmöglichkeiten ausdrückten. Es war, als ob der Adel auf einer erhöhten Plattform stand, von der aus er das wirtschaftliche und politische Leben dominierte. Das Bürgertum, insbesondere die Kaufleute und Handwerker in den Städten, bemühte sich hingegen, seine Position zu stärken und die oft restriktiven Zunftordnungen zu lockern. Diese Schicht der Gesellschaft sehnte sich nach wirtschaftlicher Freiheit und Unabhängigkeit, ähnlich einem Baum, der aus seinen engen Wurzeln herauswachsen will, um neue Höhen zu erreichen.

Auf der anderen Seite standen die Bauern und das Gesinde, die häufig unter der Herrschaft lokaler Grundbesitzer lebten. Ihr Leben war von Leibeigenschaft und Frondiensten geprägt, die sie in wirtschaftlicher Abhängigkeit hielten. Man kann sich ihre Situation wie eine Last vorstellen, die schwer auf ihren Schultern ruhte und sie in ihrer Bewegungsfreiheit stark einschränkte. Während der Adel in prunkvollen Anwesen lebte und das gehobene Bürgertum an kulturellen Veranstaltungen teilnahm, bestand der Alltag der Bauern aus harter, körperlicher Arbeit, die ihnen kaum Zeit für anderes ließ.

Diese soziale Stratifizierung zeigte sich nicht nur in den rechtlichen und wirtschaftlichen Aspekten, sondern auch in den kulturellen Normen und Lebensweisen der Menschen. Der Adel und das gehobene Bürgertum führten ein Leben, das von Bildung, Kultur und Luxus geprägt war. Musikabende, literarische Salons und prunkvolle Empfänge bestimmten ihren Alltag. Für die unteren Schichten jedoch bedeutete das Leben harte Arbeit, knappe Ressourcen und kaum Zugang zu Bildung. Diese Diskrepanz in den Lebensbedingungen führte zu sozialen Spannungen, die sich in den Jahrzehnten vor der Französischen Revolution zunehmend verschärften. Es war, als ob sich zwei Welten nebeneinander entwickelten – eine privilegierte Oberschicht, die den Wandel genoss, und eine breite Unterschicht, die von diesem Wandel ausgeschlossen blieb.

Die wirtschaftlichen und politischen Veränderungen, die sich in dieser Zeit abzuzeichnen begannen, verstärkten diese Spannungen weiter. Die neuen Ideen von Freiheit und Gleichheit, die aus der Aufklärung und später aus der Französischen Revolution herüberwehten, fielen auf einen Boden, der bereit war für Veränderung. Während der Adel und das gehobene Bürgertum versuchten, ihre Privilegien zu verteidigen, wurden die Stimmen nach sozialen Reformen immer lauter. Diese Konstellation schuf eine explosive Mischung, die die Grundlage für die gesellschaftlichen Umwälzungen der kommenden Jahrzehnte legte.

Die deutschen Lande am Vorabend der Französischen Revolution waren ein Ort des Wandels und der Widersprüche: Eine Gesellschaft, die noch tief in alten Traditionen verwurzelt war, aber gleichzeitig die ersten Schritte in Richtung einer modernen Welt machte. Diese Spannungen zwischen Tradition und Fortschritt, zwischen alten Hierarchien und neuen Ideen, formten die Grundlage für die Veränderungen, die das 19. Jahrhundert in Europa bestimmen sollten.[8]

Das Heilige Römische Reich Deutscher Nation war eine ausgeprägte Ständegesellschaft, in der die Zugehörigkeit zu einem bestimmten Stand nicht nur den sozialen Status, sondern auch rechtliche Rechte und Pflichten bestimmte. Die vier Hauptstände waren Adel, Klerus, Bürgertum und Bauernschaft, wobei innerhalb dieser Kategorien weitere Abstufungen und Differenzierungen existierten.

- *Adel:* Der Adel war nicht nur politisch und militärisch dominant, sondern genoss auch zahlreiche Privilegien, wie z.B. Steuerbefreiungen und exklusive Jagdrechte. Adlige besaßen oft umfangreiche Ländereien und hatten eine starke Bindung an den Grundbesitz, der ihre ökonomische Basis bildete. Trotz seiner Privilegien sah sich der Adel wirtschaftlichen und politischen Herausforderungen gegenüber, die seine Stellung bedrohten.

- *Klerus:* Der Klerus spielte eine zentrale Rolle im gesellschaftlichen Leben und war in geistliche und weltliche Geistliche unterteilt. Während Bischöfe und Äbte oft dem Hochadel entstammten und bedeutenden weltlichen Einfluss hatten, lebten viele einfache Geistliche in relativer Armut. Die Kirche hatte großen Einfluss auf Bildung, Kultur und Wohltätigkeit.

- *Bürgertum:* Das Bürgertum umfasste eine breite Palette von Gruppen, darunter Kaufleute, Handwerker, Akademiker und Beamte. Besonders in den Städten gewann dieses Bürgertum an ökonomischer Stärke und politischem Einfluss. Sie waren Träger der Aufklärung und forderten mehr Teilhabe an politi-

8 et al. Otto Dann, Gleichheit und Gleichberechtigung. Die Geschichte des politisch-sozialen Gleichheitspostulats der Neuzeit bis zur Mitte des 19. Jahrhunderts, Berlin 1980

schen Entscheidungen sowie eine Lockerung der ständischen Restriktionen.

- *Bauernschaft:* Die Mehrheit der Bevölkerung lebte auf dem Land und war in unterschiedlichem Maße von Abhängigkeitsverhältnissen betroffen. Während einige Bauern freies Eigentum bewirtschafteten, lebten andere unter bedrückenden feudalen Verpflichtungen. Missernten und hohe Abgaben führten oft zu Armut und Unzufriedenheit, was gelegentlich in lokalen Aufständen mündete.

Trotz der starken Verwurzelung in ständischen Traditionen befand sich die Gesellschaft im Wandel. Die wirtschaftlichen Entwicklungen, insbesondere in den Bereichen Handel und Manufaktur, führten zu einem Anwachsen und einer Differenzierung des Bürgertums. Dieses neue Bürgertum begann, traditionelle soziale und politische Strukturen in Frage zu stellen und forderte mehr Einfluss.

Bildung spielte eine zentrale Rolle im sozialen Leben der deutschen Lande vor der Französischen Revolution und war eng mit dem ständischen Gefüge verknüpft. Der Zugang zu höherer Bildung war größtenteils den oberen Ständen vorbehalten. Universitäten und Gymnasien dienten als wichtige Bildungsinstitutionen, die vor allem dem Adel und dem gehobenen Bürgertum zugänglich waren. Diese Einrichtungen waren nicht nur Stätten des Lernens, sondern auch Orte sozialer Vernetzung, an denen zukünftige Führungskräfte und Gelehrte ausgebildet wurden.

Im Zuge der Aufklärung kam es jedoch zu signifikanten Veränderungen in der Bildungslandschaft. Die Aufklärung förderte die Verbreitung von Wissen und kritischen Denkansätzen, die zunehmend auch außerhalb der traditionellen akademischen Institutionen Anklang fanden. Volksbildung und das Lesen von aufklärerischer Literatur und periodischen Schriften trugen zu einer steigenden Alphabetisierungsrate bei. Dieser Prozess überschritt die ständischen Grenzen und ermöglichte es auch unteren sozialen Schichten, Zugang zu Bildung und Informationen zu erhalten.

Diese Entwicklung führte langfristig zu einer Erosion der traditionellen Ordnung. Indem breitere Bevölkerungsschichten gebildeter wurden und Zugang zu neuen Ideen erhielten, begannen sie, die bestehenden sozialen und politischen Strukturen in Frage zu stellen. Bildung wurde zu einem Katalysator für sozialen Wandel und trug zur Formierung einer kritischeren und informierteren Gesellschaft bei, die zunehmend nach mehr Mitsprache und Veränderung strebte.[9]

Die starren ständischen Strukturen und die ungleiche Verteilung von Reichtum und Macht führten zu sozialen Spannungen. Während der Adel und Teile des Klerus an ihren Privilegien festhielten, wuchsen im Bürgertum und in Teilen der Bauernschaft das Bewusstsein für soziale Ungerechtigkeiten und der Wunsch nach Veränderung. Diese Spannungen wurden durch wirtschaftliche Krisen, Kriege und Missernten noch verschärft und trugen zu einer Atmosphäre der Unruhe bei, die letztlich auch die Rezeption der Französischen Revolution beeinflusste.

Die sozialen Verhältnisse in den deutschen Landen vor der Französischen Revolution spiegeln eine Gesellschaft im Umbruch wider. Traditionelle Strukturen wurden zunehmend hinterfragt, und die Keime für tiefgreifende soziale Veränderungen waren bereits gelegt. Dieser komplexe soziale Kontext bildete den Hintergrund, vor dem die Ideen der Französischen Revolution auf fruchtbaren Boden fielen und weitreichende Resonanz fanden.

Die Analyse der sozialen Verhältnisse bietet somit einen Schlüssel zum Verständnis der dynamischen und oft widersprüchlichen Kräfte,

9   Notker Hammerstein, Bildung und Wissenschaft vom 15. bis zum 17. Jahrhundert, München 2003, ISBN 3-486-55593-6 37

die die deutschen Lande am Vorabend der Revolution prägten. Sie zeigt eine Gesellschaft an der Schwelle zu tiefgreifenden Veränderungen, deren Weg durch die Ereignisse in Frankreich entscheidend beeinflusst werden sollte.

Kulturelle und intellektuelle Strömungen

Die kulturellen und intellektuellen Strömungen in den deutschen Landen vor der Französischen Revolution zeichnen ein reichhaltiges und vielschichtiges Panorama des geistigen Lebens dieser Epoche. Es war eine Zeit des Aufbruchs, in der die alten Denkweisen infrage gestellt und neue Perspektiven entwickelt wurden. Diese Periode war stark von der Aufklärung geprägt, einer Bewegung, die die Art und Weise, wie Menschen über sich selbst, ihre Gesellschaft und die Welt dachten, tiefgreifend veränderte. In den deutschen Landen, einem Mosaik aus zahlreichen Territorien innerhalb des Heiligen Römischen Reiches Deutscher Nation, entwickelte sich eine kulturelle Blüte, die sowohl von internen als auch von externen, europäischen Einflüssen gespeist wurde.

In dieser Zeit begann sich das Gedankengut der Aufklärung durchzusetzen, das die Vernunft und die empirische Wissenschaft über traditionelle Autoritäten und überkommene Glaubenssätze stellte. Diese neue Denkweise ähnelt einem Fenster, das plötzlich weit aufgestoßen wird, um frische Luft hereinzulassen und den alten, muffigen Dunst zu vertreiben. Die Aufklärung brachte lebhafte Debatten und eine Erweiterung des wissenschaftlichen und kulturellen Horizonts mit sich. Intellektuelle wie Immanuel Kant, Gotthold Ephraim Lessing und Friedrich Schiller prägten diese Zeit entscheidend. Sie trugen dazu bei, eine neue öffentliche Meinung zu formen und das Verständnis von Individualität und Gemeinwohl auf ein modernes Fundament zu stellen.

Die Salons und Kaffeehäuser der Städte wurden zu Zentren des geistigen Austauschs. Sie waren wie lebendige Foren, in denen sich Bürger aus verschiedenen gesellschaftlichen Schichten trafen, um Gedanken auszutauschen und Diskussionen zu führen. Diese Institutionen spielten eine entscheidende Rolle bei der Verbreitung der aufklärerischen Ideen und boten einen Raum, in dem Meinungen und neue Konzepte frei zirkulieren konnten. Salons waren oft von gebildeten Frauen betrieben, die als Gastgeberinnen eine besondere Rolle im kulturellen Leben einnahmen, während Kaffeehäuser den Bürgertum und Künstlern die Möglichkeit boten, sich zu vernetzen und intellektuell weiterzuentwickeln. Diese Treffpunkte trugen somit nachhaltig zur Entwicklung einer kritischen Öffentlichkeit bei, die das gesellschaftliche und politische Denken stark beeinflusste.

Auch die Literatur und die Künste florierten in dieser Epoche. Sie spiegelten die Spannungen und den Wandel der Zeit wider und trugen zur Verbreitung der neuen Denkweisen bei. Das Theater, beispielsweise durch Schillers Dramen, wurde zu einem Ort, an dem gesellschaftliche Fragen verhandelt wurden. Lessing mit seiner Forderung nach religiöser Toleranz und Kants Aufforderung, sich des eigenen Verstandes zu bedienen, drückten genau den Geist dieser Zeit aus – einen Drang nach Freiheit, Vernunft und einem selbstbestimmten Leben. Die Künste übernahmen somit eine wichtige Funktion, indem sie Ideen aufnahmen und in für die breite Öffentlichkeit zugänglicher Form vermittelten. Es war, als ob diese Werke wie ein Spiegel dienten, der der Gesellschaft ihre eigenen Schattenseiten und zugleich ihre Potenziale vor Augen hielt.

Die deutschen Lande am Vorabend der Französischen Revolution waren also nicht nur von sozialen Spannungen und wirtschaftlichem Wandel geprägt, sondern auch von einem lebendigen, kulturellen Aufbruch. Die Ideen der Aufklärung wirkten wie ein Funke, der das alte Gefüge zum Brennen brachte und Raum für etwas Neues schuf.

Dieses neue geistige Klima bereitete den Boden für die gesellschaftlichen Umwälzungen, die die kommenden Jahrzehnte prägen sollten – es war der Beginn einer neuen Ära, in der Vernunft und Freiheit zentrale Werte wurden und das Fundament für die moderne Welt legten.[10]

Aufklärung in den deutschen Landen

Die Aufklärung, eine kulturelle und intellektuelle Bewegung, die Rationalität, Wissenschaft und individuelle Autonomie in den Vordergrund rückte, hinterließ in den deutschen Landen deutliche Spuren. Die Bewegung stellte eine entscheidende Zäsur dar, indem sie traditionelle Annahmen über Autorität, Glauben und Wissen infrage stellte. Immanuel Kant, einer der herausragenden Denker dieser Epoche, prägte mit seinem Aufruf "Sapere aude" (Habe Mut, dich deines eigenen Verstandes zu bedienen) den Leitspruch der Aufklärung. Dieser Appell zur Selbständigkeit im Denken symbolisierte das zentrale Anliegen der Aufklärung: die Befreiung des Individuums aus der Unmündigkeit, die ihm von traditionellen Mächten auferlegt wurde.

Neben Kant trugen auch Philosophen wie Christian Wolff und Gottfried Wilhelm Leibniz erheblich zur intellektuellen Landschaft bei. Wolff, der für seine klare und systematische Philosophie bekannt war, spielte eine zentrale Rolle in der Verbreitung aufklärerischer Ideen in Deutschland. Seine Werke betonten die Bedeutung der Rationalität und Logik und beeinflussten Generationen von Denkern. Leibniz, bekannt für seinen Optimismus und seine philosophischen Systeme, suchte nach einem Ausgleich zwischen Vernunft und Glaube und zwi-

---

10 Wolfgang Frühwald und Alberto Martino: Zwischen Aufklärung und Restauration. Sozialer Wandel in der deutschen Literatur (1700–1848) Festschrift für Wolfgang Martens zum 65. Geburtstag. Tübingen 1989, ISBN 3-484-35024-5

schen den neuen wissenschaftlichen Erkenntnissen und den althergebrachten philosophischen Ideen.[11]

Ein weniger bekanntes, aber bedeutsames Ereignis im Kontext der Aufklärung war die sogenannte „Wolff-Krise" von 1723.

Sie ist ein herausragendes Beispiel für die Konflikte zwischen traditionellen theologischen Doktrinen und neuen philosophischen Ideen während der Aufklärungszeit in Deutschland. Diese Krise um den Philosophen Christian Wolff und seine Vertreibung von der Universität Halle illustriert die Spannungen zwischen Aufklärung und Orthodoxie, zwischen Rationalismus und religiösem Dogma. Sie markiert nicht nur einen persönlichen Konflikt, sondern symbolisiert auch einen kulturellen und intellektuellen Umbruch in der Geschichte der deutschen Aufklärung.

Christian Wolff wurde 1679 in Breslau, das damals zum Heiligen Römischen Reich gehörte, geboren. Er studierte Mathematik und Philosophie an der Universität Jena und der Universität Leipzig. Schon früh zeigte sich Wolff als Verfechter des Rationalismus, stark beeinflusst von den Ideen von Gottfried Wilhelm Leibniz, insbesondere von dessen Versuch, Philosophie und Wissenschaft durch eine universelle logische Sprache zu vereinigen.

1720 erhielt Wolff einen Ruf an die neu gegründete Universität Halle, eine Hochburg des Pietismus. Hier sollte er eine zentrale Rolle spielen. Der Pietismus, eine reformorientierte Bewegung innerhalb des deutschen Protestantismus, betonte persönliche Frömmigkeit und eine intensive Bibellektüre, stand jedoch neuen philosophischen Ideen oft skeptisch gegenüber.

11 Manfred Kühn, Kant – eine Biografie, 2003, C.H. Beck Verlag, ISBN 9783406509186

Wolffs Probleme begannen mit seiner öffentlichen Vorlesung im Jahr 1721, in der er argumentierte, dass zwischen Philosophie und Theologie eine klare Grenze bestehen sollte. Er behauptete, dass Vernunft und Erfahrung die Grundlagen der natürlichen Theologie seien, was bei einigen führenden pietistischen Theologen, insbesondere bei August Hermann Francke, auf Ablehnung stieß. Francke sah in Wolffs rationalistischen Ansichten eine Bedrohung für die religiöse Ordnung und Orthodoxie[12].

Die Auseinandersetzungen eskalierten weiter, als Wolff in seiner Antrittsrede die Möglichkeit der Harmonie zwischen den Gesetzen der Natur und denen der Moral durch Vernunft postulierte. Dies führte zu heftigen Anschuldigungen seitens seiner pietistischen Gegner, die Wolff vorwarfen, seine Philosophie führe zu Fatalismus und Determinismus, was die göttliche Vorsehung und menschliche Freiheit untergrabe.

Die Situation verschärfte sich 1723, als Wolff in einer Vorlesung behauptete, dass die chinesische Ethik, basierend auf den Lehren von Konfuzius, eine Moralbegründung unabhängig von christlichen Offenbarungen bieten könne. Diese Äußerungen wurden als direkte Herausforderung der christlichen Lehre interpretiert, was seine Gegner veranlasste, politischen Druck auf den preußischen König Friedrich Wilhelm I. Auszuüben.

Der König, der wenig Verständnis für philosophische Feinheiten hatte und die soziale Ordnung sowie den religiösen Frieden bedroht sah, erließ ein Dekret, das Wolff innerhalb von 48 Stunden unter Andro-

---

12 Orthodoxie bezieht sich allgemein auf die Einhaltung und Befolgung etablierter, traditionell anerkannter Glaubensüberzeugungen und Praktiken, insbesondere in religiösen Kontexten. Der Begriff wird oft im Zusammenhang mit der Ostkirche verwendet, die sich durch eine streng konservative Bewahrung der rituellen und dogmatischen Traditionen auszeichnet. In einem breiteren Sinne bezeichnet Orthodoxie jede Lehre, die als autoritativ und unveränderlich angesehen wird, wodurch Abweichungen als heterodox oder unorthodox betrachtet werden.

hung der Todesstrafe aus Preußen zu verbannen befahl. Wolff floh nach Marburg, wo er eine neue Anstellung fand und seine akademische und schriftstellerische Arbeit fortsetzte.

Die Verbannung Wolffs hatte weitreichende Folgen für die deutsche Aufklärung. Sie demonstrierte die Grenzen der akademischen Freiheit und den Einfluss religiöser Autoritäten auf die Wissenschaft. Jedoch führte sie auch zu einer größeren Verbreitung seiner Ideen in ganz Europa, da Wolff in der Folge seine Werke ins Französische und andere Sprachen übersetzte.

Nach Friedrichs Tod im Jahr 1740 wurde Wolff von dessen Nachfolger Friedrich dem Großen zurückgerufen und mit hohen Ehren in Halle wieder eingesetzt. Diese Rückkehr markierte nicht nur die Rehabilitierung Wolffs, sondern auch einen Sieg der aufklärerischen Rationalität über orthodoxe religiöse Ansichten.

Die Wolff-Krise von 1723 war somit ein entscheidender Moment in der Geschichte der deutschen Aufklärung. Sie zeigte die Herausforderungen auf, die der Prozess der Modernisierung und Säkularisierung mit sich brachte, und wie diese Konflikte die Entwicklung von Philosophie, Wissenschaft und Gesellschaft beeinflussten. Wolffs Lebenswerk und die Kontroversen, die es auslöste, sind ein Beleg für den tiefen Einfluss, den philosophische Ideen auf die gesellschaftlichen und religiösen Strukturen ihrer Zeit haben können. Seine Ideen und sein unerschütterlicher Glaube an die Vernunft trugen dazu bei, den Weg für spätere Entwicklungen in der Philosophie und in den Wissenschaften zu ebnen.

<u>Literatur und die Rolle der Klassik</u>

Während der Aufklärung und in den darauffolgenden Jahren erlebte die deutsche Literatur eine bemerkenswerte Blütezeit, die besonders durch die Epoche der "Weimarer Klassik" geprägt wurde. Diese literarische Ära wird vor allem mit den Namen Johann Wolfgang von Goethe und Friedrich Schiller verbunden, die als zentrale Figuren dieser Bewegung gelten. Ihre Werke, geprägt von der Suche nach Harmonie, moralischer Integrität und ästhetischer Perfektion, thematisierten universelle Werte wie Freiheit, Würde und Selbstbestimmung. Sie beeinflussten nachhaltig die deutsche Kultur und darüber hinaus.

Goethe und Schiller, deren Freundschaft und Zusammenarbeit zu den kulturellen Höhepunkten ihrer Zeit zählten, schufen Werke, die nicht nur literarische Meisterleistungen waren, sondern auch tiefgehende philosophische und soziale Fragestellungen behandelten. Ihre Texte reflektierten die sozialen und politischen Umwälzungen Europas und thematisierten den Konflikt zwischen Individuum und Gesellschaft sowie die Spannungen zwischen Tradition und Fortschritt.[13]

Ein Ereignis im Kontext der Weimarer Klassik ist die sogenannte "Xenien-Schlacht", eine literarische Fehde, die Goethe und Schiller gemeinsam führten.

Dieser Konflikt manifestierte sich in einer Serie von satirischen Epigrammen, den sogenannten "Xenien", die 1796 im "Musen-Almanach" veröffentlicht wurden. Die Bezeichnung „Xenien" leitet sich von den Gastgeschenken ab, die im antiken Griechenland üblich waren. Goethe und Schiller nutzten diese literarische Form, um ihre Zeitgenossen in der literarischen Welt zu kritisieren, was zu heftigen Reaktionen und einer anhaltenden Debatte über literarische Standards und moralische Werte führte.

Die Zusammenarbeit zwischen Goethe und Schiller begann um 1794 und markiert eine der produktivsten Phasen in der deutschen Literatur. Schiller, der jünger war und Goethe bewunderte, suchte den Austausch mit ihm, um seine eigenen dramatischen Werke zu verbessern. Goethe seinerseits fand in Schiller einen literarischen Partner, der sei-

13 Rüdiger Safranski, Goethe und Schiller. Geschichte einer Freundschaft. Hanser, München u. a. 2009, ISBN 978-3-446-23326-3

ne Ansichten teilte und herausforderte. Diese Partnerschaft führte zu einer intensiven Briefkorrespondenz, in der beide ihre Gedanken über Ästhetik und ihre kritische Sicht auf die zeitgenössische Literaturszene austauschten.

Die Idee zu den Xenien entstand, als Schiller Goethe im Juli 1795 zu einem Besuch in Weimar einlud. Während dieses Besuchs lasen sie gemeinsam das Werk des römischen Dichters Martial, bekannt für seine scharfzüngigen Epigramme. Inspiriert von Martials Stil beschlossen Goethe und Schiller, eine ähnliche Sammlung von Epigrammen zu erstellen, die aktuelle literarische und philosophische Themen aufgreifen sollte. Die beiden Dichter nutzten diese Form, um ihre Kritiker und rivalisierenden Schriftsteller direkt und unverblümt anzusprechen.

Die Xenien umfassten etwa 414 Epigramme[14], die sich durch ihren scharfen Witz und ihre oft bissige Ironie auszeichneten. Einige dieser Epigramme zielten auf spezifische Personen ab, wie beispielsweise Friedrich Nicolai, einen bekannten Literaturkritiker der Aufklärung, der für seine engstirnigen Ansichten kritisiert wurde. Andere Epigramme adressierten allgemeinere Themen wie die Unzulänglichkeit der zeitgenössischen Poesie, die mangelnde Originalität unter Schriftstellern oder die pedantische Gelehrsamkeit der Universitätsprofessoren.

Die Veröffentlichung der Xenien im "Musen-Almanach" löste eine Welle der Empörung unter vielen Zeitgenossen aus. Viele der angegriffenen Autoren und Kritiker antworteten mit eigenen Schriften, in denen sie Goethe und Schiller ihrerseits kritisierten. Diese literarische Fehde wurde als "Xenien-Schlacht" bekannt und zog eine breite öffentliche Aufmerksamkeit auf sich. Die Auseinandersetzung verdeut-

---

14 Ein Epigramm ist eine kurze, prägnante und oft geistreiche literarische Form, die typischerweise in Versen verfasst ist. Ursprünglich für Inschriften auf Denkmälern genutzt, zielt es darauf ab, eine überraschende Wendung oder Pointe zu liefern.

lichte die tiefen Gräben zwischen den verschiedenen literarischen und philosophischen Schulen der Zeit.

Trotz der Kontroversen, die die Xenien auslösten, spielten sie eine entscheidende Rolle in der Entwicklung der deutschen Literatur. Sie förderten die Idee der literarischen Kritik und betonten die Bedeutung von Originalität und künstlerischer Integrität. Goethe und Schiller nutzten die Xenien, um ihre eigenen literarischen Ansichten zu festigen und durchzusetzen, was letztlich zur Konsolidierung der Weimarer Klassik führte.

Die Xenien-Schlacht bleibt ein faszinierendes Kapitel in der Geschichte der deutschen Literatur. Sie zeigt nicht nur die Dynamik der literarischen Debatten der Zeit, sondern auch, wie literarische Innovationen durch die Interaktion zwischen herausragenden Persönlichkeiten entstehen können. Die Freundschaft und Zusammenarbeit zwischen Goethe und Schiller, die durch die Xenien noch verstärkt wurde, ist ein Schlüsselmoment in der kulturellen Geschichte Deutschlands und ein Beleg für die Macht der Literatur, gesellschaftliche und ästhetische Normen herauszufordern und neu zu definieren.

Dieser Überblick über die Xenien-Schlacht zwischen Goethe und Schiller bietet Einblicke in einen der markantesten literarischen Konflikte der deutschen Klassik. Die detaillierte Betrachtung dieses Ereignisses zeigt, wie kreativer Austausch und kritische Auseinandersetzung die literarische Landschaft prägen und weiterentwickeln können.

*Der **Musen-Almanach** war eine jährlich erscheinende literarische Publikation, die im späten 18. und frühen 19. Jahrhundert in Deutschland populär war. Diese Almanache enthielten eine Mischung aus Gedichten, literarischen Essays und manchmal auch dramatischen Werken verschiedener Autoren. Sie dienten als Plattform für den literarischen Austausch und reflektierten oft die aktuellen Trends und Strömungen innerhalb der literarischen Kultur der Zeit.*

Die Idee des Musen-Almanachs reicht zurück ins 18. Jahrhundert, als Alma-
nache allgemein als Jahreskalender mit verschiedenen nützlichen Informatio-
nen wie Wettervorhersagen, Bauernregeln und astrologischen Daten sowie
literarischen Beiträgen verbreitet waren. Im Laufe der Zeit gewann der litera-
rische Teil dieser Almanache an Bedeutung, und einige Publikationen spezia-
lisierten sich ausschließlich auf literarische Inhalte.

Einer der bekanntesten Musen-Almanache wurde von Friedrich Schiller her-
ausgegeben. Schiller übernahm die Herausgabe des Almanachs im Jahr 1796
und nutzte ihn, um Werke zeitgenössischer Dichter sowie seine eigenen Texte
zu veröffentlichen. Der Musen-Almanach wurde schnell zu einem wichtigen
Organ der literarischen Welt und trug zur Verbreitung neuer Ideen und litera-
rischer Stile bei.

In Schillers Musen-Almanach für das Jahr 1797 erschienen die berühmten
"Xenien", die er zusammen mit Johann Wolfgang von Goethe verfasst hatte.
Diese Sammlung von satirischen Epigrammen zielte darauf ab, die literari-
sche Szene zu kritisieren und bestimmte kulturelle sowie gesellschaftliche
Tendenzen herauszufordern. Die Xenien lösten eine heftige Kontroverse aus,
bekannt als die "Xenien-Schlacht", und machten den Musen-Almanach von
1797 zu einem der bekanntesten und umstrittensten Bände dieser Reihe.

Der Musen-Almanach spielte eine zentrale Rolle in der Förderung der deut-
schen Literatur. Er bot vielen Autoren eine Plattform, ihre Werke einem brei-
teren Publikum vorzustellen und literarische Netzwerke zu bilden. Zudem war
er ein Instrument, durch das Herausgeber wie Schiller Einfluss auf die literari-
sche Richtung der Zeit nehmen konnten, indem sie bestimmte Themen und
Formen bevorzugten oder vernachlässigten. Der Einfluss des Musen-Alma-
nachs erstreckte sich über mehrere Jahrzehnte und spiegelt die dynamische
Natur der literarischen Produktion und Kritik in einer Zeit wieder, die von tief-
greifenden kulturellen und sozialen Veränderungen geprägt war.

Bildung und Wissenschaft

Während der Aufklärung erlebte der Bereich der Bildung und Wissenschaft in den deutschen Landen eine grundlegende Neubewertung
und umfassende Reformen. Universitäten wie jene in Halle und Göt-

tingen avancierten zu Zentren der Aufklärungsforschung und -lehre und spielten eine führende Rolle bei der Förderung neuer pädagogischer Ansätze und wissenschaftlicher Methoden. Diese Hochschulen setzten neue Standards in der Art und Weise, wie Wissen vermittelt und erforscht wurde, und zogen Gelehrte und Studenten aus ganz Europa an.

Parallel dazu erlebte die Verbreitung von Wissen durch Bücher, Zeitschriften und Zeitungen einen beispiellosen Aufschwung. Dies trug zur Bildung einer informierten öffentlichen Sphäre bei, in der Ideen frei zirkulieren und diskutiert werden konnten. Die zunehmende Verfügbarkeit und Verbreitung von Druckerzeugnissen machte Wissen für breitere Bevölkerungsschichten zugänglich und förderte das kritische Denken und den öffentlichen Diskurs.

Naturwissenschaftler wie Alexander von Humboldt erweiterten die Grenzen des Wissens erheblich. Humboldt verstand die Wissenschaft als ein Mittel zur Entschlüsselung der Naturgesetze, die das Universum regieren. Seine Forschungen und Entdeckungsreisen trugen dazu bei, das Verständnis für die Komplexität und Vielfalt der natürlichen Welt zu vertiefen.

Solche intellektuellen Bestrebungen spiegelten ein zunehmendes Vertrauen in die menschliche Vernunft und die Überzeugung wider, dass Wissen zur Verbesserung der menschlichen Bedingungen beitragen könnte.[15]

Die Gründung der „Göttinger Gesellschaft der Wissenschaften" im Jahr 1751 durch Albrecht von Haller ist ein bedeutendes Ereignis in der Geschichte der wissenschaftlichen Institutionen in Deutschland und markiert einen Wendepunkt in der Förderung der Wissenschaften im Zeitalter der Aufklärung. Diese Gesellschaft, heute bekannt als

---

15 Andrea Wulf, Alexander Humboldt und die Erfindung der Natur, Bertelsmann Verlag, ISBN 978-3570102060

die Akademie der Wissenschaften zu Göttingen, spielte eine zentrale Rolle in der Entwicklung der Wissenschaften und der Universität Göttingen und trug zur Verbreitung des wissenschaftlichen Gedankens in Europa bei.

Die Idee einer wissenschaftlichen Gesellschaft in Göttingen entstand im Kontext der umfassenden Reformen, die in der Mitte des 18. Jahrhunderts in vielen europäischen Ländern stattfanden. Der Wunsch, das Wissen und die Forschung zu fördern, wurde insbesondere von den Herrschern des Heiligen Römischen Reiches geteilt. In diesem kulturellen und wissenschaftlichen Erwachen spielte der König von Großbritannien und Kurfürst von Hannover, Georg II., eine entscheidende Rolle. Er sah in der Förderung der Wissenschaften ein Mittel zur Stärkung seines Staates und seiner internationalen Stellung.

Albrecht von Haller, ein Schweizer Anatom, Physiologe und Dichter, war eine der treibenden Kräfte hinter der Gründung der Gesellschaft. Haller hatte bereits in Bern, Paris, und Basel studiert und war in ganz Europa für seine wissenschaftlichen Arbeiten bekannt. 1736 wurde er nach Göttingen berufen, um an der neu gegründeten Universität zu lehren. Haller brachte nicht nur umfassendes Wissen, sondern auch eine Vision mit: die Schaffung einer Institution, die der Förderung der Wissenschaften gewidmet ist.

Die „Göttinger Gesellschaft der Wissenschaften" wurde am 1. Januar 1751 offiziell gegründet. Die Gründung wurde von der hannoverschen Regierung und insbesondere von Gerlach Adolph von Münchhausen, dem Staatsminister von Hannover und einem der Gründerväter der Universität Göttingen, unterstützt. Münchhausen sah in der neuen wissenschaftlichen Gesellschaft ein Instrument, um die akademische Exzellenz der Universität Göttingen zu stärken und den wissenschaftlichen Austausch zu fördern.

Die Hauptziele der Gesellschaft waren die Förderung der wissenschaftlichen Forschung und die Verbreitung wissenschaftlicher Erkenntnisse. Die Mitglieder der Gesellschaft sollten durch regelmäßige Treffen, Vorträge und die Veröffentlichung ihrer Forschungsergebnisse zum wissenschaftlichen Dialog beitragen. Von Beginn an war die Gesellschaft interdisziplinär ausgerichtet und umfasste Fachbereiche wie Medizin, Naturwissenschaften, Mathematik, Philosophie und später auch Geisteswissenschaften.

Die Mitgliedschaft in der Gesellschaft stand Gelehrten aus aller Welt offen, was zur internationalen Vernetzung beitrug. Zu den Mitgliedern zählten nicht nur Universitätsprofessoren, sondern auch Wissenschaftler und Intellektuelle aus verschiedenen Teilen Europas. Diese breite Mitgliederbasis ermöglichte einen regen wissenschaftlichen Austausch und trug zur internationalen Bedeutung der Gesellschaft bei.

Ein wesentliches Element der Arbeit der Gesellschaft war die Veröffentlichung der „Göttingischen Gelehrten Anzeigen", einer wissenschaftlichen Zeitschrift, die der Verbreitung neuester Forschungsergebnisse diente. Diese Publikation war eines der ersten wissenschaftlichen Journale in Deutschland und spielte eine wichtige Rolle in der wissenschaftlichen Kommunikation des 18. Jahrhunderts.

Die Gründung der „Göttinger Gesellschaft der Wissenschaften" hatte nachhaltige Auswirkungen auf die Wissenschaftsgeschichte. Sie förderte nicht nur die wissenschaftliche Forschung in Deutschland, sondern trug auch zur Entwicklung eines Netzwerks von Wissenschaftlern bei, das die Grundlage für spätere wissenschaftliche Kooperationen bildete. Die Gesellschaft wurde zu einem Modell für die Gründung ähnlicher Institutionen in Europa und trug zur Etablierung von Göttingen als einem der führenden wissenschaftlichen Zentren des Kontinents bei.

Die „Göttinger Gesellschaft der Wissenschaften" und ihr Gründer Albrecht von Haller haben eine dauerhafte Wirkung auf die Welt der Wissenschaft hinterlassen. Durch ihre Arbeit wurden nicht nur die Grenzen des Wissens erweitert, sondern auch die Art und Weise, wie Wissenschaft organisiert und kommuniziert wird. Die Gesellschaft bleibt ein leuchtendes Beispiel dafür, wie visionäre Führung und institutionelle Unterstützung zusammenwirken können, um die Wissenschaft voranzubringen und das Wissen für zukünftige Generationen zu bewahren.

Musik und Kunst

In der Epoche des Übergangs von der Klassik zur Romantik erlebte die Musik in den deutschen Landen eine bedeutende Entwicklung. Komponisten wie Ludwig van Beethoven standen dabei im Zentrum dieser Transformation. Beethoven, dessen Werke oft als Brücke zwischen diesen beiden musikalischen Epochen betrachtet werden, brachte eine neue Tiefe in die Musik ein. Seine Kompositionen waren geprägt von einem emotionalen Ausdruck, der in dieser Intensität vorher kaum zu hören gewesen war, und von einer philosophischen Tiefe, die das Publikum gleichermaßen herausforderte und verzauberte. Sein Stil brach mit den traditionellen, streng geregelten Konventionen der Klassik und fügte stattdessen Elemente ein, die die Zuhörer direkt in ihre Herzen trafen – kraftvolle, aufwühlende Harmonien und Melodien, die den Geist der Romantik einläuteten.

Parallel dazu veränderte sich auch die bildende Kunst. Die Künstler begannen, sich von den strengen, klassizistischen Formen zu lösen und wandten sich stattdessen dem individuellen Ausdruck und der emotionalen Tiefe zu. Diese neue Richtung in der Kunst war ein deutlicher Bruch mit den bisherigen Konventionen und führte zu einer Bewegung, die später als Romantik bekannt wurde. Die Werke dieser Zeit spiegelten die persönlichen Gefühle und Empfindungen der Künstler wider – man könnte sagen, sie waren wie offene Fenster in die Seele der Schaffenden. Anstelle der idealisierten Schönheit der Klassik traten nun die unverfälschten, oft rauen und emotional aufgeladenen Bilder der Romantik.

Ein weniger bekanntes, aber dennoch bemerkenswertes Ereignis in der musikalischen Welt dieser Zeit war die "Akademie von 1808", ein Konzert, das Beethoven in Wien organisierte. Dieses Konzert war in vielerlei Hinsicht außergewöhnlich: Beethoven präsentierte hier zum ersten Mal seine 5. und 6. Symphonie. Man stelle sich den Konzertsaal vor, gefüllt mit gespanntem Publikum, das auf das neue Werk eines bereits als Genie gefeierten Komponisten wartete. Diese Veranstaltung war mehr als nur ein Konzert; sie war eine Demonstration von Beethovens Meisterschaft und seinem unbändigen Streben nach künstlerischer Innovation. Die Musik war ein Statement – eine Einladung, die Welt nicht nur mit dem Verstand, sondern auch mit dem Herzen zu erfassen.

Auch in der bildenden Kunst kam es zu wegweisenden Ereignissen. Ein Beispiel dafür ist die Gründung der "Nazarener", einer Gruppe deutscher Künstler, die sich in Rom zusammenschlossen, um gegen die vorherrschenden klassizistischen Tendenzen zu protestieren. Sie fühlten sich von den traditionellen Formen der Kunst eingeengt und sehnten sich nach einer Rückkehr zu den spirituellen und emotionalen Werten der mittelalterlichen und frühen Renaissance-Kunst. Ihre Werke waren geprägt von einer tiefen Religiosität und einem intensiven Ausdruck – es war, als ob sie die verlorene Verbindung zwischen Kunst und Glauben wiederherstellen wollten. Die Nazarener hatten einen bedeutenden Einfluss auf die Entwicklung der romantischen Kunst in Deutschland und trugen dazu bei, das Ideal der Kunst als Ausdruck der Seele zu festigen.

Diese Entwicklungen in der Musik und bildenden Kunst während des Übergangs von der Klassik zur Romantik illustrieren die dynamischen Veränderungen, die in den deutschen Landen stattfanden. Es war eine

Zeit, die von einer starken Betonung der emotionalen und philosophischen Ausdruckskraft geprägt war. Die Künstler und Komponisten dieser Epoche schufen Werke, die nicht nur ästhetisch ansprechend, sondern auch tief bewegend waren – sie forderten ihr Publikum heraus, Emotionen in ihrer ganzen Tiefe zu erleben und sich von der Kunst in unbekannte seelische Gefilde führen zu lassen. Es war der Beginn einer neuen Ära, in der die Kunst nicht nur Schönheit, sondern auch ein Mittel zur Selbstfindung und zum Ausdruck der inneren Welt des Menschen wurde.[16]

Soziale und politische Gedanken

Die kulturellen und intellektuellen Strömungen in den deutschen Landen waren eng mit den sozialen und politischen Ideen ihrer Zeit verflochten, besonders beeinflusst durch die Diskussionen über Freiheit, Gleichheit und Brüderlichkeit, die von der Französischen Revolution angestoßen wurden. In Deutschland fanden diese Ideen ein lebhaftes Echo. Intellektuelle und Schriftsteller debattierten intensiv über die Rolle des Individuums in der Gesellschaft, über die Natur von Autorität und über die Möglichkeiten politischer und sozialer Reformen. Diese Debatten wurden in zahlreichen Salons, Kaffeehäusern und in der Presse geführt, Orte, an denen sich das Bürgertum versammelte, um die drängenden Fragen der Zeit zu erörtern.

Diese intellektuellen und kulturellen Entwicklungen bildeten nicht nur die Grundlage für die kulturelle Identität der deutschen Lande, sie prägten auch die Art und Weise, wie diese Gesellschaften auf die Herausforderungen und Chancen der kommenden Jahre reagieren würden. Die Zeit vor der Französischen Revolution in Deutschland war gekennzeichnet durch ein komplexes Mosaik von kulturellen und intellektuellen Strömungen, die eine Welt im Übergang reflektierten. Die-

16 Lewis Lockwood, (1997): "Filmbiographie als Travestie: Unsterblicher Geliebter und Beethoven." The Musical Quarterly, S. 190–198

se Epoche oszillierte zwischen Tradition und Moderne, zwischen alten Hierarchien und neuen Ideen von Freiheit und menschlicher Würde, und bildete einen entscheidenden Kontext für das Verständnis der späteren historischen Entwicklungen.[17]

Ein Ereignis, das die intellektuellen und kulturellen Strömungen dieser Zeit illustriert, war die Gründung des „Göttinger Hainbundes" im Jahr 1772.

Der „Göttinger Hainbund", auch bekannt als Hainbund, war eine literarische Gruppierung deutscher Dichter, die sich im Jahr 1772 in Göttingen formierte. Diese Bewegung, benannt nach den heiligen Hainen in der nordischen Mythologie, die als Treffpunkte für Götter und Göttinnen dienten, symbolisierte die Rückkehr zur Natur und eine Abwendung von den künstlichen Formen der höfischen Dichtung. Der Hainbund markiert einen bedeutenden Moment in der deutschen Literaturgeschichte, insbesondere als Teil der Sturm-und-Drang-Bewegung, die sich durch eine starke Betonung auf Individualität, emotionale Tiefe und eine Abkehr von den strengen Regeln des Klassizismus auszeichnete.

Die Gründung des Hainbundes erfolgte in einer Zeit des kulturellen Umbruchs in Deutschland. Die jungen Dichter der Gruppe trafen sich während ihres Studiums an der Universität Göttingen, die für ihre liberalen Ideen und ihren Einfluss auf die deutsche Aufklärung bekannt war. Zu den Gründungsmitgliedern zählten bedeutende literarische Persönlichkeiten wie Johann Heinrich Voss, Ludwig Christoph Heinrich Hölty, Johann Martin Miller, und Friedrich Leopold zu Stolberg.

Die Gruppe formierte sich offiziell in einer nächtlichen Zeremonie im September 1772. Die Mitglieder schworen, sich der wahren Dichtkunst zu widmen, sich gegenseitig in ihren literarischen Bemühungen

17 Paul Raabe, Spaziergänge durch Goethes Weimar. Arche Verlag, Zürich 2005 (10., aktualisierte Neuauflage), ISBN 978-3-7160-2256-6

zu unterstützen und den künstlichen Stil der herrschenden Literaturformen zu meiden. Die Wahl eines Hains als Symbol war eine direkte Anspielung auf ihre Naturverbundenheit und ihre Bewunderung für die Werke des antiken Dichters Theokrit, dessen Idyllen sie als Vorbild für die eigene Poesie sahen.

Der Göttinger Hainbund lehnte die formale, oft als oberflächlich empfundene Poesie der Zeit ab und strebte nach einer authentischeren und emotionaleren Ausdrucksform. Inspiriert von Rousseaus Ideen zur Rückkehr zur Natur und von Herders Gedanken zur Bedeutung des Volksgeistes für die Dichtung, versuchten die Mitglieder des Hainbundes, eine tiefere Verbundenheit mit den natürlichen und geistigen Wurzeln ihres Volkes zu erreichen.

Die Dichter des Hainbundes waren auch stark beeinflusst von den Werken von Shakespeare und Homer, deren Schriften sie wegen ihrer emotionalen Tiefe und ihres Verständnisses für die menschliche Natur bewunderten. Sie sahen in diesen Autoren Vorbilder für ihre eigene literarische Produktion und strebten danach, die deutsche Sprache und Literatur zu erneuern.

Der Göttinger Hainbund war maßgeblich an der Entwicklung einer eigenen deutschen literarischen Identität beteiligt. Ihre Gedichte und Schriften zeichnen sich durch eine leidenschaftliche Verbindung zur Natur, eine unverblümte Emotionalität und eine kritische Haltung gegenüber sozialen Normen und Konventionen aus. Ludwig Hölty, einer der herausragenden Lyriker der Gruppe, ist bekannt für seine idyllischen und melancholischen Gedichte, die die Schönheit der Natur und die Vergänglichkeit des Lebens betonen.

Johann Heinrich Voss, ein weiteres prominentes Mitglied, übersetzte Homers „Odyssee" und „Ilias" ins Deutsche, was die literarische Landschaft in Deutschland nachhaltig prägte. Seine Übersetzungen waren nicht nur sprachliche Meisterleistungen, sondern trugen auch dazu bei, das Interesse an antiken Klassikern zu beleben und diese einer breiteren deutschen Leserschaft zugänglich zu machen.

Obwohl der Hainbund selbst nur wenige Jahre bestand – er löste sich bereits 1774 aufgrund interner Spannungen und der geographischen Trennung seiner Mitglieder auf –, hatte seine Ideologie und seine literarischen Arbeiten einen langfristigen Einfluss auf die deutsche Literatur. Die Mitglieder des Hainbundes waren wichtige Vorreiter der Romantik, die gegen Ende des 18. Jahrhunderts aufkam und viele der Ideale des Hainbundes weiterführte.

Das Vermächtnis des Hainbundes besteht in seinem Beitrag zur Förderung einer deutschen Nationalidentität durch die Literatur. Ihre Bemühungen um eine authentische poetische Ausdrucksform und ihre Betonung der emotionalen und individuellen Aspekte der menschlichen Erfahrung bereiteten den Weg für spätere literarische Bewegungen und halfen dabei, die deutsche Sprache als Medium für hochwertige Literatur zu etablieren.

Der Göttinger Hainbund bleibt eine faszinierende Epoche in der Geschichte der deutschen Literatur. Seine Mitglieder waren nicht nur Dichter, sondern auch kulturelle Pioniere, die gegen die literarischen Konventionen ihrer Zeit ankämpften und nach neuen Wegen suchten, die menschliche Erfahrung durch das Medium der Sprache auszudrücken.

Die Aufklärung und ihre politischen Implikationen

Die Aufklärung, die ihren Ursprung im 17. und 18. Jahrhundert hatte, war eine der prägendsten intellektuellen Bewegungen in Europa. Ihre Kernprinzipien – Vernunft, Kritik und Individualität – wirkten wie ein Katalysator, der die gesellschaftlichen, politischen und kulturellen Strukturen Europas tiefgreifend veränderte, insbesondere in den deutschen Territorien des Heiligen Römischen Reiches Deutscher Nation. Diese Bewegung, die eine Rationalisierung und Humanisierung der Gesellschaft anstrebte, hinterfragte etablierte Autoritäten und förderte eine neue Auffassung von politischer und sozialer Organisation. Es war, als ob ein helles Licht auf die dunklen Ecken der traditionellen Machtverhältnisse geworfen wurde, um alte Strukturen zu durchleuchten und Platz für Neues zu schaffen.

In den deutschen Landen zeigten sich die politischen Implikationen der Aufklärung besonders deutlich in der wachsenden Forderung nach verfassungsmäßiger Regierung und rechtlicher Gleichheit. Die Philosophen der Aufklärung argumentierten, dass alle Menschen von Natur aus gleich seien und daher gleiche Rechte besitzen sollten. Diese revolutionären Ideen fanden insbesondere im aufstrebenden Bürgertum Widerhall, das zunehmend nach politischer Mitbestimmung und Freiheit von adliger und kirchlicher Bevormundung strebte. Man stelle sich diese Bewegung wie das Anschwellen eines Stroms vor, der die Ufer der alten Machtverhältnisse zu durchbrechen drohte. Reformbewegungen, die die Abschaffung der Leibeigenschaft, die Verbesserung des Bildungswesens und die Etablierung von Rechtsstaatlichkeit forderten, gewannen an Stärke und sorgten dafür, dass diese Ideen zunehmend Einfluss auf die Gesellschaft nahmen.

Neben den politischen Reformen führte die Aufklärung auch zu bedeutenden sozialen und kulturellen Veränderungen. Die Verbreitung von Wissen spielte hierbei eine zentrale Rolle, und die verbesserten Bildungschancen sowie der Buchdruck ermöglichten es, neue Ideen in alle Ecken des Reiches zu tragen. Schulen und Universitäten wurden zu Leuchttürmen des kritischen Denkens und der wissenschaftlichen Forschung. Man kann sich die Bildungseinrichtungen jener Zeit wie wachsende Pflanzen vorstellen, die ihre Blätter dem Licht der Vernunft entgegenstreckten. In Städten wie Berlin, Halle und Göttingen blühten Akademien auf, die eine Kultur förderten, die auf Rationalität und empirischer Wissenschaft basierte. Diese Orte wurden zu Treffpunkten für Gelehrte, die sich der Erforschung der Natur und der menschlichen Gesellschaft widmeten.

Die Salons und Kaffeehäuser, die in dieser Zeit aufkamen, waren ebenfalls entscheidende Institutionen der Aufklärung. In diesen lebendigen Zentren des Austauschs trafen sich Bürger unterschiedlicher Herkunft, um sich über neue Ideen auszutauschen und Debatten zu führen. Diese Orte ähnelten einem offenen Markt des Wissens, auf dem Gedanken und Konzepte frei gehandelt wurden. Besonders die Salons, oft von gebildeten Frauen betrieben, spielten eine entscheidende Rolle in der Verbreitung der aufklärerischen Gedanken und boten Raum für Diskussionen, die zuvor nur hinter verschlossenen Türen stattfanden. Das bürgerliche Kaffeehaus wurde zu einem Symbol für den neuen, selbstbewussten Geist einer Gesellschaft, die sich mehr und mehr von den Fesseln der alten Ordnung lösen wollte.

Die Aufklärung brachte auch eine neue Sicht auf die Rolle des Individuums in der Gesellschaft. Der Gedanke, dass jeder Mensch das Recht und die Fähigkeit habe, seinen eigenen Verstand zu gebrauchen, wurde zu einem Leitmotiv dieser Epoche. Diesen Geist drückte Immanuel Kant in seinem berühmten Ausspruch „Habe Mut, dich deines eigenen Verstandes zu bedienen!" aus. Die Ideen der Aufklärung wurden zur treibenden Kraft hinter einer neuen Definition von Freiheit, die nicht nur politische, sondern auch persönliche und geistige Dimensionen umfasste.

Die deutschen Lande zur Zeit der Aufklärung waren somit ein Ort tiefgreifender Veränderungen. Die alten Strukturen begannen zu bröckeln, und neue Denkweisen fanden ihren Weg in die Gesellschaft. Die Aufklärung wirkte wie ein Sturm, der altes Geröll wegräumte und den Boden für neue Pflanzen bereitete. Diese intellektuelle Bewegung schuf die Grundlage für die politischen und sozialen Umwälzungen, die das späte 18. und 19. Jahrhundert prägen sollten. Sie war der

Anfang einer Reise hin zu einer modernen Welt, in der Vernunft und die Freiheit des Individuums zentrale Werte wurden.[18]

Intellektuelle Grundlagen der politischen Aufklärung

Die Aufklärung war eine intellektuelle Revolution, die die europäische Gesellschaft grundlegend transformierte, indem sie traditionelle Autoritäten und angenommene Wahrheiten in Frage stellte und die Vernunft als das höchste Gut hervorhob. Im Zentrum dieser Bewegung standen Philosophen wie Immanuel Kant, die die Menschen dazu aufriefen, sich ihres eigenen Verstandes zu bedienen und sich von den Fesseln der Unmündigkeit zu befreien. In seiner berühmten Schrift "Beantwortung der Frage: Was ist Aufklärung?" definierte Kant Aufklärung als den Ausgang des Menschen aus seiner selbstverschuldeten Unmündigkeit, wobei er Unmündigkeit als die Unfähigkeit beschrieb, sich seines Verstandes ohne Leitung eines anderen zu bedienen.

Diese philosophischen Ideen hatten weitreichende politische Implikationen. Indem die Aufklärung die individuelle Vernunft und Autonomie betonte, untergrub sie die Legitimität von

autokratischen und willkürlichen Herrschaftsformen. Die Aufklärer forderten eine politische Ordnung, die auf Vernunft, Gesetzen und einem Vertrag zwischen Regierenden und Regierten basierte, was den Grundstein für moderne demokratische Systeme legte.

Die „Berliner Mittwochsgesellschaft", gegründet im Jahr 1783, ist ein prägnantes Beispiel für die Gelehrtenkultur und das aufklärerische Denken in Preußen gegen Ende des 18. Jahrhunderts. Als private Debattierklub zog sie einige der führenden Köpfe der Berliner Intelligenzija an und diente als Forum für Diskussionen über eine Vielzahl von Themen, die von Philosophie und Politik bis hin zu Bildung und Wis-

---

18 Manfred Kühn, Kant-eine Biographie, 2001, ISBN 978-3-406-81460-0

senschaft reichten. In dieser Gesellschaft spiegeln sich die sozialen und intellektuellen Strömungen einer Epoche wider, die von tiefgreifenden Veränderungen geprägt war.

Die „Berliner Mittwochsgesellschaft" wurde von dem jüdischen Aufklärer und Kaufmann Moses Mendelssohn und einigen seiner Freunde und Zeitgenossen ins Leben gerufen. Diese Gründung erfolgte in einer Zeit, in der in ganz Europa Salons, Logen und Gelehrtengesellschaften entstanden, die der Förderung der Aufklärung und dem freien Austausch von Ideen gewidmet waren. Berlin, das unter Friedrich dem Großen zu einem Zentrum der Aufklärung avanciert war, bot den idealen Nährboden für eine solche Einrichtung.

Die Gesellschaft traf sich jeden Mittwochabend – daher der Name – und die Treffen fanden in den Häusern der Mitglieder statt. Die Mitgliedschaft war auf etwa zwanzig Personen beschränkt, um eine intime Atmosphäre zu bewahren, die offene und ehrliche Diskussionen ermöglichte.

Die Mitglieder der „Mittwochsgesellschaft" waren überwiegend Angehörige der gehobenen Gesellschaftsschichten, darunter Gelehrte, Beamte, Künstler und einige wenige Adlige. Neben Moses Mendelssohn zählten Persönlichkeiten wie der Philosoph und Pädagoge Friedrich Gedike, der Jurist und Philosoph Ernst Ferdinand Klein, und der Theologe und Philosoph Johann Erich Biester zu den führenden Köpfen der Gruppe. Ihre unterschiedlichen beruflichen Hintergründe und Perspektiven trugen zur Vielfalt und Tiefe der Debatten bei.

Die „Berliner Mittwochsgesellschaft" verfolgte das Ziel, durch rationale Diskussion und kritischen Austausch zur Verbreitung aufklärerischer Ideale beizutragen. In einer Zeit, in der Zensur und staatliche Kontrolle das öffentliche und akademische Leben stark einschränkten, bot die Gesellschaft einen relativ sicheren Raum, in dem neue Ideen erörtert werden konnten.

Die Themen, die in den Sitzungen behandelt wurden, waren breit gefächert. Sie reichten von philosophischen Fragen über Moral und Ethik bis hin zu praktischen Problemen der Politik und Verwaltung. Bildung und Erziehung waren ebenfalls häufige Diskussionsthemen, ebenso wie die Rolle der Religion in der modernen Gesellschaft.

Ein zentrales Anliegen der Gesellschaft war es, die philosophischen Grundlagen der Aufklärung zu diskutieren und weiterzuentwickeln. Dabei wurden Werke von Denkern wie Immanuel Kant, Jean-Jacques Rousseau und John Locke oft zitiert und analysiert. Die Diskussionen drehten sich um Themen wie die Natur des Menschen, die Grundlagen der Moral und die Bedingungen für politische Gerechtigkeit.

Die politischen Debatten innerhalb der Gesellschaft reflektierten die komplexen Verhältnisse des preußischen Staates. Obwohl viele Mitglieder reformorientiert waren, mussten sie vorsichtig agieren, um nicht in Konflikt mit den staatlichen Autoritäten zu geraten. Die Gespräche drehten sich oft um die Frage, wie man effektive Reformen implementieren könnte, ohne die bestehende Ordnung zu destabilisieren.

Ein weiteres wichtiges Anliegen der „Mittwochsgesellschaft" war die Förderung der Bildung und der wissenschaftlichen Forschung. Mitglieder wie Gedike und Klein waren führend in den Bemühungen, das Bildungssystem in Preußen zu reformieren. Sie setzten sich für eine stärkere Betonung der Vernunft und der wissenschaftlichen Methodik im Unterricht ein und argumentierten, dass Bildung der Schlüssel zur Förderung individueller Freiheit und gesellschaftlichen Fortschritts sei.

Die „Berliner Mittwochsgesellschaft" bestand nur etwa zwanzig Jahre lang, aber ihr Einfluss auf die deutsche Kultur und das intellektuelle Leben war tiefgreifend. Sie trug dazu bei, das Fundament für die deutsche Aufklärung zu festigen und vorzubereiten, was später in den liberalen Bewegungen und Reformen des 19. Jahrhunderts münden würde.

Das Vermächtnis der „Mittwochsgesellschaft" liegt nicht nur in den spezifischen Reformen oder Ideen, die sie hervorbrachte, sondern auch in ihrem Beispiel für den Wert freier intellektueller Auseinandersetzung. Die Gesellschaft demonstrierte, wie durch den offenen Austausch von Ideen und durch kritische Diskussion gesellschaftlicher Fortschritt gefördert werden kann. Sie bleibt ein leuchtendes Beispiel für die Macht des Dialogs und der Vernunft in der Geschichte der menschlichen Gedanken.

Aufklärung und Naturrecht

Ein zentrales Konzept, das während der politischen Aufklärung in Europa und insbesondere auch in den deutschen Landen Bedeutung erlangte, war die Idee des Naturrechts. Diese Ideologie postulierte, dass allen Menschen unveräußerliche Rechte zustehen, die allein aus ihrer Menschlichkeit heraus begründet sind. Zu diesen grundlegenden Rechten zählten Leben, Freiheit und Eigentum, die nicht von menschlichen Gesetzen oder der Gnade eines Herrschers abhängig sein sollten, sondern als fest in der natürlichen Ordnung verankert galten.

Philosophen wie John Locke, dessen Schriften auch in den deutschen Landen intensiv rezipiert wurden, hatten einen tiefgreifenden Einfluss auf die Vorstellungen von Regierung und Gesellschaft. Lockes Theorien über den Gesellschaftsvertrag und die Trennung der Regierungsgewalten wurden zu wichtigen Themen in den politischen Diskursen der Zeit. Seine Ideen inspirierten Debatten über die beste Form der Regierungsführung und die Rechte der Bürger, und spielten eine entscheidende Rolle bei der Formulierung liberaler politischer Philosophie.[19]

19 Peter R. Anstey (Hrsg.): The philosophy of John Locke. New perspectives. Routledge, London 2003, ISBN 0-415-31446-1

Die „Göttinger Professorenaffäre" von 1837 ist ein bemerkenswertes Ereignis in der deutschen Geschichte, das tiefe Einblicke in die Spannungen zwischen akademischer Freiheit und politischer Autorität im Vormärz bietet. Diese Affäre, die oft auch als „Göttinger Sieben" bezeichnet wird, involvierte sieben Professoren der Universität Göttingen, die sich öffentlich gegen die Aufhebung der Verfassung des Königreichs Hannover durch König Ernst August I. aussprachen. Ihre darauffolgende Entlassung und teilweise Verbannung führten zu einer Welle der Empörung und wurden zu einem Symbol des Widerstands gegen absolutistische Herrschaftsansprüche.

Um die „Göttinger Professorenaffäre" vollständig zu verstehen, ist es wichtig, den historischen und politischen Kontext zu berücksichtigen, in dem sie stattfand. Das Königreich Hannover, das seit 1814 in Personalunion mit Großbritannien verbunden war, erhielt 1833 eine relativ liberale Verfassung. Diese Verfassung war das Ergebnis langjähriger Forderungen nach mehr Bürgerrechten und parlamentarischer Mitbestimmung. Als König Wilhelm IV. von England und Hannover 1837 starb, endete die Personalunion, da in Großbritannien Frauen auf den Thron folgen konnten, in Hannover jedoch nicht. Ernst August I., Wilhelms Bruder, bestieg den Thron Hannovers und eine seiner ersten Amtshandlungen war die Aufhebung der Verfassung von 1833, um seine königliche Autorität zu stärken.

Die sieben Professoren, die gegen diese Aufhebung protestierten, waren bedeutende Gelehrte ihrer Zeit:

1. Wilhelm Eduard Albrecht (Rechtswissenschaftler)

2. Friedrich Christoph Dahlmann (Historiker)

3. Georg Gottfried Gervinus (Literaturhistoriker)

4. Wilhelm Grimm (einer der berühmten Brüder Grimm, Sprachwissenschaftler und Märchensammler)

5. Jacob Grimm (der andere der Brüder Grimm, ebenfalls ein bedeutender Sprachwissenschaftler und Märchensammler)

6. Wilhelm Eduard Weber (Physiker)

7. Heinrich Georg August Ewald (Orientalist)

Diese Akademiker waren nicht nur in ihren jeweiligen Fachgebieten herausragend, sondern auch für ihre liberalen Überzeugungen bekannt.

Am 18. November 1837 unterzeichneten die sieben Professoren ein Protestschreiben gegen die Aufhebung der Verfassung, das sie König Ernst August zusandten. Sie argumentierten, dass die Aufhebung rechtswidrig sei und forderten den König auf, die alte Verfassung wiederherzustellen. Der Protest war in einem gemäßigten Ton verfasst, betonte jedoch die Wichtigkeit der Rechtsstaatlichkeit und der akademischen Freiheit.

Die Reaktion des Königs war schnell und entschieden. Ernst August ordnete die sofortige Entlassung aller sieben Professoren an und verbannte Dahlmann, Jacob Grimm und Gervinus aus Hannover. Diese Maßnahmen sollten als abschreckendes Beispiel dienen und weitere Kritik unterdrücken.

Die Entlassung der Göttinger Sieben löste weitreichende Empörung sowohl in akademischen Kreisen als auch in der breiteren Öffentlichkeit aus. Viele sahen in dem Vorgehen des Königs einen direkten Angriff auf die akademische Freiheit und die Prinzipien der Rechtsstaatlichkeit. Universitäten in ganz Deutschland und Europa drückten ihre Solidarität mit den Göttinger Sieben aus.

In vielen deutschen Städten wurden Versammlungen und Proteste abgehalten. Die Affäre trug zu einer zunehmenden Politisierung der deutschen Bevölkerung bei und stärkte die liberale Bewegung, die schließlich 1848 in der Märzrevolution ihren Höhepunkt fand.

Die „Göttinger Professorenaffäre" hatte langfristige Folgen für das Verhältnis zwischen Staat und Universität in Deutschland. Sie trug dazu bei, die akademische Freiheit als ein zentrales Anliegen der deutschen Universitäten zu etablieren. Darüber hinaus stärkte sie die liberale Bewegung, die sich für eine konstitutionelle Monarchie und gegen absolutistische Herrschaft einsetzte.

Die „Göttinger Professorenaffäre" bleibt ein prägendes Beispiel für den Konflikt zwischen autoritärer Herrschaft und dem Streben nach liberalen Reformen. Die Courage der Göttinger Sieben, ihre berufliche und persönliche Sicherheit zu riskieren, um für ihre Überzeugungen einzustehen, macht sie zu wichtigen Figuren in der Geschichte der deutschen Zivilgesellschaft. Ihre Geschichte ist ein mahnendes Beispiel dafür, wie wichtig der Schutz von akademischer Freiheit und rechtsstaatlichen Prinzipien ist – Werte, die stets verteidigt werden müssen.

Aufklärung und Staatstheorien

Die Aufklärung markierte eine Zeit der intensiven geistigen Auseinandersetzung und des Hinterfragens herkömmlicher Strukturen, insbesondere in Bezug auf Staatstheorien und Regierungsformen. In den deutschen Landen, gekennzeichnet durch politische Zersplitterung und eine Vielzahl unterschiedlicher Regierungsformen, nahmen diese Debatten einen besonders hohen Stellenwert ein. Dort wurde leidenschaftlich diskutiert, wie eine gerechte und stabile politische Ordnung aussehen sollte.

Das Werk "Vom Geist der Gesetze" von Charles de Montesquieu spielte eine zentrale Rolle in diesen Diskussionen. Montesquieus innovative Ideen zur Gewaltenteilung und zur Mäßigung der Regierungsmacht durch ein System von Checks and Balances fanden großen Anklang in den deutschen Territorien. Seine Theorien boten ein Modell, das darauf abzielte, Machtmissbrauch zu verhindern und eine ausgewogene Verteilung der politischen Macht zu fördern.

Ein weniger bekanntes, jedoch bedeutendes Ereignis im Kontext der deutschen Rezeption von Montesquieus Ideen war die "Braunschweiger Konstitution" von 1832. Diese Verfassung, die in Teilen von Montesquieus Lehren inspiriert war, sollte eine liberale und moderne Regierungsform im Herzogtum Braunschweig etablieren. Sie sah eine klare Trennung der Exekutive, Legislative und Judikative vor, um eine ausgewogene Machtverteilung zu gewährleisten. Allerdings wurde die Konstitution nur kurzzeitig umgesetzt und bereits 1833 nach einem Regierungswechsel abgeschafft.

Ein weiteres Beispiel ist die Einführung der "Badischen Verfassung" von 1818, die als eine der fortschrittlichsten Verfassungen ihrer Zeit galt. Auch sie war stark von Montesquieus Gedanken beeinflusst und implementierte Prinzipien der Gewaltenteilung in einem deutschen Staat. Diese Verfassung stand für einen bedeutenden Schritt hin zu liberaleren und gerechteren Regierungsformen in den deutschen Landen.

Diese Beispiele illustrieren, wie die Aufklärung und die damit verbundenen politischen Philosophien nicht nur theoretische Debatten anregten, sondern auch praktische politische Veränderungen in den deutschen Landen inspirierten, die das Fundament für moderne demokratische Strukturen legten.

<u>Aufklärung und Öffentlichkeit</u>

Ein prägendes Erbe der Aufklärung war die Entstehung einer kritischen Öffentlichkeit, die eine entscheidende Rolle in der politischen und sozialen Entwicklung Europas spielte. Die Aufklärer erkannten die Bedeutung von Bildung, Kommunikation und Diskurs als wesentliche Mittel zur Förderung der Vernunft und zur Verbesserung der Gesellschaft. In diesem Geist wurden Druckmedien, Lesegesellschaften und

Kaffeehäuser zu zentralen Instrumenten, durch die aufklärerische Ideen verbreitet und Räume für öffentliche Diskussionen geschaffen wurden.

Druckmedien wie Zeitungen, Zeitschriften und Bücher erlebten eine nie dagewesene Verbreitung und machten die philosophischen und politischen Diskussionen der Zeit einem breiteren Publikum zugänglich. Lesegesellschaften, in denen Menschen sich trafen, um Bücher zu lesen und zu diskutieren, verbreiteten sich über die Städte des Heiligen Römischen Reiches und darüber hinaus. Kaffeehäuser wurden zu Treffpunkten der intellektuellen Elite, aber auch der aufstrebenden bürgerlichen Klassen, die hier Ideen austauschten und politische sowie philosophische Debatten führten.

Diese kritische Öffentlichkeit bildete das Fundament für die politische Mobilisierung und Partizipation, die in den späteren revolutionären Bewegungen eine zentrale Rolle spielen sollte. Die Idee, dass Bürger das Recht und die Pflicht haben, sich an politischen Diskussionen zu beteiligen und die Regierung zu kontrollieren, war ein direktes Ergebnis der aufklärerischen Betonung von Vernunft und kritischem Denken.[20]

Ein wichtiges Ereignis in diesem Kontext ist die Gründung der "Deutschen Gesellschaft" in Leipzig. Die „Deutsche Gesellschaft", gegründet im Jahr 1727, stellt ein bemerkenswertes Kapitel in der Geschichte der deutschen Kultur und Aufklärung dar. Sie wurde ins Leben gerufen, um die deutsche Sprache und Literatur zu fördern und zu pflegen, eine Bestrebung, die im Kontext der zeitgenössischen kulturellen und intellektuellen Strömungen Europas von großer Bedeutung war. Diese Gesellschaft spiegelt die Anstrengungen der deutschen Intellektuellen wider, eine eigene nationale Identität zu

20 Katharina Werner, „Jürgen Habermas – Strukturwandel der Öffentlichkeit", 1990, Greifswald, ISBN 9783640406715

stärken und die deutsche Sprache als Kultur- und Wissenschaftsspra-
che zu etablieren.

Im frühen 18. Jahrhundert erlebte Europa eine Periode intensiver intellektueller und kultureller Entwicklungen, die als die Aufklärung bekannt wurde. Während dieser Zeit begannen die Menschen, traditionelle Autoritäten in Frage zu stellen und forderten mehr Betonung
auf Vernunft und individuelle Rechte. In Deutschland war dieser Zeitraum zudem geprägt von einem starken Interesse an der Pflege der
deutschen Sprache, die in der wissenschaftlichen und literarischen
Kommunikation gegenüber dem Französischen und Lateinischen oft
als unterlegen angesehen wurde.

Die „Deutsche Gesellschaft" wurde am 18. Januar 1727 von einer
Gruppe von Studenten an der Universität Leipzig gegründet. Die treibende Kraft hinter dieser Gründung war Johann Christoph Gottsched,
ein bedeutender deutscher Philosoph und Literaturtheoretiker, der
später als Professor an der Universität wirkte. Gottsched sah in der
Förderung der deutschen Sprache und Literatur nicht nur ein kulturel-
les, sondern auch ein politisches Anliegen, das zur Stärkung des gesamten deutschsprachigen Raumes beitragen sollte.

Die Hauptziele der „Deutschen Gesellschaft" umfassten die Stärkung
der deutschen Sprache, die Förderung der Literatur sowie die intellektuelle und moralische Bildung ihrer Mitglieder. Um diese Ziele zu erreichen, organisierte die Gesellschaft regelmäßige Treffen, bei denen
Vorträge gehalten und literarische Werke diskutiert wurden. Die Mitglieder wurden dazu angehalten, ihre Werke in deutscher Sprache zu
verfassen und zu veröffentlichen, um so die Qualität und den Umfang
der deutschen literarischen Produktion zu erhöhen.

Die „Deutsche Gesellschaft" legte großen Wert auf die praktische
Anwendung ihrer Ziele. Sie führte Vorlesungen und Diskussionen
durch, in denen die Regeln der deutschen Grammatik, Rhetorik und

Poetik erörtert wurden. Darüber hinaus förderte sie die Übersetzung wichtiger wissenschaftlicher und literarischer Werke aus dem Lateinischen und Französischen ins Deutsche. Diese Übersetzungen spielten eine entscheidende Rolle dabei, das Wissen und die Ideen der Aufklärung einem breiteren deutschen Publikum zugänglich zu machen.

Die „Deutsche Gesellschaft" hatte einen nachhaltigen Einfluss auf die deutsche Kultur. Sie trug maßgeblich dazu bei, die deutsche Sprache als Medium der gelehrten und künstlerischen Expression zu etablieren. Ihre Mitglieder, viele von ihnen später führende Köpfe in ihren jeweiligen Feldern, spielten eine zentrale Rolle in der deutschen Aufklärung. Durch ihre Bemühungen verbesserte sich die Qualität der deutschen Literatur deutlich, was wiederum zur Herausbildung eines deutschen Nationalbewusstseins beitrug.

Johann Christoph Gottsched, der spirituelle Vater der „Deutschen Gesellschaft", war eine Schlüsselfigur in der Geschichte der deutschen Literatur. Sein Einsatz für eine geregelte und disziplinierte deutsche Sprache führte zu einer Vereinheitlichung der literarischen Standards, die weit über seine eigene Zeit hinaus wirkten. Seine Werke, darunter auch sein berühmtes „Versuch einer Critischen Dichtkunst", hatten großen Einfluss auf die Form und Struktur der deutschen Literatur.

Obwohl die „Deutsche Gesellschaft" viele Erfolge verzeichnete, war sie auch Gegenstand von Kritik und Kontroversen. Einige Zeitgenossen warfen Gottsched und der Gesellschaft vor, die deutsche Sprache zu sehr zu reglementieren und damit die kreative und künstlerische Freiheit einzuschränken. Diese Kritik führte zu einer allmählichen Abwendung von den strengen Regeln Gottscheds, besonders unter den Vertretern des Sturm und Drang, die gegen Ende des Jahrhunderts aufkamen.

Das Vermächtnis der „Deutschen Gesellschaft" in Leipzig ist tief in der deutschen kulturellen Identität verankert. Durch ihre Anstrengungen wurde die deutsche Sprache nicht nur in der Literatur, sondern auch in der Philosophie und den Wissenschaften fest etabliert. Ihre Betonung auf Aufklärung und Bildung bleibt ein zentrales Thema in der deutschen Bildungslandschaft.

Die Gründung der „Deutschen Gesellschaft" in Leipzig war ein Wendepunkt in der Geschichte der deutschen Literatur und Kultur. Sie spiegelt das Streben der Aufklärung nach Vernunft, Bildung und kultureller Selbstbestimmung wider. Durch ihre Arbeit legte die Gesellschaft das Fundament für die Entwicklung einer reichen deutschen Literaturtradition, die bis heute weltweit Anerkennung findet.

Aufklärung, Reformen und Revolutionen

In den deutschen Landen führten die aufklärerischen Ideen zu einer Welle von Reformversuchen, die darauf abzielten, die Regierung effizienter, gerechter und rationaler zu gestalten. Einige aufgeklärte Herrscher, wie Friedrich der Große von Preußen, griffen diese Ideen auf und setzten sie um, indem sie bedeutende Reformen in der Verwaltung, im Bildungswesen und in der Rechtsprechung einführten. Friedrichs Reformen zielten darauf ab, das Regierungssystem zu modernisieren und effektiver zu machen, indem er das Justizwesen vereinfachte und das Bildungswesen verbesserte, um den Bürgern eine aufgeklärtere Grundlage zu bieten.

Gleichzeitig legten die politischen Ideen der Aufklärung das Fundament für weitreichendere politische Umwälzungen. Die revolutionären Ereignisse in Amerika und Frankreich wurden von vielen Intellektuellen und politischen Aktivisten in den deutschen Landen aufmerksam verfolgt und diskutiert. Obwohl die Reaktionen darauf gemischt waren, inspirierten diese Revolutionen die Hoffnung auf tiefgreifende

Veränderungen und förderten das Streben nach politischer Freiheit und nationaler Einheit.

Die Aufklärung transformierte die politische Landschaft in den deutschen Landen grundlegend. Indem sie die Vernunft, die individuelle Autonomie und die Prinzipien des Naturrechts betonte, stellte sie traditionelle Herrschaftsformen in Frage und förderte eine kritische Auseinandersetzung mit politischen Ideen und Institutionen. Die politischen Implikationen dieser intellektuellen Bewegung waren tiefgreifend: Sie trugen zur Entstehung einer kritischen Öffentlichkeit bei, inspirierten politische Reformen und legten das ideologische Fundament für die revolutionären Bestrebungen, die Europa am Ende des 18. und zu Beginn des 19. Jahrhunderts erschüttern sollten. Die Aufklärung in den deutschen Landen war somit nicht nur eine intellektuelle, sondern auch eine tief politische Bewegung, deren Erbe das politische Denken und die gesellschaftlichen Strukturen nachhaltig prägte.[21]

Ein weiteres Ereignis im Kontext der aufklärerischen Reformen in Preußen war die Einführung des „Allgemeinen Landrechts für die Preußischen Staaten" im Jahr 1794.

Das „Allgemeine Landrecht für die Preußischen Staaten" (ALR), das am 1. Juli 1794 in Kraft trat, markiert einen der wichtigsten Momente in der rechtsgeschichtlichen Entwicklung Preußens und gilt als eines der fortschrittlichsten Gesetzbücher seiner Zeit. Dieses umfassende Gesetzeswerk war das Ergebnis einer fast fünfzigjährigen Bemühung, das in den verschiedenen Teilen des preußischen Staates geltende Recht zu vereinheitlichen und zu modernisieren. Das ALR ist nicht nur wegen seines Inhalts von Bedeutung, sondern auch wegen seiner

---

21 Thomas P. Saine, Von der kopernikanischen bis zur Französischen Revolution : die Auseinandersetzung der deutschen Frühaufklärung mit der neuen Zeit ISBN 3503022163

weitreichenden Auswirkungen auf die Rechts- und Sozialgeschichte Deutschlands und Europas.

Die Geschichte des ALR beginnt im Wesentlichen mit dem Regierungsantritt Friedrichs des Großen im Jahr 1740. Friedrich II. hatte das Ziel, Preußen zu einer modernen europäischen Macht zu formen, und sah die Rechtsreform als einen entscheidenden Schritt zur Erreichung dieses Ziels an. Unter seiner Herrschaft begannen die Vorarbeiten zu einer Kodifikation, die jedoch aufgrund der komplexen rechtlichen und sozialen Strukturen innerhalb Preußens sowie durch die politischen und militärischen Herausforderungen, denen sich Friedrich gegenübersah, mehrere Jahrzehnte in Anspruch nahmen.

Die Arbeit am Allgemeinen Landrecht war ein mühsamer Prozess, der sich über mehrere Regierungszeiten erstreckte. Erste Entwürfe wurden bereits in den 1750er Jahren erstellt, aber erst 1780 wurde unter Friedrich dem Großen eine Kommission eingesetzt, die den Entwurf systematisch überarbeiten sollte. Diese Kommission arbeitete unter der Leitung von Carl Gottlieb Svarez und Ernst Ferdinand Klein, die beide maßgeblich zur endgültigen Fassung des Gesetzbuches beitrugen.

Das ALR war als ein umfassendes Gesetzbuch konzipiert, das nicht nur bürgerliches Recht und Strafrecht, sondern auch Staats- und Verwaltungsrecht umfassen sollte. Es war in 19 Teile gegliedert, die insgesamt über 17.000 einzelne Gesetzesartikel enthielten. Diese umfassende Kodifikation sollte das gesamte Leben der preußischen Bürger regeln und auf eine gerechte und rationale Grundlage stellen.

Das ALR teilte sich in drei Hauptbereiche:

1. *Staatsrecht:* Dieser Teil regelte die Organisation und Funktionen des Staates, einschließlich der Rechte und Pflichten der Beamten und des Monarchen.

2. *Privatrecht:* Dieser umfangreichste Teil behandelte das Zivil-recht, also das Recht, das die Beziehungen der Bürger unter-einander regelt. Es umfasste Regelungen zum Eigentum, Erb-recht, Familienrecht und Schuldrecht.

3. *Strafrecht:* Hier wurden die Straftatbestände sowie die ent-sprechenden Strafen definiert.

Das ALR enthielt mehrere fortschrittliche Regelungen, die es von an-deren Gesetzbüchern seiner Zeit abhoben. So wurde beispielsweise die Gleichheit aller Bürger vor dem Gesetz betont, auch wenn in der Praxis Adel und Bürgertum weiterhin unterschiedlich behandelt wur-den. Ebenso bemerkenswert war die Aufnahme von Regelungen zum Schutz persönlicher Freiheiten, wie der Schutz vor willkürlicher Ver-haftung und das Recht auf ein ordentliches Gerichtsverfahren.

Trotz seiner fortschrittlichen Ansätze war das ALR auch Gegenstand von Kritik und stieß auf praktische Grenzen bei der Umsetzung. Kriti-ker bemängelten oft die übermäßige Detailfülle und die Schwierigkeit, das Gesetzbuch ohne juristische Vorbildung zu verstehen. Zudem blieben viele der progressiven Regelungen auf dem Papier bestehen, ohne in der Rechtspraxis vollständig umgesetzt zu werden.

In der Rückschau wird das ALR oft als Meilenstein der Rechtsentwick-lung in Deutschland betrachtet. Es beeinflusste nicht nur die weitere Entwicklung des deutschen Rechts, sondern auch die anderer europäischer Länder. Das Gesetzbuch blieb bis zur Einführung des Bürgerlichen Gesetzbuchs (BGB) im Jahr 1900 die Grundlage des preußischen Rechts und trug so zur rechtlichen und sozialen Entwick-lung Preußens und Deutschlands bei.

Das „Allgemeine Landrecht für die Preußischen Staaten" von 1794 war ein ambitioniertes Projekt, das die rechtlichen Grundlagen Preu-ßens tiefgreifend veränderte. Trotz einiger Mängel und der teilweise zögerlichen Umsetzung seiner fortschrittlichsten Regelungen bleibt das ALR ein Schlüsselwerk in der Geschichte des deutschen Rechts. Es verkörpert den Geist der Aufklärung und des Rationalismus, der das späte 18. Jahrhundert prägte, und legte den Grundstein für die Modernisierung des preußischen Staates.

Ein weiteres signifikantes, aber oft übersehenes Ereignis war die Gründung der „Märkischen Ökonomischen Gesellschaft" 1765.

Die „Märkische Ökonomische Gesellschaft" wurde in Potsdam gegründet und ist ein exemplarisches Beispiel für die agrarökonomischen Bestrebungen des 18. Jahrhunderts in Preußen. Diese Gesellschaft verfolgte das Ziel, die landwirtschaftliche Produktion und Wirtschaft in der Mark Brandenburg durch die Einführung wissenschaftlicher Methoden und die Verbreitung neuer technologischer Erkenntnisse zu verbessern. Die Gründung dieser Gesellschaft fällt in eine Zeit, in der in ganz Europa ähnliche Institutionen entstanden, die darauf abzielten, die landwirtschaftlichen Techniken zu revolutionieren und die Erträge zu steigern.

Im 18. Jahrhundert durchlebte Europa eine Periode intensiver wirtschaftlicher und sozialer Veränderungen, die als Teil der breiteren Aufklärungsbewegung auch eine Agrarrevolution einschloss. In Preußen, unter der Herrschaft Friedrichs des Großen, wurde besonderes Augenmerk auf die Modernisierung und Effizienzsteigerung der Landwirtschaft gelegt. Friedrich der Große, bekannt für seine reformorientierte Politik, förderte die Gründung von Gesellschaften, die sich der Verbesserung der landwirtschaftlichen Techniken und der Verbreitung agrarwissenschaftlicher Kenntnisse widmeten.

Die „Märkische Ökonomische Gesellschaft" wurde offiziell am 11. März 1765 gegründet. Die Initiative dazu ging von einflussreichen Persönlichkeiten der Region aus, die erkannten, dass Fortschritte in der Agrarwirtschaft essentiell für das Wohl des Staates und seiner Bevölkerung waren. Zu den Gründungsmitgliedern zählten nicht nur Landwirte, sondern auch Wissenschaftler, Beamte und Adlige, die ein gemeinsames Interesse an der Verbesserung der landwirtschaftlichen Produktivität hatten.

Die Hauptziele der Gesellschaft waren:

1. *Verbesserung der Agrartechniken:* Durch die Einführung und Förderung moderner Anbaumethoden und den Einsatz von verbessertem landwirtschaftlichem Gerät sollten die Erträge gesteigert werden.

2. *Verbreitung agrarwissenschaftlichen Wissens:* Die Gesellschaft legte großen Wert auf die Bildung und Weiterbildung ihrer Mitglieder in den neuesten agrarwissenschaftlichen Theorien und Praktiken.

3. *Experimente und Innovationen:* Die Durchführung von Experimenten auf den Feldern der Mitglieder war eine zentrale Aktivität. Diese Versuche dienten dazu, die Effektivität neuer Anbaumethoden zu testen und praktische Probleme zu lösen.

4. *Wirtschaftliche Förderung der Region:* Durch die Steigerung der landwirtschaftlichen Produktivität sollte auch die wirtschaftliche Lage der Bauern verbessert und somit ein Beitrag zur allgemeinen Wohlstandsmehrung geleistet werden.

Um ihre Ziele zu erreichen, organisierte die Gesellschaft regelmäßige Treffen, auf denen Mitglieder ihre Erfahrungen austauschen und Vorträge von Experten hören konnten. Zudem gab die Gesellschaft Schriften und Anleitungen heraus, die sich mit aktuellen landwirtschaftlichen Themen befassten. Ein besonderes Augenmerk lag auf der Verbesserung der Bodenqualität, der Einführung von Fruchtwechselwirtschaft und der rationalen Viehzucht.

Trotz ihres Engagements und der Unterstützung durch die preußische Krone stand die Gesellschaft vor zahlreichen Herausforderungen.

Dazu gehörten klimatische Bedingungen, die oft weniger ertragreich waren, sowie die Skepsis und das konservative Festhalten an traditionellen Methoden seitens der lokalen Bauernschaft. Die Überwindung dieser kulturellen und technischen Hürden war ein langsamer und mühsamer Prozess.

Die langfristigen Auswirkungen der „Märkischen Ökonomischen Gesellschaft" auf die Landwirtschaft in Brandenburg waren signifikant. Durch ihre Bemühungen verbesserten sich die Anbaumethoden, und es kam zu einem allmählichen Anstieg der landwirtschaftlichen Produktivität in der Region. Die Gesellschaft trug auch dazu bei, das Bewusstsein für die Bedeutung wissenschaftlicher Ansätze in der Landwirtschaft zu schärfen.

Die „Märkische Ökonomische Gesellschaft" war mehr als nur ein agrarökonomischer Verein; sie war ein Beispiel für die aufklärerische Vision von einer rationaleren und wissenschaftlich fundierten Gesellschaft. Ihre Geschichte zeigt, wie durch die Kombination von wissenschaftlichem Fortschritt und praktischer Anwendung bedeutende Veränderungen im agrarwirtschaftlichen Sektor erreicht werden können. Sie bleibt ein prägendes Beispiel für die Bedeutung interdisziplinärer Zusammenarbeit und für die Vision einer aufgeklärten Agrarpolitik.

Auswirkungen auf die Gesellschaft

Die Aufklärung, eine der bedeutendsten kulturellen und intellektuellen Bewegungen in der europäischen Geschichte, revolutionierte die gesellschaftlichen Strukturen in den deutschen Landen tiefgreifend. Diese Epoche des Umbruchs und der Veränderung war geprägt durch das Aufkommen neuer Ideen zur Vernunft, Wissenschaft, Individualität und politischen Organisation, die das soziale Gefüge nachhaltig beeinflussten und die Grundlagen für die moderne Gesellschaft legten.

In den Territorien des Heiligen Römischen Reiches Deutscher Nation führte die Aufklärung zu umfassenden Veränderungen in zahlreichen gesellschaftlichen Bereichen. Im Bildungswesen beispielsweise wurden die Lehrpläne reformiert, um den Schwerpunkt auf kritisches Denken und wissenschaftliche Methoden zu legen. Universitäten und Akademien in Städten wie Halle, Göttingen und Berlin wurden zu Zentren der aufklärerischen Gedanken, die eine neue Generation von Denkern hervorbrachten.

Auch die Religion wurde durch die Aufklärung beeinflusst. Die Bewegung förderte eine rationalere und weniger dogmatische Betrachtungsweise der Glaubensinhalte, was zu einer Trennung von Kirche und Staat und zu einer größeren religiösen Toleranz führte. Dies hatte erhebliche Auswirkungen auf die religiöse Landschaft in Deutschland, die von einer Vielfalt konfessioneller Prägungen gekennzeichnet war.

Die politische Struktur der deutschen Territorien erfuhr ebenfalls eine Transformation. Aufklärerische Ideale wie Volkssouveränität und die Rechte des Individuums fanden Eingang in die politischen Diskurse und inspirierten zu Reformen, die mehr Bürgerbeteiligung und rechtliche Gleichheit forderten. Diese Veränderungen waren jedoch nicht immer linear und stießen oft auf Widerstand bei etablierten Mächten, was zu einem komplexen Wechselspiel von Fortschritt und Tradition führte.

Die Wirtschaft wurde durch die Betonung von Vernunft und Effizienz, die durch die Aufklärung gefördert wurden, ebenfalls beeinflusst. Wirtschaftliches Denken begann, sich von merkantilistischen Ansätzen zu lösen und legte den Grundstein für die spätere Entwicklung der freien Marktwirtschaft.[22]

22 Frank Grunert (Hrsg.) - Philosophie der Aufklärung - Aufklärung der Philosophie von Werner Schneiders, 2005, ISBN 978-3-428-11658-4

Ein Ereignis in dieser Epoche war die Gründung der „Bayerischen Akademie der Wissenschaften" im Jahr 1759 durch Kurfürst Maximilian III. Die Akademie wurde in einer Zeit gegründet, in der wissenschaftliche Gesellschaften in Europa zunehmend an Bedeutung gewannen, und spiegelt die aufklärerischen Bestrebungen des 18. Jahrhunderts wider. Sie wurde ins Leben gerufen, um die Wissenschaften zu fördern und das kulturelle und intellektuelle Leben in Bayern zu bereichern.

Die Bayerische Akademie der Wissenschaften wurde am 12. Oktober 1759 von Kurfürst Maximilian III. Joseph in München gegründet. Die Gründung dieser Institution war Teil einer breiteren Bewegung in Europa, in der Fürsten und staatliche Autoritäten die Einrichtung von Akademien förderten, um das wissenschaftliche und kulturelle Leben ihrer Staaten zu stimulieren. Diese Akademien sollten als Orte dienen, an denen Gelehrte sich versammeln, Forschungen durchführen und Wissen austauschen konnten.

Der Gedanke, eine solche Einrichtung in Bayern zu gründen, wurde maßgeblich von führenden Intellektuellen und Beamten des Kurfürstentums unterstützt. Die Gründung der Akademie war auch eine Reaktion auf das wachsende Bewusstsein, dass die Förderung der Wissenschaften wesentlich für die Entwicklung und das Ansehen eines modernen Staates war. Maximilian III. Joseph, der ein großes Interesse an den Künsten und Wissenschaften hatte, sah in der Akademie ein Mittel, um Bayern intellektuell und kulturell zu bereichern und auf eine Stufe mit anderen europäischen Mächten zu stellen.

Die Akademie wurde mit dem Ziel gegründet, alle Wissenschaftszweige zu fördern und das Wissen zu erweitern. Sie sollte nicht nur als wissenschaftliche Einrichtung dienen, sondern auch als Bildungsinstitution, die öffentliche Vorlesungen und Diskussionen organisierte. Die Akademie war in zwei Klassen eingeteilt: eine für die Physik und eine für die Geschichte. Diese Einteilung spiegelte die damalige Auffassung wider, dass eine klare Trennung zwischen den Naturwissenschaften und den Geisteswissenschaften bestehen sollte.

Die ersten Jahre der Akademie waren von verschiedenen Herausforderungen geprägt. Die Finanzierung war anfangs unsicher, und die Akademie war auf die Unterstützung durch den Kurfürsten angewiesen. Zudem gab es anfänglich Schwierigkeiten, renommierte Wissenschaftler nach München zu ziehen. Trotz dieser Herausforderungen gelang es der Akademie, bedeutende wissenschaftliche Arbeiten zu fördern und sich als wichtige kulturelle Institution in Bayern zu etablieren.

Im Laufe der Jahre zog die Akademie viele herausragende Gelehrte an, darunter Mathematiker, Astronomen, Biologen, Historiker und Philosophen. Diese Gelehrten trugen durch ihre Forschung und ihre Publikationen wesentlich zum wissenschaftlichen Fortschritt bei. Die Akademie gab auch eine Reihe von wissenschaftlichen und literarischen Publikationen heraus, die dazu beitrugen, das Wissen zu verbreiten und die wissenschaftliche Diskussion in Bayern und darüber hinaus anzuregen.

Die Bayerische Akademie der Wissenschaften spielte auch eine wichtige Rolle in der Bildung der Öffentlichkeit. Durch öffentliche Vorlesungen und die Veröffentlichung ihrer Forschungsergebnisse trug die Akademie dazu bei, das allgemeine Bildungsniveau zu heben und das Interesse an den Wissenschaften zu fördern. Sie wurde zu einem Zentrum des intellektuellen Lebens in München und trug zur Aufklärung der Bevölkerung bei.

Die langfristige Bedeutung der Bayerischen Akademie der Wissenschaften liegt nicht nur in ihren wissenschaftlichen Beiträgen, sondern auch in ihrer Rolle als Kulturträger und Bildungseinrichtung. Sie hat über die Jahrhunderte hinweg dazu beigetragen, Bayern als einen wichtigen wissenschaftlichen und kulturellen Standort in Deutschland und Europa zu etablieren. Die Akademie hat Generationen von Wissenschaftlern inspiriert und ausgebildet und bleibt bis heute eine der führenden wissenschaftlichen Institutionen in Deutschland.

Die Gründung der Bayerischen Akademie der Wissenschaften im Jahr 1759 war ein entscheidender Schritt zur Förderung der Wissenschaften in Bayern. Sie hat nicht nur zur wissenschaftlichen Forschung beigetragen, sondern auch das kulturelle Leben in Bayern bereichert und das Bildungsniveau der Bevölkerung verbessert. Die Geschichte der Akademie ist ein Beleg für die Bedeutung wissenschaftlicher Institutionen in der Aufklärung und Modernisierung von Gesellschaften und spiegelt den Geist des 18. Jahrhunderts wider, der auch heute noch in ihrer Arbeit nachhallt.

Ein weiteres bedeutsames, jedoch oft übersehenes Ereignis war das „Edikt über die Religionsausübung" von 1781, bekannt als das Toleranzedikt von Joseph II..

Es markiert einen Wendepunkt in der Geschichte der religiösen Toleranz in Europa. Erlassen am 13. Oktober 1781, reflektiert dieses Edikt die aufklärerischen Ideale jener Zeit und zielte darauf ab, die religiösen Freiheiten innerhalb des Habsburgerreiches zu erweitern. Es war Teil einer breiteren Serie von Reformen, die Joseph II. während seiner Herrschaft durchführte, um die Verwaltung seines Reiches zu modernisieren und die zentralen Prinzipien der Aufklärung zu fördern.

Um das Toleranzpatent vollständig zu verstehen, ist es notwendig, den historischen und politischen Kontext des Habsburgerreiches im späten 18. Jahrhundert zu betrachten. Das Reich war eine komplexe und heterogene Entität, die zahlreiche ethnische Gruppen und verschiedene religiöse Gemeinschaften umfasste. Katholiken, Lutheraner, Reformierte, Orthodoxe Christen und Juden lebten unter der Herrschaft der Habsburger, jedoch mit stark variierenden Rechten und Freiheiten.

Die katholische Kirche genoss traditionell eine privilegierte Stellung innerhalb des Reiches, unterstützt durch die enge Verbindung zwischen den Habsburgern und der Kirche. Nicht-katholische Christen und Juden hatten eingeschränkte Rechte und waren verschiedenen Formen der Diskriminierung und sozialen Exklusion ausgesetzt. Diese religiöse Intoleranz war nicht nur eine Quelle des sozialen und politischen Konflikts, sondern behinderte auch die wirtschaftliche Entwicklung.

Joseph II. bestieg 1780 den Thron und war bekannt für seine reformorientierte Agenda, die stark von den Prinzipien der Aufklärung beeinflusst war. Er sah in der religiösen Toleranz nicht nur ein moralisches Gebot, sondern auch ein Mittel zur Stärkung des Staates. Durch die Gewährung von religiöser Freiheit hoffte er, die Loyalität seiner vielfältigen Untertanen zu gewinnen und die soziale und wirtschaftliche Leistungsfähigkeit des Reiches zu verbessern.

Das Toleranzpatent von 1781 war radikal für seine Zeit. Es erlaubte den Lutheranern, Reformierten und Orthodoxen Christen, ihre Religion privat zu praktizieren und eigene Kirchen zu bauen, allerdings mit einigen Einschränkungen. Die Kirchen durften keine sichtbaren Türme haben und ihre Eingänge mussten von der Straße abgewandt sein. Öffentliche Prozessionen und das Läuten von Kirchenglocken blieben verboten. Trotz dieser Einschränkungen bedeutete das Edikt eine erhebliche Erweiterung der religiösen Freiheiten für nicht-katholische Christen.

Für die Juden brachte das Patent ebenfalls Verbesserungen, obwohl diese weniger umfangreich waren. Juden erhielten das Recht, öffentliche Schulen zu besuchen und Universitäten zu studieren, und sie durften gewisse Berufe ausüben, von denen sie zuvor ausgeschlossen waren.

Das Toleranzpatent hatte weitreichende Auswirkungen auf das soziale und wirtschaftliche Leben im Habsburgerreich. Nicht-katholische Gemeinschaften erlebten eine Blütezeit, da sie nun in der Lage waren, offener zu praktizieren und an der Gesellschaft teilzuhaben. Dies führte zu einer Stärkung des Bürgertums und förderte die wirtschaftliche Entwicklung.

Die Reaktionen auf das Toleranzpatent waren gemischt. Während viele Josephs Reformen begrüßten, gab es auch erheblichen Widerstand, insbesondere von Seiten der katholischen Kirche und konservativen Kräften, die in dem Edikt eine Bedrohung für die bestehende soziale Ordnung sahen. Dieser Widerstand manifestierte sich in verschiedenen Formen, von offener Opposition bis hin zu verzögerter oder halbherziger Umsetzung der Bestimmungen des Patents.

Obwohl das Toleranzpatent von 1781 in seiner unmittelbaren Wirkung begrenzt war und einige seiner Bestimmungen nach Josephs Tod 1790 zurückgenommen wurden, bleibt es ein bedeutsames Ereignis in der Geschichte der religiösen Toleranz. Es symbolisiert den Einfluss aufklärerischer Ideale auf die europäischen Monarchien des 18. Jahrhunderts und war ein Vorläufer für spätere Entwicklungen in Richtung religiöser Freiheit und bürgerlicher Gleichheit.

Das „Edikt über die Religionsausübung" von 1781 steht als Monument der aufklärerischen Bestrebungen Josephs II. und als ein entscheidender Moment in der Geschichte der religiösen Toleranz. Es zeigt, wie aufklärerische Prinzipien in praktische Politik umgesetzt wurden und wie diese Politik das Leben von Millionen beeinflusste. Josephs Toleranzpatent lehrte, dass religiöse Vielfalt und staatliche Stabilität keine Gegensätze sein müssen, sondern sich gegenseitig stärken können, eine Lektion, deren Wert bis heute fortbesteht.

Bildung und Erziehung

Die Aufklärung markierte einen Wendepunkt in der Betrachtung und Handhabung von Bildung und Erziehung. Sie wurde als zentrales Instrument zur Förderung individueller Autonomie und gesellschaftlichen Fortschritts erkannt. Bildung erhielt die Schlüsselrolle bei der Befreiung des Individuums aus Unwissenheit und Aberglauben und wurde als essentiell für die Ausübung vernunftgeleiteter Autonomie betrachtet. In den deutschen Landen führte dies zu bedeutenden Reformen im Bildungswesen. Neue Schulen und Universitäten wurden gegründet, Lehrpläne verbessert und neue Lehrmethoden eingeführt, die kritisches Denken und empirische Beobachtung betonten.

Universitäten wie Halle, Göttingen und Berlin avancierten zu lebendigen Zentren der Aufklärungsforschung und -lehre. Diese Institutionen öffneten ihre Türen für die freie Diskussion und Entwicklung neuer Ideen, was sie zu wichtigen Katalysatoren für die Verbreitung aufklärerischer Ideen machte. Sie zogen Studenten und Gelehrte aus ganz Europa an und förderten eine akademische Kultur, die durch eine aufgeklärte, wissenschaftliche und kritische Auseinandersetzung mit der Welt gekennzeichnet war.[23]

Die Gründung der Friedrich-Alexander-Universität Erlangen im Jahr 1743 ist ein prägendes Ereignis in der deutschen Bildungsgeschichte. Sie verkörpert die aufklärerischen Bestrebungen des 18. Jahrhunderts und spiegelt die dynastischen Ambitionen sowie das kulturelle und wissenschaftliche Engagement der Markgrafen von Brandenburg-Bayreuth wider. Die Universität Erlangen wurde nicht nur als Bildungseinrichtung, sondern auch als Instrument zur Förderung der staatlichen Macht und des lutherischen Glaubens konzipiert. Sie hat seit ihrer Gründung eine bedeutende Rolle in der akademischen und gesellschaftlichen Entwicklung Deutschlands gespielt.

23 Ulrich Herrmann, Aufklärung und Erziehung, Weinheim 1993

Die Gründung der Universität Erlangen fand in einer Zeit statt, in der Bildung als ein entscheidender Faktor für die Entwicklung und Stärkung des Staates angesehen wurde. Im Heiligen Römischen Reich deutscher Nation waren Universitäten nicht nur Stätten des Lernens, sondern auch Zentren der sozialen und politischen Einflussnahme. Die Gründung einer Universität in Erlangen war eng verbunden mit den Bestrebungen des Markgrafen Friedrich von Brandenburg-Bayreuth, seine Region wirtschaftlich, kulturell und politisch zu stärken.

Markgraf Friedrich von Brandenburg-Bayreuth, der Gründer der Universität, war eine Schlüsselfigur in diesem Prozess. Geboren im Jahr 1711, wurde er 1735 Markgraf von Brandenburg-Bayreuth. Friedrich war tief beeinflusst von den Idealen der Aufklärung und verstand die immense Bedeutung von Bildung und Wissenschaft für die Modernisierung seines Markgrafentums. Er sah in der Gründung einer Universität ein Mittel, um die geistige und kulturelle Landschaft seiner Region zu erneuern.

Die Wahl Erlangens als Standort für die neue Universität war sowohl strategisch als auch symbolisch bedeutsam. Erlangen war eine kleine, aber wirtschaftlich aufstrebende Stadt, die durch die Ansiedlung von Hugenotten, die vor religiöser Verfolgung aus Frankreich geflohen waren, an Bevölkerung und Vielfalt gewonnen hatte. Die Präsenz der Hugenotten hatte bereits zu einem kulturellen und wirtschaftlichen Aufschwung geführt, und die Gründung einer Universität sollte diesen weiter fördern.

Die Universität Erlangen wurde am 4. November 1743 offiziell gegründet. Die feierliche Eröffnung fand in Anwesenheit des Markgrafen Friedrich statt, der in seiner Eröffnungsrede die Bedeutung von Wissenschaft und Bildung hervorhob. Die Universität startete mit vier Fakultäten: der theologischen, der juristischen, der medizinischen und der philosophischen. Dies reflektierte das klassische Universitätsmodell der Zeit, das eine breite akademische Ausbildung in den freien

Künsten mit spezialisierteren Studien in den angewandten Wissenschaften kombinierte.

Die ersten Jahre der Universität Erlangen waren von zahlreichen Herausforderungen geprägt. Die finanzielle Unterstützung durch den Markgrafen war entscheidend, aber die Universität kämpfte auch mit der Rekrutierung von Studenten und Lehrkräften. Trotz dieser Anfangsschwierigkeiten etablierte sich die Universität schnell als eine wichtige Bildungseinrichtung in Nordbayern. Sie zog Studenten aus verschiedenen Teilen des Reiches und darüber hinaus an und begann, einen Ruf für exzellente Lehre und Forschung aufzubauen.

Die Universität Erlangen spielte eine zentrale Rolle in der Förderung der aufklärerischen Werte in der Region. Sie bot eine Plattform für den intellektuellen Austausch und für die Verbreitung aufklärerischer Ideen. Die Universität förderte auch den Dialog zwischen verschiedenen Konfessionen und Kulturen, was in einer Zeit religiöser und politischer Spannungen besonders bedeutsam war.

Im Laufe ihrer Geschichte hat die Universität Erlangen viele bedeutende Wissenschaftler und Akademiker hervorgebracht. Zu den herausragenden Persönlichkeiten gehören unter anderem der Theologe und Philosoph Johann Gottlieb Radlof und der Jurist und Historiker Christian Friedrich von Glück. Diese Gelehrten trugen wesentlich zur wissenschaftlichen und kulturellen Entwicklung Deutschlands bei.

Im Laufe der Jahrhunderte hat die Universität Erlangen ihre akademischen Programme stetig erweitert und modernisiert. Sie hat bedeutende Beiträge in vielen Forschungsbereichen geleistet, von der Medizin über die Ingenieurwissenschaften bis hin zu den Geisteswissenschaften. Die Integration mit der Technischen Hochschule Nürnberg im Jahr 1961 zur Friedrich-Alexander-Universität Erlangen-Nürnberg symbolisiert die fortlaufende Entwicklung und Anpassung an die modernen Bildungsbedürfnisse.

Die Gründung der Universität Erlangen im Jahr 1743 war ein Meilenstein in der deutschen Bildungsgeschichte. Als Produkt der aufklärerischen Bestrebungen und der fürstlichen Förderung hat sie seitdem Generationen von Studierenden ausgebildet und zur wissenschaftlichen, kulturellen und sozialen Entwicklung beigetragen. Ihre Geschichte reflektiert die Dynamik der deutschen und europäischen Bildungslandschaft über die Jahrhunderte hinweg und bleibt ein lebendiges Zeugnis des anhaltenden Wertes der akademischen Forschung und Lehre.

Das Philanthropinum in Dessau, gegründet im Jahr 1774 von Johann Bernhard Basedow, steht als weiteres markantes Beispiel für die pädagogische Reformbewegung des 18. Jahrhunderts, die eng mit den Idealen der Aufklärung verbunden ist. Basedows innovative Ideen zur Bildung und Erziehung prägten eine ganze Generation und hinterließen ein bleibendes Erbe in der Geschichte der Pädagogik. Diese Bildungseinrichtung war nicht nur eine Schule, sondern ein experimentelles Labor, das darauf abzielte, Theorien über Erziehung und Unterricht in die Praxis umzusetzen.

Das späte 18. Jahrhundert war eine Zeit des intellektuellen Umbruchs in Europa, geprägt durch die Aufklärung. Ideen zur Verbesserung der menschlichen Gesellschaft durch Vernunft, Wissenschaft und Bildung verbreiteten sich rasch. In diesem kulturellen und intellektuellen Klima begann Johann Bernhard Basedow, seine Vision einer reformierten Bildung zu entwickeln, die darauf abzielte, die natürlichen Neigungen und Interessen der Kinder zu fördern.

Basedow, geboren 1724, war von den Schriften Jean-Jacques Rousseaus, insbesondere von dessen Werk „Émile oder über die Erziehung", beeinflusst. Rousseaus Ideen, die eine natürliche Entwicklung des Kindes und eine Erziehung frei von den starren Strukturen der traditionellen Schulbildung befürworteten, fanden in Basedows Denken starken Widerhall. Er kritisierte die herkömmliche Pädagogik seiner Zeit als unnatürlich und demoralisierend und setzte sich für eine Erziehung ein, die auf Liebe, Verständnis und der praktischen Anwendung von Wissen basiert.

Basedow's Ambition, seine pädagogischen Theorien in die Praxis umzusetzen, führte zur Gründung des Philanthropinums im Jahr 1774 in Dessau. Das Projekt wurde durch großzügige Unterstützung von Leopold III., Fürst von Anhalt-Dessau, ermöglicht, der an die Kraft der Bildung zur Förderung sozialer und kultureller Fortschritte glaubte. Das Philanthropinum wurde konzipiert als eine Bildungsstätte, die frei von kirchlicher Dogmatik und staatlicher Einmischung war, und zielte darauf ab, Kinder zu moralisch und intellektuell selbstständigen Individuen zu erziehen.

Das Philanthropinum setzte verschiedene innovative pädagogische Prinzipien um, die auf Basedows Überzeugungen basierten:

1. *Kindzentrierte Erziehung:* Der Lehrplan war darauf ausgelegt, die natürliche Neugier und die individuellen Talente jedes Kindes zu fördern.

2. *Praktisches Lernen:* Statt ausschließlichem Bücherlernen legte Basedow großen Wert auf praktische Erfahrungen und Experimente, um den Kindern das Lernen zu erleichtern und sie direkt aktiv einzubeziehen.

3. *Körperliche Erziehung:* Sport und körperliche Aktivitäten waren integraler Bestandteil des Lehrplans, basierend auf der Überzeugung, dass ein gesunder Körper grundlegend für die geistige Entwicklung ist.

4. *Moralische Bildung:* Charakterbildung stand im Mittelpunkt, mit einem starken Fokus auf den Tugenden der Ehrlichkeit, des Respekts und der sozialen Verantwortung.

Der Lehrplan im Philanthropinum war breit gefächert und umfasste klassische Sprachen, Mathematik, Naturwissenschaften, Technik und Kunst. Der Tagesablauf war strukturiert, um eine Balance zwischen akademischen Studien, körperlicher Betätigung und Freizeit zu gewährleisten, was die ganzheitliche Entwicklung der Schüler unterstützen sollte. Basedow führte auch regelmäßige Diskussionen und Debatten ein, um das kritische Denken und die Selbstexpression der Schüler zu fördern.

Das Philanthropinum zog Aufmerksamkeit weit über die Grenzen Dessaus hinaus an und inspirierte zahlreiche Besucher und Pädagogen aus ganz Europa. Trotz seiner anfänglichen Popularität und Unterstützung stieß Basedows Ansatz jedoch auch auf Kritik und Widerstand, insbesondere wegen seines unkonventionellen Ansatzes und seiner manchmal dogmatischen Haltung. Dennoch hatte das Philanthropinum einen nachhaltigen Einfluss auf die pädagogische Theorie und Praxis und inspirierte später die Gründung ähnlicher Institutionen in Europa.

Trotz des innovativen Ansatzes und der anfänglichen Erfolge sah sich das Philanthropinum internen Spannungen und finanziellen Schwierigkeiten gegenüber, die schließlich zu seiner Schließung im Jahr 1793 führten. Die Ideen Basedows lebten jedoch weiter und hatten einen tiefgreifenden Einfluss auf die Entwicklung der modernen Pädagogik, insbesondere auf die Reformpädagogik des 19. und 20. Jahrhunderts.

Das Philanthropinum bleibt ein bedeutendes Kapitel in der Geschichte der Bildung, das die Möglichkeiten und Herausforderungen von Bildungsreformen aufzeigt. Basedows Vision einer Erziehung, die die natürlichen Fähigkeiten und Interessen der Kinder respektiert und fördert, ist auch heute noch relevant. Die Gründung des Philanthropinums war ein mutiger Schritt vorwärts auf dem Weg zu einer umfassenderen und humanistischeren Bildung, dessen Echo bis in die moderne Pädagogik nachhallt.

Religion und Säkularisierung

Die Aufklärung brachte nicht nur wissenschaftliche und politische Neuerungen mit sich, sondern übte auch tiefgreifende Einflüsse auf Religion und religiöses Leben aus. Die Betonung der Vernunft und des kritischen Denkens führte zu einer intensiven kritischen Auseinandersetzung mit religiösen Dogmen und kirchlichen Autoritäten. Diese intellektuelle Herausforderung manifestierte sich in einer wachsenden Forderung nach einer Religion der Vernunft, die frei von Aberglauben und dogmatischer Enge sein sollte.

Infolge dieser Bewegung entstanden in einigen Fällen deistische und pantheistische Glaubensrichtungen, die eine persönlichere und weniger institutionalisierte Form der Religiosität förderten. Diese Strömungen sahen Gott nicht als eine intervenierende Kraft, sondern als eine rationale Präsenz, die das Universum und seine Gesetze ordnete. Dieser Wandel ermöglichte es den Menschen, ihren Glauben auf eine Weise zu praktizieren, die stärker auf persönlicher Überzeugung und weniger auf kirchlicher Dogmatik basierte.

Parallel dazu setzte sich die Idee der Toleranz gegenüber verschiedenen Konfessionen und Religionen durch. Dies war in den religiös heterogenen deutschen Landen von besonderer Bedeutung. Die Forderung nach religiöser Toleranz, die von vielen Aufklärern vorangetrieben wurde, war ein wichtiger Schritt auf dem Weg zur Säkularisierung der Gesellschaft und zur Gewährung von Religionsfreiheit. Sie führte zu gesetzlichen und gesellschaftlichen Veränderungen, die das Zusammenleben verschiedener religiöser Gemeinschaften ermöglichten, ohne dass eine dominierende Konfession den öffentlichen Raum und das private Leben unverhältnismäßig bestimmte.[24]

---

24 Johannes Wallmann, Kirchengeschichte Deutschlands seit der Reformation, 1973, Mohr Siebeck, ISBN 978-3-8252-3731-8

Das Religionsedikt von 1788, eingeführt von Friedrich Wilhelm II., König von Preußen, markiert einen signifikanten Moment in der Geschichte der preußischen Religionspolitik. Es repräsentiert eine Abkehr von den liberaleren Ansätzen seines Onkels und Vorgängers Friedrich des Großen und ist ein Beispiel für die Spannungen zwischen aufklärerischen Idealen und konservativeren religiösen Kräften innerhalb des preußischen Staates. Das Edikt hatte weitreichende Auswirkungen auf die religiöse Toleranz und die Beziehungen zwischen Staat und Kirche, die bis heute von historischem Interesse sind.

Zum Zeitpunkt des Regierungsantritts von Friedrich Wilhelm II. im Jahr 1786 war Preußen ein Staat, der stark von den Idealen der Aufklärung beeinflusst war. Friedrich der Große hatte während seiner Herrschaft eine Politik der religiösen Toleranz verfolgt, die darauf abzielte, die verschiedenen Konfessionen innerhalb seiner Grenzen zu integrieren. Dies führte zu einer relativ liberalen Atmosphäre, in der verschiedene religiöse Gruppen relativ frei agieren konnten.

Friedrich Wilhelm II. jedoch, beeinflusst durch seine persönlichen religiösen Überzeugungen und die Beratung von konservativen kirchlichen Kreisen, nahm eine andere Haltung ein. Er war tief religiös und neigte dazu, den Einfluss der Kirche in staatlichen Angelegenheiten zu stärken. Diese Haltung führte zu einer Reihe von Maßnahmen, die darauf abzielten, die religiösen und moralischen Standards im Königreich zu erhöhen. Das Religionsedikt von 1788 war ein zentraler Bestandteil dieser Bemühungen.

Das Religionsedikt von 1788, offiziell bekannt als das "Edikt, die Äußerungen des Unglaubens und andere Missbräuche betreffend", war eine Reaktion auf das, was Friedrich Wilhelm II. und seine Berater als Verfall der religiösen und moralischen Werte sahen. Das Edikt zielte darauf ab, die Ausbreitung von als gefährlich betrachteten philosophischen und religiösen Ideen zu kontrollieren, insbesondere die des Deismus, Atheismus und anderer aufklärerischer Ansichten, die die grundlegenden christlichen Lehren infrage stellten.

Das Edikt verbot die Veröffentlichung und Verbreitung von Schriften, die als blasphemisch oder gotteslästerlich angesehen wurden. Es schränkte auch öffentliche Diskussionen über Religion ein, die die staatlich sanktionierten Lehren herausfordern könnten. Darüber hinaus wurden die Universitäten und Akademien unter strengere staatliche Kontrolle gestellt, um sicherzustellen, dass sie keine Lehren verbreiteten, die als subversiv angesehen wurden.

Die Einführung des Religionsedikts führte zu einer sofortigen und weitreichenden Reaktion. Viele Intellektuelle und Geistliche, die die aufklärerischen Ideale unterstützten, sahen das Edikt als einen schweren Schlag gegen die Freiheit des Denkens und der Meinungsäußerung. Die Durchsetzung des Edikts war streng, mit zahlreichen Fällen, in denen Bücher beschlagnahmt und Autoren, Verleger sowie Verteiler verfolgt wurden.

Die Universitäten, die zuvor Zentren der philosophischen und wissenschaftlichen Forschung waren, fanden sich unter verstärkter Aufsicht und Zensur. Dies führte zu einer Atmosphäre der Angst und Selbstzensur unter den Gelehrten, die das intellektuelle und kulturelle Leben in Preußen merklich dämpfte.

Das Religionsedikt von 1788 hatte langfristige Folgen für das Verhältnis zwischen Staat und Kirche sowie für die Entwicklung der religiösen Toleranz in Preußen. Es markierte den Beginn einer Periode, in der konservative und kirchliche Kräfte an Macht gewannen, was zu einer repressiveren Haltung gegenüber religiöser und philosophischer Vielfalt führte.

Obwohl das Edikt nach dem Tod Friedrich Wilhelms II. im Jahr 1797 allmählich an Bedeutung verlor und unter seinen Nachfolgern weniger streng durchgesetzt wurde, hinterließ es ein Erbe der Vorsicht gegenüber religiöser und philosophischer Freiheit. Es warnte zukünftige Generationen vor den Gefahren, die entstehen können, wenn der Staat versucht, das geistige und religiöse Leben seiner Bürger zu kontrollieren.

Das Religionsedikt von 1788 steht als ein signifikantes Beispiel dafür, wie die Dynamik von Aufklärung und Gegen-Aufklärung das Europa des 18. Jahrhunderts prägte. Es zeigt die Spannungen zwischen dem Wunsch nach Fortschritt und der Angst vor Veränderung, die viele der politischen und religiösen Entscheidungen jener Zeit beeinflussten. Die Geschichte dieses Edikts lehrt die Bedeutung der Wachsamkeit in Bezug auf die Wahrung der Freiheit des Denkens und Glaubens in einer sich wandelnden Welt.

Sozialstruktur und Mobilität

Die aufklärerischen Ideale von Gleichheit und Selbstbestimmung brachten tiefgreifende Veränderungen in der Sozialstruktur der deutschen Lande mit sich. Obwohl die ständische Ordnung weiterhin tief verwurzelt war, begannen die starren sozialen Hierarchien sich langsam aufzulösen. Das Bürgertum, gestärkt durch wirtschaftliche Entwicklungen und seinen zunehmenden Zugang zu Bildung, spielte eine immer wichtigere Rolle in der Gesellschaft und begann, mehr politische und soziale Rechte einzufordern.

Die Aufklärung förderte auch die Vorstellung, dass sozialer Status und Privilegien verdient sein sollten und nicht einfach durch Geburt vorgegeben. Diese Idee ermutigte zu sozialer Mobilität und gab Individuen aller Klassen das Gefühl, dass sie ihre Lebensumstände durch Bildung und harte Arbeit verbessern könnten. Dies führte zu einer zunehmenden Durchlässigkeit der sozialen Schichten und schuf eine dynamischere und offenere Gesellschaft.[25]

25 Ulrich Engelhardt, „Bildungsbürgertum." Begriffs- und Dogmengeschichte eines Etiketts, Klett-Cotta, Stuttgart 1986, ISBN 3-608-91258-4

Ein weiteres bedeutsames, aber oft übersehenes Beispiel ist die „Reform der Carolinischen Universität" in Halle im Jahr 1768, das tief in den sozialen, politischen und intellektuellen Strömungen des 18. Jahrhunderts verwurzelt ist. Diese Universität, auch bekannt als die Universität Halle, wurde 1694 gegründet und spielte eine zentrale Rolle in der frühen Aufklärungsbewegung. Ihre Reform in den späten 1760er Jahren reflektiert die Dynamik der Aufklärung und den wachsenden Einfluss des Absolutismus in Preußen unter Friedrich II., auch bekannt als Friedrich der Große.

Zur Zeit ihrer Gründung war die Universität Halle eine der fortschrittlichsten Bildungseinrichtungen Europas. Sie war bekannt für ihre Religionsfreiheit und ihre Förderung der Aufklärungsideale, die freie wissenschaftliche Untersuchung und eine weniger dogmatische Herangehensweise an die Theologie umfassten. Im Laufe der Zeit jedoch begannen interne und externe Faktoren die Effektivität und das Ansehen der Universität zu beeinträchtigen. Zu diesen Faktoren zählten die starre akademische Struktur, veraltete Lehrmethoden und zunehmende Konflikte zwischen verschiedenen Fakultäten sowie der Bedarf an einer Modernisierung, um mit anderen europäischen Universitäten Schritt zu halten.

Friedrich II. von Preußen, der 1740 den Thron bestieg, war ein großer Befürworter der Bildung und sah in ihr ein wesentliches Werkzeug zur Stärkung des Staates. Friedrich glaubte fest an die Macht der Aufklärung und der Vernunft und war bestrebt, die Bildungseinrichtungen in seinem Reich zu modernisieren. Sein Interesse an der Reform der Universität Halle war Teil eines größeren Plans, das Bildungssystem in Preußen zu zentralisieren und zu standardisieren. Diese Bemühungen waren darauf ausgerichtet, nicht nur die Qualität der Bildung zu verbessern, sondern auch die Loyalität und Effizienz der Beamtenschaft zu erhöhen, die als Rückgrat der preußischen Staatsmaschinerie diente.

Die Reform der Carolinischen Universität in Halle im Jahr 1768 wurde durch eine Reihe von königlichen Erlassen eingeleitet, die darauf abzielten, die Struktur und das Curriculum der Universität zu überarbeiten. Diese Reformen umfassten mehrere Schlüsselaspekte:

1. *Strukturelle Veränderungen:* Die Universität wurde reorganisiert, um eine effizientere Verwaltung und eine bessere Koordination zwischen den verschiedenen Fakultäten zu ermöglichen. Dies schloss die Einführung neuer Verwaltungspositionen und die klarere Definition von Verantwortlichkeiten ein.

2. *Kurrikulare Überarbeitung:* Die Lehrpläne wurden aktualisiert, um mehr Betonung auf praktische Wissenschaften und weniger auf traditionelle scholastische Disziplinen zu legen. Besonderes Augenmerk wurde auf die Modernisierung der Rechts- und Medizinischen Fakultäten gelegt, die als besonders wichtig für die Entwicklung des Staates angesehen wurden.

3. *Förderung der Forschung:* Friedrich II. erkannte die Bedeutung wissenschaftlicher Forschung und förderte diese durch die Bereitstellung zusätzlicher Mittel für experimentelle Wissenschaften und die Einrichtung spezialisierter Forschungszentren innerhalb der Universität.

4. *Lehrmethoden:* Es wurde ein größerer Fokus auf Lehrmethoden gelegt, die kritisches Denken und praktische Anwendungen fördern. Dies sollte die Studierenden besser auf ihre Rollen in der Verwaltung und im öffentlichen Dienst vorbereiten.

Die Reformen von 1768 hatten weitreichende Auswirkungen auf die Universität Halle und das Bildungswesen in Preußen allgemein. Die Universität wurde zu einem Modell für andere Bildungseinrichtungen im Reich und trug zur Verbreitung aufklärerischer Ideen bei. Die Modernisierung des Curriculums und die Betonung wissenschaftlicher Forschung zogen Studenten und Gelehrte aus ganz Europa an, was die internationale Reputation der Universität stärkte.

Die Reform der Carolinischen Universität in Halle steht exemplarisch für den Einfluss der Aufklärung auf die Bildungspolitik im 18. Jahrhundert. Sie zeigt, wie Bildungsreformen verwendet wurden, um sowohl soziale als auch politische Ziele zu fördern und wie ein aufgeklärter Monarch wie Friedrich der Große Bildung als Mittel zur Stärkung des Staates nutzen konnte. Die langfristigen Auswirkungen dieser Reformen prägten die Entwicklung der höheren Bildung in Deutschland und setzten Maßstäbe für die Verbindung von Bildung und staatlicher Verwaltung, die bis ins 19. Jahrhundert und darüber hinaus Bestand hatten.

Öffentliche Sphäre und Kommunikation

Die Entstehung einer öffentlichen Sphäre war eine der bedeutendsten sozialen Auswirkungen der Aufklärung. Diese Epoche förderte die Idee, dass Bürger sich versammeln, diskutieren und gemeinsam am politischen Leben teilhaben sollten. Diese Entwicklungen führten zur Entstehung von Kaffeehäusern, Salons, Lesegesellschaften und anderen öffentlichen Räumen, in denen Menschen sich informieren und austauschen konnten.

Diese öffentlichen Räume boten Männern (und in begrenztem Maße auch Frauen) unterschiedlicher sozialer Herkunft die Möglichkeit, zusammenzukommen und über Literatur, Kunst, Wissenschaft und Politik zu diskutieren. Kaffeehäuser, die sich insbesondere in städtischen Zentren wie Berlin, Hamburg und Frankfurt etablierten, wurden zu wichtigen Treffpunkten für Intellektuelle, Künstler und politisch Interessierte. In den Salons, oft von gebildeten und einflussreichen Frauen geleitet, konnten sich die Teilnehmer in einem eher informellen Rahmen über aktuelle Themen austauschen.

Zeitungen, Zeitschriften und Bücher, die dank des Buchdrucks in größerer Zahl und zu geringeren Kosten verfügbar wurden, spielten eine entscheidende Rolle bei der Verbreitung von Wissen und der Förderung des öffentlichen Diskurses. Die Lesegesellschaften, die sich im 18. Jahrhundert in vielen deutschen Städten bildeten, ermöglichten es ihren Mitgliedern, Zugang zu einer Vielzahl von Literatur und wissenschaftlichen Schriften zu erhalten und sich darüber auszutauschen.

Ein weniger bekanntes Ereignis, das die Bedeutung der öffentlichen Sphäre illustriert, ist die Gründung des „Teutschen Merkur" durch Christoph Martin Wieland im Jahr 1773. Diese Zeitschrift, die in Weimar herausgegeben wurde, bot eine Plattform für literarische und politische Diskussionen und trug maßgeblich zur Verbreitung aufklärerischer Ideen bei. Der „Teutsche Merkur" war eine der einflussreichsten Zeitschriften seiner Zeit und half, eine kritische Öffentlichkeit zu formen.

Ein weiteres interessantes Ereignis ist die Gründung der „Berliner Mittwochsgesellschaft" im Jahr 1783. Diese exklusive Diskussionsrunde, zu der Intellektuelle wie Moses Mendelssohn und Wilhelm von Humboldt gehörten, bot einen Raum für den Austausch über philosophische, politische und wissenschaftliche Themen. Die Gesellschaft traf sich wöchentlich und wurde zu einem wichtigen Knotenpunkt der Berliner Aufklärung.

Diese Entwicklungen verdeutlichen, wie die Aufklärung nicht nur theoretische Debatten förderte, sondern auch die praktischen Voraussetzungen für eine informierte und engagierte Öffentlichkeit schuf, die wesentlich zur gesellschaftlichen und politischen Transformation beitrug.

Wirtschaft und Technologie

Die aufklärerischen Prinzipien der Rationalität und Effizienz fanden auch in der Wirtschaft breite Anwendung. Wissenschaftliche Entdeckungen und technologische Innovationen wurden zunehmend genutzt, um die Produktion zu verbessern und neue wirtschaftliche Möglichkeiten zu schaffen. In einigen Regionen der deutschen Lande führte dies zu den ersten Ansätzen der Industrialisierung, insbesondere in der Textilindustrie und im Bergbau. Die Einführung mechanischer Spinnmaschinen und der Einsatz von Dampfkraft revolutionierten diese Industriezweige und steigerten die Produktion erheblich.

Die Aufklärung förderte zudem eine kritische Haltung gegenüber traditionellen Wirtschaftsformen und legte die Grundlagen für das moderne Wirtschaftsdenken, wie es von Adam Smith und anderen Ökonomen entwickelt wurde. Die Betonung von Handel, freiem Markt und Unternehmertum begann, die älteren, oft feudalen Wirtschaftsstrukturen zu ersetzen. Dieses neue wirtschaftliche Denken betonte die Vorteile des freien Marktes und der Arbeitsteilung und führte zu einer dynamischeren und wettbewerbsfähigeren Wirtschaft.

Die Auswirkungen der Aufklärung auf die Gesellschaft in den deutschen Landen waren tiefgreifend und vielschichtig. Sie berührten jeden Aspekt des Lebens und führten zu einer umfassenden Transformation der sozialen, politischen und kulturellen Landschaft. Die Aufklärung förderte nicht nur die Entwicklung individueller Autonomie und kritischen Denkens, sondern legte auch die Grundlagen für moderne Konzepte von Demokratie, Freiheit und Gleichheit. Obwohl nicht alle aufklärerischen Ideale sofort oder vollständig umgesetzt wurden, setzten sie doch einen Prozess des Wandels in Gang, der die deutschen Lande und ganz Europa nachhaltig prägte.[26]

26 Jürgen Kocka, Arbeiten an der Geschichte. Gesellschaftlicher Wandel im 19. und 20. Jahrhundert, Göttingen 2011, ISBN 978-3-525-37021-6

Ein weniger bekanntes Ereignis im Zusammenhang mit der frühen Industrialisierung ist die Gründung der „Faber-Castell" Bleistiftfabrik im Jahr 1761 durch Kaspar Faber in Stein bei Nürnberg. Diese Fabrik nutzte innovative Produktionsmethoden und wurde zu einem bedeutenden Unternehmen in der Schreibwarenindustrie, das die industrielle Entwicklung in der Region vorantrieb.

Ein weiteres bemerkenswertes, jedoch oft übersehenes Beispiel ist die Gründung der „Gewerbeschule" in Berlin im Jahr 1821, die von Peter Beuth initiiert wurde. Diese Schule war eine der ersten ihrer Art und bot technische und kaufmännische Ausbildung an, die auf die Bedürfnisse der industriellen Wirtschaft zugeschnitten war. Sie spielte eine zentrale Rolle bei der Ausbildung von Fachkräften und der Förderung von Innovationen in der preußischen Wirtschaft.

Diese Beispiele verdeutlichen, wie die Prinzipien der Aufklärung nicht nur das intellektuelle und politische Leben beeinflussten, sondern auch konkrete wirtschaftliche Entwicklungen und technologische Fortschritte in den deutschen Landen anstießen, die zur langfristigen Modernisierung der Gesellschaft beitrugen.

Vorboten der Veränderung

Die Aufklärung hatte eine Welle des kritischen Denkens und Hinterfragens ausgelöst, die die Autorität traditioneller Institutionen und Überzeugungen in Frage stellte. Philosophen und Intellektuelle forderten die Menschen auf, sich ihres eigenen Verstandes zu bedienen und traditionelle Glaubenssätze kritisch zu überprüfen. Dieser intellektuelle Aufbruch manifestierte sich in einer Vielzahl von Bereichen, einschließlich der Philosophie, der Naturwissenschaften, der Literatur und der Kunst.

In der Philosophie waren es Denker wie Immanuel Kant, der mit seinem kritischen Ansatz nicht nur die Grenzen der Vernunft auslotete, sondern auch ethische Grundlagen für Autonomie und menschliche Würde schuf. Kant und seine Zeitgenossen legten die philosophischen Grundlagen für Konzepte der Freiheit, Gleichheit und Brüderlichkeit, die später die politischen Ideale der Revolutionen inspirieren sollten.

Die deutschen Lande erlebten auch signifikante soziale und wirtschaftliche Veränderungen, die die alte Ordnung herausforderten. Das Wachstum des Handels und der frühen Industrieproduktion begann, die traditionelle Agrargesellschaft zu transformieren und schuf eine neue soziale Klasse des Bürgertums, dessen Angehörige nach politischem Einfluss und Teilhabe strebten.

Die zunehmende Mobilität, sowohl sozial als auch geographisch, erodierten die starren ständischen Grenzen und förderten ein Gefühl der Möglichkeit und des Wandels. Gleichzeitig machten schlechte Ernten, steigende Lebensmittelpreise und das Wachstum der Bevölkerung die sozialen Probleme und Ungleichheiten zunehmend sichtbar und drängend.

Die Erfindung und Verbreitung der Druckpresse hatte eine Revolution des Wissens und der Information ausgelöst, die durch die Aufklärung weiter intensiviert wurde. Bücher, Zeitungen und Zeitschriften wurden in immer größerer Zahl produziert und verbreitet, was eine breite Öffentlichkeit für neue Ideen und Debatten schuf.

Diese Medien spielten eine entscheidende Rolle bei der Verbreitung aufklärerischer Ideen und boten Plattformen für kritische Diskussionen und den Austausch von Wissen. Sie ermöglichten es auch, politische und soziale Missstände anzuprangern und förderten so das Bewusstsein für die Notwendigkeit von Reformen und Veränderungen.

In den politischen Diskursen der Zeit wurden die Prinzipien der Aufklärung – Freiheit, Gleichheit und Vernunft – immer stärker mit konkreten politischen Forderungen verknüpft. Die Ideen von Volkssouveränität, Rechtsstaatlichkeit und individuellen Freiheitsrechten gewannen an Einfluss und forderten die absolutistischen und feudalen Strukturen heraus.

Politische Clubs und Gesellschaften, inspiriert von den Entwicklungen in Frankreich und den Idealen der amerikanischen Revolution, begannen, sich zu formen und boten Räume für politische Diskussionen und Organisation. Diese Gruppen, obwohl oft noch klein und isoliert, waren Keimzellen für die politischen Bewegungen, die in den kommenden Jahrzehnten an Bedeutung gewinnen sollten.

Die kulturellen Ausdrucksformen der Aufklärung – in Literatur, Kunst und Musik – spiegelten die Suche nach neuen Formen und Inhalten, die die veränderte Weltsicht und die neuen Werte der Zeit widerspiegelten. Die Literatur etwa wandte sich vermehrt realistischen Themen zu und erkundete die Komplexität des menschlichen Charakters und die sozialen Bedingungen des Lebens.

In der Kunst und Musik wurden traditionelle Formen und Inhalte hinterfragt und neue Ausdrucksformen gesucht, die die Ideale von Individualität und emotionaler Tiefe reflektierten. Diese kulturellen Veränderungen waren Teil eines umfassenderen Wandels der Lebenswelt, der die Art und Weise, wie Menschen sich selbst und ihre Beziehung zur Welt verstanden, grundlegend veränderte.

Die Vorboten der Veränderung, die sich in den deutschen Landen vor der Französischen Revolution manifestierten, waren vielfältig und tiefgreifend. Sie betrafen alle Bereiche des Lebens und deuteten auf die kommenden Umwälzungen hin, die die traditionellen Strukturen herausfordern und die Grundlagen für eine neue gesellschaftliche und politische Ordnung legen würden. Diese Veränderungen waren eingebettet in ein komplexes Geflecht von Ursachen und Wirkungen, das durch die Aufklärung intensiviert wurde und dessen Dynamik die Entwicklung der deutschen Lande in die Moderne entscheidend prägte.

Betrachten wir die essentiellen Veränderungen dieser Zeit an einem konkreten Beispiel, das die politischen und sozialen Bedingungen dieser Zeit beleuchtet:

Das Herzogtum Württemberg vor der Französischen Revolution

Das Herzogtum Württemberg, gelegen im Südwesten des Heiligen Römischen Reiches, bietet ein anschauliches Beispiel für die politische und soziale Landschaft in den deutschen Landen vor der Französischen Revolution. Es war geprägt von einer starken territorialen Fürstenmacht, aber auch von einer traditionell einflussreichen ständischen Ordnung.

Im späten 18. Jahrhundert wurde Württemberg von Herzog Carl Eugen regiert, der für seine absolutistische Regierungsführung bekannt war. Seine Regierungszeit war gekennzeichnet durch den Versuch, die herzogliche Macht zu konsolidieren und die Einflüsse der Stände zurückzudrängen. Carl Eugen führte eine Reihe von Verwaltungsreformen durch, um die Effizienz der Staatsmaschinerie zu steigern, und er erhöhte die Steuern, um seine aufwendigen Hofhaltungen und militärischen Ambitionen zu finanzieren.

Die Gesellschaft in Württemberg war stark ständisch geprägt. Der Adel genoss umfangreiche Privilegien, während das Bürgertum und insbesondere die Bauernschaft unter der feudalen Last und hohen Abgaben litten. Die sozialen Spannungen wurden durch die autokratische Herrschaft des Herzogs und seine Missachtung der ständischen Rechte noch verschärft.

Württemberg war überwiegend agrarisch geprägt, obwohl es auch bedeutende Handelsstädte wie Stuttgart gab. Die Steuerlast, die zur Finanzierung des Hofes und des Militärs diente, traf besonders die Bauern und das Bürgertum, was zu Unzufriedenheit und Spannungen führte.

Trotz der autokratischen Tendenzen gab es in Württemberg auch aufklärerische und reformorientierte Strömungen. Bildungseinrichtungen wie die Hohe Karlsschule in Stuttgart zogen Gelehrte und Künstler an und wurden zu Zentren des intellektuellen Austauschs. Gleichzeitig gab es eine wachsende Kritik an der absolutistischen Herrschaft und ein zunehmendes Interesse an aufklärerischen Ideen der Freiheit und Gerechtigkeit.

*Die **Hohe Karlsschule** in Stuttgart war eine bedeutende Bildungseinrichtung, die 1770 von Herzog Karl Eugen von Württemberg gegründet wurde. Ursprünglich als militärische Ritterakademie etabliert, entwickelte sie sich schnell zu einer umfassenderen Institution mit einem breiten Bildungsangebot. 1775 wurde sie zur Hohen Karlsschule erhoben und zog in das Solitude-Schloss um, später dann ins Zentrum Stuttgarts. Die Schule war als Antwort auf die aufklärerischen Bildungsideale jener Zeit konzipiert und sollte eine Elite von Beamten, Ärzten, Lehrern und technischen Experten ausbilden. Der Lehrplan umfasste Naturwissenschaften, moderne Sprachen, Kunst und Musik sowie militärische Fächer. Eine ihrer berühmtesten Schüler war Friedrich Schiller, der dort von 1773 bis 1780 studierte und später einer der prominentesten Dichter und Dramatiker Deutschlands wurde. Die Hohe Karlsschule war bekannt für ihre strenge Disziplin und die hohen Anforderungen an die Studenten. Trotz ihrer kurzen Existenz — sie wurde 1794, kurz nach dem Tod Karl Eugens, geschlossen — hatte die Hohe Karlsschule einen nachhaltigen Einfluss auf die Bildungslandschaft in Deutschland und trug zur Verbreitung aufklärerischer und humanistischer Ideale bei.*

Die Unzufriedenheit mit der herrschaftlichen Willkür fand ihren Ausdruck in verschiedenen Formen des Widerstands. Bauernaufstände, die Forderung der Stände nach mehr Mitbestimmung und die kritische Auseinandersetzung in der literarischen Öffentlichkeit zeigten das wachsende Bewusstsein für soziale Missstände und politische Rechte.

Als Carl Eugen 1793 starb, folgten ihm Herzöge nach, die unter dem Einfluss der Ereignisse in Frankreich Reformen umsetzten, die eine Liberalisierung des Staates und eine Milderung der sozialen Spannungen anstrebten. Doch die tiefgreifenden Veränderungen, die die Französische Revolution in Europa auslöste, sollten auch Württemberg nicht unberührt lassen und die weitere Entwicklung des Herzogtums entscheidend prägen.

Das Herzogtum Württemberg vor der Französischen Revolution spiegelt die Komplexität und die Widersprüchlichkeiten der deutschen Lande in dieser Zeit wider. Die politischen und sozialen Strukturen, geprägt von absolutistischer Herrschaft und ständischen Traditionen, standen zunehmend unter Druck durch die Forderungen nach Reformen und die Verbreitung aufklärerischer Ideen. Diese Entwicklungen in Württemberg sind exemplarisch für die Transformationen, die viele Teile der deutschen Lande in dieser Periode erlebten und die den Weg für die tiefgreifenden Veränderungen des 19. Jahrhunderts ebneten.

3. DIE FRÜHEN 1770ER BIS 1780ER JAHRE: ERSTE EINFLÜSSE UND REAKTIONEN

Die Zeitspanne der 1770er bis 1780er Jahre markiert einen bedeutsamen Abschnitt in der Geschichte der deutschen Lande, geprägt durch den Einfluss der aufklärerischen Ideen und die ersten Anzeichen politischer, sozialer und kultureller Umwälzungen, die sich aus der Verbreitung dieser neuen Gedanken ergaben. Diese Dekade war erfüllt von bemerkenswerter intellektueller Vitalität und einem zunehmenden Drang nach Reformen, getragen von verschiedenen gesellschaftlichen Gruppen, die nach Veränderung strebten.

In dieser Epoche begann die Saat der Aufklärung in den deutschen Landen aufzugehen. Die neuen Ideen von Vernunft, Freiheit und Gleichheit wurden von einer wachsenden Zahl von Menschen aufgenommen, die sich nach einem Ende der alten, starren Strukturen sehnten. Es war, als ob ein frischer Wind durch die Regionen des Heiligen Römischen Reiches wehte, der den Staub jahrhundertelanger Traditionen fortwehte und Raum für neue Gedanken schuf. Besonders im Bürgertum, das sich zunehmend als eigenständige gesellschaftliche Kraft etablierte, fand dieser aufklärerische Geist Anklang. Die Forderungen nach Reformen wurden lauter: Menschen verlangten nach einer verfassungsmäßigen Regierung, nach Rechtssicherheit und nach der Gleichheit aller Bürger vor dem Gesetz.

Die Ideen der Aufklärung waren nicht nur abstrakte philosophische Konzepte, sondern begannen, die politischen und sozialen Realitäten der deutschen Lande konkret zu beeinflussen. Reformbewegungen entstanden, die eine Verbesserung des Bildungswesens forderten, die Abschaffung der Leibeigenschaft vorantrieben und die Grundlagen eines modernen Rechtsstaates legten. Diese Bewegung war vergleichbar mit einem Fluss, der sich seinen Weg bahnte und dabei die alten

Hindernisse allmählich unterspülte. Die Unzufriedenheit mit den bestehenden Verhältnissen nahm zu, insbesondere unter denjenigen, die von den alten feudalen Systemen benachteiligt wurden.

Die kulturelle Szene blühte in dieser Dekade ebenfalls auf, befeuert durch das zunehmende Interesse an Bildung und Wissenschaft. Die wachsende Bedeutung der Universitäten und Akademien förderte die Entwicklung einer neuen Elite von Denkern, die sich der Erforschung und Verbreitung des Wissens widmeten. Schulen wurden zu den Keimzellen des Wandels, in denen Kinder erstmals Zugang zu einer breiteren Bildung erhielten. Die Druckereien, die nun vermehrt Bücher und Schriften verbreiteten, trugen dazu bei, die neuen Ideen in die entlegensten Winkel des Reiches zu bringen. Man stelle sich diese Entwicklung wie ein Netz vor, dessen Maschen immer dichter wurden und das die Menschen intellektuell miteinander verband.

Neben diesen Bildungsreformen spielten die Salons und Kaffeehäuser eine zentrale Rolle im kulturellen Leben der 1770er und 1780er Jahre. Hier trafen sich Menschen unterschiedlichster Herkunft, um zu diskutieren, Ideen auszutauschen und über die Zukunft nachzudenken. Diese Orte waren wie lebendige Marktplätze des Wissens, an denen nicht Waren, sondern Gedanken gehandelt wurden. Die Salons, oft von gebildeten Frauen geführt, waren besonders wichtig für die Verbreitung aufklärerischer Gedanken und boten eine Plattform für die Diskussion von Themen, die sonst in der Gesellschaft kaum Raum fanden.

Die 1770er und 1780er Jahre waren daher eine Zeit des Übergangs und der Transformation. Sie markierten den Beginn eines tiefgreifenden Wandels, der die Grundlagen für die kommenden politischen und sozialen Umwälzungen legte. Die Ideen der Aufklärung begannen, sich in konkrete Forderungen nach Reformen zu verwandeln, und die ersten Risse in den alten Strukturen wurden sichtbar. Es war der Anfang einer Bewegung, die das Ende der traditionellen Ordnung einleitete und die deutsche Gesellschaft auf den Weg in die Moderne führte.

Aufklärungsdenker und ihr Einfluss

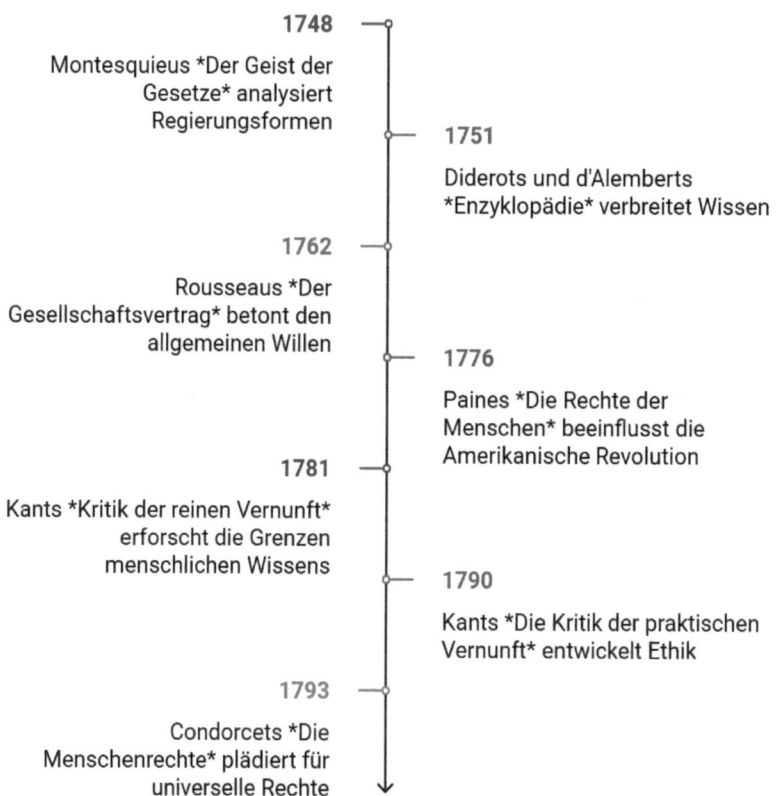

1748
Montesquieus *Der Geist der Gesetze* analysiert Regierungsformen

1751
Diderots und d'Alemberts *Enzyklopädie* verbreitet Wissen

1762
Rousseaus *Der Gesellschaftsvertrag* betont den allgemeinen Willen

1776
Paines *Die Rechte der Menschen* beeinflusst die Amerikanische Revolution

1781
Kants *Kritik der reinen Vernunft* erforscht die Grenzen menschlichen Wissens

1790
Kants *Die Kritik der praktischen Vernunft* entwickelt Ethik

1793
Condorcets *Die Menschenrechte* plädiert für universelle Rechte

Abbildung 6: Zeitleiste zu den Hauptwerken der Aufklärungsphilosophie, Quelle: Eigene Darstellung, © Ralf Schönert

Aufklärerische Ideen und ihre Verbreitung

Die Aufklärung markiert eine tiefgreifende Veränderung im intellektuellen Leben Europas, insbesondere in den deutschen Landen, wo sie zwischen den 1770er und 1780er Jahren ihren Höhepunkt erreichte. Diese Epoche war geprägt von einer intensiven Auseinandersetzung mit philosophischen, wissenschaftlichen und politischen Ideen, die eine neue Sicht auf den Menschen, die Gesellschaft und die Welt propagierten.

Philosophen wie Immanuel Kant, Moses Mendelssohn und Johann Gottfried Herder diskutierten über die Grundlagen der menschlichen Vernunft, die Freiheit des Individuums und die Rolle der Gesellschaft in der Förderung des Gemeinwohls.

Immanuel Kant, geboren am 22. April 1724 in Königsberg, Preußen, war ein deutscher Philosoph, der als zentraler Denker der Aufklärung und einer der einflussreichsten Philosophen in der Geschichte der abendländischen Philosophie gilt. Kant verbrachte sein ganzes Leben in seiner Geburtsstadt, wo er an der Universität Königsberg studierte und später als Professor für Logik und Metaphysik wirkte. Kants philosophisches Werk ist vor allem durch seine "Kritik der reinen Vernunft" (1781) bekannt, in der er sich mit den Grenzen und dem Umfang menschlicher Erkenntnis auseinandersetzte und den Rahmen für seine Erkenntnistheorie schuf. Diese Arbeit begründete seinen kritischen Idealismus, der eine Synthese zwischen dem Rationalismus und dem Empirismus darstellt. In seinen weiteren Hauptwerken, der "Kritik der praktischen Vernunft" (1788) und der "Kritik der Urteilskraft" (1790), entwickelte er seine Ethik der Pflicht und seine Ästhetik, die bis heute tiefgreifenden Einfluss auf die Ethik und die Philosophie der Kunst haben. Kant starb am 12. Februar 1804 in Königsberg. Sein umfangreiches Werk hinterlässt ein Erbe, das die philosophische Landschaft dauerhaft geprägt hat.

Moses Mendelssohn, geboren am 6. September 1729 in Dessau, war ein deutscher Philosoph jüdischer Herkunft und gilt als einer der Hauptvertreter der jüdischen Aufklärung (Haskala). Mendelssohn zog 1743 nach Berlin, wo er trotz restriktiver Zuzugsbeschränkungen für Juden Fuß fasste und sich autodidaktisch weiterbildete. Er erlangte Bekanntheit durch seine philosophischen Schriften und seinen intensiven Briefwechsel mit dem Philosophen Gotthold Ephraim Lessing, der zu einer lebenslangen Freundschaft führte. Mendelssohn war maßgeblich daran beteiligt, die Ideen der europäischen Aufklärung in die jüdische Gemeinschaft einzubringen und plädierte für eine Harmonie von Vernunft und Offenbarungsglauben. Sein bekanntestes Werk „Jerusalem oder über religiöse Macht und Judentum" (1783) argumentiert für religiöse Toleranz und die Bürgerrechte für Juden und beeinflusste das moderne Verständnis des Judentums als Religion und Kultur. Durch seine Schriften und sein Engagement trug Mendelssohn wesentlich zur Emanzipation der Juden in Deutschland bei und legte den Grundstein für die spätere Reformbewegung im Judentum. Moses Mendelssohn starb am 4. Januar 1786 in Berlin. Sein Erbe lebt in der Idee eines aufgeklärten, modernen Judentums fort.

Johann Gottfried Herder, geboren am 25. August 1744 in Mohrungen in Ostpreußen, war ein deutscher Philosoph, Theologe und Literaturkritiker, der als einer der Schlüsselfiguren der deutschen Aufklärung und der Weimarer Klassik gilt. Seine vielfältigen Interessen führten zu bedeutenden Beiträgen in der Philosophie, Pädagogik, Geschichte und Linguistik und machten ihn zu einem Vorreiter der deutschen Romantik. Herder studierte Theologie an der Universität Königsberg, wo er von Immanuel Kant beeinflusst wurde. Später wurde er als Prediger und Lehrer in Riga tätig, bevor er 1771 zum Generalsuperintendenten und Konsistorialrat in Bückeburg ernannt wurde. 1776 zog Herder auf Einladung von Johann Wolfgang von Goethe nach Weimar, wo er bis zu seinem Lebensende als Generalsuperintendent und Hofprediger wirkte. Herder vertrat die Idee, dass Sprache das grundlegende Medium des menschlichen Geistes sei und sah in jeder Kultur einen Ausdruck der menschlichen Seele. Seine Werke, darunter „Ideen zur Philosophie der Geschichte der Menschheit" und „Stimmen der Völker in Liedern", betonten die Bedeutung des Nationalcharakters und der Volkskultur. Diese Schriften trugen wesentlich zur Entwicklung der Volkskunde und Anthropologie bei. Herder setzte sich auch kritisch mit der Kolonialpolitik und der Sklaverei auseinander und förderte das Konzept der kulturellen Vielfalt. Er starb am 18. Dezember 1803 in Weimar und hinterließ ein Erbe, das die deutsche Literatur und Philosophie nachhaltig prägte.

Wissenschaftliche Entdeckungen und technologische Innovationen, die durch Persönlichkeiten wie Alexander von Humboldt und Carl Friedrich Gauss vorangetrieben wurden, revolutionierten das Verständnis der Natur und der Welt. Politische Theoretiker setzten sich intensiv mit Fragen der Staatsform, der Rechtsstaatlichkeit und der Bürgerrechte auseinander.

Alexander von Humboldt, geboren am 14. September 1769 in Berlin, war ein deutscher Naturforscher und Geograph, dessen umfassende wissenschaftliche Reisen und Schriften ihn zu einer der zentralen Figuren der europäischen Wissenschaft im 19. Jahrhundert machten. Humboldt stammte aus einer wohlhabenden preußischen Adelsfamilie und genoss eine exzellente Bildung, die seine lebenslange Leidenschaft für die Naturwissenschaften prägte. 1799 begann Humboldt eine fünfjährige Forschungsreise durch Lateinamerika, die als eine der bedeutendsten wissenschaftlichen Expeditionen der Geschichte gilt. Auf dieser Reise erforschte er eine Vielzahl geographischer und biologischer Phänomene, von den Orinoko-Flussläufen bis zu den Andengipfeln. Humboldts Arbeit trug grundlegend zum Verständnis von Naturphänomenen wie dem Magnetismus, der Vulkanologie und der Ozeanografie bei. Sein wohl bekanntestes Werk, der „Kosmos", ist eine ambitionierte Darstellung des Universums und seiner Naturgesetze und zielte darauf ab, das gesamte Weltwissen seiner Zeit zusammenzufassen. Humboldt war auch ein Vorreiter in der Umweltwissenschaft, der bereits damals auf die Gefahren der menschlichen Einflüsse auf das Klima hinwies. Sein Engagement für die Wissenschaft und sein Einsatz für die indigenen Völker Südamerikas machten ihn zu einer inspirierenden Figur der wissenschaftlichen und humanitären Felder. Alexander von Humboldt starb am 6. Mai 1859 in Berlin.

Carl Friedrich Gauss, geboren am 30. April 1777 in Braunschweig, war ein deutscher Mathematiker und Wissenschaftler, der durch seine Beiträge in vielen Bereichen der Mathematik, Physik und Astronomie als einer der größten Mathematiker aller Zeiten gilt. Schon als Kind zeigte Gauss ein außergewöhnliches mathematisches Talent, das durch die Unterstützung seiner Lehrer und Förderer weiterentwickelt wurde. Gauss studierte am Collegium Carolinum in Braunschweig und später an der Universität Göttingen. 1799 promovierte er mit einer Arbeit, die einen Beweis des Fundamentalsatzes der Algebra enthielt. Sein Ruf als herausragender Mathematiker wurde mit der Veröffentlichung seines Werkes „Disquisitiones Arithmeticae" im Jahr 1801 gefestigt, einem bahnbrechenden Text, der die Zahlentheorie neu definierte. Neben der Mathematik leistete Gauss auch wesentliche Beiträge zur Astronomie; er entwickelte Methoden zur Berechnung von Planetenbahnen, was ihm half, den Asteroiden Ceres wiederzuentdecken. Seine Arbeiten in der Physik umfassen bedeutende Beiträge zur Theorie des Magnetismus. Gauss war bekannt für seinen Perfektionismus in der Forschung und lehnte es oft ab, vorläufige Ergebnisse zu veröffentlichen. Er verbrachte sein Berufsleben größtenteils in Göttingen, wo er 1855 starb, und hinterließ ein Erbe, das die wissenschaftliche Welt nachhaltig prägte.

Diese Ideen wurden durch eine sich wandelnde Medienlandschaft verbreitet, die durch den Fortschritt der Drucktechnologie, die zunehmende Alphabetisierung und die Entstehung einer literarischen Öffentlichkeit gekennzeichnet war. Bücher, Zeitungen und Zeitschriften wurden in größerem Umfang produziert und waren für ein breiteres Publikum zugänglich. Lesegesellschaften und Salons förderten den intellektuellen Austausch und halfen, die aufklärerischen Ideen in die Breite der Gesellschaft zu tragen.[27]

Ein wichtiges Ereignis im Kontext der deutschen Aufklärung ist die Einführung der „Allgemeinen Schulordnung".

---

27 Werner Schneiders, Das Zeitalter der Aufklärung, C.H. Beck, ISBN 978-3-406-44796-9

Die Einführung der „Allgemeinen Schulordnung" durch Johann Heinrich Pestalozzi in den späten 1770er Jahren markiert einen bedeutenden Moment in der Geschichte der Pädagogik und der Schulbildung in Europa. Pestalozzi, ein Schweizer Pädagoge und Sozialreformer, war ein Pionier der modernen Bildung und setzte sich sein Leben lang für die Verbesserung der Erziehung und Bildung der ärmeren Bevölkerungsschichten ein. Seine Reformen und Ideen hatten tiefgreifende Auswirkungen auf die Entwicklung des Bildungssystems in Europa und beeinflussten Generationen von Pädagogen.

Johann Heinrich Pestalozzi wurde 1746 in Zürich geboren und entwickelte früh ein starkes Interesse an sozialen und pädagogischen Fragen. Beeinflusst von den Ideen der Aufklärung und den Schriften von Jean-Jacques Rousseau, insbesondere dessen Werk „Émile", begann Pestalozzi, über neue Ansätze in der Erziehung nachzudenken. Er glaubte fest daran, dass Bildung ein Schlüssel zur Verbesserung der sozialen Verhältnisse und zur Befreiung der Menschen aus Armut und Unwissenheit sei.

Pestalozzis pädagogische Vision basierte auf der Überzeugung, dass jedes Kind ein Recht auf Bildung hatte und dass diese Bildung ganzheitlich sein müsse, um sowohl den intellektuellen als auch den moralischen und physischen Aspekt der menschlichen Entwicklung zu fördern. Er setzte sich für eine Erziehung ein, die die natürlichen Fähigkeiten und Interessen der Kinder respektierte und sie zu selbstständigen und verantwortungsbewussten Individuen formte.

Das Neuhof-Experiment

Ein entscheidendes Kapitel in Pestalozzis Leben und Werk war sein Neuhof-Experiment. Im Jahr 1774 gründete er auf einem heruntergekommenen Bauernhof in der Nähe von Birr im Kanton Aargau eine Erziehungsanstalt für arme Kinder. Sein Ziel war es, durch eine Kombination von Schulbildung und praktischer Arbeit die Kinder aus der Armut zu befreien und ihnen die Fähigkeiten zu vermitteln, die sie für ein eigenständiges Leben benötigten.

Obwohl das Neuhof-Experiment aus finanziellen Gründen scheiterte und 1780 geschlossen werden musste, war es ein wichtiger Meilenstein in der Entwicklung von Pestalozzis pädagogischen Ideen. Die Erfahrungen, die er dort sammelte, flossen in seine späteren Arbeiten ein und bildeten die Grundlage für seine weiterführenden pädagogischen Reformen.

In den späten 1770er Jahren begann Pestalozzi, seine Erfahrungen und Überzeugungen in ein systematisches Bildungskonzept zu überführen, das er „Allgemeine Schulordnung" nannte. Diese Schulordnung sollte als Modell für ein neues, gerechteres und effizienteres Bildungssystem dienen, das allen Kindern zugänglich war, unabhängig von ihrer sozialen Herkunft.

Die Allgemeine Schulordnung umfasste mehrere Schlüsselprinzipien:

1. Ganzheitliche Bildung: Pestalozzi hob hervor, dass Bildung alle Aspekte des Lebens umfassen müsse, die nicht nur den Intellekt, sondern auch die moralischen und physischen Fähigkeiten der Kinder fördert. Er argumentierte, dass Bildung alle Aspekte des menschlichen Lebens umfassen müsse, um wirklich effektiv zu sein.

2. Lernen durch Tun: Ein zentrales Element von Pestalozzis Pädagogik war das „Lernen durch Tun". Er glaubte, dass Kinder am besten durch praktische Erfahrungen und aktive Teilnahme lernen. Dies bedeutete, dass der Unterricht nicht nur theoretisch, sondern auch praktisch ausgerichtet sein sollte.

3. Individualisierung des Lernens: Pestalozzi erkannte die unterschiedlichen Bedürfnisse und Fähigkeiten der Kinder an und plädierte für eine individuelle Förderung. Jeder Schüler sollte

in seinem eigenen Tempo lernen können und dabei die Unterstützung erhalten, die er benötigt.

4. Bildung für alle: Ein fundamentales Prinzip seiner Schulordnung war die Überzeugung, dass Bildung ein Grundrecht ist und allen zugänglich gemacht werden muss. Er setzte sich dafür ein, dass auch die ärmsten Kinder eine qualitativ hochwertige Bildung erhalten.

5. Verbindung von Schule und Leben: Pestalozzi strebte danach, die Schule mit dem täglichen Leben der Kinder zu verbinden. Er sah die Schule als einen Ort, an dem praktische Lebensfähigkeiten ebenso vermittelt werden sollten wie akademisches Wissen.

Die praktische Umsetzung der Allgemeinen Schulordnung erfolgte zunächst in den von Pestalozzi gegründeten Bildungseinrichtungen. Obwohl seine Reformen oft auf Widerstand stießen und nicht immer sofort erfolgreich waren, verbreiteten sich seine Ideen rasch und fanden zahlreiche Unterstützer. In den folgenden Jahrzehnten wurden seine pädagogischen Konzepte in vielen Teilen Europas übernommen und weiterentwickelt.

Besonders in der Schweiz, in Deutschland und in Frankreich fanden seine Ideen Anklang und beeinflussten die Bildungsreformen des 19. Jahrhunderts. Pestalozzis Methoden wurden in vielen Schulen eingeführt, und seine Ansichten über die Bedeutung der Bildung für die soziale und moralische Entwicklung fanden breite Anerkennung.

Während Pestalozzis Beiträge zur Pädagogik weithin anerkannt wurden, blieben seine Ideen nicht ohne Kritik. Einige Zeitgenossen warfen ihm vor, zu idealistisch zu sein und die praktischen Herausforderungen der Bildung zu unterschätzen. Dennoch bleibt sein Werk ein zentraler Bezugspunkt in der Geschichte der Pädagogik.

Die Weiterentwicklung seiner Prinzipien durch spätere Pädagogen wie Friedrich Fröbel, Johann Friedrich Herbart und Maria Montessori zeigt die dauerhafte Relevanz seiner Ansätze. Diese Reformpädagogen bauten auf Pestalozzis Ideen auf und entwickelten sie weiter, um den sich wandelnden Bedürfnissen und Herausforderungen der Bildung gerecht zu werden.

Johann Heinrich Pestalozzi hinterließ ein tiefgreifendes Vermächtnis, das die moderne Bildung nachhaltig geprägt hat. Seine Vision einer ganzheitlichen, kindzentrierten und praxisorientierten Bildung bleibt bis heute aktuell und inspiriert Pädagogen weltweit. Die Prinzipien der Allgemeinen Schulordnung finden sich in modernen Bildungskonzepten und Lehrplänen wieder und betonen die Bedeutung von Individualisierung, praktischer Erfahrung und ganzheitlicher Entwicklung.

Pestalozzis Einsatz für Bildung als Mittel zur sozialen Gerechtigkeit und persönlichen Emanzipation spiegelt die grundlegenden Werte der Aufklärung wider und setzt Maßstäbe für eine humane und inklusive Pädagogik. Sein Leben und Werk erinnern daran, dass Bildung weit mehr ist als die Vermittlung von Wissen – sie ist der Schlüssel zu einem erfüllten und verantwortungsbewussten Leben.

Philosophische Grundlagen der Aufklärung

Im Zentrum der Aufklärung stand die Vernunft als das primäre Mittel zur Erkenntnisgewinnung und als Leitfaden für menschliches Handeln. Philosophen wie Immanuel Kant stellten diese Vernunft in den Mittelpunkt ihres Denkens und formulierten Prinzipien, die die Autonomie des menschlichen Verstandes betonten. Sie forderten eine kritische Haltung gegenüber traditionellen Autoritäten und überliefertem Wissen. Kants Schriften, insbesondere die "Kritik der reinen Vernunft" (1781) und sein Essay "Was ist Aufklärung?" (1784), waren in diesem Kontext bahnbrechend und hatten einen tiefgreifenden Einfluss auf das intellektuelle Leben in den deutschen Landen.

Kant forderte einen "öffentlichen Gebrauch der Vernunft" und legitimierte damit die kritische Auseinandersetzung mit den bestehenden sozialen, politischen und religiösen Strukturen. Er argumentierte, dass jeder Mensch den Mut haben sollte, seinen eigenen Verstand zu benutzen, ohne sich von anderen leiten zu lassen. Diese Aufforderung, die Kant in dem berühmten Satz "Habe Mut, dich deines eigenen Verstandes zu bedienen!" zusammenfasste, wurde zum Leitmotiv der Aufklärungszeit. Es war, als hätte Kant einen Funken entzündet, der ein Feuer des kritischen Denkens entfachte, das sich immer weiter ausbreitete.

Die Idee, dass die Vernunft die oberste Autorität sein sollte, bedeutete einen radikalen Bruch mit den traditionellen Machtverhältnissen. Autoritäten wie Kirche und Adel, die sich bis dahin auf göttliches Recht und althergebrachte Ordnungen gestützt hatten, sahen sich plötzlich mit einer neuen Art der Legitimation konfrontiert. Vernunft war nun die Währung, mit der Überzeugungen und Herrschaftsansprüche geprüft wurden. Kant stellte den Menschen in den Mittelpunkt als autonomes Wesen, das nicht blind folgen, sondern kritisch hinterfragen sollte. Diese neue Sichtweise eröffnete den Raum für tiefgreifende gesellschaftliche Veränderungen.

Der öffentliche Gebrauch der Vernunft war nicht nur eine theoretische Idee, sondern fand ganz konkrete Entsprechungen im Alltag der Menschen. In den Salons und Kaffeehäusern der Städte trafen sich Bürger unterschiedlichster Herkunft, um genau diese Freiheit der Gedanken zu praktizieren. Es waren Orte, an denen die Lehren der Aufklärung gelebt wurden. Man kann sich diese Einrichtungen wie lebendige Foren vorstellen, in denen die Flamme der Vernunft genährt wurde – jedes Gespräch ein weiterer Funke, der das Feuer der Erkenntnis größer werden ließ. Besonders die Salons, häufig von gebildeten Frauen organisiert, boten den Raum, in dem die neuen Gedanken der Aufklärung sich ausbreiten und entfalten konnten.

Die Aufklärung war nicht einfach nur eine Zeit intellektueller Debatten, sondern ein tiefer gesellschaftlicher Umbruch. Kants Forderungen nach Autonomie und die Bedeutung der Vernunft ermutigten die Menschen, alte Denk- und Machtstrukturen infrage zu stellen. Die Idee, dass jeder Mensch in der Lage ist, seine eigenen Entscheidungen zu treffen und die Wahrheit selbst zu ergründen, war revolutionär. Es war der Anfang einer neuen Ära, in der die Freiheit des Denkens und die Macht der Vernunft als zentrale Werte einer aufstrebenden modernen Gesellschaft galten.[28]

Die Rolle der Druckpresse und des Buchmarktes

Die Verbreitung der aufklärerischen Ideen wäre ohne die rasante Entwicklung der Drucktechnologie kaum denkbar gewesen. Diese technologische Revolution und der damit einhergehende Aufschwung des Buch- und Zeitschriftenmarktes beschleunigten die Ausbreitung der neuen Gedanken erheblich. Bücher, Pamphlete, Zeitungen und Zeitschriften fanden ihren Weg in immer mehr Hände und erreichten ein zunehmend breites Publikum. Wissen, das zuvor den Eliten vorbehalten war, wurde plötzlich einer breiteren Schicht zugänglich gemacht. Es war, als ob sich die Tore zu einer riesigen Bibliothek öffneten und die Schätze des Wissens für jedermann zugänglich wurden. Diese Demokratisierung des Wissens ermöglichte es, dass die Ideen der Aufklärung Wurzeln schlagen und eine breite öffentliche Debatte entfachen konnten.

In Deutschland spielten Verlage und Druckereien eine entscheidende Rolle in diesem Prozess. Städte wie Leipzig und Berlin entwickelten sich zu bedeutenden Zentren des Buchhandels und der Literaturproduktion. Es waren Orte, an denen die Werke der Aufklärung nicht nur gedruckt, sondern auch intensiv diskutiert wurden. Man kann sich

---

28 Quellen: Immanuel Kant – Beantwortung der Frage: Was ist Aufklärung? (1784), - Kritik der reinen Vernunft (1781)

diese Städte wie geschäftige Bienenstöcke vorstellen, in denen jeder Gedanke, jede Idee in Bewegung war und summte. Leipzig, bekannt als "Buchmesse der Welt", wurde zum zentralen Umschlagplatz für die Schriften der Aufklärer. Die Verlage waren nicht einfach nur Produktionsstätten, sie waren die Werkstätten der Veränderung, in denen neue Gedanken geformt und vervielfältigt wurden, um dann in die Welt hinausgetragen zu werden.

Die Drucktechnologie selbst war wie der Motor, der diese intellektuelle Revolution antrieb. Was früher in mühevoller Handarbeit kopiert werden musste, konnte nun in großer Stückzahl produziert werden. Druckereien waren wie Maschinen, die die Worte der Aufklärer vervielfachten und in die entferntesten Winkel des Heiligen Römischen Reiches trugen. Diese Entwicklung führte dazu, dass die neuen Ideen in die Köpfe und Herzen der Menschen gelangten. Überall, wo Zeitungen gelesen oder Bücher getauscht wurden, erwachte die Neugier. Es entstand eine Kultur des Hinterfragens und des Verstehens, die das Fundament für tiefgreifende soziale und politische Veränderungen legte.

Auch die Zeitschriften spielten eine wesentliche Rolle bei der Verbreitung der aufklärerischen Gedanken. Sie waren das Medium, das eine kontinuierliche Diskussion ermöglichte und eine Plattform für den Austausch zwischen Denkern und Lesern bot. Der Leser war nicht mehr nur ein passiver Empfänger von Informationen, sondern wurde Teil eines größeren Diskurses. In den Kaffeehäusern und Salons wurden diese Schriften gelesen und diskutiert, wodurch sich die neuen Gedanken wie Lauffeuer verbreiteten. Die Menschen begannen, Fragen zu stellen, die sie zuvor vielleicht nicht zu stellen gewagt hätten. Die Kraft der gedruckten Worte war der Katalysator, der die alten Strukturen herausforderte und letztlich auch zum Bröckeln brachte.

So lässt sich sagen, dass die Verbreitung der aufklärerischen Ideen im 18. Jahrhundert in Deutschland ohne die Drucktechnologie und den aufblühenden Buchmarkt kaum denkbar gewesen wäre. Die Städte, die Druckereien und die Leser waren die Säulen dieser Bewegung, die das intellektuelle Leben revolutionierten und den Weg in eine neue Ära bereiteten. Die Aufklärung, mit ihrem Appell an die Vernunft und das eigenständige Denken, wurde durch die Macht der gedruckten Worte zu einer Bewegung, die die Gesellschaft von Grund auf veränderte. Sie war mehr als eine Epoche – sie war ein geistiger Aufbruch, der in den Druckpressen Leipzigs und Berlins seine greifbare Form fand und die Welt nachhaltig veränderte.[29]

---

29 Robert Darnton, The Business of Enlightenment. A Publishing History of the Encyclopédie, 1775–1800. Harvard University Press, Cambridge/London 1979 - deutsch: Glänzende Geschäfte oder: Wie verkauft man Wissen mit Gewinn? Wagenbach, Berlin 1993 (gekürzt), ISBN 3-8031-3568-0

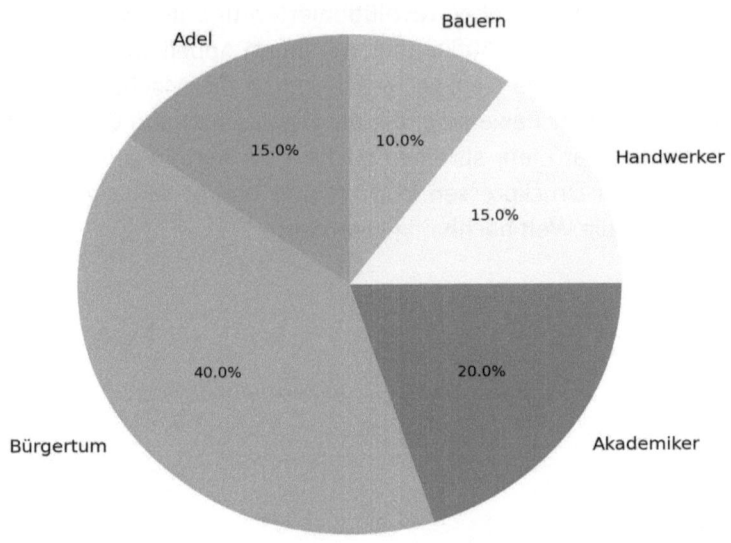

Verteilung der Leserschaft im 18. Jahrhundert

Abbildung 7: Verteilung der Leserschaft, Datenmaterial aus Robert Darnton, The Business of Enlightenment, Quelle: Eigene Darstellung, © Ralf Schönert

Bildung und Aufklärung

Die Aufklärung brachte einen revolutionären Ansatz in der Bildung mit sich, der auf Vernunft, kritischem Denken und der Befähigung des Individuums basierte. Bildungseinrichtungen, insbesondere Universitäten, spielten eine zentrale Rolle bei der Verbreitung aufklärerischer Ideen. Sie wurden zu Orten des intellektuellen Austauschs und der Debatte, an denen die Grundlagen für eine neue Wissenschafts- und Kulturauffassung gelegt wurden.

In den deutschen Landen wurden Universitäten wie Göttingen, Halle und Jena zu wichtigen Zentren der Aufklärung. Diese Institutionen förderten eine kritische Auseinandersetzung mit tradiertem Wissen und ermutigten Lehrer und Studenten, über nationale Grenzen hinweg zu kommunizieren und zu kollaborieren. Die Universitäten boten ein Umfeld, in dem aufklärerische Gedanken gedeihen konnten und in dem die Prinzipien der Vernunft und des wissenschaftlichen Fortschritts hochgehalten wurden.

Die Universität Göttingen, gegründet 1737, wurde schnell zu einem Leuchtturm der Aufklärung. Sie zog Gelehrte aus ganz Europa an und förderte ein Curriculum, das Naturwissenschaften, Rechtswissenschaften und Geisteswissenschaften gleichermaßen umfasste. Göttingen war bekannt für seine liberale Atmosphäre und die Förderung freier akademischer Debatten.

Die Universität Halle, gegründet 1694, war ein weiteres Zentrum der Aufklärung. Hier lehrte Christian Wolff, ein bedeutender Philosoph der Aufklärung, der die Rationalität und Systematik in der Philosophie betonte. Seine Lehren hatten einen erheblichen Einfluss auf die wissenschaftliche Methodik und die philosophische Ausbildung.

Christian Wolff, geboren am 24. Januar 1679 in Breslau, war ein deutscher Philosoph, Jurist und Mathematiker, der als einer der bedeutendsten Denker der Aufklärung in Deutschland gilt. Er studierte an der Universität Jena Theologie, Philosophie und Mathematik und promovierte in Philosophie und Recht. 1707 erhielt Wolff eine Professur für Mathematik an der Universität Halle, wo er zu einem führenden Vertreter der Leibniz-Wolffschen Philosophie wurde. Wolffs Philosophie, stark beeinflusst von Leibniz, war geprägt durch einen rationalistischen Ansatz, der versuchte, alle Wissenschaften systematisch zu ordnen. Sein Werk erstreckte sich über viele Bereiche, einschließlich Metaphysik, Ethik, Logik und Naturwissenschaft. Seine klare und systematische Darstellung von Wissen machte ihn zu einem der einflussreichsten Philosophen seiner Zeit. 1723 wurde Wolff aufgrund theologischer Kontroversen und dem Vorwurf des Determinismus aus Halle verbannt, kehrte jedoch 1740 nach Preußen zurück, als Friedrich II. ihn zum Professor in Halle ernannte. Wolffs Arbeiten, darunter seine „Deutsche Metaphysik" und „Deutsche Ethik", spielten eine zentrale Rolle bei der Entwicklung des deutschen Bildungssystems und beeinflussten die europäische Aufklärung nachhaltig. Christian Wolff starb am 9. April 1754 in Halle. Sein Erbe umfasst die Prägung der deutschen philosophischen Sprache und die Förderung eines rationalen, systematischen Zugangs zur Philosophie und Wissenschaft.

Auch die Universität Jena spielte eine entscheidende Rolle. Besonders bekannt wurde sie durch die Ansiedlung der Frühromantiker und die Lehren von Johann Gottlieb Fichte, Friedrich Schiller und anderen bedeutenden Denkern, die die Ideale der Aufklärung in ihren Werken weiterentwickelten.[30]

Aufklärung und Öffentlichkeit

Die Entstehung einer literarischen Öffentlichkeit war eine weitere wesentliche Errungenschaft der Aufklärung. Salons, Kaffeehäuser und Lesegesellschaften wurden zu wichtigen sozialen Foren, in denen Menschen verschiedener sozialer Schichten zusammenkamen, um über Literatur, Kunst, Politik und Philosophie zu diskutieren. Diese Foren förderten den Austausch von Ideen und stärkten das Bewusstsein für gemeinsame kulturelle und politische Anliegen.

Die Entstehung einer kritischen Öffentlichkeit verstärkte den Druck auf die traditionellen Autoritäten und trug zur Entstehung eines politischen Bewusstseins bei, das in den folgenden Jahrzehnten zunehmend an Bedeutung gewinnen sollte.[31]

---

30 Notker Hammerstein, Aufsatz: Die deutsche Universität im Zeitalter der Aufklärung

31 Jürgen Habermas, Strukturwandel der Öffentlichkeit, Luchterhand, ISBN 3-472-61025-5

Die Verbreitung aufklärerischer Ideen in den 1770er und 1780er Jahren in den deutschen Landen war ein komplexer Prozess, der durch das Zusammenspiel von philosophischen Ideen, technologischen Entwicklungen, sozialen Veränderungen und kulturellen Dynamiken charakterisiert war. Diese Ideen bereiteten den Boden für tiefgreifende Veränderungen, die nicht nur die Strukturen des Wissens und der Macht herausforderten, sondern auch das Selbstverständnis der Menschen und ihre Beziehung zur Welt fundamental veränderten. Die Aufklärung legte damit die Grundlagen für die moderne Gesellschaft und prägte die Entwicklung der deutschen Lande und Europas in entscheidender Weise.

Politische und soziale Reformbestrebungen

Die Einflüsse der Aufklärung waren auch im politischen und sozialen Bereich spürbar. Diese Reformbewegungen waren vielfältig und von Territorium zu Territorium unterschiedlich, reflektierten jedoch ein wachsendes Bewusstsein für die Notwendigkeit von Veränderungen in verschiedenen gesellschaftlichen und politischen Bereichen.

Die Aufklärung brachte eine Flut neuer politischer Ideen mit sich, die auf den Prinzipien von Vernunft, Naturrecht und dem Streben nach Freiheit und Gleichheit basierten. Philosophen wie Immanuel Kant und Christian Wolff hatten einen erheblichen Einfluss auf die politische Theoriebildung, indem sie die Autonomie des Individuums und die Bedeutung von Rechtsstaatlichkeit und sozialer Gerechtigkeit betonten.

Das Bildungswesen erfuhr im Zuge der Aufklärung besondere Aufmerksamkeit. Die Gründung von Bildungseinrichtungen, die Reform bestehender Universitäten und Schulen und die Einführung neuer Lehrpläne zielten darauf ab, Wissen zu demokratisieren und kritisches Denken zu fördern. In Preußen beispielsweise führte Friedrich der Große Reformen durch, die das Bildungssystem modernisieren und effektiver gestalten sollten.

Die wirtschaftliche Lage in vielen deutschen Territorien war durch feudale Strukturen gekennzeichnet, die eine effektive Landnutzung und Wirtschaftsentwicklung behinderten. In diesem Kontext entstanden Bestrebungen, agrarische Produktionsweisen zu modernisieren, die Leibeigenschaft abzuschaffen und die Rechte der Bauern zu stärken. Solche Reformen wurden beispielsweise in Baden und in Teilen Preußens initiiert.

Die Effizienz und Rationalität der Verwaltung zu steigern, war ein weiteres Hauptziel der Reformbestrebungen. In Preußen führte Friedrich der Große umfassende Verwaltungsreformen durch, um die Staatsmaschinerie zu modernisieren. Diese Reformen zielten darauf ab, Korruption zu bekämpfen, die Rechtsprechung zu verbessern und eine professionelle Beamtenschaft zu etablieren.

Die Forderung nach sozialer Gerechtigkeit und Gleichheit gewann in den Diskursen der Zeit an Bedeutung. Die Kritik an ständischen Privilegien und die Idee, dass alle Bürger vor dem Gesetz gleich sein sollten, fanden besonders in intellektuellen und reformorientierten Kreisen Anklang. Diese Bestrebungen waren eng mit den aufklärerischen Prinzipien von Freiheit und Gleichheit verbunden und fanden ihren Ausdruck in verschiedenen Reformansätzen und Gesetzeswerken.

Die 1770er bis 1780er Jahre in den deutschen Landen waren von einem intensiven Ringen um politische und soziale Reformen geprägt, die von den Ideen der Aufklärung inspiriert waren. Diese Reformbestrebungen spiegeln das wachsende Bewusstsein für die Notwendigkeit von Veränderungen wider, die eine gerechtere, aufgeklärtere und rationalere Gesellschaftsordnung schaffen sollten. Obwohl viele dieser Reformen auf Widerstand stießen oder nur teilweise umgesetzt wurden, legten sie dennoch den Grundstein für die tiefgreifenden Transformationen, die im 19. Jahrhundert folgen sollten.

Kulturelle Entwicklungen

Die kulturellen Entwicklungen in den deutschen Landen während der 1770er und 1780er Jahre reflektieren die tiefgreifenden Veränderungen einer Epoche, die durch die Aufklärung und die beginnende Romantik geprägt war. In dieser Zeit erlebte Deutschland eine bemerkenswerte kulturelle Blüte, die durch eine Vielzahl von Strömungen und Persönlichkeiten charakterisiert wurde und deren Einfluss bis heute spürbar ist.

Literatur und Philosophie

In der Literatur dieser Dekade vollzog sich ein signifikanter Wandel, der von der Aufklärung zur Sturm-und-Drang-Bewegung und schließlich zur Weimarer Klassik führte. Die Literatur der Aufklärung, die rationale Analyse und moralische Verbesserung betonte, begann, Raum für Ausdrucksformen zu geben, die stärker Emotionen, Individualität und Naturverbundenheit in den Vordergrund stellten.

- *Sturm und Drang:* Diese literarische Bewegung, die sich gegen die rationalistischen Fesseln der Aufklärung wandte, wurde maßgeblich von jungen Autoren wie Johann Wolfgang von Goethe und Friedrich Schiller geprägt. In Werken wie Goethes "Die Leiden des jungen Werthers" wurden individuelle Gefühle und das Streben nach Authentizität betont, was einen tiefen Einfluss auf die europäische Literatur hatte.[32]

32 Rüdiger Safranski, Goethe und Schiller. Geschichte einer Freundschaft (2009)

- *Weimarer Klassik:* In den späten 1780er Jahren begann sich mit Goethe und Schiller die Phase der Weimarer Klassik zu formieren, die eine Synthese aus rationalen und emotionalen Elementen anstrebte und humanistische Ideale in den Mittelpunkt rückte.[33]

Musik und darstellende Künste

Auch in der Musik gab es bedeutende Entwicklungen, die sich durch eine zunehmende Emotionalität und Individualität auszeichneten. Komponisten wie Carl Philipp Emanuel Bach und später Wolfgang Amadeus Mozart brachten persönlichen Ausdruck und tiefere emotionale Schichten in ihre Werke ein, die vom Publikum mit großer Begeisterung aufgenommen wurden.

Die Musik erlebte eine Abkehr von strengen barocken Formen und entwickelte einen reicheren, expressiveren Stil. Mozarts Opern und Symphonien demonstrieren diese Transformation und zeigen eine neue Komplexität und emotionale Tiefe.

Bildende Kunst

In der bildenden Kunst begann sich ein Wandel von barocken und rokokohaften Stilen hin zu mehr Realismus und Individualität abzuzeichnen. Künstler wie Anton Raphael Mengs und später Johann Heinrich Wilhelm Tischbein entwickelten einen Stil, der von den Idealen der Aufklärung und den Anfängen der Romantik beeinflusst war.

Anton Raphael Mengs, geboren am 22. März 1728 in Aussig, Böhmen (heute Ústí nad Labem, Tschechische Republik), war ein deutsch-böhmischer Maler und bedeutender Vertreter des Neoklassizismus. Als Sohn des Hofmalers Ismael Mengs erhielt er eine frühzeitige künstlerische Ausbil-

---

33 Nicolas Boyle, Goethe: Der Dichter in seiner Zeit (1991-1999)

dung und zeigte schon in jungen Jahren außergewöhnliches Talent. 1741 zog die Familie nach Rom, wo Mengs seine Fähigkeiten weiter entwickelte und sich intensiv mit der Kunst der Renaissance und der Antike auseinandersetzte. Mengs wurde vor allem durch seine Fähigkeit bekannt, die Ideale der klassischen Schönheit in seinen Werken umzusetzen. Er wurde zum Hofmaler am spanischen Hof ernannt und verbrachte bedeutende Zeitabschnitte seines Lebens in Madrid, wo er wichtige Aufträge für die spanische Krone ausführte, darunter Porträts und religiöse Themen. Sein bekanntestes Werk, „Parnass", gemalt für die Villa Albani in Rom, zeigt seine meisterhafte Technik und sein tiefes Verständnis klassischer Kompositionen. Mengs spielte eine zentrale Rolle bei der Wiederbelebung der klassischen Ideale in der Kunst und beeinflusste nachhaltig die Entwicklung der europäischen Malerei. Seine theoretischen Schriften und seine Kunst machten ihn zu einer Schlüsselfigur des frühen Neoklassizismus. Anton Raphael Mengs starb am 29. Juni 1779 in Rom.

Johann Heinrich Wilhelm Tischbein, bekannt als "Goethe-Tischbein" aufgrund seiner Freundschaft und Zusammenarbeit mit Johann Wolfgang von Goethe, wurde am 15. Februar 1751 in Haina, Deutschland, geboren. Er entstammt einer Künstlerfamilie und wurde zunächst von seinem Onkel, dem Maler Johann Jacob Tischbein, ausgebildet. Tischbein erweiterte seine künstlerische Bildung durch Studien an der Akademie in Kassel und später durch Reisen nach Holland und Frankreich, wo er die klassischen Werke der Malerei studierte. 1779 zog Tischbein nach Rom, ein Schritt, der seine Karriere prägte und ihn tief in die klassische Kunst und Kultur der Antike eintauchen ließ. In Rom wurde er ein zentraler Teil des deutschen Künstlerkreises und traf 1786 auf Goethe, mit dem er eine enge Freundschaft und künstlerische Partnerschaft entwickelte. Tischbeins bekanntestes Werk, das Porträt „Goethe in der römischen Campagna" (1787), symbolisiert die ideale Verbindung von Kunst und Poesie der Weimarer Klassik und verewigte seine Beziehung zu Goethe. Tischbein diente als Direktor der Kunstakademie in Neapel von 1789 bis 1799, wo er die Kunst und das kulturelle Leben der Stadt mitgestaltete. Nach seiner Rückkehr nach Deutschland arbeitete er weiterhin als Porträtmaler und Lehrer und prägte eine ganze Generation von Künstlern. Johann Heinrich Wilhelm Tischbein starb am 26. Januar 1829 in Eutin, Deutschland. Sein umfangreiches Werk und seine Rolle als Mentor für jüngere Künstler sicherten ihm einen dauerhaften Platz in der Geschichte der deutschen Kunst.

Die Kunst dieser Zeit reflektierte das wachsende Interesse an der Natur, der Antike und der Darstellung des menschlichen Charakters. Dieser Wandel manifestierte sich in einer Abkehr von der ornamentalen Opulenz hin zu einer klareren, ausdrucksstärkeren Formsprache.

Die 1770er und 1780er Jahre waren eine Phase intensiven kulturellen Wandels in den deutschen Landen, die von der Auseinandersetzung mit aufklärerischen Idealen und dem Aufkommen neuer künstlerischer und literarischer Strömungen geprägt war. Die Werke und Ideen dieser Zeit hatten einen prägenden Einfluss auf die europäische Kultur und markieren den Beginn der Moderne in den Künsten und Wissenschaften. Diese Periode legte die Grundsteine für Entwicklungen, die im 19. Jahrhundert zu voller Blüte kommen sollten und deren Nachwirkungen bis heute spürbar sind.

Reaktionen und Widerstände

Die Aufklärung, obwohl eine Bewegung, die zentrale europäische Werte wie Vernunft, Fortschritt und Individualität propagierte, stieß in den deutschen Landen des 18. Jahrhunderts auf gemischte Reaktionen. Neben der Zustimmung und Begeisterung, die viele Denker und Bürger für diese Ideen empfanden, gab es auch bedeutende Widerstände und Ablehnung aus verschiedenen gesellschaftlichen Gruppen. Diese Reaktionen waren nicht auf eine kleine Elite beschränkt, sondern fanden sich sowohl in intellektuellen Kreisen als auch in der breiten Bevölkerung wieder. Die Widerstände gegen die neuen Ideen der Aufklärung manifestierten sich in vielfältigen Formen – von gelehrten Debatten bis hin zu populärem Widerstand.

Die traditionellen Eliten, wie der Adel und die Kirche, fühlten sich durch die Prinzipien der Aufklärung in ihrer Macht bedroht. Die Aufklärung stellte die lange bestehenden Autoritäten infrage, und das stieß bei denjenigen, die von diesen Autoritäten profitierten, auf starken Widerstand. Prediger wetterten von der Kanzel gegen die "gefährlichen" neuen Ideen, die ihrer Meinung nach die Ordnung der Gesellschaft untergraben könnten. Adel und Klerus, die sich in ihrer traditionellen Rolle angegriffen sahen, versuchten oft, die Verbreitung aufklärerischer Schriften zu unterdrücken. Die Bücher und Pamphlete, die die Vernunft und den Fortschritt propagierten, wurden teils verboten oder zensiert. Es war, als ob die alte Ordnung verzweifelt versuchte, eine Flut aufzuhalten, die jedoch unaufhaltsam schien.

Auch in der breiten Bevölkerung waren die Reaktionen auf die Aufklärung gemischt. Viele Menschen, insbesondere auf dem Land, standen den neuen Ideen skeptisch gegenüber. Für sie bedeuteten die Veränderungen einen Bruch mit den vertrauten Strukturen, die ihnen Sicherheit und Orientierung gaben. Die Aufklärung stellte nicht nur die Autorität der Kirche infrage, sondern auch das gesamte Gefüge des täglichen Lebens. Was für die städtische Elite eine Chance auf Fortschritt und Freiheit bedeutete, wurde von vielen einfachen Menschen als Bedrohung ihrer Lebensweise empfunden. Diese Skepsis führte häufig zu einem populären Widerstand gegen die neuen Gedanken, der sich in Unruhen oder schlicht in der Ablehnung von Veränderungen äußerte.

Aber auch innerhalb der intellektuellen Kreise gab es kontroverse Debatten. Nicht alle Gelehrten waren bereit, die radikalen Forderungen der Aufklärung vorbehaltlos zu unterstützen. Einige Philosophen und

Denker befürchteten, dass die vollständige Ablösung von Traditionen zu Chaos führen könnte. Sie warnten davor, dass die radikale Anwendung der Vernunft nicht immer zu positiven Ergebnissen führen müsse, und plädierten für einen gemäßigten Ansatz, der traditionelle Werte mit den neuen Ideen versöhnen sollte.

So zeigte sich, dass die Aufklärung in den deutschen Landen des 18. Jahrhunderts nicht nur eine Bewegung der Hoffnung und des Fortschritts war, sondern auch eine Zeit der Konflikte und Auseinandersetzungen. Sie brachte das Bestehende ins Wanken und zwang die Gesellschaft, sich mit grundlegenden Fragen über Autorität, Wissen und Freiheit auseinanderzusetzen. Der Widerstand, auf den die Aufklärung stieß, war Teil dieses Prozesses – ein Zeichen dafür, dass tiefgreifende Veränderungen stets auch auf Ängste und Bedenken stoßen. Doch trotz aller Widerstände setzten sich viele der Ideen der Aufklärung durch und legten die Grundlage für die modernen Vorstellungen von Freiheit, Gleichheit und den Rechten des Individuums.

<u>Geistliche und religiöse Widerstände</u>

Die Aufklärung forderte traditionelle religiöse Überzeugungen und die Autorität der Kirche heraus, was insbesondere in den stark religiös geprägten Gebieten der deutschen Lande auf Widerstand stieß. Die Kirche sah in der Betonung der Vernunft und im kritischen Hinterfragen von Dogmen eine Bedrohung für ihren Einfluss und ihre Lehren.

- *Katholische Reaktion:* Im katholischen Süddeutschland, beispielsweise in Bayern, fanden aufklärerische Ideen ein schwieriges Terrain, da die katholische Kirche tief in der Gesellschaft verwurzelt war. Die katholische Geistlichkeit lehnte viele aufklärerische Prinzipien ab und verurteilte sie als ketzerisch.[34]

- *Protestantische Reaktion:* Auch im protestantischen Norddeutschland gab es Vorbehalte, insbesondere unter den Pietisten, die eine stärkere Betonung des persönlichen Glaubens und der Spiritualität gegenüber der Vernunft forderten.

Adlige und feudale Widerstände

Die aufklärerischen Ideen von Gleichheit und individueller Freiheit standen im direkten Widerspruch zu den feudalen Strukturen und Privilegien des Adels. Viele Adlige sahen in den sozialen und politischen Reformforderungen der Aufklärung eine Bedrohung für ihren Status und ihre Macht.

- *Adlige Reaktion:* Der Adel, insbesondere in den kleineren Fürstentümern, fürchtete den Verlust traditioneller Privilegien und Rechte. Er positionierte sich daher oft gegen die Reformbestrebungen, die von aufklärerischen Fürsten und Intellektuellen vorangetrieben wurden.[35]

Bürgerliche und intellektuelle Reaktionen

Nicht alle Vertreter des Bürgertums und der Intellektuellen waren Befürworter der Aufklärung. Einige sahen in der radikalen Infragestellung von Tradition und Autorität eine Gefahr für die soziale Ordnung und moralische Werte.

34 Anton Schindling, Bildung und Wissenschaft in der frühen Neuzeit: 1650–1800 2. Auflage Oldenbourg, München 1999, ISBN 3-486-55036-5

35 Rudolf Vierhaus, Deutschland im 18. Jahrhundert. Politische Verfassung, soziales Gefüge, geistige Bewegungen. Ausgewählte Aufsätze. Göttingen 1987, ISBN 3-525-36216-1

- *Intellektuelle Kritik:* Kritiker wie Johann Georg Hamann und später Johann Gottfried Herder warfen der Aufklärung vor, die Bedeutung von Sprache, Tradition und Emotionalität zu vernachlässigen und eine übermäßige Betonung auf die Vernunft zu legen.

Populärer Widerstand

Auch in der breiten Bevölkerung gab es Skepsis und Widerstände gegenüber den aufklärerischen Ideen, die oft als abstrakt und fern der eigenen Lebensrealität wahrgenommen wurden. Dieser Widerstand äußerte sich nicht selten in Form von Misstrauen gegenüber den Reformen, die von aufgeklärten Herrschern eingeführt wurden.

- *Bäuerliche Reaktion:* Insbesondere die Bauernschaft, die von vielen aufklärerischen Reformen unmittelbar betroffen war, reagierte teils mit Ablehnung, da die Reformen häufig ohne Berücksichtigung ihrer spezifischen Bedürfnisse und Traditionen durchgeführt wurden.[36]

Die Reaktionen und Widerstände gegen die Aufklärung in den deutschen Landen waren vielschichtig und von verschiedenen sozialen, politischen und religiösen Interessen geprägt. Sie zeigen, dass die Aufklärung kein einheitlicher oder unumstrittener Prozess war, sondern ein dynamisches Feld von Debatten, Aushandlungen und Konflikten, das die gesamte Gesellschaft durchzog. Diese Widerstände waren Teil des größeren kulturellen und sozialen Wandels der Epoche und trugen dazu bei, die Vielfalt und Komplexität der Aufklärung in Deutschland zu formen.

---

36 Peter Blickle, Der Bauernkrieg. Die Revolution des gemeinen Mannes (= Beck'sche Reihe. Bd. 2103. C. H. Beck Wissen). C. H. Beck, München 1998, ISBN 3-406-43313-8

Die 1770er und 1780er Jahre waren in den deutschen Landen eine Zeit des intellektuellen Aufbruchs und der kulturellen Erneuerung, aber auch des politischen und sozialen Umbruchs. Die ersten Einflüsse der Aufklärung und die daraus resultierenden Reaktionen legten den Grundstein für tiefgreifende Veränderungen, die in den folgenden Jahrzehnten die deutschen Territorien und ganz Europa erfassen sollten. Diese Periode markiert den Beginn eines Prozesses, der nicht nur die Strukturen der Macht und Herrschaft herausforderte, sondern auch das Selbstverständnis der Menschen und ihre Beziehung zur Welt grundlegend veränderte.

Ein prägnantes Beispiel für die Auswirkungen dieser kulturellen und intellektuellen Strömungen bietet das Wirken des Philosophen, Schriftstellers und Staatsmannes Friedrich II. von Preußen, oft Friedrich der Große genannt. Seine Regierungszeit illustriert die komplexen Wechselwirkungen zwischen aufklärerischen Idealen und der politischen Realität im Kontext der deutschen Territorien.

Friedrich der Große und die Aufklärung

Friedrich II., König von Preußen von 1740 bis 1786, gilt als eine der zentralen Figuren der Aufklärung in Deutschland. Als aufgeklärter Monarch strebte er danach, die Prinzipien der Vernunft, Toleranz und Effizienz in seiner Regierungsführung zu verankern. Seine Korrespondenz mit Voltaire und seine philosophischen Schriften zeugen von seinem tiefen Interesse an den Ideen der Aufklärung.

Friedrich förderte Wissenschaften und Künste und machte Berlin zu einem kulturellen Zentrum Europas. Er selbst komponierte Musik, schrieb Gedichte und verfasste philosophische Traktate, die die Ideale der Aufklärung widerspiegelten. Durch den Ausbau der Berliner Akademie der Wissenschaften und die Einladung namhafter Gelehrter nach Preußen trug er zur intellektuellen Blüte des Landes bei.

Friedrich implementierte umfangreiche Reformen, die auf die Rationalisierung der Verwaltung und die Modernisierung des Staates abzielten. Er förderte die Meritokratie, indem er Positionen nach Qualifikation statt nach Herkunft vergab, und führte eine systematische Gesetzgebung ein, die die Grundlagen für das spätere Allgemeine Landrecht für die Preußischen Staaten legte.

Friedrich der Große ist bekannt für seine Politik der religiösen Toleranz, die Protestanten, Katholiken und Juden in Preußen gewisse Freiheiten gewährte. Er sah in der religiösen Vielfalt eine Stärke und förderte den Zuzug religiös Verfolgter, was die wirtschaftliche und kulturelle Entwicklung Preußens begünstigte.

Trotz seiner aufklärerischen Neigungen führte Friedrich der Große Preußen durch mehrere Kriege, insbesondere den Siebenjährigen Krieg (1756–1763). Seine Militärreformen stärkten die preußische Armee, doch seine expansiven Kriege standen im Widerspruch zu den friedlichen Idealen der Aufklärung.

Der Siebenjährige Krieg, der von 1756 bis 1763 andauerte, war ein globaler Konflikt, der Europa, Nordamerika, Westafrika, Indien und die Philippinen betraf. Er gilt als der erste "Weltkrieg", da er viele der Großmächte der Zeit involvierte und auf verschiedenen Kontinenten ausgetragen wurde. Die Hauptkontrahenten waren einerseits Preußen und Großbritannien und andererseits Österreich, Frankreich, Russland, Schweden und Spanien.

Der Krieg hatte seine Wurzeln in der Rivalität zwischen Preußen und Österreich um die Vorherrschaft im Heiligen Römischen Reich sowie in den kolonialen Spannungen zwischen Großbritannien und Frankreich. Friedrich II. von Preußen löste den Krieg 1756 aus, indem er Sachsen, einen Verbündeten Österreichs, präventiv angriff. Dieses Vorgehen führte dazu, dass sich die anderen europäischen Großmächte gegen Preußen stellten, unterstützt von der sogenannten "Diplomatischen Revolution" von 1756, bei der traditionelle Allianzen umgekehrt wurden: Frankreich verbündete sich mit Österreich, während Großbritannien Preußen unterstützte. In Europa waren die Kämpfe vor allem durch preußische Auseinandersetzungen mit Österreich und dessen

Verbündeten gekennzeichnet. Friedrich der Große bewies dabei sein militärisches Genie, indem er trotz zahlenmäßiger Unterlegenheit in Schlachten wie bei Rossbach (1757) und Leuthen (1757) Erfolge erzielte. Trotz dieser Siege war die Lage für Preußen oft verzweifelt, insbesondere nachdem 1762 Russland und später Schweden aus dem Krieg ausschieden. In Übersee war der Krieg stark durch die kolonialen Ambitionen Großbritanniens und Frankreichs geprägt, bekannt unter dem Namen „French and Indian War" in Nordamerika. Die britischen Streitkräfte konnten bedeutende Erfolge verbuchen, darunter die Eroberung von Quebec 1759 und von Montreal 1760, was Frankreichs Macht in Nordamerika effektiv beendete. In Indien erweiterte Großbritannien seine Kontrolle durch den Sieg in der Schlacht von Plassey 1757, die die Grundlage für die britische Herrschaft über den gesamten indischen Subkontinent legte. Der Siebenjährige Krieg endete 1763 mit dem Frieden von Paris und dem Hubertusburger Frieden. Diese Verträge führten zu erheblichen territorialen Veränderungen: Frankreich trat Kanada, große Teile Indiens und einige karibische Inseln an Großbritannien ab und gab Louisiana an Spanien weiter. Preußen bestätigte seinen Besitz Schlesiens, was seine Stellung als europäische Großmacht festigte.

Die langfristigen Auswirkungen des Siebenjährigen Krieges waren tiefgreifend. Für Großbritannien führten die enormen Kriegskosten zu Steuererhöhungen in den amerikanischen Kolonien, was letztlich zur Amerikanischen Revolution beitrug. In Europa stabilisierte der Krieg Preußens Position als Hauptmacht, während er das österreichische Streben nach Vorherrschaft im Heiligen Römischen Reich dämpfte. Frankreichs Niederlage schwächte seine koloniale Präsenz und militärische Kapazitäten, legte aber auch den Grundstein für spätere Reformen unter Führung von Figuren wie Napoleon Bonaparte. Der Siebenjährige Krieg prägte somit die geopolitische Landschaft des 18. Jahrhunderts und legte die Grundlagen für zukünftige Konflikte und politische Entwicklungen in Europa und der Welt.

Friedrichs Herrschaft hinterließ ein ambivalentes Vermächtnis. Einerseits förderte er aufklärerische Ideen und Praktiken, andererseits zeigten seine autoritären und militaristischen Neigungen die Grenzen des aufgeklärten Absolutismus auf. Sein Beispiel verdeutlicht die Komplexität und Widersprüchlichkeit der Epoche, in der die Ideale der Aufklärung auf die Realitäten der Macht und der politischen Interessen trafen.

Die Untersuchung von Friedrich dem Großen und seinem Einfluss auf die politischen und kulturellen Entwicklungen in den deutschen Landen bietet tiefe Einblicke in die Dynamiken der Aufklärungszeit. Sie zeigt, wie aufklärerische Ideen angenommen, adaptiert und in die Praxis umgesetzt wurden, aber auch, wie sie auf Widerstände stießen und zu Kompromissen führten. Diese tiefgreifenden Prozesse legten den Grundstein für die weiteren historischen Entwicklungen, die in den revolutionären Umbrüchen der folgenden Jahrzehnte kulminierten.

4. DIE 1790ER JAHRE: REVOLUTIONÄRE AUSWIRKUNGEN UND RADIKALE IDEEN

Die 1790er Jahre stellen in Europa eine Zeit tiefgreifender Umwälzungen dar, die in direktem Zusammenhang mit der Französischen Revolution stehen. Diese Ereignisse veränderten nicht nur die politische und gesellschaftliche Ordnung Frankreichs, sondern fanden auch weitreichenden Widerhall in den deutschen Landen. Die Revolution fungierte als Katalysator für eine Welle von Diskussionen, Reformbewegungen und teilweise radikalen Ideen, die sowohl bei der intellektuellen Elite als auch innerhalb der breiten Bevölkerung unterschiedliche Reaktionen hervorriefen.

Die Französische Revolution, die 1789 ihren Anfang nahm, war ein tiefgreifendes Ereignis, das die bestehende politische und soziale Struktur Europas fundamental infrage stellte. Die Abschaffung der absoluten Monarchie, die Verkündung der allgemeinen Menschenrechte und die schockierende Hinrichtung von König Ludwig XVI. sorgten für eine enorme Aufregung – die Nachrichten von diesen Entwicklungen verbreiteten sich rasch über die Grenzen Frankreichs hinaus und hinterließen auch in den deutschen Gebieten einen nachhaltigen Eindruck. Während sich ein Teil der Bevölkerung mit Enthusiasmus von diesen revolutionären Idealen inspirieren ließ, begegneten andere diesen Veränderungen mit Angst und Abneigung.

Besonders innerhalb der bürgerlichen Schichten und unter den Intellektuellen gab es viele, die die Revolution als Vorbild sahen und sie als Chance für weitreichende politische und soziale Reformen interpretierten. Die revolutionären Parolen von Freiheit, Gleichheit und Brüderlichkeit überquerten die Rhein-Grenze und fanden insbesondere unter jungen Akademikern Anklang, die sich in revolutionären Clubs und Gesellschaften organisierten, um diese Ideale auch in den deutschen Ländern zu verbreiten. Diese jungen Menschen sahen in der Revolution nicht nur einen Moment des Umbruchs, sondern eine Möglichkeit, die gesellschaftliche Ordnung grundlegend neu zu gestalten und das bestehende feudale System herauszufordern.

Doch dieser revolutionäre Enthusiasmus war nicht ungeteilt. In den herrschenden Kreisen, also bei den Adligen und Fürsten, sowie unter Teilen der Bevölkerung, verbreitete sich schnell Angst vor den Auswirkungen der Französischen Revolution. Die Berichte über die eskalierende Gewalt, den Terror der Jakobiner und die Enteignung von Kirche und Adel schürten die Sorge, dass ähnliche Entwicklungen auch in den deutschen Territorien Einzug halten könnten. Die herrschende Klasse fürchtete nicht nur um ihre Privilegien, sondern auch um die gesellschaftliche Stabilität an sich.

Als Reaktion auf die revolutionären Entwicklungen in Frankreich bildeten sich in den deutschen Landen verschiedene Bewegungen, die eine Erneuerung der politischen und gesellschaftlichen Strukturen anstrebten. Diese Reformbewegungen setzten sich insbesondere für eine Modernisierung der Verwaltung, des Rechtswesens und für Verbesserungen in den sozialen Verhältnissen ein. Gleichzeitig jedoch formierte sich auch starker Widerstand gegen diese Bestrebungen, sowohl seitens konservativer Kräfte, die jede Form von Veränderung ablehnten, als auch von radikalen Gruppierungen, die die Reformen als nicht weitreichend genug betrachteten und eine noch umfassendere Umgestaltung der Gesellschaft forderten.

Einige deutsche Fürsten und Regierungen entschieden sich schließlich für einen Mittelweg. Sie versuchten durch moderate Reformen, den revolutionären Ideen in ihren Territorien entgegenzuwirken, ohne jedoch die Forderungen der Bevölkerung nach Veränderungen völlig zu ignorieren. Diese Reformen betrafen vor allem die Modernisierung der Verwaltung, die Neuordnung des Rechtswesens und gelegentlich auch Verbesserungen in der sozialen Struktur, um den schlimmsten sozialen Missständen entgegenzutreten. Auf diese Weise versuchten die Fürsten, die gesellschaftliche Stabilität zu wahren und zugleich einem Umsturz vorzubeugen.

Insgesamt waren die 1790er Jahre in den deutschen Landen eine Zeit intensiver Auseinandersetzungen, in denen die Ideen der Französischen Revolution sowohl Hoffnung auf Fortschritt als auch Angst vor Chaos und Gewalt hervorriefen. Es war ein Jahrzehnt, das die Grundlagen für viele spätere Entwicklungen im 19. Jahrhundert legte und in dem sich der Konflikt zwischen alten Privilegien und neuen Idealen erstmals deutlich manifestierte.

Radikale und jakobinische Bewegungen

Die 1790er Jahre waren eine Zeit der Erschütterungen und Veränderungen, die durch die Wellen der Französischen Revolution bis tief in die deutschen Lande hinein spürbar wurden. Inmitten dieses historischen Umbruchs begannen sich auch auf deutschem Boden radikale und jakobinische Bewegungen zu formieren. Ihre Mitglieder waren beseelt von den Idealen der Revolution – Freiheit, Gleichheit, Brüderlichkeit – und sahen in den Ereignissen jenseits des Rheins ein Vorbild, das auch in ihrer Heimat umgesetzt werden sollte. Es waren mutige Visionäre, die nach tiefgreifenden sozialen und politischen Reformen verlangten, inspiriert von den kühnen Neuerungen, die Frankreich in den Umbruch stürzten. Besonders der Mainzer Jakobinerklub wurde zu einem Brennpunkt dieses Aufbruchs, dessen Geschichte exemplarisch für die Hoffnungen und Enttäuschungen der deutschen Jakobiner steht.

Die Entstehung dieser Bewegungen war untrennbar mit den radikalen politischen Umwälzungen der Französischen Revolution verbunden. Als die Nachricht von der Stürmung der Bastille – einem Symbol der Unterdrückung – über die Grenzen Frankreichs hinweg drang, verbreitete sie sich wie ein Lauffeuer. Besonders in Kreisen der Intellektuellen, unter Studenten und fortschrittlichen Bürgern, fand diese Nachricht Begeisterung und weckte den Glauben, dass eine gerechtere Gesellschaft möglich sei. Die Stürmung der Bastille wirkte wie ein Fanal, das den Menschen Mut machte, auch in ihren eigenen Herrschaftsgebieten an Veränderungen zu denken.

Zu dieser Zeit bestand das Gebiet, das wir heute als Deutschland kennen, aus einer Vielzahl kleiner Fürstentümer, freien Städten und größeren Territorien. Eine gemeinsame Nation existierte nicht; stattdessen prägten zersplitterte Strukturen und tief verwurzelte Ungleichheiten das Bild. Die politischen und sozialen Verhältnisse waren von feudalen Hierarchien durchzogen, die in ihrer Starrheit und Ungerechtigkeit für viele eine unüberwindbare Hürde darstellten. Zwar hatten die Ideen der Aufklärung bereits das Denken der Zeit beeinflusst, doch die politische Macht lag nach wie vor fest in den Händen des Adels und des Klerus. Der Großteil der Bevölkerung hingegen lebte in Armut, ohne politische Mitsprache, gefangen in den Fesseln der Vergangenheit.

Für die radikalen Reformgruppen, die sich in dieser Situation formierten, war die Französische Revolution nicht nur ein politisches Ereignis – sie war ein Hoffnungsschimmer. Der Aufstand gegen die jahrhundertealten Machtstrukturen in Frankreich schien zu beweisen, dass die Menschen nicht länger willens waren, sich den Launen der Mächtigen zu beugen. Auch in Deutschland träumten viele von einer Gesellschaft, in der die Geburt nicht länger über das Schicksal eines Menschen entschied, sondern in der Freiheit und Gleichheit die Grundlagen des Zusammenlebens bilden sollten.

Der Mainzer Jakobinerklub wurde zu einem Zentrum dieser revolutionären Ideen. Wie ein Funke, der ins Pulverfass schlägt, entfachte er die Vorstellung, dass selbst im Herzen des Heiligen Römischen Reiches der Deutschen Nation eine neue Zeit anbrechen könnte. Doch wie so viele revolutionäre Bewegungen war auch das Schicksal der deutschen Jakobiner von inneren Konflikten und äußeren Bedrohungen geprägt. Die Hoffnungen auf eine tiefgreifende Veränderung stießen bald auf die Realität einer erbitterten Gegenwehr seitens der alten Eliten, die nicht bereit waren, ihre Macht kampflos aufzugeben.

Trotz ihres letztlich tragischen Scheiterns hinterließen die jakobinischen Bewegungen in Deutschland ein Vermächtnis. Sie waren die ersten, die den Mut hatten, lautstark die Abschaffung der feudalen Privilegien zu fordern und für eine gerechtere Gesellschaft einzutreten. Ihre Geschichte ist die Geschichte eines Traums von Freiheit und Gleichheit, der zwar unterdrückt wurde, aber dennoch die Saat für künftige Generationen legte. Die Revolutionen des 19. Jahrhunderts und der spätere Weg zur deutschen Einheit wären ohne diese frühen Vorreiter des Wandels kaum denkbar gewesen.

Der Mainzer Jakobinerklub

Der Mainzer Jakobinerklub, offiziell als "Gesellschaft der Freunde der Freiheit und Gleichheit" bekannt, wurde Ende 1792 im Zuge der französischen Besatzung von Mainz gegründet und kann als paradigmatisch für die jakobinischen Bewegungen in den deutschen Landen angesehen werden. Der Klub zog eine Vielzahl von Mitgliedern an, darunter Professoren, Juristen, Handwerker und andere Bürger, die von den revolutionären Idealen inspiriert waren.

Die Mitglieder des Mainzer Jakobinerklubs setzten sich für die Abschaffung der feudalen Ordnung, die Einführung von Bürgerrechten und die Schaffung einer republikanischen Verfassung ein. Sie organisierten Versammlungen, gaben Flugschriften heraus und versuchten, die Bevölkerung für ihre Ideen zu gewinnen. Im März 1793 rief der Klub gar die Mainzer Republik aus, die erste demokratische Republik auf deutschem Boden, die allerdings nur kurzlebig war.

Die radikalen Aktivitäten der Mainzer Jakobiner und anderer vergleichbarer Gruppen in den deutschen Landen stießen auf erheblichen Widerstand. Die herrschenden Eliten sahen in ihnen eine direkte Bedrohung ihrer Macht und legten entsprechende Repressionsmaßnahmen ein. Nach der Rückeroberung von Mainz durch preußische und österreichische Truppen im Juli 1793 wurden viele Jakobiner verhaftet, einige hingerichtet und andere ins Exil gezwungen.

Neben der Mainzer Republik und den dortigen Jakobinerklubs gab es in Deutschland mehrere weitere Gruppen und Klubs, die sich an den Idealen der Französischen Revolution orientierten, jedoch nicht direkt mit den Ereignissen um die Mainzer Republik verbunden waren. Diese Jakobinerklubs traten in verschiedenen Regionen des Heiligen Römischen Reiches auf und entwickelten eigene revolutionäre Netzwerke und Ideen.

Jakobinerklub in Köln

Köln war eine der ersten deutschen Städte, in denen sich die jakobinischen Ideen und Strukturen auszubreiten begannen. Die engen Handelsbeziehungen zu Frankreich machten die Stadt besonders empfänglich für die revolutionären Gedanken, die von Freiheit, Gleichheit und Brüderlichkeit handelten. Als die Französischen Truppen im Oktober 1794 in Köln einmarschierten und die Stadt besetzten, war dies der Wendepunkt, der den Reformkräften vor Ort neue Impulse gab. Bereits vor der Besatzung hatten sich in Köln Gruppen gebildet, die von den Ideen der Französischen Revolution inspiriert waren und Reformen forderten. Doch erst unter der Kontrolle der Franzosen erreichten ihre Aktivitäten eine neue Intensität.

In diesem Kontext entstand der Kölner Jakobinerklub, der sich stark an den politischen Entwicklungen in Frankreich orientierte. Die Mitglieder des Klubs wollten nicht weniger als eine grundlegende Neuordnung der Gesellschaft. Sie forderten die Abschaffung der städtischen Patrizierherrschaft und die Einführung republikanischer Strukturen. Das Ziel war eine Gesellschaft ohne feudale Abgaben und Privilegien – eine Gesellschaft, in der alle Bürger die gleichen Rechte hatten. Besonders eindrucksvoll war ihr Engagement für ein gerechtes Steuersystem und die Förderung des allgemeinen Wahlrechts. Es war ein mutiges Unterfangen, das die alte Ordnung direkt infrage stellte und die Vorstellung von einer demokratischen Stadt in die Realität umsetzen wollte.

Der Kölner Jakobinerklub war wesentlich daran beteiligt, dass während der Zeit der Besatzung progressive Gesetze eingeführt wurden. So wurde beispielsweise der Zunftzwang abgeschafft, der zuvor den wirtschaftlichen Wettbewerb in der Stadt eingeschränkt hatte. Nun war es möglich, dass jeder Bürger, unabhängig von seiner Herkunft, frei Handel treiben konnte. Das öffnete die Tore für einen Wandel, der das Leben der Menschen nachhaltig verbessern sollte. Man kann sich die Begeisterung derer vorstellen, die erstmals die Möglichkeit sahen, ihre eigenen Geschäfte zu führen, ohne den Zwängen der alten Zunftstrukturen unterworfen zu sein. Die Aufhebung dieser Beschränkungen wirkte wie ein frischer Wind, der durch die engen Gassen der Stadt wehte und die Hoffnung auf eine bessere Zukunft mit sich brachte.

Doch diese Hoffnungen sollten nicht von langer Dauer sein. Mit dem wachsenden Widerstand gegen die jakobinischen Ideen und der zunehmend anti-revolutionären Stimmung in der Bevölkerung geriet auch der Kölner Jakobinerklub unter Druck. Die alten Eliten, die ihre Machtpositionen bedroht sahen, begannen, die Rückeroberung ihrer Privilegien zu organisieren. Nach dem Rückzug der Französischen Truppen wurden die alten Machtstrukturen wiederhergestellt, und viele der erhofften Reformen verschwanden so schnell, wie sie gekommen waren. Der Kölner Jakobinerklub zerbrach unter diesem Druck, doch die Ideen, die er vertreten hatte, hinterließen Spuren.

Die kurze Episode des Kölner Jakobinerklubs steht für den Versuch, eine Stadt aus den Fesseln des Feudalismus zu befreien und in eine moderne Gesellschaft zu überführen. Auch wenn die Bewegung letztlich scheiterte, bleibt ihr Vermächtnis lebendig: Sie war ein Zeichen des Aufbegehrens, ein Symbol für den Wunsch nach Freiheit und Gerechtigkeit, der nicht vollständig unterdrückt werden konnte. Die Saat, die damals gesät wurde, sollte in den kommenden Jahrzehnten, wenn auch auf anderen Wegen, erneut aufgehen und den Wandel anstoßen, den viele erhofft hatten. Die Geschichte des Kölner Jakobinerklubs ist die Geschichte eines mutigen Traums – eines Traums von einer besseren Gesellschaft, der in den Herzen vieler Menschen weiterlebte, lange nachdem der Klub selbst vergangen war.

Frankfurter Jakobiner

Auch Frankfurt am Main wurde zu einem bedeutenden Zentrum jakobinischer Aktivitäten. Als eine der wichtigsten Handels- und Bankenstädte des 18. Jahrhunderts war Frankfurt ein pulsierender Knotenpunkt, an dem neue Ideen und politische Strömungen auf fruchtbaren Boden fielen. Die engen Verbindungen zu Frankreich begünstigten den Austausch von Gedanken, und so dauerte es nicht lange, bis die revolutionären Ideen von Freiheit, Gleichheit und Brüderlichkeit in den Straßen der Stadt widerhallten. Ende 1792 entstand der Frankfurter Jakobinerklub, inspiriert und beflügelt von den Ereignissen der Französischen Revolution.

Der Frankfurter Jakobinerklub war eng mit den Revolutionären in Frankreich verbunden und teilte deren Ziele, die oligarchischen Strukturen der Stadt zu beseitigen. Wie schon in Mainz forderten die Frankfurter Jakobiner eine demokratische und republikanische Regierungsform. Sie wollten die alten, festgefahrenen Machtverhältnisse aufbrechen, die Vorrechte der Patrizier und des Adels abschaffen und stattdessen eine Gesellschaft schaffen, in der die Rechte aller Menschen gewahrt wurden. Besonders wichtig war ihnen die Beseitigung der Zensur und die Einführung der Pressefreiheit – ein Zeichen dafür, dass sie die Macht der Ideen und der freien Meinungsäußerung als entscheidend für den Wandel betrachteten. Ihre Forderungen reichten aber noch weiter: Auch die feudalen Vorrechte sollten abgeschafft und der Handel liberalisiert werden, sodass sich jeder Bürger frei wirtschaftlich betätigen konnte.

Der Frankfurter Jakobinerklub fand vor allem in den intellektuellen Kreisen der Stadt und bei den Kaufleuten Anhänger, die von einer weitgehenden Liberalisierung des Handels profitieren wollten. Frankfurt, als Handelsmetropole und Schnittpunkt vieler Handelswege, war der perfekte Ort für solche Ideen. Man stelle sich die Atmosphäre in den Versammlungen der Jakobiner vor: Eine Mischung aus revolutionärer Begeisterung und dem Willen, die Zukunft der Stadt neu zu gestalten. Die Luft war geladen mit Visionen von einer gerechteren Gesellschaft und einer freien Wirtschaft, die durch die Beseitigung der alten Schranken für alle zugänglich gemacht werden sollte.

Doch das Glück der Frankfurter Jakobiner währte nicht lange. Im Jahr 1793 marschierten preußische Truppen in die Stadt ein, und der Widerstand gegen die radikalen Ideen wuchs schnell. Viele Mitglieder des Jakobinerklubs wurden verhaftet oder mussten ins Exil fliehen, um ihrer Verfolgung zu entgehen. Der Traum von einer radikal veränderten Gesellschaft wurde zunichte gemacht, und die alten Eliten erlangten bald wieder die Kontrolle über die Stadt.

Dennoch hinterließen die Frankfurter Jakobiner Spuren. Ihre Ideen lebten weiter, auch wenn sie nicht sofort umgesetzt werden konnten. Frankfurt blieb ein Zentrum des intellektuellen Austauschs, und die Forderungen nach Freiheit und Gerechtigkeit, die die Jakobiner einst erhoben hatten, hallten noch lange nach. In gewisser Weise pflanzten sie den Samen für spätere Bewegungen, die ebenfalls nach einer gerechteren Gesellschaft streben sollten. Die kurze, aber intensive Episode des Frankfurter Jakobinerklubs zeigt, wie kraftvoll Ideen sein können – selbst wenn sie in ihrer Zeit unterdrückt werden, können sie doch die Grundlage für kommende Generationen legen. So bleibt die Geschichte der Frankfurter Jakobiner eine Geschichte von Mut und der Hoffnung auf Wandel, die auch über ihr Ende hinaus Bestand hatte.

Jakobinerklubs in Trier und Koblenz

Die Städte Trier und Koblenz, beide strategisch wichtige Orte am Rhein, entwickelten ebenfalls jakobinische Bewegungen. Beide Städte waren traditionell von den Feudalherrschaften der Kurfürsten und des Adels geprägt, was eine besondere Dynamik für die Verbreitung revolutionärer Ideen schuf.

In Trier war die jakobinische Bewegung von großer Bedeutung, insbesondere durch die Nähe zur französischen Grenze und die intensive französische Besatzung. Ähnlich wie in Köln und Mainz gründeten sich auch in Trier Jakobinerklubs, die sich stark für die Aufhebung des Feudalismus einsetzten. Die Clubs in Trier waren sehr aktiv und organisierten eine Vielzahl von politischen Veranstaltungen und Kundgebungen, die darauf abzielten, die Bürger über die revolutionären Ideen aufzuklären und Unterstützung für einen politischen Wandel zu gewinnen. Im Jahr 1794 marschierten französische Revolutionstruppen in Trier ein, und die Jakobiner versuchten, eine provisorische republikanische Regierung nach französischem Vorbild zu etablieren. Diese wurde jedoch nach kurzer Zeit von anti-jakobinischen Kräften zerschlagen.

Koblenz, als Residenzstadt des Kurfürsten von Trier, war ein besonders konservativer Ort. Dennoch fanden sich auch hier revolutionäre Kreise, die sich als Jakobinerklubs organisierten. Viele dieser Revolutionäre kamen aus den Kreisen des gebildeten Bürgertums, insbesondere aus der Gruppe der Anwälte und Beamten, die sich gegen die Willkürherrschaft der Kurfürsten auflehnten. Der Koblenzer Jakobinerklub stand in regem Austausch mit den Klubs in Köln und Trier, was eine überregionale Vernetzung der revolutionären Kräfte am Rhein ermöglichte.

Auch hier verlief die Bewegung ähnlich wie in anderen Städten: Nach der anfänglichen Euphorie über die französische Revolution und der Gründung revolutionärer Clubs folgte die Niederschlagung durch preußische Truppen und die Restauration der alten Machtstrukturen.

Jakobinerklub in Aachen

Auch Aachen, eine weitere bedeutende Stadt im Westen Deutschlands, wurde nach der französischen Besetzung 1794 zu einem Zentrum jakobinischer Aktivitäten. Als altehrwürdige Stadt mit einer reichen Geschichte und engen Verbindungen zu Frankreich, war Aachen besonders empfänglich für die Ideen der Französischen Revolution. Die Stadt erlebte einen Umbruch, als sich die revolutionären Gedanken von Freiheit, Gleichheit und Brüderlichkeit in ihren Mauern verbreiteten und eine starke jakobinische Bewegung hervorriefen, die vor allem das Ziel verfolgte, die städtische Aristokratie abzuschaffen und republikanische sowie demokratische Strukturen einzuführen.

Der Aachener Jakobinerklub war in engem Kontakt mit den revolutionären Behörden in Frankreich, die ihre Bestrebungen tatkräftig unterstützten. Diese Zusammenarbeit beflügelte die Vision der Aachener Jakobiner, die sozialen Verhältnisse grundlegend zu reformieren. Ein Schwerpunkt ihrer Arbeit lag auf der Verbesserung der Lebensbedingungen für Handwerker und kleine Gewerbetreibende, die unter der feudalen Herrschaft besonders zu leiden hatten. Die jakobinische Bewegung setzte sich dafür ein, den Einfluss der privilegierten Klassen zu beschneiden und eine Gesellschaft zu schaffen, in der nicht Herkunft, sondern Leistung zählte.

Der Aachener Jakobinerklub spielte eine entscheidende Rolle bei der Umgestaltung der städtischen Verwaltung und der Einführung von

Maßnahmen zur Förderung von Handel und Handwerk. Man stelle sich die Szenen vor, als zum ersten Mal die Möglichkeit bestand, dass auch jene, die zuvor benachteiligt waren, eine Chance erhielten, ihre wirtschaftliche Situation zu verbessern. Die Gassen Aachens füllten sich mit neuer Hoffnung, während die Reformen darauf abzielten, die alten Schranken zu durchbrechen, die bis dahin den Aufstieg der meisten Menschen blockiert hatten. Besonders die Handwerker, deren Existenzgrundlage durch die feudalen Abgaben schwer belastet war, empfanden die Reformen wie eine lang ersehnte Befreiung.

Doch wie so oft in der Geschichte erwies sich der Aufbruch als nicht von Dauer. Mit dem Ende der französischen Besatzung setzte auch in Aachen eine Rückkehr der alten Ordnung ein. Die anti-revolutionären Kräfte, die in der Stadt und darüber hinaus erstarkt waren, drängten die jakobinischen Ideen rasch zurück. Viele Mitglieder des Jakobinerklubs wurden verfolgt, einige mussten fliehen, und die erhofften sozialen Reformen wurden teilweise rückgängig gemacht. Die alten Eliten sicherten sich erneut ihre Macht, und die Bewegung der Aachener Jakobiner wurde zum Schweigen gebracht.

Doch die Saat der Veränderung war gesät. Die Aachener Jakobiner hinterließen ein Vermächtnis, das weit über ihre Zeit hinausreichte. Ihre Forderungen nach sozialer Gerechtigkeit, nach einer gerechten Teilhabe für alle Menschen und nach einer Reform der alten Machtstrukturen fanden auch nach ihrem Scheitern Widerhall. So bleibt die Geschichte des Aachener Jakobinerklubs ein Beispiel dafür, wie selbst gescheiterte Bewegungen die Grundlagen für künftige Veränderungen legen können. Ihr Traum von einer gerechteren Gesellschaft lebte in den Herzen vieler weiter und inspirierte spätere Generationen, das Werk der Reform auf neuen Wegen fortzusetzen.

Jakobinische Netzwerke in Süddeutschland

In Süddeutschland, insbesondere in Städten wie Straßburg (das damals zu Frankreich gehörte) und Freiburg, gab es ebenfalls eine starke jakobinische Bewegung. Diese Netzwerke waren oft lose organisiert und bestanden aus verschiedenen kleinen Gruppen von Intellektuellen, Handwerkern und Bürgern, die sich regelmäßig trafen, um über die politischen Entwicklungen zu diskutieren und revolutionäre Ideen zu verbreiten.

In Straßburg, das nahe der deutschen Grenze lag und bereits ein Zentrum der französischen Revolution war, fanden viele deutsche Jakobiner Zuflucht, die in ihren Heimatstädten verfolgt wurden. Straßburg diente als Ausgangspunkt für die Verbreitung revolutionärer Schriften und Ideen nach Deutschland. Auch in Freiburg, das unter österreichischer Herrschaft stand, entstand ein kleiner jakobinischer Kreis, der jedoch schnell von den österreichischen Behörden unterdrückt wurde.

Die jakobinischen Bewegungen und Clubs in Deutschland, die unabhängig von der Mainzer Republik agierten, waren stark von den revolutionären Entwicklungen in Frankreich beeinflusst und verfolgten ähnliche Ziele: die Abschaffung des Feudalismus, die Einführung demokratischer Strukturen und soziale Reformen. Auch wenn diese Bewegungen in den meisten Fällen durch die restaurativen Kräfte der deutschen Fürsten unterdrückt wurden, hinterließen sie dennoch einen bleibenden Eindruck in der politischen Kultur Deutschlands. Die Jakobinerklubs und ihre Netzwerke schufen eine Grundlage für spätere demokratische Bewegungen, wie die Revolutionen von 1848, und prägten die politischen Debatten des 19. Jahrhunderts in Deutschland.

Die Repressionen markierten das vorläufige Ende der radikalen jakobinischen Bewegung in Deutschland, doch ihre Ideen überlebten und beeinflussten die politische Kultur und die späteren demokratischen Bestrebungen im 19. Jahrhundert.

Die jakobinischen Bewegungen der 1790er Jahre und insbesondere der Mainzer Jakobinerklub sind von großer historischer Bedeutung. Sie demonstrieren, dass die Ideen der Französischen Revolution weit über Frankreichs Grenzen hinaus Widerhall fanden und lokale Bewegungen inspirierten, die nach tiefgreifenden Veränderungen strebten.

Die Erfahrungen der Mainzer Jakobiner und anderer radikaler Gruppen in den deutschen Landen zeigen zudem die Schwierigkeiten und Gefahren auf, die mit dem Versuch verbunden sind, radikale politische Veränderungen in einem feindlichen Umfeld durchzusetzen. Ihre Geschichte ist eine Erinnerung daran, dass der Kampf für Freiheit und Gleichheit oft mit großen Opfern verbunden ist, aber auch, dass Ideen von sozialer und politischer Gerechtigkeit eine beständige und motivierende Kraft darstellen.

Die 1790er Jahre waren eine Zeit des Umbruchs und der Neubewertung in den deutschen Landen, geprägt durch die Auseinandersetzung mit den revolutionären Ereignissen in Frankreich. Die Reaktionen auf diese Herausforderungen waren vielfältig und spiegelten die tiefen politischen, sozialen und kulturellen Spannungen der Zeit wider. Sie bildeten den Hintergrund für die weiteren Entwicklungen im 19. Jahrhundert, die Deutschland und Europa nachhaltig prägen sollten.

5. DIE NAPOLEONISCHE ZEIT: VERÄNDERUNGEN UND ANPASSUNGEN IN DEN DEUTSCHEN TERRITORIEN

Das Heilige Römische Reich Deutscher Nation, wie es vor der Napoleonischen Zeit existierte, war ein außerordentlich komplexes und facettenreiches Gebilde, das große Teile Mitteleuropas umfasste. Dieses Reich bestand seit dem Mittelalter und erlebte im Laufe der Jahrhunderte zahlreiche politische, soziale und territoriale Veränderungen.

Die politische und territoriale Struktur

Das Heilige Römische Reich Deutscher Nation vor der Napoleonischen Ära war eine politische und territoriale Entität, die Mitteleuropa seit dem frühen Mittelalter bis zum Beginn des 19. Jahrhunderts prägte. Es war gekennzeichnet durch eine außergewöhnliche Vielfalt an Territorien, Herrschaftsformen und politischen Strukturen.

Das Reich setzte sich aus einer Vielzahl von Territorien zusammen, die jeweils ihre eigene Souveränität besaßen. Diese reichten von großen Königreichen wie Böhmen und Preußen über zahlreiche geistliche Fürstentümer, freie Reichsstädte bis hin zu kleineren Grafschaften und Herrschaften. Diese politische Fragmentierung war ein charakteristisches Merkmal des Reiches und bildete die Basis für die oft zitierte „deutsche Vielstaaterei". Jedes dieser Territorien verwaltete seine eigenen Angelegenheiten weitgehend selbstständig, unterlag jedoch auch den Gesetzen und Verordnungen, die auf Reichsebene beschlossen wurden.

Die Position des Kaisers war eher symbolischer Natur und mit begrenzter direkter Macht ausgestattet. Der Kaiser wurde traditionell von den sieben Kurfürsten gewählt, die zu den mächtigsten Fürsten des Reiches zählten. Die Kurfürsten hatten erheblichen Einfluss auf die Reichspolitik und konnten oft ihre Interessen gegenüber dem Kaiser durchsetzen. Der Kaiser selbst versuchte, durch diplomatische und dynastische Beziehungen seine Position zu stärken, war aber in vielen Fällen von den Entscheidungen und der Unterstützung des Reichstags abhängig.

Der Reichstag, angesiedelt in der Freien Reichsstadt Regensburg, war das gesetzgebende Gremium des Reiches und spielte eine zentrale Rolle bei der Vermittlung zwischen den verschiedenen Interessen innerhalb des Reiches. Der Reichstag setzte sich aus drei Kollegien zusammen: dem Kurfürstenrat, dem Fürstenrat und dem Städterat. Diese Struktur spiegelte die hierarchische Gliederung des Reiches wider und diente dazu, die unterschiedlichen Interessen auszugleichen.

Eines der weniger bekannten, aber bedeutenden Elemente der Reichsstruktur waren die Reichskreise, die im 16. Jahrhundert als administrative Einheiten zur besseren Organisation der Verteidigung und der fiskalischen Verwaltung des Reiches eingeführt wurden. Diese Kreise, insgesamt zehn an der Zahl, darunter der Schwäbische, der Bayerische und der Niederrheinisch-Westfälische Kreis, hatten eigene Kreistage und Kreisstände, die eine wichtige Rolle in der lokalen Politik spielten.

Das Heilige Römische Reich Deutscher Nation war eine einzigartige politische Konstruktion, die eine erstaunliche Vielfalt an Regierungsformen und eine bemerkenswerte politische Flexibilität aufwies. Trotz seiner oft als schwach wahrgenommenen zentralen Autorität und seiner komplexen Struktur ermöglichte es ein relativ koordiniertes Zusammenleben verschiedener politischer Einheiten über Jahrhunderte hinweg. Die feine Balance zwischen kaiserlicher Macht und territorialer Autonomie prägte die politische Kultur des Reiches bis zu seiner Auflösung durch Napoleon im Jahr 1806.

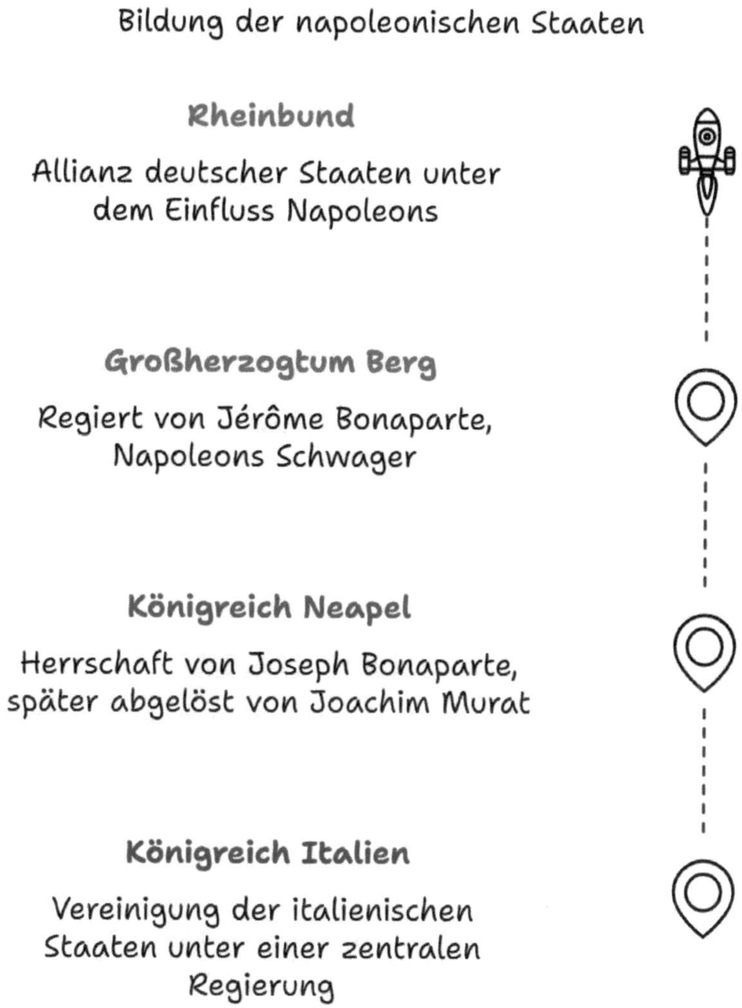

Bildung der napoleonischen Staaten

Rheinbund

Allianz deutscher Staaten unter
dem Einfluss Napoleons

Großherzogtum Berg

Regiert von Jérôme Bonaparte,
Napoleons Schwager

Königreich Neapel

Herrschaft von Joseph Bonaparte,
später abgelöst von Joachim Murat

Königreich Italien

Vereinigung der italienischen
Staaten unter einer zentralen
Regierung

Abbildung 8: Napoleons Einflussbereich, Quelle: Eigene Darstellung, © Ralf Schönert

Die rechtlichen und administrativen Strukturen

Das Heilige Römische Reich Deutscher Nation verfügte über ein komplexes Geflecht rechtlicher und administrativer Institutionen, das sowohl das tägliche Leben der Menschen beeinflusste als auch die übergeordneten politischen Strukturen prägte. Die Besonderheit des Reiches lag in der Koexistenz von lokalen, regionalen und reichsweiten Gesetzen und Verordnungen.

Reichsstände und Reichstag

Die Reichsstände, bestehend aus Kurfürsten, Fürsten, geistlichen Würdenträgern und Vertretern der freien Städte, bildeten eine zentrale legislative Körperschaft. Der Reichstag, der sich aus diesen Ständen zusammensetzte, trat in Regensburg zusammen und war das wichtigste Forum für die gesetzgebende Gewalt im Reich. Hier wurden reichsweite Gesetze verabschiedet und wichtige Entscheidungen getroffen, jedoch war die Effektivität des Reichstages oft durch langwierige Verhandlungen und den Einfluss mächtiger Mitglieder eingeschränkt.

Das Reichskammergericht und der Reichshofrat

Das Reichskammergericht, gegründet 1495, war das höchste Gericht des Reiches und zuständig für zivile Rechtsstreitigkeiten zwischen den Territorien. Es spielte eine wichtige Rolle bei der Durchsetzung von Rechtsstaatlichkeit und wurde als Gegengewicht zum kaiserlichen Reichshofrat angesehen, der vornehmlich die Interessen des Kaisers vertrat und auch als Appellationsgericht fungierte. Beide Institutionen waren zentral für die Wahrung der legalen Ordnung im Reich, obwohl sie oft durch politische Einflüsse und lange Verfahrensdauern in ihrer Effektivität beeinträchtigt waren.

Die Reichsexekution

Ein weniger bekanntes, aber dennoch wichtiges Instrument des Reichsrechts war das Verfahren der Reichsexekution. Dieses Verfahren ermöglichte es dem Kaiser, gegen Territorien vorzugehen, die sich weigerten, die Reichsgesetze zu befolgen. Man kann es sich wie ein formelles Werkzeug vorstellen, das zur Durchsetzung von Recht und Ordnung innerhalb des Heiligen Römischen Reiches geschaffen wurde – ein Mittel, das letztlich auch militärische Gewalt umfassen konnte, um den Widerstand renitenter Fürstentümer zu brechen. Diese Option stand jedoch nicht leichtfertig zur Verfügung; sie war das letzte Mittel, wenn alle anderen Versuche der Verhandlung und Vermittlung gescheitert waren.

Der Einsatz der Reichsexekution war keineswegs unkompliziert. Tatsächlich erwies sich die Anwendung dieses Verfahrens oft als äußerst schwierig, da sie die Zustimmung des Reichstages erforderte. Man stelle sich den Reichstag wie eine große Versammlung der mächtigsten Akteure des Reiches vor – jeder mit seinen eigenen Interessen, Intrigen und Allianzen. Hier einen Konsens zu finden, war selten einfach. Das bedeutete, dass die Durchsetzung einer Reichsexekution oft mit langwierigen Debatten und Verhandlungen einherging, bei denen jeder Schritt sorgsam abgewogen werden musste. Die Entscheidungsfindung glich einem Balanceakt, bei dem politische Interessen und das Bemühen um Stabilität stets gegeneinander abgewogen werden mussten.

So kommt es, dass die Reichsexekution zwar theoretisch ein mächtiges Werkzeug war, in der Praxis jedoch nur in Ausnahmefällen zur Anwendung kam. Wenn es allerdings dazu kam, stand die Reichsexekution als Symbol für die Autorität des Kaisers über den oft unruhigen Mächten des Reiches. Sie verdeutlichte, dass es trotz aller Dezentralisierung und der Vielzahl an Herrschaftsgebieten letztlich eine Instanz gab, die sich um die Einhaltung der Reichsgesetze bemühte. Man könnte die Reichsexekution mit einem Damoklesschwert vergleichen, das über den Territorien hing – selten herabfallend, aber stets präsent und damit mahnend, dass niemand völlig unantastbar war.

Diese Mechanismen des Reichsrechts spiegeln die komplexe Struktur des Heiligen Römischen Reiches wider. Der Kaiser hatte zwar theoretisch umfassende Macht, musste diese aber immer wieder durch den schwierigen Konsens der Reichstände legitimieren. So war die Reichsexekution weniger ein Zeichen absoluter Herrschaft als vielmehr ein Ausdruck der ständigen Verhandlung um Macht und Ordnung, die das Reich prägte. Trotz ihrer seltenen Anwendung blieb die Reichsexekution ein wesentliches Element der kaiserlichen Autorität – ein Zeichen dafür, dass es im großen Geflecht der Territorien immer noch eine gemeinsame Ordnung gab, die über allem stand.

Besondere rechtliche Regelungen und Ereignisse

Einige der interessantesten rechtlichen Aspekte des Reiches betreffen die Sonderregelungen für bestimmte Regionen oder Städte:

- *Immerwährender Reichstag (seit 1663):* Der Reichstag in Regensburg wurde ab 1663 zu einer ständigen Institution, was eine kontinuierliche, wenn auch oft ineffiziente, politische Beratung ermöglichte.
- *Jüdische Gemeinden und das Reich:* Jüdische Gemeinden hatten im Reich einen besonderen Status. Sie wurden oft direkt vom Kaiser geschützt und waren Gegenstand spezieller Reichsgesetze, die ihre Rechte und Pflichten regelten, was zu einer relativ autonomen rechtlichen Stellung führte.
- *Die Wetterauer Grafenvereinigung:* Diese Vereinigung von kleinen Grafentümern und Herrschaften im Reich, gegründet im 17. Jahrhundert, diente dem Schutz und der gemeinsamen Interessenvertretung ihrer Mitglieder vor dem Reichstag und dem Kaiser. Sie ist ein Beispiel für die Fragmentierung der

Macht und die Notwendigkeit zur Selbsthilfe in einem so zersplitterten politischen Gefüge.

Diese Elemente zeigen, dass das rechtliche und administrative System des Heiligen Römischen Reiches zwar von Komplexität und manchmal auch Ineffizienz geprägt war, aber auch über Mechanismen verfügte, die eine gewisse rechtliche Ordnung und Verfahrensweise sicherstellten. Trotz seiner Schwächen bot dieses System einen Rahmen, der das politische und soziale Leben im Reich über Jahrhunderte hinweg prägte.

*Die **Wetterauer Grafenvereinigung**, auch bekannt als Wetterauer Grafenverein, war eine politische und militärische Allianz des hohen Adels in der Wetterau, einer Region im heutigen Hessen, Deutschland. Diese Vereinigung spielte eine wichtige Rolle im Heiligen Römischen Reich, insbesondere während des späten Mittelalters und der frühen Neuzeit. Ihr Einfluss und ihre Aktivitäten erstreckten sich über mehrere Jahrhunderte, beginnend im 13. Jahrhundert und endeten offiziell im 18. Jahrhundert.*

Die genauen Umstände der Gründung der Wetterauer Grafenvereinigung sind historisch nicht vollständig dokumentiert, jedoch wird allgemein angenommen, dass ihre Ursprünge in den politischen und territorialen Konflikten des 13. Jahrhunderts liegen. Die Hauptmitglieder der Vereinigung waren führende Adelsfamilien der Region, darunter die Grafen von Hanau, die Grafen von Solms, und die Herren von Eppstein. Diese Adelshäuser sahen in einem Bündnis eine Möglichkeit, ihre Interessen gegenüber mächtigeren territorialen Herrschern wie den Landgrafen von Hessen oder den Erzbischöfen von Mainz zu verteidigen und zu fördern.

Die primären Ziele der Wetterauer Grafenvereinigung waren der Schutz und die Erweiterung der territorialen, politischen und wirtschaftlichen Interessen ihrer Mitglieder. Dazu gehörte die Sicherung des eigenen Territoriums, die Regelung von Erbschaftsangelegenheiten und die gemeinsame Verteidigung gegen äußere Bedrohungen. Die Vereinigung fungierte auch als politisches Forum, in dem die Mitglieder ihre Differenzen schlichten und gemeinsame Strategien gegenüber anderen Mächten des Reichs koordinieren konnten.

Im Laufe der Jahre wuchs der Einfluss der Wetterauer Grafenvereinigung, da sie aktiv an den politischen Prozessen des Heiligen Römischen Reiches teilnahm. Die Mitglieder nutzten die Vereinigung, um ihre Interessen auf den Reichstagen zu vertreten und um mit anderen territorialen Blöcken zu verhandeln. Einer der Höhepunkte ihres politischen Einflusses war ihre Beteiligung an den Kurfürstenwahlen, die den König des Heiligen Römischen Reiches bestimmten.

Neben politischen Aktivitäten war die Wetterauer Grafenvereinigung auch militärisch aktiv. Sie organisierte gemeinsame Verteidigungsmaßnahmen und führte gelegentlich koordinierte Feldzüge gegen äußere Bedrohungen oder zur Unterstützung verbündeter Kräfte. Diese militärischen Unternehmungen stärkten nicht nur die Verteidigungsfähigkeit der einzelnen Mitglieder, sondern erhöhten auch den politischen Zusammenhalt der Gruppe.

Wirtschaftlich profitierten die Mitglieder der Wetterauer Grafenvereinigung durch den erleichterten Handel zwischen den Territorien und durch gemeinsame Projekte, wie den Bau von Straßen und anderen Infrastruktureinrichtungen, die den Warenverkehr und die Mobilität förderten. Diese wirtschaftlichen Unternehmungen trugen zur wirtschaftlichen Blüte der Region bei und verstärkten die Bindungen zwischen den Mitgliedsfamilien.

Der Niedergang der Wetterauer Grafenvereinigung begann im 17. Jahrhundert, als das Heilige Römische Reich durch den Dreißigjährigen Krieg (1618-1648) und anschließende innere Konflikte geschwächt wurde. Die politische Landschaft änderte sich erheblich, und die Macht der regionalen Adelsverbände nahm ab. Der Westfälische Frieden von 1648, der den Dreißigjährigen Krieg beendete, führte zur Neuordnung der territorialen Grenzen und Machtverhältnisse in Deutschland und verringerte die Notwendigkeit und Effektivität solcher Adelsbündnisse.

Die formelle Auflösung der Wetterauer Grafenvereinigung erfolgte jedoch erst im 18. Jahrhundert, als das Heilige Römische Reich weiteren zentralisierenden Reformen unterzogen wurde. Diese Reformen zielten darauf ab, die Macht der Kaiserlichen Zentralgewalt zu stärken und die autonome Macht der regionalen Adeligen zu reduzieren. Das Erbe der Wetterauer Grafenvereinigung bleibt in der regionalen Geschichte der Wetterau lebendig. Die Verei-

nigung ist ein Beispiel dafür, wie der regionale Adel im mittelalterlichen und frühneuzeitlichen Europa versuchte, durch Bündnisse und politische Manöver seine Unabhängigkeit und seinen Einfluss zu wahren. Die Geschichte der Vereinigung spiegelt die komplexen sozialen, politischen und wirtschaftlichen Verflechtungen wider, die das Heilige Römische Reich charakterisierten.

Die sozialen und wirtschaftlichen Verhältnisse

Das Heilige Römische Reich Deutscher Nation war nicht nur politisch fragmentiert, sondern auch durch eine große soziale und wirtschaftliche Diversität gekennzeichnet. Diese Vielfalt spiegelte sich in den unterschiedlichen Lebensbedingungen der Bevölkerung, den variierenden Wirtschaftsstrukturen und den sozialen Hierarchien wider, die das tägliche Leben und die Entwicklung des Reiches maßgeblich prägten.

Die Gesellschaft des Reiches war ständisch organisiert, was bedeutet, dass die Zugehörigkeit zu einem bestimmten Stand (Adel, Klerus, Bürger, Bauern) nicht nur rechtliche, sondern auch soziale Implikationen hatte. Der Adel und der höhere Klerus genossen umfangreiche Privilegien, einschließlich Steuerbefreiungen und exklusiver Zugänge zu politischen Ämtern. Die städtischen Bürger, insbesondere die Zunftmitglieder und Kaufleute, bildeten eine aufstrebende soziale Klasse, deren Einfluss auf die städtische Politik und Wirtschaft stetig wuchs. Die Bauern hingegen litten oft unter harten Lebensbedingungen, waren in vielen Regionen leibeigen und hatten hohe Abgaben und Frondienste zu leisten.

Die rechtliche Position der Bauern variierte erheblich zwischen den verschiedenen Territorien des Reiches. Während in einigen Gebieten, wie in Teilen Preußens und Sachsens, im Laufe des 18. Jahrhunderts Ansätze zur Bauernbefreiung und zur Aufhebung der Leibeigenschaft erkennbar waren, blieben in anderen Regionen, besonders in Süd- und Westdeutschland, die feudalen Strukturen bis weit in die moderne Zeit bestehen.

Wirtschaftlich war das Reich durch eine starke regionale Diversität gekennzeichnet. Der Norden und die Küstenregionen waren stark durch Handel und Seefahrt geprägt, während die südlichen und westlichen Regionen eher agrarisch orientiert waren. Städte wie Hamburg und Bremen entwickelten sich zu wichtigen Handelszentren, die nicht nur regionale, sondern auch internationale Handelsnetzwerke bedienten.

Die Wirtschaft des Reiches basierte weitgehend auf der Landwirtschaft, wobei die Methoden und die Produktivität stark von den natürlichen Bedingungen und den sozialen Strukturen abhingen. In vielen Gebieten führten eine unzureichende Agrartechnologie und die Bindung der Bauern an das Land zu einer geringen landwirtschaftlichen Produktivität.

In den Städten hingegen ermöglichten Zünfte und Gilden eine relativ hohe handwerkliche Produktion und stärkten die lokale Wirtschaft durch die Festlegung von Produktionsstandards und die Regelung der Ausbildung. Diese Organisationen spielten auch eine wichtige politische Rolle, indem sie die Interessen ihrer Mitglieder gegenüber den städtischen Obrigkeiten und im Reichstag vertraten.

Verteilung der sozialen Probleme in den Städten des 18. Jahrhunderts

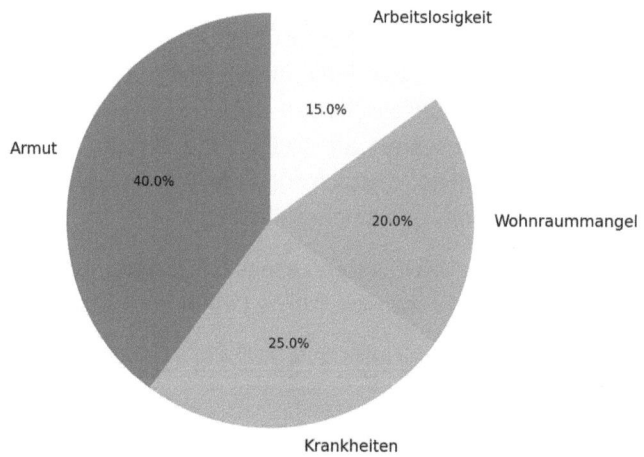

Abbildung 9: Verteilung der sozialen Probleme in den Städten, Datenmaterial aus Robert Darnton, The Business of Enlightenment, Quelle: Eigene Darstellung, © Ralf Schönert

Das Reich erlebte im 18. Jahrhundert eine langsame, aber stetige demographische Expansion. Diese Bevölkerungszunahme führte in einigen Gebieten zu sozialen Spannungen, insbesondere dort, wo die landwirtschaftliche Produktion nicht mit dem Bevölkerungswachstum Schritt halten konnte. Die zunehmende Urbanisierung verstärkte diese Spannungen, da die Städte zwar Möglichkeiten für Handel und Handwerk boten, aber auch von sozialen Problemen wie Armut, Krankheiten und Wohnraummangel betroffen waren.[37]

37 Robert Darnton, The Business of Enlightenment. A Publishing History of the Encyclopédie, 1775–1800. Harvard University Press, Cambridge/London 1979 - deutsch: Glänzende Geschäfte oder: Wie verkauft man Wissen mit Gewinn? Wagenbach, Berlin 1993 (gekürzt), ISBN 3-8031-3568-0

183

Ein weniger bekanntes Phänomen dieser Zeit waren die sozialen und kulturellen Innovationen, die oft im Schatten der politischen Ereignisse standen. Beispiele hierfür sind die Gründung der ersten deutschen Lesegesellschaften und Salons, die Ende des 18. Jahrhunderts aufkamen und eine wichtige Rolle in der Verbreitung aufklärerischer Ideen spielten. Diese Gesellschaften boten einen Raum für intellektuellen Austausch und waren oft Treffpunkte für die bürgerliche Elite und progressive Adlige, die sich für Reformen in den sozialen und politischen Strukturen des Reiches einsetzten.

Hier einige der wichtigsten Lesegesellschaften und Salons, die das intellektuelle und gesellschaftliche Leben in Deutschland prägten:

Die Berliner Mittwochsgesellschaft (1783-1798)

Die Berliner Mittwochsgesellschaft war eine der bedeutendsten und bekanntesten Lesegesellschaften in Deutschland zur Zeit der Aufklärung. Sie wurde 1783 von Johann Erich Biester und Friedrich Gedike gegründet und bestand hauptsächlich aus Mitgliedern des preußischen Bildungsbürgertums, darunter bekannte Philosophen und Schriftsteller wie Immanuel Kant, Moses Mendelssohn und Friedrich Nicolai.

Friedrich Nicolai (1733–1811) war ein bedeutender Verleger, Schriftsteller und Kritiker der deutschen Aufklärung. Als Sohn eines Berliner Buchhändlers übernahm er 1759 den väterlichen Verlag und wurde zu einem zentralen Akteur im intellektuellen Leben des 18. Jahrhunderts. 1765 gründete er die "Allgemeine deutsche Bibliothek", eine einflussreiche Zeitschrift, die die Literaturkritik in Deutschland revolutionierte und die Ideen der Aufklärung verbreitete. Nicolai setzte sich für Vernunft, Toleranz und Kritik ein und war ein entschiedener Gegner von Mystizismus und Romantik. Zu seinen wichtigsten literarischen Werken zählt der satirische Roman "Das Leben und die Meinungen des Herrn Magister Sebaldus Nothanker" (1773), in dem er die Kirche und die Gesellschaft scharf kritisiert. Nicolai beeinflusste die Aufklärung in Preußen maßgeblich und schuf mit seinem Verlag und seinen

Schriften eine Plattform für den Austausch aufklärerischer Ideen. Er starb 1811 in Berlin.

Die Mittwochsgesellschaft war bekannt für ihre intensiven Debatten über philosophische, religiöse und politische Themen. Insbesondere die Prinzipien der Vernunft, der Toleranz und des Humanismus standen im Mittelpunkt der Diskussionen. Die Mitglieder tauschten sich über aktuelle wissenschaftliche und literarische Werke aus und diskutierten die Entwicklungen der Französischen Revolution. Diese Lesegesellschaft trug maßgeblich zur Verbreitung der Aufklärung in Preußen bei. Sie förderte den Austausch zwischen Intellektuellen und war eine wichtige Plattform für den liberalen Diskurs in Berlin. Ihre intellektuellen Diskussionen beeinflussten nicht nur die zeitgenössische Politik, sondern auch die Entwicklung der modernen Philosophie und der politischen Theorie in Deutschland.

Lesegesellschaft der Freunde in Mainz (1780er Jahre)

Die Mainzer Lesegesellschaft der Freunde war eine weitere bedeutende Lesegesellschaft, die in den späten 1780er Jahren in Mainz gegründet wurde. Sie war eng mit den republikanischen und aufklärerischen Strömungen der Zeit verbunden und hatte auch während der französischen Besetzung von Mainz eine wichtige Rolle gespielt. Diese Gesellschaft hatte zum Ziel, ihren Mitgliedern Zugang zu aufklärerischer Literatur zu verschaffen. Es ging darum, die Bildung des Bürgertums zu fördern und Debatten über die Aufklärung, Philosophie, Naturwissenschaften und politische Reformen anzuregen. Die Mitglieder trafen sich regelmäßig, um Werke zu lesen und zu diskutieren, die sonst in den eher konservativen Mainzer Verhältnissen schwer zugänglich gewesen wären. Die Mainzer Lesegesellschaft spielte eine bedeutende Rolle bei der Verbreitung republikanischer und jakobinischer Ideen in der Region, insbesondere während der Mainzer Republik. Sie war ein intellektuelles Zentrum, das Reformen und den Umbruch der alten Ordnung propagierte.

Lesegesellschaft zu Jena (1790er Jahre)

Die Lesegesellschaft in Jena entstand in den 1790er Jahren und war ein bedeutender Treffpunkt für die Frühromantik und philosophischen Diskussionen jener Zeit. Jena war zu dieser Zeit ein Zentrum der deutschen Intellektuellen, und viele berühmte Denker wie Friedrich Schiller, Johann Gottlieb Fichte und Friedrich Wilhelm Joseph Schelling waren in dieser Stadt aktiv.

Friedrich Wilhelm Joseph Schelling (1775–1854) war ein einflussreicher deutscher Philosoph und eine zentrale Figur des Deutschen Idealismus. Geboren in Leonberg, studierte er in Tübingen zusammen mit Hegel und Hölderlin. Schelling entwickelte eine Philosophie, die Natur und Geist in einem dynamischen, ganzheitlichen Prozess vereinte. Seine "Naturphilosophie" und "Identitätsphilosophie" suchten nach der Einheit von Bewusstsein und Natur, was ihn zu einem Vorläufer der Romantik machte. In seiner Spätphase beschäftigte er sich mit Fragen der Freiheit und des Bösen, was ihn vom Idealismus Hegels unterschied. Seine Vorlesungen an der Universität München sowie an der Berliner Akademie beeinflussten eine neue Generation von Denkern. Obwohl Schelling zu Lebzeiten hinter Hegel zurücktrat, gilt er heute als ein bedeutender Wegbereiter der Existenzphilosophie und der modernen Naturwissenschaften. Schelling starb 1854 in Bad Ragaz, Schweiz.

Die Jenaer Lesegesellschaft widmete sich dem Studium der Philosophie, Literatur und Politik. Sie war ein Ort, an dem sich Philosophen und Literaten der Frühromantik trafen, um über die neuesten Ideen und Entwicklungen in diesen Bereichen zu debattieren. Die Auseinandersetzung mit der Französischen Revolution, aber auch mit der deutschen Klassik und Romantik, prägte die intellektuellen Gespräche. Diese Gesellschaft war eng mit der Entwicklung der Frühromantik in Deutschland verbunden. Ihre Mitglieder leisteten einen wichtigen Beitrag zur Schaffung neuer philosophischer und literarischer Strömungen, die die Romantik als Reaktion auf die Aufklärung und die gesellschaftlichen Umbrüche prägten. Sie war ein intellektueller Motor für den philosophischen und literarischen Austausch der Zeit.

Der Salon von Rahel Varnhagen (Berlin, frühes 19. Jahrhundert)

Der Salon der jüdischen Intellektuellen Rahel Levin Varnhagen in Berlin zählte zu den bekanntesten und einflussreichsten Salons des frühen 19. Jahrhunderts. Rahel Varnhagen (1771-1833) organisierte regelmäßige Treffen in ihrem Berliner Heim, bei denen sich die intellektuelle und kulturelle Elite der Stadt zusammenfand. Rahel Varnhagens Salon war ein Treffpunkt für Künstler, Dichter, Philosophen und Politiker. Es wurden Literatur, Philosophie, Musik und Kunst diskutiert, wobei Themen wie die Romantik, die deutschen Befreiungskriege und die Rolle der Frau in der Gesellschaft im Zentrum standen. Anders als viele andere Salons war der Salon von Rahel Varnhagen auch für Frauen offen, was ihm eine besondere Bedeutung in der Berliner Gesellschaft verlieh. Der Salon von Rahel Varnhagen beeinflusste stark das intellektuelle Leben Berlins. Zu den prominenten Gästen zählten Dichter wie Ludwig Tieck und Friedrich Schlegel sowie Philosophen wie Friedrich Wilhelm Joseph Schelling. Der Salon bot eine Plattform für den Austausch revolutionärer und aufklärerischer Gedanken und half, die kulturelle und politische Landschaft Deutschlands im frühen 19. Jahrhundert zu formen.

Der Weimarer Salon von Anna Amalia und die Weimarer Lesegesellschaft

In Weimar, einer Stadt, die als Zentrum der deutschen Klassik bekannt ist, spielte der Salon von Anna Amalia, Herzogin von Sachsen-Weimar, eine zentrale Rolle im kulturellen und intellektuellen Leben der Stadt. Ihr Salon, der oft in Verbindung mit der Weimarer Lesegesellschaft genannt wird, zog viele der bedeutendsten Denker und Künstler ihrer Zeit an, darunter Johann Wolfgang von Goethe, Friedrich Schiller und Christoph Martin Wieland.

Die Herzogin Anna Amalia förderte aktiv die Künste und die Literatur. Ihr Salon diente als Forum für den Austausch über Literatur, Philosophie und Kunst, wobei der Einfluss der Weimarer Klassik stark im Vordergrund stand. Die Diskussionen drehten sich um die ästhetischen und moralischen Ideale der deutschen Klassik sowie um die Frage, wie Kunst und Literatur zur Erziehung und moralischen Verbesserung der Gesellschaft beitragen könnten.

Der Weimarer Salon und die Lesegesellschaft unter der Schirmherrschaft von Anna Amalia hatten einen großen Einfluss auf die kulturelle Entwicklung Deutschlands. Sie spielten eine zentrale Rolle bei der Entstehung und Verbreitung der Ideen der Weimarer Klassik, die als eines der bedeutendsten literarischen und philosophischen Erbe des Landes gilt.

Die sozialen und wirtschaftlichen Verhältnisse im Heiligen Römischen Reich vor der Napoleonischen Ära waren durch eine tiefgreifende Diversität und komplexe Abhängigkeiten gekennzeichnet. Trotz der politischen Zersplitterung und den oft ineffizienten Strukturen gab es Ansätze zur Modernisierung und zur sozialen Reform, die jedoch regional sehr unterschiedlich ausgeprägt waren.

Im 18. Jahrhundert begannen die Ideen der Aufklärung, die absolutistischen und feudalen Strukturen in Frage zu stellen. Reformbewegungen, wie sie etwa in Preußen unter Friedrich dem Großen oder in Österreich unter Maria Theresia und Joseph II. durchgeführt wurden, zielten darauf ab, die Verwaltung zu modernisieren, die Wirtschaft zu fördern und das Bildungswesen zu verbessern. Diese Reformen waren jedoch regional sehr unterschiedlich und konnten die grundlegenden strukturellen Probleme des Reiches nicht überwinden.

6. DIE RESTAURATIONSPERIODE: RÜCKKEHR ZUR ORDNUNG UND REAKTIONEN AUF DIE REVOLUTION

Nach den stürmischen Umwälzungen der Französischen Revolution und der Napoleonischen Kriege begann Europa einen epochalen Versuch, das Rad der Geschichte gewissermaßen zurückzudrehen. Diese Phase, die als Restaurationsperiode bekannt ist, erstreckte sich von der Niederlage Napoleons im Jahr 1814 bis zu den bahnbrechenden Revolutionen von 1848. In diesen Jahren suchten die mächtigen Monarchien Europas, ihre alten Ordnungen wiederherzustellen – ein Projekt, das nicht nur politisch, sondern auch ideologisch tief in den Strukturen der damaligen Gesellschaft verankert war.

Der Begriff „Restauration", der in diesem Zusammenhang oft verwendet wird, trägt eine klare Bedeutung: Es ging darum, die durch Revolution und Krieg veränderten Zustände umzukehren und die traditionelle Ordnung von Thronen, Grenzen und gesellschaftlichen Normen wieder einzusetzen. Doch dieser Prozess war mehr als nur ein politisches Manöver. Er war ein Versuch, die europäische Gesellschaft auf den Fundamenten alter Werte zu stabilisieren, die in den Augen der Herrschenden durch die revolutionären Umbrüche gefährdet worden waren. Man könnte sich diese Epoche wie den Versuch vorstellen, ein zerbrochenes Mosaik zu rekonstruieren, Stein für Stein, um die alte Schönheit wiederherzustellen – auch wenn die Bruchstellen sichtbar blieben.

Die Restaurationsperiode begann mit dem ersten Pariser Frieden von 1814 und erreichte einen bedeutenden Meilenstein mit dem Wiener Kongress 1814/1815. Hier versammelten sich die führenden Köpfe Europas, um nicht nur über Grenzen und Territorien zu verhandeln, sondern auch, um eine langfristige Stabilität auf dem Kontinent zu gewährleisten. Der Wiener Kongress fungierte dabei wie ein großer

Schachzug, bei dem jede Machtposition neu bedacht und austariert wurde, um das empfindliche Gleichgewicht zu bewahren.

Doch trotz aller Bemühungen blieb die Restauration keine statische Phase. Die europäische Landkarte wurde in diesen Jahren mehrfach neu gezeichnet, und unter der Oberfläche des restaurativen Status quo brodelten die Spannungen. Nationale Bewegungen, soziale Unruhen und das Streben nach bürgerlichen Freiheiten – all dies bereitete den Boden für die Revolutionen von 1848, die einen radikalen Bruch mit den Prinzipien der Restauration darstellten. Diese Revolutionen, die in vielen Teilen Europas fast zeitgleich ausbrachen, waren wie ein Sturm, der die sorgsam errichteten Pfeiler der alten Ordnung hinwegfegte.

Die Restaurationsperiode bleibt bis heute ein faszinierendes Kapitel der europäischen Geschichte. Sie zeigt, wie schwer es sein kann, tiefgreifende Veränderungen rückgängig zu machen, und wie unaufhaltsam der Wunsch nach Fortschritt und Freiheit letztlich ist. In ihrer Chronologie und ihren Ereignissen spiegelt diese Epoche die ewige Spannung zwischen Tradition und Wandel wider, die den Lauf der Geschichte prägt.

Die Schlüsselfiguren der Restaurationsperiode waren jene Staatsmänner und Monarchen, die sich am Wiener Kongress beteiligten und die neue europäische Ordnung gestalteten.

Zu den prominentesten zählen:

Klemens Wenzel Lothar von Metternich war eine Schlüsselfigur der europäischen Diplomatie in den ersten Jahrzehnten des 19. Jahrhunderts. Geboren am 15. Mai 1773 in Koblenz, damals Teil des Heiligen Römischen Reiches, entstammte er einer adligen Familie, die ihre Wurzeln im Rheinland hatte. Sein Vater, Franz Georg Karl von Metternich, war Diplomat, was dem jungen Klemens Einblick in die Welt der Politik und Diplomatie gab.

Metternich studierte Recht an den Universitäten Straßburg und Mainz, aber es war klar, dass seine Leidenschaft in der Diplomatie lag. Seine Karriere begann er im Dienste des Habsburgerreiches, als er 1801 zum österreichischen Botschafter in Dresden ernannt wurde. Später diente er als Botschafter in Berlin und Paris, wo er wichtige Erfahrungen sammelte, die seine späteren Ansichten und Methoden stark beeinflussten.

1809 wurde Metternich zum österreichischen Außenminister ernannt, eine Position, die er bis 1848 innehatte. In dieser Rolle prägte er die Außenpolitik des Kaisertums Österreich entscheidend. Seine politische Philosophie war tief verwurzelt in der Idee des Konservatismus und der Notwendigkeit, die bestehende gesellschaftliche Ordnung zu bewahren. Er war ein entschiedener Gegner der revolutionären Bewegungen, die Europa nach der Französischen Revolution erschütterten.

Metternichs Einfluss erreichte während des Wiener Kongresses von 1814-1815 seinen Höhepunkt, wo er als führender Architekt der „neuen" europäischen Ordnung agierte. Er spielte eine zentrale Rolle bei der Neuordnung der europäischen Grenzen nach dem Niedergang Napoleons und strebte ein Gleichgewicht der Mächte an, um Stabilität und Frieden in Europa zu sichern. Der Wiener Kongress führte zur Gründung der Heiligen Allianz, die als Instrument zur Aufrechterhaltung konservativer Werte und zur Unterdrückung nationalistischer und liberaler Bewegungen diente.

Als Reaktion auf die zunehmenden revolutionären Aktivitäten in Europa unterstützte Metternich eine Reihe von Maßnahmen, die als Karlsbader Beschlüsse bekannt wurden. Diese im Jahr 1819 verabschiedeten Beschlüsse zielten darauf ab, liberale und nationale Bewegungen in den deutschen Staaten durch Zensur und Überwachung zu unterdrücken.

Seine Amtszeit als Außenminister endete jedoch abrupt mit den Revolutionen von 1848, die als „Frühjahr der Völker" bekannt sind. Metternich wurde gezwungen, zurückzutreten und ins Exil zu gehen, zunächst nach London, später nach Brüssel und schließlich auf sein Schloss Johannisberg im Rheingau, wo er bis zu seinem Tod am 11. Juni 1859 lebte.

Metternich war eine umstrittene Figur, verehrt als Bewahrer der europäischen Ordnung und Stabilität, verachtet als Unterdrücker der Freiheit und

nationaler Bestrebungen. Sein Erbe ist bis heute Gegenstand intensiver historischer Diskussionen. Seine Rolle in der Gestaltung der europäischen Politik
während einer Zeit tiefgreifender Veränderungen und sein Versuch, den Lauf
der Geschichte durch diplomatisches Geschick und konservative Prinzipien zu
lenken, machen ihn zu einer der herausragenden Figuren der neueren Geschichte.

Zar Alexander I. von Russland, geboren als Alexander Pawlowitsch Roma-
now am 23. Dezember 1777 in Sankt Petersburg, war eine der prägenden Figuren der europäischen Geschichte zu Beginn des 19. Jahrhunderts. Seine
Regierungszeit von 1801 bis 1825 war geprägt von bedeutenden politischen
und sozialen Umwälzungen, die sowohl Russland als auch Europa insgesamt
beeinflussten.

Alexander war der älteste Sohn von Zar Paul I. und dessen Frau Maria Fjodo-
rowna, geborene Sophie Dorothee von Württemberg. Seine Erziehung wurde
stark von den Idealen der Aufklärung beeinflusst, insbesondere durch seinen
schweizerischen Gouverneur, Frédéric-César de La Harpe, der in ihm liberale
und reformorientierte Gedanken weckte. Diese Einflüsse prägten seine spätere Politik als Herrscher.

Als Alexander 1801 nach der Ermordung seines Vaters unter mysteriösen
Umständen den Thron bestieg, trat er sein Amt mit dem Wunsch nach Reformen an, die das veraltete russische System modernisieren sollten. Er führte
mehrere wichtige Veränderungen durch, darunter die Reform der Verwaltung und des Bildungswesens. Er gründete die Universität von Charkow
(1804), die Universität von Kasan (1804) und die Universität von Sankt Petersburg (1819) und leitete die Gründung der Russischen Akademie der Wissenschaften ein.

Außenpolitisch trat Alexander I. in eine äußerst turbulente Phase ein. Seine
Regierungszeit war geprägt von den Napoleonischen Kriegen, in denen er zunächst ein Verbündeter Napoleons war, nach dem Frieden von Tilsit im Jahr
1807 jedoch zu dessen Gegner wurde. Die zunächst friedlichen Beziehungen
verschlechterten sich, als Napoleon 1812 Russland überfiel, ein Ereignis, das
als „Vaterländischer Krieg" in die russische Geschichte einging. Alexander

führte seine Truppen in einer Reihe von Rückzugsgefechten, die schließlich im verheerenden Winter Russlands und Napoleons Niederlage mündeten.

Nach dem Sieg über Napoleon wurde Alexander als Befreier Europas gefeiert und spielte eine zentrale Rolle auf dem Wiener Kongress von 1814 bis 1815, wo er sich für ein christlich geprägtes, konservatives Europa einsetzte. Dies führte zur Gründung der Heiligen Allianz zwischen Russland, Österreich und Preußen, einem Bündnis, das darauf abzielte, die monarchische Ordnung in Europa zu bewahren und liberale Bewegungen zu unterdrücken.

Trotz seiner anfänglichen Reformfreudigkeit wurde Alexanders innenpolitische Haltung im Laufe seiner Regierungszeit zunehmend konservativer. Er zögerte, tiefgreifende soziale Veränderungen einzuführen, insbesondere in Bezug auf die Leibeigenschaft, die erst nach seinem Tod aufgehoben wurde. Seine Regierung wurde von vielen seiner Zeitgenossen als zögerlich und unentschlossen betrachtet, besonders wenn es um die Lösung der drängendsten sozialen Probleme Russlands ging.

Zar Alexander I. war auch eine tief religiöse Persönlichkeit, was besonders in seinen späteren Jahren zum Vorschein kam. Er soll eine mystische Bekehrung erlebt haben, die ihn dazu brachte, sich zunehmend von der Welt zurückzuziehen und sich spirituellen und religiösen Studien zu widmen. Diese Phase seines Lebens ist geprägt von Gerüchten und Spekulationen über seinen Tod und die Möglichkeit, dass er sich ins Geheimnisvolle zurückzog, um ein asketisches Leben zu führen.

Alexander starb offiziell am 1. Dezember 1825 in Taganrog am Asowschen Meer, unter Umständen, die von manchen Historikern als verdächtig angesehen werden. Sein Tod markierte das Ende einer Ära und den Beginn einer Periode der politischen Unruhen in Russland, die als Dekabristenaufstand bekannt ist.

Zar Alexander I. bleibt eine der widersprüchlichsten Figuren in der russischen Geschichte. Seine Regierungszeit, obwohl von Liberalisierung und Modernisierung gekennzeichnet, war auch eine Zeit der verpassten Chancen, insbesondere die Lebensbedingungen der russischen Bauern zu verbessern. Sein Erbe zeigt einen starken Kontrast zwischen zwischen dem Reformator und *dem Konservativen, zwischen dem europäischen Staatsmann und dem isolierten Monarchen.*

Robert Stewart, Viscount Castlereagh, *geboren am 18. Juni 1769 in Dublin, Irland, war ein zentraler britischer Staatsmann des frühen 19. Jahrhunderts, dessen politische Karriere die turbulenten Zeiten der Napoleonischen Kriege und die anschließenden europäischen Friedensprozesse prägte. Castlereagh spielte eine entscheidende Rolle in der Gestaltung der britischen Außenpolitik und hinterließ ein Vermächtnis, das sowohl bewundert als auch kontrovers diskutiert wird.*

Castlereagh stammte aus einer angesehenen adeligen Familie. Sein Vater war Robert Stewart, der erste Marquess of Londonderry, und seine Mutter war Lady Sarah Frances Seymour. Er erhielt seine Ausbildung am renommierten St. John's College in Cambridge, wo er Rechtswissenschaften studierte, allerdings ohne Abschluss. Früh zeigte sich sein Interesse an Politik und öffentlichen Angelegenheiten.

Seine politische Laufbahn begann Castlereagh 1790, als er ins irische Parlament gewählt wurde. Hier zeigte er sich als fähiger Redner und taktischer Politiker. Während der politisch unruhigen Zeit in Irland am Ende des 18. Jahrhunderts, insbesondere während der irischen Rebellion von 1798, vertrat Castlereagh eine unionistische Linie, die auf eine stärkere Bindung zwischen Irland und Großbritannien abzielte. Seine Bemühungen gipfelten im Act of Union von 1800, der die legislative Vereinigung von Großbritannien und Irland herbeiführte. Diese Leistung sicherte ihm einen Platz im britischen House of Commons, wo er die nächsten zwei Jahrzehnte seiner Karriere verbringen sollte.

Als Chief Secretary for Ireland von 1798 bis 1801 war Castlereagh maßgeblich an der Niederschlagung der irischen Rebellion beteiligt und spielte eine entscheidende Rolle bei der Durchsetzung des Act of Union. Seine Methoden während der Rebellion und die darauffolgenden repressiven Maßnahmen zogen jedoch auch scharfe Kritik auf sich und machten ihn bei den irischen Nationalisten höchst unbeliebt.

Ab 1802 diente Castlereagh in verschiedenen hohen Regierungsämtern, darunter als Kriegs- und Kolonialminister. In dieser Rolle war er verantwortlich für die britische Kriegsführung gegen Napoleon. Castlereagh erkannte früh die Bedeutung von Koalitionen gegen Frankreich und arbeitete intensiv daran, eine dauerhafte Allianz gegen Napoleon zu schmieden. Sein diplomatisches Geschick wurde besonders während der Kriege gegen Napoleon deutlich, als er mehrere europäische Mächte in den Koalitionskriegen gegen Frankreich vereinigte.

Nach Napoleons Niederlage war Castlereagh einer der führenden Vertreter Großbritanniens auf dem Wiener Kongress von 1814/1815. Dort trug er wesentlich zur Neuordnung Europas bei. Seine Politik zielte darauf ab, ein Gleichgewicht der Mächte zu schaffen, das künftige Konflikte verhindern sollte. Castlereagh war maßgeblich an der Gründung der Heiligen Allianz beteiligt und setzte sich für eine gemäßigte Behandlung Frankreichs ein, um langfristige Stabilität in Europa zu gewährleisten.

Nach seiner Rückkehr nach Großbritannien setzte sich Castlereagh als Außenminister weiterhin für eine konservative, auf Stabilität und Frieden ausgerichtete Außenpolitik ein. Er war bekannt für seine kühle und berechnende Art, die ihm sowohl Bewunderung als auch Ablehnung einbrachte. Seine letzte Amtszeit war jedoch von wachsenden innenpolitischen Spannungen und persönlichen Problemen überschattet. Die politischen und sozialen Unruhen in Großbritannien, die durch die wirtschaftlichen Schwierigkeiten nach den Napoleonischen Kriegen verschärft wurden, belasteten ihn zunehmend.

Am 12. August 1822 endete Castlereaghs Leben tragisch durch Selbstmord, nachdem er unter einer schweren psychischen Erkrankung gelitten hatte, die durch den Druck seiner Amtspflichten und persönliche Anfeindungen verschärft wurde. Sein Tod löste eine komplexe Reaktion aus: Während einige ihn als einen der größten Staatsmänner priesen, sahen andere in ihm den Inbegriff repressiver und elitärer Politik.

Castlereaghs Erbe bleibt bis heute umstritten. In der Geschichte wird er als brillanter, wenn auch polarisierender Diplomat betrachtet, dessen Wirken wesentlich zur Gestaltung der post-napoleonischen Ära in Europa beitrug. Seine Fähigkeit, komplexe internationale Beziehungen zu navigieren und da-

bei die Interessen Großbritanniens zu wahren, macht ihn zu einer Schlüsselfigur in der britischen und europäischen Geschichte.

Charles Maurice de Talleyrand-Périgord, *geboren am 2. Februar 1754 in Paris, war eine der faszinierendsten und umstrittensten Figuren der französischen und europäischen politischen Geschichte. Er diente fünf aufeinanderfolgenden französischen Regierungen, beginnend vor der Französischen Revolution und endend nach der Napoleonischen Ära, und war bekannt für seine außerordentliche diplomatische Geschicklichkeit, seinen Opportunismus und seine Fähigkeit, politische Umbrüche zu überleben und zu nutzen.*

Talleyrand stammte aus einer alten Adelsfamilie, wurde aber aufgrund einer Fußfehlstellung, die ihn zeitlebens beeinträchtigte, vom militärischen Dienst ausgeschlossen. Stattdessen wurde er für eine kirchliche Laufbahn bestimmt. Er erhielt seine Ausbildung am renommierten Seminar von Saint-Sulpice und an der Universität von Paris. 1779 wurde er zum Priester geweiht und 1780 zum Bischof von Autun ernannt.

Während der Französischen Revolution zeigte Talleyrand früh seine politische Flexibilität. Er unterstützte die Revolution und wurde Mitglied der verfassungsgebenden Nationalversammlung, wo er eine wichtige Rolle bei der Säkularisation von Kirchengütern spielte. Diese politische Positionierung brachte ihm Kritik von traditionelleren Kreisen ein, öffnete ihm jedoch auch neue Wege in der sich wandelnden politischen Landschaft Frankreichs.

Nach der Revolution fiel Talleyrand kurzzeitig in Ungnade und lebte im Exil, zunächst in England und dann in den Vereinigten Staaten. Nach seiner Rückkehr nach Frankreich im Jahr 1796 stieg er schnell zum Außenminister auf, eine Position, die er unter verschiedenen Regierungen innehaben sollte. In dieser Rolle etablierte sich Talleyrand als Meister der Diplomatie. Sein politisches Überleben während des Aufstiegs und Falls von Napoleon Bonaparte ist ein Testament seiner Fähigkeit, sich an veränderte politische Realitäten anzupassen.

Talleyrands vielleicht größter diplomatischer Erfolg war seine Mitwirkung am Wiener Kongress von 1814-1815, wo er nach Napoleons erster Abdankung Frankreich vertrat. Trotz der schwachen Position Frankreichs nach der Niederlage Napoleons gelang es Talleyrand, durch geschickte Verhandlungen und Bündnisse mit anderen großen Mächten wie Großbritannien und Österreich, Frankreich vor allzu harten Strafen zu schützen und seine Rolle als bedeutende europäische Macht zu sichern.

Nach dem endgültigen Sturz Napoleons diente Talleyrand als Außenminister unter König Ludwig XVIII. Er setzte sich für eine gemäßigte und stabile Monarchie ein, die die revolutionären Ideen in Frankreich integrieren konnte. Seine Politik zielte darauf ab, Frankreich in das europäische Staatensystem zu reintegrieren und gleichzeitig interne politische Stabilität zu gewährleisten.

Jedoch waren Talleyrands politische Karriere und sein persönliches Leben von Kontroversen und Kritik geprägt. Sein Opportunismus, seine häufigen politischen Wendungen und seine Bereitschaft, für den eigenen Vorteil zu arbeiten, zogen ihm sowohl Bewunderung als auch Ablehnung zu. Er wurde oft beschuldigt, korrupt und moralisch flexibel zu sein, Eigenschaften, die in der politisch turbulenten Zeit, in der er lebte, sowohl als Vorteil als auch als Makel angesehen wurden.

Trotz dieser Kritik war Talleyrand zweifellos ein brillanter Strategist und Diplomat. Er hinterließ einen tiefgreifenden Einfluss auf die französische und europäische Diplomatie. Seine Memoiren und die zahlreichen Anekdoten, die sich um ihn ranken, bieten einen faszinierenden Einblick in die Gedankenwelt eines der bedeutendsten Diplomaten seiner Zeit.

Charles Maurice de Talleyrand-Périgord starb am 17. Mai 1838 in Paris. Sein Erbe ist bis heute umstritten, aber seine Rolle bei der Gestaltung der französischen und europäischen Geschichte ist unbestreitbar. Talleyrands Leben und Karriere sind ein fesselndes Studium von Ambition, Macht und politischer Anpassungsfähigkeit in einer Ära des radikalen Wandels.

Diese Persönlichkeiten und die von ihnen vertretenen Nationen waren entscheidend für die Gestaltung der Restaurationsperiode, die die politischen und sozialen Strukturen Europas bis zur Mitte des 19.

Jahrhunderts maßgeblich beeinflusste. Die Restauration war somit eine Epoche des politischen Konservatismus, aber auch der politischen Stabilisierung, die Europa eine Phase relativer Ruhe und Ordnung brachte, bevor die revolutionären Bewegungen von 1848 erneut tiefgreifende Veränderungen forderten.

Politische Restauration in Europa

Die Restaurationsperiode, die auf die turbulenten Jahre der Napoleonischen Kriege und der Französischen Revolution folgte, markierte einen entscheidenden Abschnitt in der europäischen Geschichte. Die Hauptziele dieser Phase waren die Wiederherstellung der Monarchien und der vorrevolutionären Ordnungen sowie die Wiederherstellung des europäischen Gleichgewichts, die durch den Wiener Kongress von 1814 bis 1815 maßgeblich geprägt wurden.

Die politische Restauration in Europa umfasste mehrere Schlüsselmaßnahmen, die auf das Ziel ausgerichtet waren, die vorrevolutionäre monarchische Ordnung wiederherzustellen. Dazu gehörten die Rückkehr der Bourbonen auf den französischen Thron, die Wiederherstellung der Herrscherhäuser in Spanien, Portugal und den italienischen Staaten sowie die Stärkung der traditionellen Monarchien in Preußen, Österreich und Russland. Diese Maßnahmen waren begleitet von einer bewussten Rücknahme vieler reformorientierter Gesetzgebungen und einer Verstärkung der aristokratischen Privilegien, die während der Revolution und der Herrschaft Napoleons abgeschafft oder eingeschränkt worden waren.

Der Wiener Kongress, der von September 1814 bis Juni 1815 stattfand, war das Kernstück der europäischen Restauration. Unter der Leitung von Klemens von Metternich, dem österreichischen Staatskanzler, versammelten sich Vertreter der großen Mächte Europas, um die politische Landkarte Europas nach dem Sturz Napoleons neu zu gestalten. Drei Prinzipien standen dabei im Vordergrund:

- *Legitimität:* Dieses Prinzip zielte darauf ab, die rechtmäßigen Monarchen, die vor der napoleonischen Ära geherrscht hatten, wieder auf ihre Throne zu setzen. Das Prinzip der Legitimität sollte die monarchische Ordnung stärken und revolutionären Bewegungen entgegenwirken.

- *Restauration:* Eng verbunden mit der Legitimität, bezog sich die Restauration auf die Wiederherstellung der gesellschaftlichen und politischen Strukturen, die vor den revolutionären Umbrüchen bestanden hatten.

- *Balance der Mächte:* Um zukünftige Konflikte zu vermeiden und einen dauerhaften Frieden in Europa zu sichern, strebte der Kongress eine ausgewogene Machtverteilung zwischen den großen Staaten an. Dies schloss territoriale Anpassungen und Schaffung von Pufferstaaten ein, um eine Hegemonie einzelner Staaten zu verhindern.

Nationale Restaurationsbemühungen

Frankreich

In der Geschichte Frankreichs gibt es kaum eine Zeit, die so reich an Dramatik und politischem Wechsel ist wie die Epoche der Restauration. Nach Jahrzehnten revolutionärer Turbulenzen und dem Aufstieg und Fall Napoleons, öffnete das Jahr 1814 ein neues Kapitel: die Rückkehr der Bourbonen unter König Ludwig XVIII. Dieser Monarch, dessen Leben von Exil und Unsicherheit geprägt war, trat mit einer Vision für Frankreich an, die so mutig wie umstritten war.

Ludwig XVIII., ein Mann, der die Schrecken der Revolution überlebt und die Fehler seines Vorgängers beobachtet hatte, war entschlossen, die Monarchie auf eine Weise wiederzubeleben, die sowohl traditionelle als auch progressive Elemente vereinte. Er träumte von einer konstitutionellen Monarchie, die, inspiriert durch das britische Vorbild, sowohl die königliche Autorität als auch die Bürgerrechte wahren würde. Diese Vision war ein mutiger Versuch, die tiefen Narben der Revolution zu heilen, indem einige ihrer Errungenschaften — wie Gleichheit vor dem Gesetz — bewahrt wurden.

Doch der Weg, den Ludwig eingeschlagen hatte, war gepflastert mit Hindernissen. Sein Versuch, eine ausgleichende Kraft zwischen den extremen politischen Flügeln zu sein, stellte sich als nahezu unmöglich heraus. Die Royalisten, die die alte Ordnung in ihrer reinsten Form zurücksehnten, waren ebenso unzufrieden wie die Bonapartisten, die sich nach der glorreichen Ära Napoleons zurücksehnten, und die Liberalen, die auf weitergehende Reformen drängten. Jede dieser Gruppen hegte tiefes Misstrauen gegenüber Ludwig und seiner Regierung.

Das politische Drama erreichte seinen Höhepunkt während der sogenannten „Hundert Tage" im Jahr 1815, als Napoleon aus seinem Exil zurückkehrte und Frankreich erneut unter seine Kontrolle brachte. Diese kurze, aber bedeutende Periode stellte die fragilen Grundlagen der Restauration auf die Probe und endete erst mit Napoleons endgültiger Niederlage bei Waterloo. Die darauf folgende „Zweite Restauration" zeigte einen spürbaren Rückschlag. Die reaktionären Kräfte gewannen die Oberhand, eine striktere Zensur wurde durchgesetzt, und die politische Repression intensivierte sich.

Die Restauration, wie sie von Ludwig XVIII. geplant war, sollte eine Ära der Versöhnung und des Fortschritts einleiten, aber sie wurde stattdessen zu einer Zeit der verstärkten Spannungen und des Misstrauens. Es war ein Tanz auf dem Seil, ein ständiges Balancieren zwischen

Vergangenheit und Zukunft, zwischen Erneuerung und Erhalt. Ludwigs Bemühungen, eine stabile und dauerhafte Monarchie zu etablieren, die die Lektionen der Revolution respektierte, zeugen von einem tiefen Verständnis für die Komplexität der französischen Seele und der politischen Landschaft seiner Zeit.

Diese Epoche, geprägt von konstitutionellen Experimenten und politischen Rückschlägen, bleibt ein faszinierendes Studienobjekt und ein warnendes Beispiel dafür, wie schwierig es ist, eine Nation zu einen, die durch revolutionäre Veränderungen tief gespalten wurde. Die Restauration in Frankreich ist nicht nur eine Fußnote der Geschichte, sondern ein lebendiges Lehrstück über die Herausforderungen und Möglichkeiten bei der Gestaltung der Moderne.[38]

Deutschland

Im Schatten des Wiener Kongresses, dieses großen Schachspiels der europäischen Mächte, das 1815 nach den Wirren der napoleonischen Kriege stattfand, entstand eine neue politische Ordnung für die deutschen Staaten. Diese Zeit, geprägt von einem Streben nach Stabilität und Ordnung, führte zur Gründung des Deutschen Bundes – einer lose verbundenen Konföderation, die unter der Führung der beiden damaligen Großmächte Österreich und Preußen stand.

Der Deutsche Bund war mehr als nur ein Zusammenschluss; er war ein Experiment in kollektiver Sicherheit und politischer Steuerung, entworfen, um die Interessen der herrschenden Monarchien zu wahren und gleichzeitig einen Rahmen für die Kooperation zwischen den deutschen Staaten zu bieten. In seiner Zusammensetzung spiegelte der Bund die Vielfalt des deutschen Territoriums wider, von mächti-

38 Bernd Wunder, Europäische Geschichte im Zeitalter der Französischen Revolution 1789 – 1815, Kohlhammer 2001, ISBN 978-3-17-014519-1

gen Königreichen bis zu kleinen Fürstentümern, die alle durch die gemeinsame Angst vor den revolutionären Ideen, die Europa erschüttert hatten, verbunden waren.

Doch die Hauptziele des Bundes waren konservativer Natur. Unter dem Deckmantel der Einheit diente der Deutsche Bund vorrangig dazu, das monarchische Prinzip zu stärken und jegliche liberale oder nationalistische Regungen zu unterdrücken. Diese politische Atmosphäre führte zu einem Netz aus Gesetzen und Überwachungen, die darauf ausgelegt waren, die Status quo zu erhalten und die Macht der absolutistischen Herrscher zu festigen.

Einer der ironischen Aspekte des Bundes war seine innere Zerrissenheit. Obwohl er als Schutz gegen äußere Bedrohungen und interne Unruhen gedacht war, brodelte unter der Oberfläche eine ständige Spannung zwischen den beiden Führungsmächten Österreich und Preußen, deren Rivalität das politische und soziale Klima innerhalb des Bundes prägte. Diese Rivalität war ein ständiges Tauziehen um Einfluss und Macht, das die deutsche Politik für Jahrzehnte definieren sollte.

Der Deutsche Bund, mit seinen konservativen Wurzeln und seinem Versuch, die alte Ordnung gegen den Zeitgeist der Freiheit und des Nationalismus zu verteidigen, stand exemplarisch für die Herausforderungen einer Ära, die von tiefgreifenden Veränderungen und der Suche nach einer neuen Identität geprägt war. Er verkörperte das Ringen um Stabilität in einer Zeit, die alles andere als stabil war, und bleibt ein faszinierendes Kapitel in der Geschichte der deutschen Staaten, ein Spiegelbild der komplexen Wechselwirkungen zwischen Macht, Politik und gesellschaftlichem Wandel.

Italien

Als die Asche der napoleonischen Kriege sich legte und Europa nach einer Ordnung strebte, die sowohl den monarchischen Traditionen als auch den neuen politischen Realitäten gerecht wurde, erlebte Italien eine Zeit der tiefen politischen Ambivalenz. Im Herzen des Landes, von den üppigen Hügeln Siziliens bis zu den majestätischen Gipfeln der Alpen, wurden alte Herrschaften im Zuge der Restauration wieder eingesetzt, darunter das Königreich beider Sizilien, der ehrwürdige Kirchenstaat und eine Vielzahl kleinerer Herzogtümer. Diese Staaten, so reich an Geschichte und kultureller Bedeutung, fanden sich plötzlich wieder unter der Herrschaft von Monarchen, die versuchten, die Uhr der Zeit zurückzudrehen.

Trotz der wiederhergestellten Kronen und traditionellen Gewänder blieb die politische Landschaft Italiens zersplittert, ein bunter Flickenteppich von Territorien, die mehr durch ihre Unterschiede als durch ihre Gemeinsamkeiten definiert wurden. Die Reformer, die während der französischen Besatzung einen Hauch von Modernität und Einheit gespürt hatten, sahen sich nun marginalen Reformen gegenüber, die kaum mehr als kosmetische Korrekturen an den tiefgreifenden Problemen des Landes darstellten.

Diese halbherzigen Veränderungen führten zu einer stetig wachsenden Unzufriedenheit unter den Italienern. Die Jugend des Landes, inspiriert von den revolutionären Ideen, die Europa durchdrungen hatten, und enttäuscht von der starren Haltung ihrer Herrscher, begann, die Saat für tiefere, radikalere Veränderungen zu säen. Cafés und Salons, die einst Treffpunkte für unbeschwerte Gespräche waren, verwandelten sich in Brutstätten des politischen Diskurses und der Verschwörung. Hier, im flackernden Schein von Kerzen und unter dem Rauch von Pfeifen, wurden Pläne für eine neue italienische Zukunft geschmiedet – eine Zukunft, die auf den Idealen von Freiheit und Einheit basierte.

Diese untergründigen Strömungen sollten schließlich zu einer Serie von revolutionären Aktivitäten führen, die Italien in den kommenden Jahrzehnten erschüttern würden. Die fragmentierten Zustände, die so mühsam von ihren vorrevolutionären Monarchen zusammengehalten wurden, standen am Rande tiefgreifender Veränderungen. So blieb das Risorgimento, der Traum von einem vereinten und unabhängigen Italien, lebendig in den Herzen der Menschen – ein Traum, der durch die Unzulänglichkeiten der Restauration nur noch dringlicher geworden war.

Diese Ära der Restauration in Italien, gekennzeichnet durch das gleichzeitige Vorhandensein von restaurativer Tradition und revolutionärer Sehnsucht, bietet ein faszinierendes Kapitel in der Geschichte des Landes. Es ist eine Geschichte von kontrastierenden Kräften, von der Macht der Vergangenheit und der Unvermeidlichkeit des Wandels, die zusammen das komplexe Mosaik der italienischen Identität formten.

Nachdem das Pulverdampf der napoleonischen Kriege sich gelegt hatte, stand Europa am Scheideweg. Die Restaurationsperiode, jene Ära des zielstrebigen Versuchs, die alte Ordnung der Monarchien und Aristokratien wiederherzustellen, entpuppte sich als Bühne eines dramatischen Kampfes um die Zukunft des Kontinents. Doch der Schatten der Revolution war lang und dunkel; die Ereignisse, die Europa durchpflügt hatten, ließen sich nicht einfach durch königliche Dekrete oder Friedensverträge auslöschen.

Als die Herrscher Europas in den prunkvollen Hallen des Wiener Kongresses zusammenkamen, gaben sie sich der Illusion hin, durch ihre bloße Anwesenheit und durch die Neuzeichnung von Grenzen könnten sie die Uhren zurückdrehen. Die Realität jedoch, spiegelte sich in den Gesichtern der Bürger, den Ruinen der Schlachtfelder und den neu gedruckten Ideen von Freiheit und Gleichheit wider. Die revolutionären und napoleonischen Wirren hatten eine neue Welt geschaffen, eine Welt, in der alte Strukturen und Privilegien zunehmend in Frage gestellt wurden.

Kurzfristig mag die Restaurationsperiode eine gewisse Stabilität gebracht haben. Adlige und Monarchen atmeten auf, als die alten Hierarchien wiederhergestellt wurden und die revolutionären Geister scheinbar in die Flasche zurückgezwungen wurden. Doch unter der Oberfläche brodelte es weiter. Die liberalen und nationalistischen Strömungen, die in den Schatten der Restauration heranwuchsen, waren nicht länger nur flüsternde Stimmen in versteckten Treffen. Sie wurden zu einem Chor, der in den Straßen von Paris bis hin zu den Universitäten Berlins und den Kaffeehäusern Wiens lautstark seine Rechte forderte.

Das Ringen um Europas Seele war kein Kampf, der mit Waffen ausgetragen wurde, sondern mit Ideen, die tief in das Bewusstsein der Menschen eingedrungen waren. Die Bemühungen, eine vergangene Ära zu restaurieren, hatten unbeabsichtigt den Boden für eine neue Ära bereitet. In diesem fruchtbaren Boden der Restauration sprossen die Samen für jene mächtigen Bewegungen, die Mitte des 19. Jahrhunderts Europa erneut erschüttern sollten.

In den aufkommenden liberalen und nationalistischen Bewegungen spiegelten sich die Hoffnungen und Ängste einer neuen Generation wider, die bereit war, für die Versprechen der Französischen Revolution – Freiheit, Gleichheit, Brüderlichkeit – zu kämpfen. Das 19. Jahrhundert würde Zeuge eines neuen Kapitels in der Geschichte Europas werden, gezeichnet von den Träumen und Tragödien jener, die glaubten, die Zukunft selbst in den Händen zu halten.[39]

39 Bernd Wunder, Europäische Geschichte im Zeitalter der Französischen Revolution 1789 – 1815, Kohlhammer 2001, ISBN 978-3-17-014519-1

7. DIE 1830ER UND 1840ER JAHRE: LANGFRISTIGE AUSWIRKUNGEN UND DER WEG ZUR MÄRZREVOLUTION

Die 1830er und 1840er Jahre waren eine Zeit tiefgreifender sozialer, politischer und wirtschaftlicher Veränderungen in Europa, die geprägt waren von den Nachwirkungen der Restaurationsperiode und den langfristigen Einflüssen der Napoleonischen Kriege sowie der Französischen Revolution. Diese Jahre führten zu einem Klima der politischen Unruhe und bildeten die Vorstufe zu den weitreichenden Revolutionen von 1848.

Die politische und soziale Situation in Europa nach der Restaurationsperiode, die mit dem Wiener Kongress von 1815 ihren formellen Anfang nahm, war durch das Streben nach Stabilität und Ordnung gekennzeichnet. Dieses Streben war eine direkte Reaktion auf die tumultartigen Jahre der Französischen Revolution und der Napoleonischen Kriege. Die Führer Europas, allen voran Klemens von Metternich aus Österreich, waren entschlossen, die vorrevolutionäre monarchische Ordnung wiederherzustellen und gleichzeitig eine erneute revolutionäre Welle zu verhindern. Doch trotz dieser restaurativen Bemühungen blieb der Kontinent von politischen Unruhen und sozialen Spannungen geprägt.

Die Restaurationsperiode sah die Wiederherstellung alter Dynastien und die Reetablierung monarchischer Systeme in vielen europäischen Ländern. In Frankreich wurde die Bourbonen-Dynastie mit Ludwig XVIII. und später Karl X. auf den Thron zurückgebracht. In Spanien kehrte Ferdinand VII. zurück und führte das Land zurück zu absolutistischer Herrschaft, indem er die liberale spanische Verfassung von 1812 aufhob. Diese Rückkehr zu autoritären Regierungsformen wurde oft von einer Unterdrückung jeglicher oppositioneller oder liberaler

Strömungen begleitet, was in vielen Fällen zu einer Verschärfung der politischen Spannungen führte.

Ein wesentliches Element der nachnapoleonischen europäischen Politik war die Gründung der Heiligen Allianz zwischen Russland, Österreich und Preußen im Jahr 1815. Diese Allianz, die von Zar Alexander I. von Russland initiiert wurde, zielte darauf ab, christliche Prinzipien als Grundlage der politischen Praxis zu fördern und eine gemeinsame Front gegen revolutionäre Bewegungen zu bilden. Die Allianz verstand sich als ein moralisches Bündnis, das jedoch in der Praxis oft dazu diente, die restaurative Ordnung mit militärischer und diplomatischer Macht zu unterstützen und liberale oder nationale Bestrebungen rigoros zu unterdrücken.

Trotz der politischen Restauration blieben die wirtschaftlichen Probleme in vielen Teilen Europas bestehen. Die industrielle Revolution, die in Großbritannien begonnen hatte und sich langsam über den Kontinent ausbreitete, führte zu einer tiefgreifenden Veränderung der Arbeitsbedingungen und der sozialen Strukturen. In ländlichen Gebieten verursachte die fortschreitende Mechanisierung oft Arbeitslosigkeit, während in den Städten die Fabrikarbeit zu prekären Lebensbedingungen führte. Diese wirtschaftlichen Veränderungen brachten soziale Spannungen mit sich, die in vielen Fällen in Unruhen und Aufständen mündeten.

Ein weniger bekanntes Ereignis dieser Zeit ist die „Schwäbische Bauernunruhe" von 1816-1817 in Süddeutschland, verursacht durch Missernten und massive Lebensmittelteuerung. Die Unruhen zeigten, dass die ländliche Bevölkerung stark unter den sozioökonomischen Bedingungen litt und bereit war, sich gegen die feudal-bäuerlichen Abhängigkeiten aufzulehnen.

Die „Schwäbische Bauernunruhe" von 1816-1817, auch bekannt als „Hungerunruhen", stellt ein bedeutendes Ereignis in der deutschen Sozialgeschichte dar. Dieser Aufstand fand in einer Zeit statt, die von erheblichen so-

zialen und wirtschaftlichen Verwerfungen geprägt war, welche durch die Folgen der napoleonischen Kriege und eine Reihe von Missernten verschärft wurden. Die Unruhen in Schwaben sind ein exemplarisches Beispiel für die Spannungen zwischen der ländlichen Bevölkerung und den staatlichen sowie feudalen Autoritäten in dieser Zeit.

Im Jahr 1816, das oft als „das Jahr ohne Sommer" bezeichnet wird, kam es aufgrund des Ausbruchs des Vulkans Tambora in Indonesien im Vorjahr zu einem drastischen Klimawandel. Die resultierende globale Abkühlung führte in vielen Teilen Europas zu schlechten Ernten. Schwaben, eine Region, die heute grob den östlichen Teil Baden-Württembergs und den südwestlichen Teil Bayerns umfasst, war besonders stark betroffen. Die Missernten führten zu einer deutlichen Verknappung der Lebensmittel, was wiederum hohe Lebensmittelpreise und Hungersnöte zur Folge hatte.

Zusätzlich verschärfte die politische Lage die Situation. Nach den Befreiungskriegen gegen Napoleon waren viele Regionen Deutschlands von politischen Umwälzungen und einer Neuordnung der territorialen Grenzen betroffen. Diese Umstände führten zu einer erhöhten Steuerlast und weiteren Abgaben, die gerade von der bäuerlichen Bevölkerung als drückend empfunden wurden. Die wirtschaftliche Not wurde durch diese fiskalischen Belastungen noch verstärkt.

Die Unruhen begannen im Sommer 1816 und dauerten bis in das folgende Jahr an. Sie zeichneten sich durch eine Reihe von lokalen Aufständen aus, in denen Bauern gegen die Obrigkeiten vorgingen. In einigen Fällen kam es zu Plünderungen von Kornspeichern und Konfrontationen mit den lokalen Herrschaftsträgern. Die Bauern forderten nicht nur die Senkung von Steuern und Abgaben, sondern protestierten auch gegen die Unterdrückung durch lokale Adelige und Beamte, die von den Bauern als korrupt und unempfänglich für ihre Nöte angesehen wurden.

Die Reaktion der staatlichen Autoritäten war zunächst von Unsicherheit geprägt, doch mit der Zeit reagierten sie mit militärischer Strenge. Truppen wurden entsandt, um die Ordnung wiederherzustellen, und die Anführer der Unruhen wurden hart bestraft. Diese Repressionen führten letztlich dazu, dass die Bauernunruhen gegen Ende des Jahres 1817 nachließen. Die

„Schwäbische Bauernunruhe" hatte tiefgreifende Auswirkungen auf die sozialen und politischen Verhältnisse in der Region. Sie machte deutlich, dass die ländliche Bevölkerung bereit war, sich gegen ungerechte Behandlung und wirtschaftliche Not zur Wehr zu setzen. Auch wenn die unmittelbaren Ziele der Bauern oft nicht erreicht wurden, so trugen die Unruhen doch dazu bei, dass die sozialen Missstände öffentlich thematisiert wurden.

Langfristig führten diese Ereignisse zu einer allmählichen Reform der Agrarpolitik und einer vorsichtigen Modernisierung der ländlichen Wirtschaftsstrukturen. Die Unruhen hinterließen auch ein verstärktes Bewusstsein für die Notwendigkeit politischer Teilhabe und sozialer Gerechtigkeit, welches in den folgenden Jahrzehnten zur weiteren politischen Mobilisierung der ländlichen Bevölkerung beitrug. Insgesamt illustriert die „Schwäbische Bauernunruhe" von 1816-1817 die komplexen sozioökonomischen Herausforderungen dieser Epoche und bietet einen Einblick in die Anfänge der sozialen Bewegungen in Deutschland. Sie ist ein Beleg dafür, wie externe Ereignisse wie Klimaveränderungen und politische Umbrüche das Leben der einfachen Bevölkerung beeinflussen und zu tiefgreifenden gesellschaftlichen Veränderungen führen können.[40]

Die Ideen des Liberalismus und des Nationalismus, die während der Französischen Revolution an Bedeutung gewonnen hatten, blieben auch nach der Restauration lebendig und beeinflussten weiterhin das politische Denken in Europa. In Ländern wie Deutschland und Italien führten diese Ideen zu einer wachsenden Bewegung für nationale Einheit und Unabhängigkeit, die durch die kleinstaatliche Zersplitterung behindert wurde. Die Burschenschaften in Deutschland, gegründet von studentischen Gruppen, die sich für ein vereintes und freies Deutschland einsetzten, spielten eine wichtige Rolle bei der Verbreitung nationalistischer und liberaler Ideen.

Kulturell war die Zeit nach der Restauration von einem Aufschwung der Romantik gekennzeichnet, die als Reaktion auf die rationalisti-

---

40 Gottlob Engelhaaf, Deutsche digitale Bibliothek, Grundzüge der Geschichte (Teil 1–3). Reisland, Leipzig 1885, als Digitalisat

schen und oft als kalt empfundenen Ideale der Aufklärung entstand. Künstler und Schriftsteller wie Lord Byron, Friedrich Schiller und Victor Hugo prägten mit ihren Werken eine Generation, die die emotionale Tiefe und die Sehnsucht nach dem Erhabenen und Ungewöhnlichen suchte. In der Musik führte dies zur Blüte der Werke von Komponisten wie Ludwig van Beethoven und Franz Schubert, die individuelle Emotionen und nationale Identität thematisierten.

Die politische und soziale Situation Europas nach der Restaurationsperiode war eine Zeit des Kontrastes und der Konflikte. Die Versuche, die alte Ordnung wiederherzustellen, führten zu neuen sozialen Herausforderungen und politischen Spannungen, die letztendlich den Weg für die revolutionären Ereignisse von 1848 ebneten. Die Periode war geprägt von einem Ringen zwischen dem Alten und dem Neuen, wobei die dynamischen Kräfte der wirtschaftlichen Veränderung, des politischen Ideals und der kulturellen Erneuerung letztlich die Oberhand gewannen.

Die Erinnerungen an die Französische Revolution und die Napoleonischen Kriege waren noch immer lebendig und wirkten als kraftvolle Inspirationsquellen für neue generationenübergreifende Bewegungen. Die Ideale von Freiheit, Gleichheit und Brüderlichkeit hatten trotz der Restaurationsversuche in den Köpfen vieler Menschen überlebt und fanden Ausdruck in einer wachsenden Zahl von liberalen und nationalistischen Bewegungen in ganz Europa. Diese Bewegungen strebten nach konstitutioneller Regierung, nationaler Selbstbestimmung und sozialer Gerechtigkeit.

Die 1830er und 1840er Jahre waren in Europa von einer intensiven politischen und intellektuellen Dynamik geprägt. Diese Periode, die sich zwischen den nachnapoleonischen Restaurationen und den revolutionären Ereignissen von 1848 erstreckte, zeigte eine signifikante Verschiebung in den Denkweisen und politischen Stimmungen, die maßgeblich durch die literarische und philosophische Produktion jener Zeit beeinflusst wurden. Diese Verschiebung führte zu einer breiten Palette von Diskussionen über Demokratie, Sozialreform und Nationalismus, die in direktem Kontrast zu den konservativen Idealen der vorangegangenen Restaurationsperiode standen.

Die liberale Bewegung, die während der Französischen Revolution einen Höhepunkt erreicht hatte, erlebte in den 1830er und 1840er Jahren eine Renaissance. Intellektuelle und politische Führer in Ländern wie Frankreich, Deutschland und Italien griffen die Ideen von Freiheit und individuellen Rechten erneut auf, die in den Kodifizierungen der Restaurationsmonarchien unterdrückt worden waren. In Deutschland führten diese Ideen zur Bildung der Burschenschaften, studentische Gruppen, die sich für ein vereintes Deutschland unter liberalen Prinzipien einsetzten. Diese Bewegungen waren häufig verbunden mit dem Drang nach nationaler Einheit, was besonders in den zersplitterten deutschen Staaten und im unter österreichischer und spanischer Herrschaft stehenden Italien der Fall war.

Parallel zu den politischen Ideen hatten literarische und philosophische Strömungen wie die Romantik und der aufkommende Sozialismus erheblichen Einfluss auf das intellektuelle Klima. Die Romantik, mit ihrer Betonung auf Emotion, Individualität und einer Rückkehr zur Natur, stand in starkem Gegensatz zur Rationalität der Aufklärung und bot eine Flucht aus den als entfremdend empfundenen Aspekten der modernen Welt. Gleichzeitig begannen Denker wie Henri de Saint-Simon und Charles Fourier in Frankreich, sozialistische Theorien zu entwickeln, die eine gerechtere Gesellschaftsordnung forderten, basierend auf Gleichheit und gemeinschaftlichem Besitz der Produktionsmittel.

Die Verbreitung dieser Ideen wurde durch eine zunehmend aktive und oft radikale Presse unterstützt, die jedoch unter strenger Zensur durch die restaurativen Regierungen stand. In Frankreich beispielsweise führten die Juliordonnanzen von 1830, die die Pressefreiheit stark einschränkten, direkt zu den Juli-Revolutionen, die die Zweite Französische Republik einleiteten. In anderen Teilen Europas nutzten Schriftsteller und Journalisten verdeckte Metaphern und codierte Sprachen, um die Zensur zu umgehen und ihre oft subversiven Botschaften zu verbreiten.

*Die "**Juliordonnanzen**", auch bekannt als die "Verordnungen von Saint-Cloud", waren eine Serie von königlichen Erlassen, die am 25. Juli 1830 von König Karl X. von Frankreich herausgegeben wurden. Diese Maßnahmen lösten die Juli-Revolution von 1830 aus, welche letztlich zum Sturz des Königs führte und bedeutende Veränderungen in der politischen Landschaft Frankreichs nach sich zog. Der historische Kontext dieser Ereignisse ist in den politischen Spannungen und Konflikten zu suchen, die Frankreich nach der Restauration der Bourbonenmonarchie im Jahr 1814 prägten. Nach den Napoleonischen Kriegen und dem Wiener Kongress wurde die französische Monarchie unter Ludwig XVIII. wiederhergestellt, was zu einer Periode der politischen Restauration führte. Ludwig XVIII. versuchte, ein gemäßigtes politisches System zu etablieren, das sowohl monarchistische als auch konstitutionelle Elemente beinhaltete. Nach seinem Tod im Jahr 1824 folgte ihm sein Bruder Karl X. auf den Thron, der bekannt für seine ultraroyalistischen Ansichten war. Karl X. strebte danach, die Macht der Monarchie zu stärken und die Errungenschaften der Französischen Revolution rückgängig zu machen.*

Die Juliordonnanzen umfassten vier zentrale Maßnahmen, die darauf abzielten, die politische Macht des liberalen Bürgertums zu beschneiden und die autoritäre Macht des Königs zu stärken:

Auflösung der Kammer der Abgeordneten: Obwohl die Wahlen von 1830 eine liberale Mehrheit hervorbrachten, löste Karl X. das Parlament auf, um die liberale Opposition zu unterdrücken und eine ihm genehmere Zusammensetzung zu erzwingen.

Einschränkung des Wahlrechts: Die Wahlgesetze wurden verändert, um das Wahlrecht auf einen kleineren, wohlhabenderen Teil der Bevölkerung zu beschränken. Dies zielte darauf ab, die politische Macht in den Händen der traditionellen Elite und treuer Royalisten zu konzentrieren.

Einschränkung der Pressefreiheit: Durch neue strenge Zensurgesetze sollten die kritische Presse und die Meinungsfreiheit drastisch eingeschränkt werden. Diese Maßnahme zielte darauf ab, die Verbreitung liberaler und revolutionärer Ideen zu unterbinden.

Einberufung neuer Wahlen: Der König berief neue Wahlen unter den restriktiven neuen Regeln ein, was als Versuch gesehen wurde, eine ihm treue gesetzgebende Versammlung zu installieren.

Die Veröffentlichung der Juliordonnanzen stieß auf entschiedenen Widerstand und führte zu gewaltsamen Protesten und Barrikadenkämpfen in den Straßen von Paris, bekannt als die "Drei Glorreichen Tage" vom 27. bis 29. Juli 1830. Die Unzufriedenheit mit den Ordonnanzen vereinte eine breite Koalition aus Bürgertum, Arbeiterschaft und sogar Teilen des Adels gegen den König. Der Aufstand zwang Karl X. zur Abdankung, und er ging ins Exil. Er wurde durch Louis-Philippe, den Herzog von Orléans, ersetzt, der als "Bürgerkönig" bekannt wurde. Louis-Philippe führte eine konstitutionellere und liberalere Monarchie ein, die die Interessen des Bürgertums besser widerspiegelte.

Die Juliordonnanzen markieren einen entscheidenden Wendepunkt in der französischen Geschichte. Sie verdeutlichen das Scheitern restaurativer Monarchie, das Verlangen nach liberaler Regierung und die fortwährende Spannung zwischen autoritären Ansprüchen und demokratischen Bestrebungen. Diese Ereignisse leiteten eine neue Ära in Frankreich ein, die schließlich zur Etablierung der Zweiten Republik führte.[41]

Eine weniger bekannte, aber wichtige Facette des intellektuellen Lebens dieser Zeit waren die literarischen Salons und Kaffeehäuser, die als Treffpunkte für Denker, Künstler und Politiker dienten. In Städten wie Paris, Berlin und Wien wurden diese Orte zu Zentren des intellektuellen Austauschs und der politischen Debatte. Sie spielten eine zen-

---

41 Ernst Rudolf Huber, Deutsche Verfassungsgeschichte seit 1789, 8 Bde., Kohlhammer, Stuttgart 1957–1991, Band 2 Der Kampf um Einheit und Freiheit 1830 bis 1850, Stuttgart 1960, 3. Auflage, Stuttgart 1988, ISBN 3-17-009741-5

trale Rolle bei der Formierung der öffentlichen Meinung und bei der Planung politischer Aktionen. Diese informellen Netzwerke halfen, die Ideen des Liberalismus, Nationalismus und Sozialismus unter einer breiteren Bevölkerung zu verbreiten.

Neben den politischen und literarischen Strömungen waren die 1830er und 1840er Jahre auch eine Zeit bedeutender philosophischer und wissenschaftlicher Entwicklungen. Die Werke von Philosophen wie Hegel und später Marx beeinflussten tiefgreifend das Denken über Staat, Gesellschaft und Wirtschaft. Hegels Dialektik wurde besonders einflussreich und bot ein Rahmenwerk, in dem viele zeitgenössische Denker die aktuellen politischen und sozialen Konflikte analysierten. Marx und Engels, die in den 1840er Jahren begannen, ihre kritische Theorie des Kapitalismus zu entwickeln, stützten sich stark auf diese dialektische Methode, um die Klassenkämpfe ihrer Zeit zu interpretieren.

Das intellektuelle und politische Klima der 1830er und 1840er Jahre in Europa war von einer tiefen Unzufriedenheit mit den bestehenden sozialen und politischen Strukturen geprägt. Die Vielfalt an Ideen und die Intensität der Debatten bereiteten den Boden für die revolutionären Umwälzungen von 1848. Diese Periode illustriert eindrucksvoll, wie intellektuelle Strömungen und politische Stimmungen ineinandergreifen und zu tiefgreifenden gesellschaftlichen Veränderungen führen können.

Die 1830er und 1840er Jahre waren eine Zeit des sozialen Umbruchs in Europa, geprägt durch die rapiden Veränderungen der industriellen Revolution und die zunehmende Urbanisierung. Diese Veränderungen führten zu einer erheblichen Verschärfung der Arbeitsbedingungen und Lebensumstände, was wiederum den Boden für soziale Unruhen und die Entstehung der Arbeiterbewegung bereitete.

Die industrielle Revolution, die in Großbritannien begann und sich im Laufe des 19. Jahrhunderts über Europa ausbreitete, brachte tiefgreifende Veränderungen in der Produktionsweise und im sozialen Gefüge mit sich. Fabriken entstanden in bisher unbekanntem Ausmaß, und Menschen strömten vom Land in die Städte, in der Hoffnung auf Arbeit und ein besseres Leben. Doch die Realität in den Städten war oft düster: Arbeitsbedingungen in den neuen Industrien waren hart und gefährlich, Arbeitszeiten lang, und die Löhne reichten kaum zum Leben.

Diese raschen Veränderungen führten zu einer Destabilisierung der traditionellen Lebensweisen und einer Verschärfung der sozialen Gegensätze. Die Kluft zwischen der kleinen, aber zunehmend reichen Industriebourgeoisie und der wachsenden Klasse der Industriearbeiter vertiefte sich, was zu sozialen Spannungen und Konflikten führte.

In diesem Kontext begannen sich die ersten organisierten Formen der Arbeiterbewegung zu formieren. Gewerkschaften, die zunächst in Großbritannien entstanden, breiteten sich über den Kontinent aus und boten den Arbeitern eine Plattform, um für bessere Arbeitsbedingungen, höhere Löhne und kürzere Arbeitszeiten zu kämpfen. Diese frühen Gewerkschaften waren oft lokal organisiert und beschränkten ihre Aktivitäten auf spezifische Industrien oder Regionen, doch ihre bloße Existenz stellte eine Herausforderung für die bestehenden Machtstrukturen dar.

Neben den Gewerkschaften entstanden auch politische Bewegungen, die eine umfassendere Transformation der Gesellschaft anstrebten. Der Frühsozialismus, mit Denkern wie Henri de Saint-Simon, Charles Fourier und später Karl Marx und Friedrich Engels, begann, populäre Ideen über die Organisation von Arbeit und Kapital radikal in Frage zu stellen. Diese Ideen fanden besonders unter den Arbeitern Anklang, die unter den prekären Bedingungen der Industrialisierung litten.

Die sozialen Spannungen entluden sich in zahlreichen Unruhen und Aufständen, die durch die gesamte Periode hindurch in verschiedenen Teilen Europas stattfanden. Einige dieser Ereignisse sind in den Geschichtsbüchern gut dokumentiert, wie die Seidenweberaufstände in Lyon 1831 und 1834, bei denen Arbeiter gegen die schlechten Arbeitsbedingungen und die Einführung neuer Technologien protestierten, die ihre Löhne bedrohten.

Weniger bekannt sind vielleicht die sogenannten „Maschinenstürmer" in Deutschland, eine Bewegung von Textilarbeitern, die sich gegen die Automatisierung in der Industrie richteten und in einigen Fällen Fabriken angriffen, um die neuen Maschinen zu zerstören, die sie als Bedrohung für ihre Lebensgrundlagen ansahen.

*Die **Maschinenstürmer**, oft auch unter dem englischen Begriff "Luddites" bekannt, waren Teil einer sozialen Bewegung in England zu Beginn des 19. Jahrhunderts, die sich durch den gewaltsamen Widerstand gegen die Einführung von Arbeitsmaschinen in der Textilindustrie auszeichnete. Diese Bewegung war eine Reaktion auf die tiefgreifenden ökonomischen und sozialen Veränderungen, die durch die Industrielle Revolution hervorgerufen wurden. Die Industrielle Revolution, die Ende des 18. Jahrhunderts in England ihren Anfang nahm, brachte eine Vielzahl von technologischen Neuerungen mit sich, die die Produktionsmethoden in vielen Industrien grundlegend veränderten. In der Textilindustrie führte die Einführung von mechanischen Webstühlen und Spinnmaschinen wie dem "Spinning Jenny" und dem "Power Loom" zu einer erheblichen Steigerung der Produktionskapazitäten. Diese Maschinen ermöglichten es, Textilien schneller und kostengünstiger herzustellen, was den Bedarf an menschlicher Arbeitskraft reduzierte und viele traditionelle Handwerker und Kleinproduzenten bedrohte. Die Bewegung der Maschinenstürmer begann um 1811 in den Midlands und im Norden Englands, Regionen, die für ihre florierenden Textilzentren bekannt waren. Die Maschinenstürmer waren vornehmlich ausgebildete Handwerker, die in den Woll- und Baumwollspinnereien arbeiteten. Sie sahen in den neuen Maschinen eine direkte Bedrohung für ihre Lebensgrundlagen und ihren sozialen Status.*

Die Aktionen der Maschinenstürmer waren zielgerichtet und gewalttätig. Sie drangen nachts in Fabriken ein und zerstörten Webstühle und andere Maschinen, die sie als Ursache für ihr wirtschaftliches Leiden ansahen. Der Name "Luddites" leitet sich von der fiktiven Figur Ned Ludd ab, einem legendären Anführer, der angeblich als Erster eine Strumpfwirkmaschine in einer wütenden Reaktion zerstörte. Die britische Regierung reagierte mit harter Hand auf die Maschinenstürmer. Sie verabschiedete eine Reihe von Gesetzen, die das Zerstören von Maschinen unter die Todesstrafe stellten. Zusätzlich wurden Truppen entsandt, um die Fabriken zu schützen und die Unruhen niederzuschlagen. Viele Maschinenstürmer wurden verhaftet, einige hingerichtet und andere nach Australien deportiert.

Die Maschinenstürmer-Bewegung war letztlich nicht in der Lage, den Fortschritt der industriellen Mechanisierung aufzuhalten. Ihre Aktionen und die darauf folgende harte Reaktion der Regierung verdeutlichen jedoch die tiefen sozialen Spannungen und Konflikte, die durch die rapiden wirtschaftlichen Veränderungen dieser Ära ausgelöst wurden. Die Bewegung der Maschinenstürmer ist auch ein frühes Beispiel für den Widerstand von Arbeitern gegen die Automatisierung und eine sich wandelnde Wirtschaft, ein Thema, das bis heute in Diskussionen über technologischen Fortschritt und Arbeitsplatzsicherheit relevant bleibt.

In der Rückschau wird die Maschinenstürmer-Bewegung oft als eine Reaktion auf unzureichende soziale Sicherungsnetze und die mangelnde Bereitschaft der Regierung angesehen, sich mit den negativen Auswirkungen der industriellen Revolution auf die Arbeiterklasse auseinanderzusetzen. Ihre Geschichte wirft Licht auf die anhaltende Notwendigkeit, technologischen Fortschritt mit sozialer Gerechtigkeit und dem Schutz der Arbeitskräfte in Einklang zu bringen.[42]

---

42 Hermann Kellenbenz, Deutsche Wirtschaftsgeschichte. Beck, München (Beck'sche Sonderausgaben); Band 1: Von den Anfängen bis zum Ende des 18. Jahrhunderts, 1977, ISBN 3-406-06987-8

Schottland, ein Land von rauer Landschaft und tiefer kultureller Tradition, wurde in den frühen 1820er Jahren zum Schauplatz einer weniger bekannten, aber äußerst bedeutsamen Episode der sozialen und politischen Unruhen: den sogenannten „Radical Wars". Diese Aufstände, die durch die rasche Industrialisierung und die damit verbundene Verelendung der Arbeiterklasse ausgelöst wurden, waren Ausdruck eines tiefgreifenden Wunsches nach Reformen und sozialer Gerechtigkeit. Die Arbeiter in den Industriestädten Schottlands und darüber hinaus erhoben sich, um ihre Stimme gegen die drückenden Bedingungen und die Ignoranz der Eliten zu erheben.

Doch der Kampf der Arbeiterbewegung war nicht allein auf Schottland beschränkt. Zeitgleich begann in vielen europäischen Städten eine neue kulturelle und soziale Dynamik zu entstehen. Von Paris über Berlin bis London wurden Arbeiterkulturvereine ins Leben gerufen. Diese Vereine waren weit mehr als nur Treffpunkte – sie wurden zu Zentren der Bildung und des kulturellen Austauschs. Hier fanden Lesungen statt, wurden Bildungsprogramme organisiert und lebhafte Diskussionen geführt. Diese Initiativen glichen in ihrer Wirkung kleinen Leuchttürmen, die der Arbeiterklasse Orientierung und Hoffnung boten. Sie halfen den Menschen, sich ihrer Rechte bewusst zu werden und die Mittel zu entwickeln, um für eine bessere Zukunft zu kämpfen.

Die Jahrzehnte der 1830er und 1840er Jahre markieren einen Wendepunkt in der Geschichte Europas. Sie waren geprägt von sozialen Unruhen und der zunehmenden Organisation der Arbeiterklasse. Die industrielle Revolution hatte das Leben der Menschen tiefgreifend verändert. Alte soziale Strukturen wurden zerschlagen, während neue, oft harte Realitäten entstanden. Doch mit diesen Herausforderungen wuchs auch das Bewusstsein der Arbeiter, dass sie gemeinsam stark genug sein könnten, um ihre Lage zu verändern.

Wie ein Fluss, der durch steiniges Terrain seinen Weg sucht, bahnte sich die Arbeiterbewegung ihren Weg durch die Hindernisse der Zeit. Ihre Anstrengungen und ihr unermüdlicher Einsatz legten den Grundstein für spätere soziale und politische Reformen, die das moderne Europa mitgestaltet haben. Diese Zeit des Umbruchs ist mehr als ein Kapitel der Geschichte – sie ist ein Symbol für den unaufhaltsamen Drang nach Gerechtigkeit und Freiheit.

Die Französischen Revolution in den Rheinlanden und Westfalen

Die Französische Revolution hinterließ in den Rheinlanden und in Westfalen tiefgreifende Spuren, deren Wirkung sich besonders in den 1830er und 1840er Jahren zeigte. Diese beiden Regionen, die während der napoleonischen Herrschaft zeitweise unter französischer Kontrolle standen, waren durch die Einführung moderner Verwaltungsstrukturen und die Verbreitung revolutionärer Ideale nachhaltig geprägt worden. Insbesondere die Forderungen nach Freiheit, Gleichheit und Rechtsstaatlichkeit sowie die soziale Mobilisierung wirkten langfristig und beeinflussten die politischen, wirtschaftlichen und sozialen Entwicklungen dieser Zeit.

In den Rheinlanden hatten die Reformen der napoleonischen Zeit, wie die Einführung des Code Civil und die Abschaffung feudaler Privilegien, eine nachhaltige Modernisierung der Gesellschaft bewirkt. Die Idee eines einheitlichen Rechts für alle Bürger setzte sich tief in das kollektive Bewusstsein der Bevölkerung ein. Diese Erfahrungen schufen einen fruchtbaren Boden für die liberalen Bewegungen der 1830er Jahre, insbesondere nach der Julirevolution in Frankreich 1830. Bürgerliche Gruppen in den Rheinlanden forderten verstärkt politische Mitsprache, Pressefreiheit und die Reform der monarchischen Strukturen des Deutschen Bundes.

Westfalen hingegen, das eine eher agrarisch geprägte Region blieb, erlebte eine langsamere, aber ebenfalls spürbare Veränderung. Die Industrialisierung begann hier in den 1830er Jahren Fuß zu fassen, besonders im Ruhrgebiet, das damals Teil Westfalens war. Die sozialen Spannungen, die durch den Übergang von einer vorwiegend agrarischen Gesellschaft hin zu einer industriellen Arbeitswelt entstanden, wurden durch die revolutionären Ideale der Gerechtigkeit und Gleichheit verschärft. Arbeiterbewegungen, die sich in den Kohle- und Stahlregionen Westfalens bildeten, beriefen sich auf diese Ideale, um bessere Arbeitsbedingungen und soziale Reformen zu fordern.

Die wirtschaftliche Transformation war in beiden Regionen ein zentraler Faktor. In den Rheinlanden entwickelte sich entlang der großen Handelsrouten, wie dem Rhein, eine dynamische Wirtschaft, die von den französischen Reformen zur Abschaffung von Zunftprivilegien profitierte. Diese Modernisierung führte zu einem wirtschaftlich erstarkten Bürgertum, das in den 1830er und 1840er Jahren zunehmend politische Forderungen stellte. Handelskammern und bürgerliche Vereine wurden zu Zentren der politischen Diskussion, in denen auch die revolutionären Ideale der Französischen Revolution aufgegriffen wurden.

Westfalen hingegen war geprägt von einer wachsenden Industrialisierung, insbesondere in der Montanindustrie. Diese wirtschaftliche Dynamik brachte jedoch auch soziale Spannungen mit sich. Arbeiterbewegungen, die sich in den Bergwerken und Fabriken formierten, griffen die Forderungen nach sozialer Gerechtigkeit und Gleichheit auf. Diese Gruppen sahen in den revolutionären Idealen eine Möglichkeit, die bestehenden sozialen Ungleichheiten zu überwinden. Die 1840er Jahre, die durch wirtschaftliche Krisen und Missernten gekennzeichnet waren, verschärften diese Spannungen und führten zu einer verstärkten Mobilisierung der Arbeiterschaft.

Die Rheinlande entwickelten sich im 19. Jahrhundert zu einem intellektuellen Zentrum, in dem revolutionäre Ideen in literarischen, philosophischen und politischen Kreisen weitergetragen wurden. Besonders die Nähe zu Frankreich erleichterte den kulturellen Austausch und die Verbreitung aufklärerischer und revolutionärer Gedanken. Universitäten und intellektuelle Zirkel in Städten wie Bonn oder Köln wurden zu Treffpunkten liberaler Denker, die sich für eine Modernisierung der Gesellschaft einsetzten.

In Westfalen hingegen blieb der Einfluss der Französischen Revolution stärker auf praktische gesellschaftliche Veränderungen beschränkt. Doch auch hier wirkten die aufklärerischen und revolutionären Ideen als Katalysator für den sozialen Wandel. Kirchliche und bäuerliche Kreise, die zunächst konservativ auf die Revolution reagiert hatten, begannen im Laufe der Jahrzehnte, sich stärker für Reformen einzusetzen, insbesondere im Bereich der Bildung und der wirtschaftlichen Teilhabe.

Die 1830er und 1840er Jahre waren in den Rheinlanden und Westfalen durch die langfristigen Auswirkungen der Französischen Revolution geprägt. Während die Rheinlande durch die Einführung moderner Verwaltungsstrukturen und die wirtschaftliche Dynamik des Bürgertums politisch und kulturell avancierten, erlebte Westfalen eine zunehmende Industrialisierung und soziale Mobilisierung, die durch die revolutionären Ideale der Gerechtigkeit und Gleichheit inspiriert wurde. Beide Regionen trugen auf unterschiedliche Weise zur Vorbereitung der Märzrevolution von 1848 bei, in der die Ideen der Französischen Revolution erneut auflebten und sich in den Forderungen nach Freiheit, Gerechtigkeit und nationaler Einheit manifestierten.

8. SCHLÜSSELKONZEPTE UND IDEEN: WIE DIE REVOLUTION DAS DENKEN BEEINFLUSSTE

In den Tiefen der Geschichte, eingebettet in das Gewebe der menschlichen Zivilisation, entstanden revolutionäre Bewegungen, die auf einem festen Fundament philosophischer Ideen aufbauten. Diese Ideen, entfacht durch das Verlangen nach Gerechtigkeit, reagierten auf das Drängen der Unterdrückten nach sozialer, politischer und wirtschaftlicher Erneuerung. Es war eine Zeit des Umbruchs und der Neuerfindung, die den Lauf der Geschichte für immer verändern sollte.

Im Herzen dieser epochalen Bewegungen thronten die Lehren der Aufklärung – jener leuchtende Zeitabschnitt, in dem die Menschen begannen, die Fesseln der Unwissenheit zu sprengen und das Licht der Vernunft und des kritischen Denkens zu umarmen. Philosophen wie Voltaire, Rousseau und Montesquieu hinterfragten die traditionellen Machtstrukturen und forderten eine Rückbesinnung auf die natürlichen Rechte des Menschen, die Freiheit und die Gleichheit. Ihre Gedanken bildeten das geistige Rüstzeug für die revolutionären Massen, die bereit waren, für eine gerechtere Gesellschaftsordnung zu kämpfen.

Diese philosophischen Säulen wurden zu dem Zündstoff, der nicht nur die Strukturen Europas, sondern der ganzen Welt erschütterte. Von den rauchgefüllten Salons in Paris bis zu den versteckten Treffpunkten der Rebellen, die Ideen der Aufklärung wurden zu einer Fahne, unter der sich die Revolutionäre versammelten. Sie drängten auf radikale Veränderungen, die das Antlitz der Kontinente umformten und den Weg für die modernen politischen Theorien und Praktiken ebneten, die heute unsere Demokratien prägen.

Die philosophischen Grundlagen dieser Bewegungen waren mehr als nur Gedanken; sie waren das Fundament für einen neuen Weltentwurf, der auf den Prinzipien der Vernunft, des Rechts und der menschlichen Würde beruhte. Sie haben nicht nur das Denken ihrer Zeit geprägt, sondern legten auch das Fundament für die Entstehung der modernen politischen Landschaft, die wir heute kennen und in der wir leben. Dies ist die Geschichte der revolutionären Bewegungen, eine Geschichte, die zeigt, wie aus Ideen Macht erwachsen kann und wie diese Macht die Welt formt und verändert.

Die Aufklärung und ihre Prinzipien

Die Aufklärung, die im 17. und 18. Jahrhundert ihren Höhepunkt erreichte, brachte eine Reihe von Denkern hervor, die traditionelle Autoritäten und Lehren in Frage stellten und stattdessen Vernunft, empirische Wissenschaft und das individuelle Recht auf Freiheit und Gleichheit betonten. Philosophen wie John Locke, Jean-Jacques Rousseau und Voltaire kritisierten bestehende politische und soziale Strukturen und schlugen neue Formen der Organisation und Regierung vor, die auf den Rechten und dem Willen der Bevölkerung basieren sollten.

John Locke und die Regierungstheorie

John Locke, der oft als Vater des Liberalismus bezeichnet wird, war ein Denker von außerordentlicher Tiefe, dessen Ideen das revolutionäre Denken nachhaltig prägten. In seinem Hauptwerk „Zwei Abhandlungen über die Regierung" entwarf er eine Theorie, die die Grundlage moderner politischer Philosophie legte. Locke argumentierte, dass jede Regierung ihre Legitimität aus der Zustimmung der Regierten beziehen müsse. Ohne diese Zustimmung, so seine feste Überzeugung, sei keine Herrschaft rechtens.

Lockes Gedankenwelt drehte sich um die natürlichen Rechte des Menschen – Rechte, die jedem von Geburt an zukämen und die kein Herrscher, kein Gesetz, jemals aufheben sollte. Diese natürlichen Rechte umfassten Leben, Freiheit und Eigentum. Locke stellte sich diese Rechte wie die Fundamente eines Hauses vor: unentbehrlich und tragend, ohne die jede Gesellschaft ins Wanken geriete.

Besonders revolutionär war Lockes Idee, dass das Volk nicht nur das Recht, sondern die Pflicht habe, eine Regierung zu stürzen, wenn sie diese grundlegenden Rechte missachtet oder nicht schützt. Diese radikale Forderung nach politischer Verantwortlichkeit verlieh seinen Schriften eine Sprengkraft, die weit über das England seiner Zeit hinauswirkte.

Die Auswirkungen von Lockes Gedanken waren tiefgreifend. In den Vereinigten Staaten bildeten sie das ideelle Fundament der Unabhängigkeitserklärung von 1776. Dort fand seine Forderung nach „Leben, Freiheit und dem Streben nach Glück" eine beeindruckende Umsetzung. Ebenso beeinflussten seine Ideen die französische Revolution, die die Ideale Freiheit, Gleichheit und Brüderlichkeit hochhielt. Man könnte sagen, dass Lockes Schriften wie ein Samen waren, der auf fruchtbaren Boden fiel und revolutionäre Bewegungen erblühen ließ.

John Locke hinterließ mehr als nur philosophische Abhandlungen; er hinterließ eine Vision von Gesellschaft, in der Macht und Recht auf gegenseitigem Respekt und der Verpflichtung zur Wahrung der Menschlichkeit basieren. Seine Ideen sind bis heute eine mahnende Erinnerung daran, dass Freiheit und Gerechtigkeit nicht gegeben, sondern stets erarbeitet und bewahrt werden müssen.

Jean-Jacques Rousseau und der Gesellschaftsvertrag

Jean-Jacques Rousseau, ein ebenso einflussreicher wie kontroverser Denker der Aufklärung, betrachtete die Grundlagen der Gesellschaft aus einer radikal anderen Perspektive als viele seiner Zeitgenossen. In seinem bahnbrechenden Werk „Der Gesellschaftsvertrag" skizzierte er eine Vision von Freiheit, die nicht in der individuellen Unabhängigkeit, sondern in der kollektiven Gleichheit und gemeinsamen Entscheidungsfindung wurzelt. Für Rousseau war wahre Freiheit nur möglich, wenn alle Mitglieder einer Gesellschaft gleichberechtigt an der Gesetzgebung beteiligt waren und gemeinsam die Regeln bestimmten, denen sie sich unterwarfen.

Seine zentrale Idee, die Volkssouveränität, stellte die bis dahin vorherrschenden Vorstellungen von Herrschaft grundlegend in Frage. Rousseau argumentierte, dass die Macht nicht von oben herab gewährt wird, sondern aus dem „gemeinsamen Willen" („généralé volonté") des Volkes hervorgeht. Dieser Wille sollte nicht nur die Grundlage aller Gesetze sein, sondern auch die Leitlinie, nach der eine gerechte Gesellschaft gestaltet wird. Man könnte sagen, dass Rousseau sich die Gesellschaft wie ein Orchester vorstellte, bei dem jeder einzelne Musiker Teil eines großen Ganzen ist und nur durch das Zusammenspiel aller Harmonie entstehen kann.

Diese Gedanken waren nicht nur theoretischer Natur, sondern wurden zu einer Schüsselsäule revolutionärer Bewegungen. Besonders während der Französischen Revolution fanden Rousseaus Ideen fruchtbaren Boden. Die Forderungen nach Gleichheit und kollektiver Entscheidungsfindung, wie sie in den Parolen „Freiheit, Gleichheit, Brüderlichkeit" zum Ausdruck kamen, spiegelten Rousseaus Visionen wider. Seine Schriften inspirierten die Revolutionäre dazu, eine Gesellschaft zu erdenken und anzustreben, in der Gerechtigkeit und Freiheit nicht bloß abstrakte Begriffe, sondern gelebte Realitäten sein sollten.

Rousseaus Einfluss reicht jedoch weit über die Französische Revolution hinaus. Seine Ideen prägen bis heute das Verständnis von Demokratie und sozialer Gerechtigkeit. Er forderte nicht weniger als eine Neudefinition des Verhältnisses zwischen Individuum und Gesellschaft – ein Vermächtnis, das die politischen und philosophischen Diskurse bis in die Gegenwart nachhaltig beeinflusst.

Die Rolle von Kant und die Idee des Rechtsstaats

Immanuel Kant, einer der zentralen Denker der Aufklärung, revolutionierte die politische Theorie mit seiner Idee des Rechtsstaats. Seine philosophischen Arbeiten betonten die fundamentale Bedeutung universeller Gesetze und rechtsstaatlicher Prinzipien, die – unabhängig von der Regierungsform – für alle Gesellschaften gelten sollten. Für Kant war der Rechtsstaat mehr als nur eine politische Ordnung; er war der Ausdruck von Vernunft und Moral in der Organisation menschlichen Zusammenlebens.

In Kants Vision müsste ein Staat wie ein sorgfältig geordneter Garten funktionieren, in dem jedes Element seinen Platz hat und zur Harmonie des Ganzen beiträgt. Universelle Gesetze waren für ihn wie die festen Beeteinfassungen, die den Pflanzen Raum zur Entfaltung bieten, aber auch klare Grenzen setzen. Ohne solche Grenzen, so Kant, würden Chaos und Willkür regieren.

Besonders bemerkenswert war Kants Beharren darauf, dass diese Prinzipien universell gelten müssen. Ein gerechter Staat, so argumentierte er, kann nur auf der Grundlage von Gesetzen bestehen, die für jeden Menschen gleichermaßen gelten – ein Gedanke, der in seiner „Metaphysik der Sitten" eine systematische Ausarbeitung fand. Dabei betonte Kant, dass Freiheit und Gesetz keine Gegensätze seien, sondern sich gegenseitig bedingen: Wahre Freiheit sei nur möglich, wenn sie durch allgemeingültige Regeln garantiert werde.

Der Einfluss von Kants Denken reicht bis in die moderne Zeit und bildet eine der philosophischen Grundlagen zahlreicher internationaler und konstitutioneller Rechtssysteme. Seine Ideen inspirierten nicht nur die Entstehung moderner Demokratien, sondern auch die Grundsätze internationaler Organisationen wie der Vereinten Nationen. In einer Welt, die oft von Konflikten und Ungleichheit geprägt ist, bleibt Kants Vision eines auf Vernunft und Gerechtigkeit basierenden Rechtsstaats ein mahnendes Ideal und ein Leuchtfeuer für politische Philosophie und Praxis.

Voltaire und sein Einfluss und Vermächtnis

Voltaire (1694–1778), mit bürgerlichem Namen François-Marie Arouet, war ein französischer Schriftsteller, Historiker und Philosoph, der als eine der einflussreichsten Figuren der Aufklärung gilt. Er nahm den Namen Voltaire an, nachdem er 1718 aus der Bastille entlassen worden war. Es gibt mehrere Theorien über die Entstehung dieses Pseudonyms. Eine weit verbreitete Annahme ist, dass Voltaire ein Anagramm seines Nachnamens "Arouet" und den lateinischen Buchstaben "I" für "junior" (um ihn von seinem Vater zu unterscheiden) sei, was in etwa „Arouet l(e) j(eune)" entspricht. Wenn man die Buchstaben umstellt, erhält man „Voltaire" (ohne das „I"). Es wird auch vermutet, dass "Voltaire" auf das französische Wort "volontaire" (freiwillig oder entschlossen) anspielt, was zu seinem eigenständigen und entschlossenen Charakter passt. Einige Historiker spekulieren, dass es sich um eine Anspielung auf das Landgut "Le Voltaire" gehandelt haben könnte, das seiner Familie gehört haben soll. Der Name symbolisierte auch Voltaire's Bruch mit seiner Vergangenheit und seinen gesellschaftlichen Wurzeln und wurde zum Symbol seines neuen Lebens als freier Denker und Kritiker der bestehenden Ordnung.

Bekannt für seinen scharfsinnigen Witz und seine Kritik an religiöser Intoleranz und absolutistischer Herrschaft, spielte Voltaire eine zentrale Rolle in der Verbreitung aufklärerischer Ideen. Voltaire begann seine Karriere als Dramatiker und Lyriker, wurde jedoch 1717 nach einer kritischen Äußerung über die französische Regierung in die Bastille inhaftiert. Nach seiner Freilassung lebte er im Exil in England, wo er die Ideen von Denker wie John Locke und Isaac Newton kennenlernte, die ihn stark prägten. 1734 veröffentlichte er die "Lettres philosophiques", in denen er das englische politische System lobte und die religiöse Toleranz forderte – eine scharfe Kritik an der französischen Monarchie und der katholischen Kirche. Voltaire war ein leidenschaftlicher Verfechter der Freiheit des Denkens, der Rede und der Presse. Sein berühmtes Werk "Candide" (1759) ist eine satirische Auseinandersetzung mit der Philosophie des Optimismus und gleichzeitig eine Kritik an den Missständen der Zeit, wie Krieg und religiöser Fanatismus. Er wandte sich vehement gegen die katholische Kirche, insbesondere in Bezug auf deren Einfluss auf Politik und Justiz.

Ein bekanntes Beispiel für sein Engagement war der Fall Jean Calas, ein Protestant, der unschuldig der Ermordung seines Sohnes angeklagt und hingerichtet wurde. Voltaire setzte sich intensiv für die Rehabilitierung von Calas ein und kritisierte die religiöse Intoleranz, die zu diesem Urteil geführt hatte. Dies führte zur Veröffentlichung seiner "Traité sur la tolérance" (1763), in der er für Religionsfreiheit und gegen fanatischen Glauben plädierte. Voltaire verbrachte seine letzten Jahre in Ferney, nahe der Schweizer Grenze, wo er seine Ideen weiterentwickelte und zahlreiche Werke veröffentlichte. Er stand in regem Austausch mit anderen Aufklärern wie Denis Diderot und Jean-Jacques Rousseau und beeinflusste die Herausgabe der Enzyklopädie. Voltaire hinterließ ein bedeutendes literarisches und philosophisches Werk, das die Ideale der Vernunft, Toleranz und Gerechtigkeit betonte. Seine Ideen beeinflussten entscheidend die Französische Revolution und die moderne westliche Denkweise über Freiheit und Menschenrechte.

Die Radikalisierung der Aufklärungsideen

Die philosophischen Ideen der Aufklärung wurden nicht nur in theoretischen Werken diskutiert, sondern fanden auch in weniger bekannten Ereignissen und Bewegungen ihren Ausdruck, die das europäische

Denken und die politische Landschaft der damaligen Zeit beeinflussten. Ein solches Ereignis war der Dordrechter Aufstand in den Niederlanden im Jahr 1787, der teilweise durch die aufklärerischen Ideen von Gleichheit und Bürgerrechten motiviert war. Obwohl dieser Aufstand schnell niedergeschlagen wurde, zeigte er, wie radikale Ideen aus der philosophischen Literatur in praktische politische Aktionen übersetzt wurden.

*Der **Dordrechter Aufstand von 1787**, oft im Kontext der "Patriottenbewegung" in den Niederlanden diskutiert, war ein signifikantes Ereignis während einer Periode intensiver politischer und sozialer Spannungen, die das späte 18. Jahrhundert in den Niederlanden prägte. Dieser Aufstand illustriert den Widerstand gegen das autoritäre Regime von Wilhelm V. von Oranien und markiert einen entscheidenden Moment in den Kämpfen zwischen den sogenannten „Patrioten" und den „Oranisten". Die Niederlande des 18. Jahrhunderts waren tief gespalten zwischen zwei politischen Fraktionen: den „Oranisten", die die traditionelle Monarchie unter der Führung des Hauses Oranien unterstützten, und den „Patrioten", die für demokratische Reformen und eine stärkere Republik eintraten. Die „Patrioten", oft beeinflusst von den Idealen der Aufklärung und inspiriert durch die amerikanische Revolution, strebten nach einer politischen Umgestaltung, die die Macht der Stadteliten und die Rolle des einfachen Bürgertums stärken sollte.*

Im Jahr 1787 erreichten die politischen Spannungen einen Höhepunkt. Die „Patrioten" hatten in vielen Städten der Republik der Vereinigten Niederlande die Kontrolle übernommen, einschließlich der strategisch wichtigen Stadt Dordrecht. Die Oranisten, unter der Führung von Prinz Wilhelm V., sahen ihre Macht schwinden und suchten nach Möglichkeiten, die Kontrolle zurückzugewinnen. Der Dordrechter Aufstand wurde durch das Eingreifen preußischer Truppen ausgelöst, die auf Anforderung von Wilhelms Ehefrau, Prinzessin Wilhelmina von Preußen, intervenierten. Wilhelmina, eine Schwester des preußischen Königs Friedrich Wilhelm II., hatte selbst einen Versuch unternommen, die oranistische Sache zu stärken, war jedoch auf dem Weg nach Den Haag von Patrioten festgesetzt worden, was einen internationalen Vorfall auslöste. Die preußische Intervention bestand aus etwa 20.000 Soldaten, die im September 1787 in die Niederlande einmarschierten. Die Stadt

Dordrecht, wie viele andere Patriotten-Hochburgen, war schlecht auf eine solche Invasion vorbereitet. Nach kurzen, jedoch intensiven Auseinanderset-zungen und angesichts der überwältigenden militärischen Übermacht kapi-tulierten die Patriotten in Dordrecht und anderen Städten schnell.

Die Niederlage der Patriotten führte zu einer Restauration der Macht des Hauses Oranien. Viele führende Patriotten wurden gezwungen, ins Exil zu ge-hen, und Wilhelm V. konnte seine autoritäre Herrschaft vorübergehend festi-gen. Der Aufstand und die darauf folgende Niederschlagung hatten jedoch langfristige Folgen für die politische Landschaft der Niederlande. Die Ereig-nisse von 1787 polarisierten die niederländische Gesellschaft weiter und leg-ten den Grundstein für zukünftige Konflikte.[43]

In den 1830er und 1840er Jahren erhob sich in Großbritannien eine Bewegung, die wie kaum eine andere die Hoffnungen und Forderun-gen der Arbeiterklasse ihrer Zeit artikulierte: die Chartisten. Benannt nach der „People's Charter", einem Dokument, das ihre politischen Ziele zusammenfasste, strebten die Chartisten eine grundlegende Re-form des politischen Systems an. Ihr zentrales Anliegen war das allge-meine Wahlrecht für Männer, doch ihre Forderungen reichten weit darüber hinaus.

Die Bewegung wurzelte tief in den Idealen der Aufklärung, insbeson-dere in der Idee einer gerechten und repräsentativen Regierung. Für die Chartisten war das bestehende politische System ein Bollwerk der Ungerechtigkeit, das die Privilegien der Oberschicht schützte und die Bedürfnisse der arbeitenden Mehrheit ignorierte. Sie forderten nicht nur das Wahlrecht, sondern auch geheime Wahlen, gleiche Wahlkrei-se und die Bezahlung von Abgeordneten, um auch Nicht-Reichen den Zugang zum Parlament zu ermöglichen. Es war eine Vision von politi-scher Gleichheit, die viele als revolutionär empfanden.

43 u.a. Norbert Götz, Kaiserliche Interventionspolitik und die niederländi-sche Frage 1787-1792, in: Historische Zeitschrift, Band 272, 2001

Die Chartisten waren eine beeindruckend breit aufgestellte Bewegung. Ihre Anhänger kamen aus unterschiedlichsten Teilen der Gesellschaft – Fabrikarbeiter, Handwerker, aber auch Intellektuelle schlossen sich ihrem Kampf an. Ihre Treffen und Demonstrationen waren oft imposante Veranstaltungen, die Tausende anzogen. Man könnte sich diese Versammlungen wie einen gewaltigen Strom von Menschen vorstellen, der mit jeder neuen Forderung und Petition an Kraft gewann.

Obwohl die Bewegung letztlich ihre unmittelbaren Ziele nicht erreichte, hinterließ sie einen tiefen Eindruck in der politischen Landschaft Großbritanniens. Viele ihrer Forderungen wurden in den folgenden Jahrzehnten schrittweise umgesetzt, und ihre Ideen prägten die Debatte über Demokratie und soziale Gerechtigkeit nachhaltig. Die Chartisten waren nicht nur ein Produkt ihrer Zeit, sondern auch ein Vorbote kommender Veränderungen – eine Bewegung, die zeigte, wie mächtig der Wille zur politischen Teilhabe und Reform sein kann.

Philosophie und Frauenrechte

Ein weiterer wichtiger, jedoch oft übersehener Aspekt der philosophischen Grundlagen revolutionären Denkens ist die Rolle der Frauenrechtsbewegung. Denkerinnen wie Mary Wollstonecraft, die in ihrem Werk "A Vindication of the Rights of Woman" von 1792 argumentierte, erweiterten die aufklärerischen Prinzipien auf Frauen und forderten gleiche Rechte auf Bildung und politische Teilhabe. Dieses Werk, obwohl zu seiner Zeit weitgehend ignoriert, legte den Grundstein für spätere feministische Bewegungen und hatte einen langfristigen Einfluss auf die Entwicklung der Rechte der Frauen.

Mary Wollstonecraft (1759-1797) war eine britische Schriftstellerin, Philosophin und eine der frühen Verfechterinnen der Frauenrechte. Ihr berühmtestes Werk, „A Vindication of the Rights of Woman" (1792), gilt als eines der grundlegenden Texte der feministischen Philosophie und hat bis heute einen nachhaltigen Einfluss auf die Frauenrechtsbewegungen weltweit. Mary Wollstonecraft wurde am 27. April 1759 in Spitalfields, London, geboren. Ihre Familie war zunächst wohlhabend, litt jedoch unter dem finanziellen Missmanagement ihres Vaters, eines Alkoholikers, der das Familieneinkommen durchbrachte. Diese instabile Kindheit prägte Wollstonecrafts Ansichten über die soziale und wirtschaftliche Unabhängigkeit von Frauen.

Wollstonecraft zog mit ihrer Familie mehrmals um, bevor sie 1784, motiviert durch das Bedürfnis, unabhängig zu sein, eine Schule in Newington Green gründete. Dieses Umfeld, das ein Zentrum radikaler Gedanken war, beeinflusste sie tiefgreifend. 1787 zog Wollstonecraft nach London, wo sie eine Stelle als Übersetzerin beim radikalen Verleger Joseph Johnson annahm. Dort kam sie in Kontakt mit führenden intellektuellen Persönlichkeiten der Zeit, wie Thomas Paine und William Godwin. Während dieser Zeit begann sie mit dem Schreiben von Rezensionen, Essays und Büchern. 1790 veröffentlichte sie „A Vindication of the Rights of Men", eine Antwort auf Edmund Burkes konservative Kritik an der Französischen Revolution. Ihr folgendes Werk, „A Vindication of the Rights of Woman", argumentierte leidenschaftlich für die Bildung von Frauen und deren Recht, als gleichberechtigte Mitglieder der Gesellschaft anerkannt zu werden. Wollstonecraft forderte gleiche Bildungschancen für Männer und Frauen und betonte die Bedeutung der Vernunft und der Unabhängigkeit. Wollstonecrafts Privatleben war von persönlichen und romantischen Herausforderungen geprägt. 1792 reiste sie nach Paris, um die Revolution zu beobachten und begann eine Beziehung mit dem amerikanischen Abenteurer Gilbert Imlay. Aus dieser Beziehung ging ihre Tochter Fanny hervor. Nachdem Imlay sie verlassen hatte, kehrte Wollstonecraft nach London zurück und versuchte zweimal, sich das Leben zu nehmen. 1797 heiratete sie den Philosophen William Godwin, mit dem sie ihre zweite Tochter, Mary Shelley, die spätere Autorin von „Frankenstein", zur Welt brachte. Leider starb Wollstonecraft wenige Tage nach der Geburt ihrer Tochter am 10. September 1797 aufgrund von Komplikationen. Mary Wollstonecrafts Ideen und Werke haben weitreichende Folgen für die Entwicklung der feministischen Theorie gehabt. Ihr entschiedener Einsatz für die Bildung und soziale Unabhängigkeit von Frauen inspiriert bis heute

Diskussionen über Geschlechtergerechtigkeit und Gleichberechtigung. Ihr Leben und Werk demonstrieren das Potenzial und die Herausforderungen, die mit dem Kampf für sozialen Wandel verbunden sind.

Die philosophischen Grundlagen des revolutionären Denkens, die während der Aufklärung entwickelt wurden, haben nicht nur die großen Revolutionen dieser Epoche geprägt, sondern auch dauerhafte Veränderungen in der Art und Weise bewirkt, wie Menschen über ihre Rechte, ihre Regierungen und ihre Gesellschaften denken. Diese Ideen haben die moderne Welt geformt und sind auch heute noch relevant, wenn es darum geht, Freiheit, Gleichheit und Brüderlichkeit zu diskutieren und zu verteidigen. Sie zeigen, wie tiefgreifende philosophische Konzepte das Potenzial haben, nicht nur das Denken einer Generation, sondern das Schicksal von Nationen zu verändern.

Die Konzeption des modernen Staates kann nicht ohne die philosophischen Arbeiten von Denkern wie John Locke, Jean-Jacques Rousseau und Immanuel Kant verstanden werden. Diese Philosophen stellten die autokratischen und monarchischen Systeme ihrer Zeit in Frage und propagierten Ideen, die die Grundlagen für die politische Organisation und Staatsführung radikal veränderten.

Weniger bekannte revolutionäre Ereignisse und ihre Auswirkungen

Die Polnische Verfassung von 1791

Die polnische Verfassung von 1791, verabschiedet am 3. Mai, stellt ein historisch bedeutsames Ereignis in der europäischen Rechtsgeschichte dar und gilt als eine der ersten modernen Verfassungen in Europa. Sie wurde in einer Zeit tiefer politischer Krise und äußerer Bedrohungen formuliert und sollte die innere Struktur des polnisch-litauischen Staates reformieren, um seine Souveränität und territoriale Integrität zu sichern. Im späten 18. Jahrhundert befand sich die Polnisch-Litauische Adelsrepublik in einer prekären Lage, bedroht durch die expansionistischen Ambitionen ihrer Nachbarn Russland, Preußen und Österreich. Innerpolitisch war das Land durch den sogenannten "Liberum Veto" gelähmt, ein einzigartiges und oft missbrauchtes Prinzip, das jedem Mitglied des Sejms (des polnischen Parlaments) erlaubte, Gesetze durch ein einzelnes Veto zu blockieren, was oft zu Chaos und politischer Handlungsunfähigkeit führte. Die Verfassung von 1791, oft als die "Verfassung vom 3. Mai" bezeichnet, war das Ergebnis intensiver Beratungen und Debatten innerhalb des Großen Sejm, der 1788 zusammentrat und bis 1792 tagte. Die treibenden Kräfte hinter der Verfassung waren König Stanisław II. August und führende Reformer wie Ignacy Potocki und Hugo Kołłątaj.

Die Verfassung zielte darauf ab, die Regierung zu zentralisieren und zu stärken, um effektiver auf interne und externe Herausforderungen reagieren zu können.

Zu den wichtigsten Bestimmungen der Verfassung gehörten:

1. Abschaffung des Liberum Veto

Das Liberum Veto war ein einzigartiges Prinzip in der politischen Geschichte der Polnisch-Litauischen Adelsrepublik, das von etwa Mitte des 17. Jahrhunderts bis zum Ende des 18. Jahrhunderts praktiziert wurde. Es erlaubte jedem Mitglied des Sejms, des polnischen Parlaments, die Annahme von neuen Gesetzen durch ein einzelnes Veto zu blockieren. Dieses Veto konnte nicht nur eine spezifische Gesetzesvorlage stoppen, sondern führte zur Ungültigkeit der gesamten Sitzung des Parlaments, wodurch alle während dieser Sitzung diskutierten Gesetze hinfällig wurden.

Das Liberum Veto entstand zunächst aus dem Prinzip der Einstimmigkeit, das in den frühen Tagen der Adelsrepublik dazu diente, den Konsens unter den Adeligen zu fördern. Ursprünglich war es ein Ausdruck des republikanischen Ideals, dass alle Adeligen (Szlachta) gleich sind und bedeutende Entscheidungen die Zustimmung aller erfordern. Es entwickelte sich aus informellen Praktiken im 16. Jahrhundert und wurde im 17. Jahrhundert formalisiert.

Das Liberum Veto wurde oft als Instrument politischer Manöver genutzt und war ein Hauptgrund für die politische Instabilität und Ineffektivität der Adelsrepublik. Es erlaubte einzelnen Adeligen, oft beeinflusst durch ausländische Mächte, wichtige Reformen zu blockieren und führte zu einer Periode der Gesetzlosigkeit und des Machtkampfs, die als "Anarchie" oder "Goldene Freiheit" bekannt ist. Dieses System machte die Republik anfällig für ausländische Einmischung und Infiltration, insbesondere durch ihre mächtigen Nachbarn Russland, Preußen und Österreich, die das Liberum Veto nutzten, um ihre eigenen Interessen zu fördern und Polen politisch zu lähmen. Das Liberum Veto wurde im Rahmen der Verfassung von 1791 offiziell abgeschafft, als Bemühungen unternommen wurden, die Regierungsstrukturen zu stärken und eine effektivere zentrale Autorität zu etablieren. Die Abschaffung des Liberum Veto wurde als notwendiger Schritt zur Modernisierung des Staates und zur Vermeidung seiner weiteren Zersplitterung und Manipulation durch ausländische Mächte gesehen.

Historisch betrachtet wird das Liberum Veto oft als eine der Hauptursachen für den Niedergang und die letztendliche Aufteilung der Polnisch-Litauischen Adelsrepublik angesehen. Es symbolisiert die Gefahren einer extremen Anwendung des Konsensprinzips in einer sich wandelnden politischen und sozialen Landschaft, wo es nicht nur zur Sicherung der Freiheit, sondern auch zum Missbrauch und zur politischen Lähmung genutzt wurde.

2. Einführung einer konstitutionellen Monarchie

Die Macht des Monarchen wurde formalisiert und eingeschränkt, wobei die Exekutivgewalt zwischen dem König und einem "Wächterrat" geteilt wurde.

3. Rechte des Adels und der Städte

Die Verfassung stärkte die Rechte des Adels und gewährte den Städten erweiterte Rechte, was zu einer gewissen Modernisierung der gesellschaftlichen Struktur beitrug.

4. Bürgerrechte und persönliche Freiheiten

Sie legte Grundrechte fest und schützte die persönliche Freiheit, war jedoch in Bezug auf die Bauernschaft konservativer, die von wesentlichen Reformen weitgehend unberührt blieb.

Die Verfassung von 1791 wurde in Polen und im Ausland als fortschrittlich gefeiert, stieß jedoch auch auf erheblichen Widerstand, insbesondere von Seiten der konservativen Adelsfraktion, die mit ausländischen Mächten konspirierte, und von Polens mächtigen Nachbarn. Die rechtliche Lebensdauer der Verfassung war kurz, da die zweite Teilung Polens 1793 und schließlich die dritte Teilung 1795 das Ende der polnischen Unabhängigkeit markierten.

Trotz ihres Scheiterns blieb die Verfassung von 1791 ein Symbol für das Streben nach nationaler Souveränität und politischer Modernisierung. Sie beeinflusste nachfolgende demokratische Bewegungen in Polen und wird heute als ein zentraler Ausdruck des polnischen Nationalstolzes und der Identität gefeiert. Ihre Annahme wird jedes Jahr am 3. Mai als nationaler Feiertag in Polen gefeiert, ein Zeichen ihrer anhaltenden Bedeutung in der polnischen Geschichte und Kultur.

Die Cadiz Verfassung von 1812 in Spanien

Die Verfassung von Cádiz aus dem Jahr 1812 ist eines der zentralen Dokumente in der politischen Geschichte Spaniens und ein bedeutendes Ereignis in der Ära der europäischen Aufklärung. Sie repräsentiert den ersten Versuch, in Spanien ein modernes konstitutionelles System zu etablieren, und wird häufig als die „liberale Geburtsurkunde" des Landes bezeichnet. Diese Verfassung entstand während der napoleonischen Kriege, einer Zeit großer Unruhen und nationaler Herausforderungen, und spielte eine entscheidende Rolle im Übergang Spaniens von einem feudalen zu einem modernen liberalen Staat.

Die Anfänge der Verfassung von 1812 sind eng mit den politischen und militärischen Ereignissen verbunden, die Europa zu Beginn des 19. Jahrhunderts erschütterten. Nachdem Napoleon Bonaparte 1808 die spanische Krone usurpiert und seinen Bruder Joseph Bonaparte als König von Spanien eingesetzt hatte, brach in weiten Teilen Spaniens ein Aufstand gegen die französische Herrschaft aus. Dieser Widerstand führte zur Bildung von Junta-Regierungen, die in Abwesenheit des legitimen Königs Ferdinand VII. die lokalen Verwaltungsaufgaben übernahmen. Diese Juntas anerkannten die Notwendigkeit einer nationalen Koordination und riefen 1810 eine verfassungsgebende Versammlung in Cádiz zusammen, einer der wenigen Städte, die noch nicht von den Franzosen besetzt war.

Die Cortes, das spanische Parlament, traten am 24. September 1810 in Cádiz zusammen. Diese Versammlung war außergewöhnlich, da sie zum ersten Mal Abgeordnete aus fast allen Regionen Spaniens und seinen Überseegebieten einschloss, was ihr eine umfassendere repräsentative Basis verlieh. Die Cortes von Cádiz bestanden aus Vertretern des Adels, des Klerus und insbesondere des Bürgertums, das die treibende Kraft hinter den reformistischen Bestrebungen war.

Verabschiedet am 19. März 1812, prägte die Verfassung von Cádiz viele liberale und fortschrittliche Ideale. Zu ihren bemerkenswerten Merkmalen gehörten:

1. *Souveränität des Volkes:* Die Verfassung erklärte die nationale Souveränität, was einen radikalen Bruch mit dem traditionellen Verständnis der königlichen Souveränität darstellte. Die Macht sollte durch das Volk und für das Volk ausgeübt werden.

2. *Gewaltenteilung:* Sie etablierte eine klare Trennung der Gewalten zwischen der Exekutive (dem König), der Legislative (den Cortes) und der Judikative. Dies war ein Versuch, Machtmissbrauch zu verhindern und eine unabhängige Justiz zu fördern.

3. *Eingeschränkte Monarchie:* Der König hatte bedeutende Befugnisse, darunter das Recht, Gesetze zu sanktionieren und zu verkünden, aber seine Macht wurde durch die Gesetzgebung der Cortes und andere Mechanismen beschränkt.

4. *Bürgerrechte:* Die Verfassung garantierte eine Reihe von Grundrechten, darunter Pressefreiheit, Eigentumsrecht und die Abschaffung der Folter. Zudem wurden die Rechte der Städte gestärkt und eine zentrale, repräsentative Regierungsform gefordert.

5. *Gleichheit vor dem Gesetz:* Ein Prinzip, das alle Spanier unabhängig von ihrem sozialen Stand gleichstellte, was einen erheblichen sozialen Fortschritt darstellte.

Obwohl sie tiefgreifende und fortschrittliche Veränderungen vorschlug, war die Lebensdauer der Verfassung von Cádiz kurz. Nach der Rückkehr von König Ferdinand VII. an die Macht 1814 wurde sie aufgehoben, und der König stellte die absolute Monarchie wieder her. Die Verfassung wurde jedoch 1820 während des Trienio Liberal, einer kurzen liberalen Periode in Spanien, wieder in Kraft gesetzt, bevor sie erneut abgeschafft wurde.

Trotz ihres vorübergehenden Charakters hatte die Verfassung von 1812 langfristige Auswirkungen auf die politische Entwicklung in Spanien und beeinflusste liberale Bewegungen in ganz Europa und Lateinamerika. Sie bleibt ein Schlüsseldokument in der Geschichte der demokratischen Governance und ein Symbol für das Streben nach

Freiheit und Gerechtigkeit. Ihre Prinzipien und Ideale leben in den späteren Verfassungen Spaniens und anderer demokratischer Staaten fort.

Die revolutionären Ideen, die in Europa während der Aufklärung und durch die Französische Revolution geprägt wurden, hatten weitreichende Auswirkungen über die Grenzen des Kontinents hinaus. Die Prinzipien der Freiheit, Gleichheit und Brüderlichkeit sowie die philosophischen Überlegungen zur Souveränität und Bürgerrechte fanden weltweit Resonanz und inspirierten eine Vielzahl von Unabhängigkeitsbewegungen und revolutionären Kampagnen in Lateinamerika, Asien und Afrika. Diese Ideen wurden jedoch nicht einfach übernommen, sondern an lokale Bedingungen angepasst und oft neu interpretiert.

Lateinamerika: Unabhängigkeitsbewegungen und ihre philosophischen Wurzeln

In Lateinamerika entfachten die revolutionären Ideen Europas eine Welle von Unabhängigkeitsbewegungen, die das Antlitz des Kontinents für immer veränderten. Diese Bewegungen richteten sich gegen die jahrhundertelange Kolonialherrschaft Spaniens und Portugals und trugen die Hoffnung auf Freiheit und nationale Selbstbestimmung in sich. Inspiriert von den Prinzipien der Aufklärung, die durch die Aufstände in Nordamerika und Frankreich an globaler Bedeutung gewonnen hatten, fanden diese Ideen durch die kolonialen Eliten Lateinamerikas Verbreitung.

Viele dieser Eliten hatten ihre Ausbildung in Europa genossen und waren dort mit den revolutionären Strömungen ihrer Zeit in Berührung gekommen. Zurück in ihrer Heimat brachten sie eine Vision von Gesellschaft mit, die auf Gleichheit, Freiheit und Rechtsstaatlichkeit basierte. Doch die Realität in den Kolonien stand diesen Idealen diametral entgegen. Die Bevölkerung war tief gespalten: eine kleine, privilegierte Oberschicht stand einer großen Masse unterdrückter Indigener, versklavter Afrikaner und verarmter Bauern gegenüber. Dieses Spannungsfeld bildete den Zündstoff, der schließlich die Unabhängigkeitskriege entfachte.

Führende Persönlichkeiten wie Simón Bolívar und José de San Martín wurden zu Symbolen dieser Befreiungskämpfe. Ihre Visionen – eines vereinten und unabhängigen Lateinamerika – wurden von den Idealen der Aufklärung durchdrungen. Doch die Realität war oft ernüchternd: Die Kriege waren lang und blutig, und die erhoffte Einheit erwies sich als schwer zu erreichen. Dennoch hinterließen sie ein Erbe, das die politische und gesellschaftliche Landschaft Lateinamerikas bis heute prägt.

Die Unabhängigkeitsbewegungen Lateinamerikas waren weit mehr als nur regionale Konflikte. Sie waren Teil einer globalen Welle des Umbruchs, die den Gedanken der Aufklärung in die entlegensten Winkel der Welt trug. Diese Kriege zeigten, wie machtvoll Ideen sein können, wenn sie die Herzen und Köpfe von Menschen erreichen, die nach Freiheit streben.

Fallstudie: Simón Bolívar und die Befreiung Südamerikas

Simón Bolívar, oft als "El Libertador" bezeichnet, ist eine zentrale Figur in der Geschichte Südamerikas. Sein Kampf für die Unabhängigkeit der spanischen Kolonien und seine Visionen von Demokratie und Einheit haben die politischen und sozialen Landschaften des Kontinents nachhaltig geprägt. Bolívars Leben und Werk bieten ein tiefgreifendes Verständnis dafür, wie die revolutionären Ideen der europäischen Aufklärung die Weltbühne betraten und in den spezifischen Kontext Südamerikas übersetzt wurden.

Geboren 1783 in Caracas, Venezuela, in eine wohlhabende Familie, erhielt Bolívar eine umfassende Bildung, die ihn früh mit den Ideen der europäischen Aufklärung bekannt machte. Seine Reisen nach Europa, insbesondere nach Frankreich, stärkten seine Bewunderung für die revolutionären Bewegungen und die Schriften von Philosophen wie Rousseau und Voltaire. Diese Erfahrungen prägten Bolívars Denken und festigten seinen Wunsch, ähnliche Veränderungen in seiner Heimat herbeizuführen.

Nachdem er 1807 nach Venezuela zurückgekehrt war, fand Bolívar sich in einer Region wieder, die von politischen Unruhen und dem Drang nach Unabhängigkeit von der spanischen Krone geprägt war. Die napoleonische Besetzung Spaniens und die damit einhergehende Schwächung der spanischen Monarchie boten den südamerikanischen Kolonien eine einzigartige Gelegenheit, ihre Freiheit zu erlangen.

Bolívars militärische Laufbahn begann mit der Beteiligung an mehreren Aufständen, die jedoch zunächst scheiterten. Sein unermüdlicher Einsatz und sein charismatisches Auftreten ermöglichten es ihm jedoch, immer mehr Unterstützer zu gewinnen. 1813 startete er eine Kampagne, die als "Admirable Campaign" bekannt wurde und ihm den Beinamen "El Libertador" einbrachte.

Eine der bemerkenswertesten Aspekte von Bolívars Streben war seine Vision einer konföderierten südamerikanischen Region, die als "Gran Colombia" bekannt wurde und das heutige Venezuela, Kolumbien, Panama und Ecuador umfasste. Diese Idee spiegelte die aufklärerische Vorstellung von einem vereinigten Europa wider, das von Philosophen wie Kant und Rousseau diskutiert wurde. Bolívar glaubte, dass die politische und wirtschaftliche Stabilität nur durch die Einheit und gemeinsame Anstrengungen aller südamerikanischen Staaten erreicht werden könnte.

Neben seinen militärischen Bemühungen war Bolívar auch ein engagierter politischer Reformer. Er rief mehrere Kongresse zusammen, darunter den berühmten Kongress von Angostura (1819), wo er eine Verfassung vorstellte, die starke Exekutivgewalten mit einer lebenslangen Präsidentschaft für sich selbst vorsah, was von vielen seiner Zeitgenossen und späteren Historikern als widersprüchlich zu seinen demokratischen Idealen angesehen wurde. Trotzdem waren seine Reformen darauf ausgerichtet, die Grundlagen für demokratische Governance zu schaffen und umfassten Maßnahmen zur Abschaffung der Sklaverei und zur Förderung von Bildung, was seine tief verwurzelten aufklärerischen Überzeugungen widerspiegelt.

Trotz seiner anfänglichen Erfolge stieß Bolívars Vision eines vereinten Südamerikas auf erhebliche Widerstände. Regionale Rivalitäten, politische Instabilität und der Mangel an einer gemeinsamen nationalen Identität unter den verschiedenen südamerikanischen Staaten führten schließlich zum Zusammenbruch von Gran Colombia. Bolívar selbst wurde zunehmend von politischen Rivalen angefeindet und sah sich gezwungen, 1830 zurückzutreten. Er starb kurz darauf, enttäuscht von dem Scheitern seiner Pläne, jedoch ohne seinen Glauben an die Freiheit und die Rechte seiner Mitmenschen zu verlieren.

Simón Bolívars Erbe ist bis heute spürbar. Er wird in vielen Teilen Südamerikas als Held und Befreier verehrt. Seine Bestrebungen und sein Leben zeigen, wie tief die europäischen philosophischen und revolutionären Ideen in die südamerikanische politische Landschaft eingedrungen sind und wie sie dazu beigetragen haben, die Konturen der modernen Staaten des Kontinents zu formen.

Asien: Revolutionäre Ideen und koloniale Herausforderungen

In Asien prallten die westlichen revolutionären Ideen mit den Realitäten des Kolonialismus zusammen und erzeugten eine Dynamik, die die politischen und gesellschaftlichen Landschaften tiefgreifend veränderte. Die Prinzipien der europäischen Aufklärung wurden von nationalen Bewegungen aufgenommen und geschickt genutzt, um gleich zwei Ziele zu verfolgen: die Forderung nach Unabhängigkeit von den europäischen Kolonialmächten und die Notwendigkeit interner Reformen in den eigenen Gesellschaften.

Diese revolutionären Ideen, die von Freiheit, Gleichheit und Souveränität durchdrungen waren, wurden zu einem Werkzeug für diejenigen, die die koloniale Unterdrückung beenden wollten. Sie dienten als intellektuelle Munition, mit der die Forderungen nach Selbstbestimmung begründet wurden. Doch in Asien war der Kampf um Unabhängigkeit oft komplexer als in anderen Teilen der Welt, da er nicht nur den Kolonialismus, sondern auch tief verwurzelte soziale und politische Strukturen herausforderte. Die Ideale der Aufklärung wurden in diesen Kontext übersetzt, um die Forderung nach nationaler Einheit und modernem Fortschritt mit der Notwendigkeit sozialer Gerechtigkeit zu verbinden.

Bewegungen wie der Indische Nationalkongress oder die Chinesische Revolution unter Sun Yat-sen illustrieren diese Wechselwirkungen eindrucksvoll. Während der Indische Nationalkongress den Geist der westlichen Demokratie aufgriff, um die britische Herrschaft in Frage zu stellen, kombinierte Sun Yat-sen westliche politische Theorien mit traditionellen chinesischen Konzepten, um eine Vision für ein modernes China zu entwickeln. Beide Beispiele zeigen, wie revolutionäre Ideen nicht nur adaptiert, sondern transformiert wurden, um den lokalen Bedürfnissen zu entsprechen.

Diese Entwicklungen verdeutlichen, dass die Prinzipien der Aufklärung, obwohl sie in Europa geboren wurden, universelle Anziehungskraft hatten. Sie inspirierten nicht nur den Widerstand gegen Kolonialherren, sondern schufen auch die Grundlage für Reformen, die darauf abzielten, gerechtere Gesellschaften zu schaffen. Die Begegnung von westlichen Idealen mit asiatischen Realitäten war ein komplexer Prozess, der nicht ohne Spannungen verlief, aber eine zentrale Rolle in der Gestaltung der modernen Geschichte Asiens spielte.

Fallstudie: Die Meiji-Restauration in Japan

Die Meiji-Restauration, die 1868 begann, markiert einen der entscheidenden Wendepunkte in der Geschichte Japans. Dieses Ereignis beendete mehr als zwei Jahrhunderte der Isolation unter der Tokugawa-Shogunat-Herrschaft und leitete eine Periode der rapiden Modernisierung und Verwestlichung ein. Im Kern der Meiji-Restauration stand der Wunsch, Japan zu stärken und zu einem gleichberechtigten Partner neben den westlichen Mächten zu machen, wobei zahlreiche Reformen in politischen, sozialen und wirtschaftlichen Bereichen durchgeführt wurden.

Die Ankunft von Commodore Matthew Perry aus den USA im Jahr 1853 und die darauf folgende erzwungene Öffnung Japans für den Westen durch den Vertrag von Kanagawa lösten eine nationale Krise aus. Diese Ereignisse enthüllten die technologische Rückständigkeit und die Schwäche des Tokugawa-Shogunats und führten zu einer breiten Debatte über die Notwendigkeit von Reformen. Die zunehmende Unzufriedenheit unter den Daimyos (Lehnsherren) und der Samurai-Klasse führte schließlich zum Zusammenbruch des Shogunats und zur Rückkehr der politischen Macht an den Kaiser Mutsuhito, der posthum den Namen Meiji annahm.

Die Meiji-Restauration stellte den Kaiser wieder ins Zentrum der japanischen Politik und transformierte das feudale Shogunat in eine zentralisierte, konstitutionelle Monarchie. 1889 wurde eine neue Verfassung verkündet, die stark von westlichen Vorbildern, insbesondere dem preußischen Modell, beeinflusst war. Diese Verfassung etablierte eine moderne Regierungsstruktur mit einem zweikammerigen Parlament, dem Diet, obwohl der Kaiser weitreichende Macht behielt.

Ein wesentlicher Aspekt der Meiji-Reformen war die Schaffung eines neuen Rechtssystems, das auf westlichen rechtlichen Prinzipien basierte. Dies beinhaltete die Einführung des Zivilrechts und des Handelsrechts, was für die Modernisierung der japanischen Wirtschaft und Gesellschaft von entscheidender Bedeutung war. Die neuen Gesetze förderten private Investitionen und den Schutz geistigen Eigentums, wodurch ein günstiges Umfeld für das Wachstum und die Industrialisierung geschaffen wurde.

Die Meiji-Führer erkannten, dass eine tiefgreifende Veränderung der japanischen Gesellschaft notwendig war, um die Ziele der Modernisierung zu erreichen. Dies führte zu einer radikalen Überarbeitung des Bildungssystems mit der Einführung einer öffentlichen, obligatorischen Schulausbildung, die auf einem westlichen Modell basierte. Frauen erhielten ebenfalls erweiterte Bildungsmöglichkeiten, was langfristige Auswirkungen auf ihre Rolle in der japanischen Gesellschaft hatte.

Ein besonders bedeutendes, wenn auch kontroverses, Element der Meiji-Reformen war die Abschaffung des Samurai-Standes. Durch verschiedene Edikte wurden die traditionellen Privilegien der Samurai abgeschafft, ihre Stipendien in Staatsanleihen umgewandelt und schließlich eine allgemeine Wehrpflicht eingeführt. Diese Maßnahmen zielten darauf ab, eine modernere und effizientere Militärstruktur zu schaffen und die sozialen Klassen zu egalitarisieren.

Die wirtschaftliche Transformation während der Meiji-Zeit war ebenso radikal. Die Regierung führte umfangreiche Landreformen durch und förderte die industrielle Entwicklung durch den Bau von Infrastruktur wie Eisenbahnen und Fabriken. Diese Politik wurde durch die Übernahme und Anpassung westlicher Technologien und durch die aktive Unterstützung von Zaibatsu, großen industriellen und finanziellen Konglomeraten, unterstützt.

Die Transformationen während der Meiji-Restauration bereiteten Japan auf eine neue Rolle auf der internationalen Bühne vor. Innerhalb weniger Jahrzehnte wandelte sich Japan von einem isolierten, feudal geprägten Land zu einer modernen Großmacht. Dies manifestierte sich in seinem Sieg im Ersten Chinesisch-Japanischen Krieg (1894-1895) und im Russisch-Japanischen Krieg (1904-1905), die Japan als dominierende Macht in Ostasien etablierten.

Die Meiji-Restauration in Japan ist ein faszinierendes Beispiel dafür, wie ein Land tiefgreifende politische, soziale und wirtschaftliche Reformen durchführen und dabei sowohl von westlichen Ideen lernen als auch eigene traditionelle Werte bewahren kann. Diese Periode zeigt die Komplexität und die vielfältigen Herausforderungen, die mit der Übernahme und Anpassung ausländischer Konzepte verbunden sind, und hinterlässt ein bleibendes Erbe in der modernen japanischen Gesellschaft.

Afrika: Kampf gegen den Kolonialismus und die Suche nach Identität

In Afrika waren die Auswirkungen der europäischen revolutionären Ideen tief verwoben mit dem Kampf gegen den Kolonialismus und der Suche nach einer eigenständigen kulturellen und politischen Identität. Die Aufklärungsideen, die von den Kolonialmächten eingeführt wurden, waren eine zweischneidige Waffe: Einerseits boten sie Begriffe wie Freiheit, Gleichheit und Selbstbestimmung, andererseits dienten sie oft dazu, die koloniale Herrschaft zu rechtfertigen. Diese Widersprüche blieben den afrikanischen Intellektuellen und politischen Führern nicht verborgen.

Afrikanische Denker und Aktivisten nahmen die Prinzipien der Aufklärung auf, hinterfragten sie jedoch kritisch und passten sie an die Realitäten ihrer eigenen Gesellschaften an. Sie sahen in diesen Ideen nicht nur Werkzeuge der Unterdrückung, sondern auch Potenziale für den

Widerstand. Mit einem scharfen Blick auf die europäische Doppelmoral – die Freiheit zu predigen, während Millionen in Afrika unterdrückt wurden – entwickelten sie neue Visionen für ihre Völker. Diese Visionen verbanden die Ideale der Aufklärung mit einer Rückbesinnung auf afrikanische Werte und Traditionen.

Bewegungen wie die des Panafrikanismus oder die Anti-Kolonial-Kampagnen von Persönlichkeiten wie Kwame Nkrumah und Jomo Kenyatta sind eindrucksvolle Beispiele für diesen Prozess. Der Panafrikanismus – ein Gedanke, der die Einheit und Solidarät aller afrikanischen Völker betonte – vereinte die Ideale der Aufklärung mit der Forderung nach einer umfassenden Befreiung von kolonialer Unterdrückung. Gleichzeitig betonten Führer wie Nkrumah, dass die Unabhängigkeit Afrikas nicht nur politische Freiheit, sondern auch wirtschaftliche und soziale Gerechtigkeit erfordern würde.

Diese Bewegungen verdeutlichen, wie afrikanische Intellektuelle die revolutionären Ideen Europas in einen neuen Kontext setzten. Sie schufen eine Synthese, die nicht nur den Kolonialismus herausforderte, sondern auch die Grundlage für den Aufbau unabhängiger Staaten legte. Der Kampf um Unabhängigkeit in Afrika war damit nicht nur eine Rebellion gegen europäische Herrschaft, sondern auch eine Suche nach einer eigenen, authentischen Identität. Er zeigte, dass die Ideen der Aufklärung, obwohl in Europa geboren, universell anwendbar waren – jedoch nur, wenn sie an die lokalen Realitäten und Bedürfnisse angepasst wurden.

Fallstudie: Die Mau-Mau-Rebellion in Kenia

Die Mau-Mau-Rebellion, die von etwa 1952 bis 1960 in Kenia stattfand, ist ein bedeutendes Ereignis in der Geschichte des antikolonialen Widerstands gegen die britische Herrschaft. Diese Rebellion war nicht nur ein Kampf um Land und Freiheit, sondern auch eine tiefgreifende soziale Bewegung, die die koloniale Ordnung herausforderte und letztlich zur Unabhängigkeit Kenias führte. Die Mau-Mau-Rebellion bietet ein komplexes Beispiel dafür, wie lokale Bewegungen revolutionäre Konzepte adaptierten und interpretierten, um ihre eigenen Ziele zu erreichen.

Kenia war seit Beginn des 20. Jahrhunderts eine britische Kolonie. Die Kolonisierung brachte massive Landenteignungen mit sich, wobei fruchtbares Land oft an weiße Siedler vergeben wurde, während die einheimische Bevölkerung in Reservate gedrängt wurde. Diese Praxis führte zu erheblichen Spannungen, da Land nicht nur eine ökonomische Ressource, sondern auch ein zentrales Element der kulturellen Identität und Autonomie der kenianischen Völker war.

Die 1940er und frühen 1950er Jahre waren von steigender politischer Bewusstseinsbildung und Organisierung gekennzeichnet. Politische Gruppen wie die Kenya African Union (KAU), angeführt von moderaten Führern wie Jomo Kenyatta, forderten mehr politische Rechte und die Rückgabe von Land. Die Frustration über die langsamen Fortschritte und die fortgesetzte Unterdrückung führten jedoch zu radikaleren Ansätzen.

Die Mau-Mau-Rebellion wurde hauptsächlich von Angehörigen des Kikuyu-Volkes getragen, obwohl auch Mitglieder anderer Gruppen beteiligt waren. Die Mau-Mau, eine geheime Gesellschaft, die auf traditionellen Eiden und Ritualen basierte, begann ihre Kampagne gegen die britische Kolonialregierung und loyale afrikanische Eliten mit Guerilla-Taktiken, Sabotageakten und Attentaten.

Die Rebellion war insofern einzigartig, als sie eine Synthese aus traditionellen afrikanischen und modernen revolutionären Ideen darstellte. Einerseits griffen die Mau-Mau auf traditionelle kikuyu-spirituelle Praktiken zurück, um Solidarität und geheime Loyalität zu fördern, andererseits verwendeten sie moderne Waffen und Taktiken, die auf den Erfahrungen anderer antikolonialer Kämpfe weltweit basierten.

Die britische Reaktion auf die Mau-Mau-Rebellion war extrem hart. Der koloniale Staat verhängte den Ausnahmezustand, errichtete Internierungslager und führte systematische Folter und Misshandlungen durch, um die Rebellion niederzuschlagen. Die Operationen waren brutal und zielten darauf ab, die Infrastruktur der Mau-Mau zu zerstören und ihre Anführer zu eliminieren oder gefangen zu nehmen.

Die Gewalt während der Rebellion und die Gegenmaßnahmen der Briten waren erschütternd. Schätzungen zufolge kamen Zehntausende Kenianer ums Leben, viele durch die Handlungen der Kolonialkräfte. Die Repressalien verursachten auch tiefgreifende psychologische und soziale Narben, die die kenianische Gesellschaft lange nach dem Ende der Rebellion prägten.

Trotz der brutalen Unterdrückung führte die Mau-Mau-Rebellion zu signifikanten politischen Veränderungen. Sie beschleunigte den Prozess der Dekolonisation, da die britische Öffentlichkeit und die internationale Gemeinschaft zunehmend die Kosten und die Unhaltbarkeit der Aufrechterhaltung des Empire erkannten. Die Rebellion verstärkte die Forderungen nach Unabhängigkeit innerhalb Kenias und trug dazu bei, dass Kenia 1963 die Unabhängigkeit erlangte.

Die Rebellion hatte auch tiefgreifende soziale Auswirkungen innerhalb Kenias. Sie verstärkte die ethnischen Spannungen, insbesondere zwischen den Kikuyu und anderen Gruppen, und prägte die politische Landschaft der unabhängigen kenianischen Nation. Darüber hinaus trug sie zur Schaffung eines Heldenmythos bei, der in der postkolonialen Ära sowohl politisch als auch kulturell instrumentalisiert wurde. Die Mau-Mau-Rebellion ist ein entscheidender Moment in der Geschichte des antikolonialen Widerstands. Sie zeigt, wie lokale Bewegungen globale revolutionäre Ideen adaptieren können, um gegen Unterdrückung und für ihre Rechte zu kämpfen. Die Rebellion hinterließ ein komplexes Erbe, das sowohl von Gewalt und Leid als auch von einem unerschütterlichen Streben nach Freiheit und Gerechtigkeit geprägt ist.

Jomo Kenyatta (1897-1978) gilt als Gründervater und erster Präsident Kenias. Er wurde in der Kikuyu-Gemeinschaft in Gatundu, Britisch-Ostafrika, geboren. Ursprünglich hieß er Kamau Ngengi, bevor er sich während seiner Studienzeit in England den Namen Jomo Kenyatta zulegte. Kenyatta reiste in den 1920er Jahren nach Europa, um sich weiterzubilden, und studierte unter anderem in London und Moskau, wobei er sich auf Anthropologie und Politik konzentrierte. In den 1940er Jahren kehrte er nach Kenia zurück und wurde eine führende Persönlichkeit in der Unabhängigkeitsbewegung gegen die britische Kolonialherrschaft. Er schloss sich der Kenya African Union (KAU) an und wurde 1947 deren Präsident. Kenyatta war ein geschickter politischer Stratege und Verfechter der Rechte der afrikanischen Mehrheit. Obwohl er nie offiziell mit der gewalttätigen Mau-Mau-Rebellion in Verbindung gebracht wurde, die gegen die britische Kolonialherrschaft kämpfte, wurde er 1952 von den britischen Behörden verhaftet und 1953 wegen angeblicher Beteiligung zu sieben Jahren Haft verurteilt. Nach seiner Freilassung 1961 spielte Kenyatta eine zentrale Rolle in den Verhandlungen, die schließlich 1963 zur Unabhängigkeit Kenias führten. Im selben Jahr wurde er Premierminister und 1964 der erste Präsident des unabhängigen Kenia, nachdem das Land eine Republik wurde. Als Präsident führte er eine moderate Politik und förderte wirtschaftliches Wachstum und nationale Einheit, obwohl seine Regierungszeit auch von autoritären Tendenzen und Vorwürfen der Korruption und der Begünstigung seiner Kikuyu-Ethnie geprägt war. Kenyatta starb 1978 im Amt. Trotz seiner umstrittenen politischen Laufbahn bleibt er eine zentrale Figur in der Geschichte Kenias, dessen Erbe in der politischen und sozialen Landschaft des Landes nach wie vor präsent ist.

Die revolutionären Ideen der Aufklärung entfalteten eine transformative Kraft, die weit über die Grenzen Europas hinausreichte. Ihre weltweite Verbreitung prägte nicht nur die Entwicklung moderner Staaten, sondern spielte auch eine zentrale Rolle bei der Herausbildung nationaler Identitäten. Es war, als hätten diese Ideen eine universelle

Sprache gefunden, die in den verschiedensten kulturellen und politischen Kontexten verstanden und interpretiert werden konnte.

Was die Aufklärungsprinzipien so bemerkenswert machte, war ihre Flexibilität und Anpassungsfähigkeit. Freiheit, Gleichheit und Selbstbestimmung – diese Konzepte wurden nicht starr übernommen, sondern in jeder Region neu definiert und auf die lokalen Realitäten zugeschnitten. Aus dieser kreativen Adaption entstanden politische Bewegungen, die nicht nur die Gesellschaften vor Ort veränderten, sondern oft auch globale Strukturen in Frage stellten.

In den Unabhängigkeitsbewegungen Lateinamerikas etwa verbanden sich die Ideale der Aufklärung mit dem Streben nach nationaler Autonomie und sozialer Gerechtigkeit. In Asien inspirierten sie sowohl den Widerstand gegen Kolonialherrschaft als auch die Suche nach sozialer Modernisierung. In Afrika wurden die Aufklärungsprinzipien mit traditionellen Werten und dem Kampf um kulturelle Selbstbestimmung verknüpft. Jede dieser Bewegungen war wie ein einzigartiges Mosaik, in dem europäische Philosophien mit lokalen Traditionen und Bedürfnissen verschmolzen.

Diese Fallstudien zeigen, wie universell die Ideen der Aufklärung waren – und gleichzeitig, wie unterschiedlich ihre Umsetzung ausfiel. Sie wurden zu mächtigen Werkzeugen im Kampf um Freiheit und Gerechtigkeit und bewiesen eine außergewöhnliche Anpassungsfähigkeit, die ihre Relevanz bis heute sichert. Die weltweite Verbreitung der Aufklärungsprinzipien war kein linearer Prozess, sondern eine vielfältige und oft widersprüchliche Bewegung, die die politische und gesellschaftliche Landschaft der modernen Welt tiefgreifend prägte.

9. WIRTSCHAFT UND GESELLSCHAFT: MATERIELLE AUSWIRKUNGEN DER REVOLUTION

Der Begriff "Revolution" ist vielschichtig und in verschiedenen Kontexten beladen, von tiefgreifenden politischen Umwälzungen bis hin zu radikalen technologischen Durchbrüchen. In seiner breitesten Definition bezieht sich eine Revolution auf eine grundlegende und nachhaltige Veränderung, die die Strukturen einer Gesellschaft oder einer Wirtschaft in relativ kurzer Zeit tiefgreifend umgestaltet. Diese Veränderungen sind oft reaktionär, entstehen als Antwort auf wahrgenommene Ungerechtigkeiten, Unzulänglichkeiten oder ineffiziente Zustände, die von den beteiligten Akteuren nicht länger toleriert werden. Im wirtschaftlichen Sinne bezieht sich eine Revolution auf dramatische und umfassende Veränderungen in der Art und Weise, wie Güter und Dienstleistungen produziert, verteilt und konsumiert werden. Solche Revolutionen können durch technologische Innovationen, Veränderungen in der Wirtschaftspolitik, oder durch den Aufstieg neuer Wirtschaftsmodelle und -theorien ausgelöst werden. Beispiele hierfür sind die Industrielle Revolution, die den Übergang von agrarwirtschaftlich geprägten Gesellschaften zu industriellen Gesellschaften markierte, oder die Digitale Revolution, die den Übergang von der industriellen zur Informations- und Wissensgesellschaft kennzeichnet.

Die Industrielle Revolution, die im 18. Jahrhundert in Großbritannien begann, ist vielleicht das prominenteste Beispiel einer wirtschaftlichen Revolution. Sie führte zur Entwicklung von Maschinen, die die Produktionsprozesse mechanisierten, was zu einer massiven Steigerung der Produktivität und Effizienz führte. Diese Veränderungen hatten tiefgreifende Auswirkungen auf die sozialen Strukturen, Arbeitsbedingungen und Lebensumstände. Die Digitale Revolution, die im späten 20. Jahrhundert begann, illustriert eine weitere transformative Phase, die durch die rasante Entwicklung der Informationstechnologie gekennzeichnet ist. Diese Revolution veränderte grundlegend, wie Informationen verarbeitet, gespeichert und übertragen werden, was die globale Wirtschaftslandschaft und die Art der Arbeit weltweit umgestaltet hat. Soziale Revolutionen beziehen sich auf tiefgreifende Veränderungen in der Struktur und den Normen einer Gesellschaft. Diese Revolutionen können die Form von sozialen Bewegungen, politischen Umstürzen oder anderen bedeutenden Veränderungen in den sozialen Beziehungen innerhalb einer Gemeinschaft annehmen. Soziale Revolutionen zielen oft darauf ab, Ungleichheiten zu beseitigen, erweiterte Bürgerrechte einzuführen oder veraltete Institutionen, die als unfair oder unterdrückend angesehen werden, zu überwinden.

Die Französische Revolution ist ein klassisches Beispiel einer sozialen und politischen Revolution, die die Feudalstrukturen des Ancien Régime stürzte und durch die Erklärung der Menschen- und Bürgerrechte neue Grundlagen für Bürgerrechte und staatliche Strukturen schuf. Diese Revolution hatte nicht nur Auswirkungen auf Frankreich, sondern inspirierte weltweit zu ähnlichen Bewegungen und veränderte das globale Verständnis von Gerechtigkeit und Gleichheit.

Revolutionäre Konzepte und Bewegungen waren nicht auf den Westen beschränkt. In vielen Teilen der Welt führten lokale Faktoren und Bedingungen zu einzigartigen Ausformungen revolutionärer Bewegungen. Beispiele hierfür sind die Meiji-Restauration in Japan, die das Land in eine moderne Nation transformierte, oder die anti-kolonialen Bewegungen in Afrika und Asien, die zum Ende der europäischen Kolonialherrschaft führten.

Die Meiji-Restauration in Japan

Vor der Meiji-Restauration war Japan mehr als 250 Jahre lang unter der Herrschaft des Tokugawa-Shogunats (1603–1868), das eine strikt isolationspolitische Linie verfolgte, bekannt als die Sakoku-Politik (Abschließung). Das Land war wirtschaftlich und politisch relativ stabil, aber technologisch und militärisch stagnierend im Vergleich zu den westlichen Nationen, die in dieser Zeit ihre kolonialen Ambitionen vorantrieben. In den 1850er Jahren nahm der Druck von außen zu, als die USA und europäische Mächte versuchten, Handelsbeziehungen mit Japan zu erzwingen. Am bekanntesten war die Ankunft des amerikanischen Commodore Matthew Perry 1853, der mit seiner "Schwarzen Flotte" Japan zwang, die Tore zum Westen zu öffnen.

Diese erzwungene Öffnung, formalisiert durch ungleiche Verträge wie den Vertrag von Kanagawa (1854), führte zu einer tiefen politischen Krise im Land. Viele Daimyō (regionalen Fürsten) und Samurai waren unzufrieden mit der Reaktion des Shogunats auf die ausländische Bedrohung. Sie sahen die Schwäche des Tokugawa-Regimes als unzureichend, das Land vor dem Einfluss des Westens zu schützen. Dies führte zu wachsendem Widerstand und einer Bewegung, die unter dem Slogan "Sonnō jōi" (Verehre den Kaiser, vertreibe die Barbaren) die Rückkehr zur kaiserlichen Macht forderte.

Im Jahr 1868 mündeten die politischen Spannungen im Boshin-Krieg, einem Bürgerkrieg zwischen den loyalen Anhängern des Shogunats und den Kräften, die den Kaiser wieder an die Macht bringen wollten. Diese Koalition, angeführt von den westlichen Provinzen Satsuma und Chōshū, sowie reformorientierten Beamten und Samurai, siegte über die Shogunatstruppen. Im selben Jahr wurde das Tokugawa-Shogunat offiziell entmachtet, und die Herrschaft über Japan ging zurück an den Kaiser Meiji. Dieser Prozess der Wiederherstellung der kaiserlichen Autorität wird als Meiji-Restauration bezeichnet.

Kaiser Meiji war jedoch kein autokratischer Herrscher. In Wirklichkeit lag die Macht bei einer kleinen Gruppe von Oligarchen, darunter frühere Samurai-Führer aus Satsuma und Chōshū, die als "Genrō" (elder statesmen) bekannt wurden. Sie lenkten die politischen und wirtschaftlichen Reformen, die Japan in den folgenden Jahrzehnten grundlegend veränderten. Eines der ersten Ziele der neuen Führung war die Schaffung eines zentralisierten, starken Staates, der mit den westlichen Mächten konkurrieren konnte. Das alte Feudalsystem der Daimyō und Samurai wurde abgeschafft, und Japan wurde in zentral verwaltete Präfekturen umorganisiert. Im Jahr 1871 erfolgte die formelle Abschaffung des Feudalsystems, was die Macht der regionalen Fürsten beendete und das Land unter direkter Kontrolle der Regierung in Tokio brachte. Die Daimyō erhielten großzügige Abfindungen, aber ihre Privilegien verschwanden.

Eine weitere bedeutende Änderung war die Abschaffung des Samurai-Privilegs. Die Samurai verloren ihre traditionellen Rechte, wie das Tragen von Schwertern und das Anrecht auf ein staatliches Einkommen. Dies führte zu Unzufriedenheit unter den Samurai, was 1877 im Satsuma-Aufstand gipfelte. Die Regierung besiegte jedoch die Rebellen und beendete damit die letzten Reste der feudalen Samurai-Herrschaft.

Ein wichtiger Schritt in der Modernisierung des Staates war die Einführung der Meiji-Verfassung im Jahr 1889, die Japan zu einer konstitutionellen Monarchie machte. Das neue politische System stützte sich auf ein westlich inspiriertes Regierungssystem, das sowohl eine kaiserliche Autorität als auch ein gewähltes Parlament, den Reichstag, umfasste. Obwohl der Kaiser offiziell die höchste Macht behielt, lag die eigentliche Kontrolle bei der Oligarchie, die die Regierung und den Staatsapparat leitete.

Ein Hauptziel der Meiji-Restauration war die wirtschaftliche Modernisierung Japans. Die Führung erkannte, dass Japan ohne eine starke industrielle Basis nicht mit den westlichen Mächten konkurrieren konnte. In den 1870er Jahren wurden umfassende wirtschaftliche Reformen durchgeführt, darunter die Einführung eines modernen Steuersystems und der Aufbau einer modernen Infrastruktur, einschließlich Eisenbahnen und Telegrafenlinien. Der Staat förderte auch die Gründung von Zaibatsu, großen Industriekonglomeraten, die die wirtschaftliche Entwicklung vorantrieben. Bekannte Zaibatsu wie Mitsubishi und Sumitomo spielten eine Schlüsselrolle in Japans Industrialisierung.

Die Regierung entsandte Delegationen ins Ausland, wie die Iwakura-Mission (1871-1873), um westliches Wissen in den Bereichen Technologie, Industrie und Verwaltung zu studieren. Dies führte zu einer gezielten Übernahme und Anpassung westlicher Technologien und Organisationen. Fabriken, Schulen und Militärinstitutionen wurden nach westlichen Vorbildern aufgebaut, um Japan zu einem wirtschaftlich und militärisch starken Staat zu machen.

Gleichzeitig fand eine tiefgreifende Bildungsreform statt. Ein neues, flächendeckendes Bildungssystem wurde geschaffen, das die allgemeine Schulpflicht einführte und stark auf westliche Wissenschaften und Technologien setzte. Dies förderte eine neue Generation von Technikern, Ingenieuren und Verwaltungsbeamten, die die Modernisierung Japans vorantrieben.

Japan erkannte auch die Notwendigkeit einer modernen Armee und Marine, um sich gegen potenzielle koloniale Bedrohungen zu verteidigen. Das alte Samurai-System wurde durch eine allgemeine Wehrpflicht ersetzt, und die Armee wurde nach preußischem Vorbild reorganisiert, während die Marine auf britische Unterstützung setzte. Diese Reformen trugen entscheidend zur militärischen Stärke Japans bei.

Diese Modernisierung machte Japan schließlich zu einer imperialen Macht. Nach erfolgreichen Kriegen gegen China im Ersten Japanisch-

Chinesischen Krieg (1894–1895) und Russland im Russisch-Japanischen Krieg (1904–1905) stieg Japan zur führenden Macht in Ostasien auf und begann eine Expansion auf dem asiatischen Kontinent.

Die Meiji-Restauration war eine tiefgreifende politische und soziale Revolution, die Japan in weniger als einem halben Jahrhundert von einem feudalen Staat zu einer modernen Industrienation und imperialen Macht verwandelte. Sie ermöglichte es Japan, die westlichen Nationen zu überholen, die es zuvor unter Druck gesetzt hatten, und es wurde zur dominierenden Macht in Ostasien. Diese rasche Modernisierung prägte die japanische Geschichte nachhaltig und legte den Grundstein für den Aufstieg Japans als weltpolitische und wirtschaftliche Großmacht im 20. Jahrhundert.

Der Xinhai-Aufstand in China

Der Xinhai-Aufstand, auch bekannt als die Xinhai-Revolution, fand 1911 in China statt und führte zum Sturz der Qing-Dynastie, der letzten kaiserlichen Dynastie in der Geschichte Chinas. Diese Revolution markierte den Beginn der Republik China und beendete über 2.000 Jahre kaiserlicher Herrschaft. Der Xinhai-Aufstand war das Ergebnis langjähriger interner Spannungen, gesellschaftlicher Unruhen und Einflüsse aus dem Ausland, die zur politischen und sozialen Neuordnung Chinas führten.

Die Qing-Dynastie (1644–1911), die von der ethnischen Gruppe der Mandschu gegründet wurde, regierte China fast 270 Jahre lang. Im Laufe des 19. Jahrhunderts geriet das Qing-Reich zunehmend unter Druck, sowohl von internen Problemen als auch von äußeren Bedrohungen. Zwei wichtige Faktoren trugen maßgeblich zur Revolution bei: der Verfall der kaiserlichen Macht und der wachsende Einfluss westlicher Ideen.

1. Interne Probleme und Rebellionen: Im 19. Jahrhundert wurde China von verschiedenen sozialen und wirtschaftlichen Pro-

blemen geplagt, die zu großen Aufständen führten. Der Taiping-Aufstand (1850-1864) war einer der blutigsten Bürgerkriege der Geschichte und kostete Millionen von Menschen das Leben. Auch der Boxeraufstand (1899–1901) richtete sich gegen ausländischen Einfluss und die christliche Missionierung, wurde aber von den ausländischen Mächten brutal niedergeschlagen. Diese Krisen schwächten das Qing-Regime und machten es zunehmend unpopulär.

2. Ausländischer Einfluss und „Ungleiche Verträge": Die Qing-Dynastie geriet nach den Opiumkriegen (1839-1842 und 1856-1860) unter erheblichen westlichen Einfluss. Die Niederlagen gegen Großbritannien und andere westliche Mächte zwangen China, eine Reihe sogenannter „Ungleicher Verträge" zu unterzeichnen, die wirtschaftliche und territoriale Zugeständnisse machten. Dies führte zu einer wachsenden Unzufriedenheit in der chinesischen Bevölkerung, die das Qing-Regime als unfähig ansah, das Land zu schützen und zu modernisieren.

3. Wirtschaftlicher Niedergang: Während die westlichen Mächte in China Fuß fassten und Zugeständnisse erzielten, verschlechterten sich die wirtschaftlichen Bedingungen für die chinesische Bevölkerung. Die Landbevölkerung litt unter hohen Steuern, Armut und Hungersnöten, während Städte unter Arbeitslosigkeit und Inflation litten. Diese sozialen Spannungen schürten die Unzufriedenheit mit dem Qing-Regime und förderten revolutionäre Bewegungen.

4. Einfluss westlicher Ideen: Die zunehmende Präsenz westlicher Mächte und die Verbreitung westlicher politischer Ideen, wie Liberalismus, Nationalismus und Sozialismus, inspirierten viele Chinesen zur Suche nach Alternativen zur Monarchie. Chi-

nesische Intellektuelle, die im Ausland studiert hatten, darunter in Japan, begannen, über westliche Ideen nachzudenken, die für Reformen und Modernisierung sprachen.

Sun Yat-sen, der als „Vater der Republik China" gilt, spielte eine entscheidende Rolle bei der Xinhai-Revolution. Sun war ein ausgebildeter Arzt, der sich politisch gegen die Qing-Dynastie stellte und die Gründung einer Republik anstrebte. Er gründete mehrere revolutionäre Organisationen, darunter 1905 die Tongmenghui (Vereinigte Liga), eine nationalistische und revolutionäre Gruppe, die zum Ziel hatte, die Qing-Dynastie zu stürzen und eine moderne, republikanische Regierung zu errichten.

Sun Yat-sen entwickelte die Drei Prinzipien des Volkes (Sanmin zhuyi):

1. Nationalismus: Das Ziel war, die Qing-Dynastie zu stürzen und China von der Herrschaft der Mandschu sowie vom Einfluss ausländischer Mächte zu befreien.
2. Demokratie: Die Vision einer republikanischen Regierungsform, die den Menschen Freiheit und politische Teilhabe ermöglichen sollte.
3. Volkswohlfahrt: Die Förderung von sozialen und wirtschaftlichen Reformen, um die Lebensbedingungen der Bevölkerung zu verbessern.

Sun Yat-sens Ideen fanden in vielen Teilen Chinas Anklang, insbesondere bei jungen Intellektuellen, Militärs und der entstehenden Bourgeoisie.

Der unmittelbare Auslöser der Xinhai-Revolution war der Wuchang-Aufstand am 10. Oktober 1911 in der Stadt Wuchang (heute Teil von Wuhan). Der Aufstand begann in der Militärgarnison von Wuchang, nachdem revolutionäre Zellen innerhalb der Armee entdeckt worden waren. Die Rebellen nutzten den Moment, um den Aufstand zu starten, und stürzten die lokalen Qing-Behörden. Der Erfolg in Wuchang führte dazu, dass sich der Aufstand schnell über mehrere Provinzen verbreitete.

Die Nachrichten über den Wuchang-Aufstand inspirierten viele weitere Provinzen im Süden und Westen Chinas, die Qing-Herrschaft abzulehnen. Innerhalb weniger Wochen erklärten sich 15 von 24 Provinzen unabhängig von der Qing-Regierung. Es entstand eine revolutionäre Bewegung, die den politischen Zusammenbruch der Qing beschleunigte.

Die Qing-Regierung versuchte verzweifelt, den Aufstand niederzuschlagen, doch sie war schwach und zerrüttet. Yuan Shikai, ein erfahrener General und Politiker, wurde von der Qing-Regierung beauftragt, den Aufstand zu beenden. Allerdings verhandelte Yuan heimlich mit den revolutionären Kräften, da er seine eigenen politischen Ambitionen verfolgte. In einem Machtpoker gelang es Yuan, sich zum Provisorischen Präsidenten der Republik China zu machen, während der letzte Kaiser der Qing-Dynastie, Puyi, im Februar 1912 offiziell abdankte.

Nach dem Ende der Qing-Dynastie wurde im Januar 1912 die Republik China gegründet, mit Sun Yat-sen als provisorischem Präsidenten. Doch die Republik war von Anfang an von Instabilität geprägt. Der eigentliche Machtinhaber wurde Yuan Shikai, der von der revolutionären Bewegung das Amt des Präsidenten übernahm, nachdem Sun zugunsten eines Kompromisses zurücktrat, um das Land zu vereinen. Yuan verfolgte jedoch autokratische Ziele und versuchte, sich selbst zum Kaiser zu erklären, was zu einer erneuten politischen Krise führte. Trotz der formellen Gründung der Republik blieb China zersplittert und politisch instabil. Der Traum von einer modernen, vereinten Nation unter einer demokratischen Regierung war noch lange nicht verwirklicht. Die folgenden Jahre waren geprägt von inneren Konflikten, darunter der Einfluss von Kriegsherren, die China in verschiedene Machtgebiete aufteilten.

Die Xinhai-Revolution markierte das Ende des kaiserlichen China und den Beginn der Republik, obwohl das Land weiterhin unter erheblichen politischen und sozialen Spannungen litt. Die Revolution war ein Symbol des chinesischen Nationalismus und ein wichtiger Schritt in der Modernisierung Chinas, auch wenn die Ideale der Revolution nicht sofort verwirklicht wurden.

1. Ende des Kaiserreichs: Der Sturz der Qing-Dynastie beendete über 2.000 Jahre kaiserlicher Herrschaft und schuf den Weg für republikanische Ideen in China.

2. Aufstieg des Nationalismus: Die Xinhai-Revolution trug zur Entwicklung eines modernen chinesischen Nationalbewusstseins bei und legte den Grundstein für die spätere politische Landschaft Chinas.

3. Vorbereitung auf künftige Konflikte: Die politische Instabilität, die der Xinhai-Revolution folgte, führte zu weiteren Konflikten, einschließlich des Bürgerkriegs zwischen der Kuomintang (Nationalistische Partei) und der Kommunistischen Partei Chinas, die schließlich in der Gründung der Volksrepublik China 1949 gipfelte.

Die Xinhai-Revolution von 1911 war ein entscheidender Wendepunkt in der chinesischen Geschichte. Sie brachte das kaiserliche System zu Fall und ebnete den Weg für die Einführung einer Republik, auch wenn die erhoffte politische und soziale Stabilität nicht sofort erreicht wurde. Sun Yat-sens Visionen und der Aufstand von Wuchang hinterließen ein dauerhaftes Erbe, das bis heute in der modernen chinesischen Geschichte und Identität nachhallt.

Die Untersuchung von Revolutionen in wirtschaftlichen und sozialen Kontexten zeigt, wie tiefgreifende ideologische, technologische und strukturelle Veränderungen das Fundament von Gesellschaften und Wirtschaftssystemen umgestalten können. Jede Revolution, ob wirtschaftlich, sozial oder politisch, bringt sowohl Chancen als auch Herausforderungen mit sich und hinterlässt dauerhafte Auswirkungen auf die materielle und immaterielle Landschaft der betroffenen Gesellschaften.

Die Französische Revolution war ein Wendepunkt in der politischen und sozialen Geschichte Europas. Neben ihren umfassenden politischen und sozialen Auswirkungen hatte die Revolution auch signifikante Einflüsse auf das Bankwesen und die finanziellen Strukturen, nicht nur in Frankreich, sondern auch international.

Die Französische Revolution führte zur Einrichtung der Banque de France im Jahr 1800 durch Napoleon Bonaparte. Dies war eine direkte Reaktion auf die finanzielle Instabilität, die durch die Revolution verursacht wurde. Die Inflation und das Misstrauen gegenüber dem Papiergeld, das während der revolutionären Ära ausgegeben wurde, machten eine stabilisierende Institution notwendig. Die Banque de France sollte die Kontrolle über die Währung stabilisieren und als Zentralbank dienen, was die Ausgabe von stabilem und vertrauenswürdigem Papiergeld erleichterte.

Während der Französischen Revolution kam es auch zu bedeutenden Veränderungen im französischen Münzsystem. Die monetäre Unsicherheit und die Hyperinflation, die durch exzessive Ausgabe von Assignaten – einer Art von Papiergeld, das von der revolutionären Regierung eingeführt wurde – verursacht wurden, erforderten drastische Reformen. Die Einführung des Franc als nationale Währung im Jahr 1795, der später durch die Banque de France reguliert wurde, war ein Versuch, das Finanzsystem zu stabilisieren und das Vertrauen in die französische Wirtschaft wiederherzustellen. Die Französische Revolution hatte tiefgreifende Auswirkungen auf das Management der öffentlichen Schulden. Die revolutionäre Regierung sah sich enormen finanziellen Belastungen gegenüber, nicht zuletzt wegen der Kosten der Kriege und der Umgestaltung der Gesellschaft. Die Umstrukturierung der Staatsverschuldung und der Versuch, neue Wege zur Finanzierung des Staates zu finden, führten zu Experimenten mit verschiedenen Formen der Staatsanleihen und neuen Steuersystemen.

Die Finanzpolitik und die revolutionären Ideen Frankreichs hatten auch Einfluss auf das Bankwesen in anderen Ländern. Die Ideen der Revolution verbreiteten sich über Europa und inspirierten zu Veränderungen in den Finanzsystemen anderer Nationen. Beispielsweise führte die Betonung auf Gleichheit und Zugänglichkeit zu Finanzdienstleistungen dazu, dass Banken in anderen Teilen Europas nach und nach für eine breitere Öffentlichkeit zugänglich wurden.

Die Revolution löste eine tiefgreifende Vertrauenskrise im französischen und europäischen Bankwesen aus. Das Misstrauen in das Papiergeld und die Schwierigkeiten bei der Kreditvergabe während und nach der Revolution führten zu verstärkten Bemühungen, das Bankwesen stärker zu regulieren und die Aufsicht zu verbessern. Diese Entwicklung führte langfristig zu einem sichereren und stabileren Bankensystem in Europa.

Die Französische Revolution zeigte deutlich, wie eng politische Unruhen und wirtschaftliche Stabilität miteinander verbunden sind. Die durch die Revolution ausgelösten Veränderungen im Bankwesen waren sowohl Reaktionen auf unmittelbare finanzielle Krisen als auch Teil eines breiteren Wandels in der Art und Weise, wie Staaten ihre Finanzen verwalten und regulieren.

Finanzielle Revolutionen repräsentieren signifikante Umbrüche in der Art und Weise, wie Finanzmärkte und Institutionen funktionieren, und sind oft eng verbunden mit technologischen Innovationen und Veränderungen in der wirtschaftlichen Struktur einer Gesellschaft. Diese Revolutionen haben die globale Wirtschaftslandschaft neu geformt, indem sie die Grundlagen für Kapitalmärkte legten und komplexe Finanzinstrumente einführten, die heute für moderne Volkswirtschaften zentral sind.

Die Entstehung moderner Finanzsysteme kann bis in das späte Mittelalter zurückverfolgt werden, doch einige der bedeutendsten Entwicklungen ereigneten sich während der Finanzrevolutionen, die insbesondere im 17. und 18. Jahrhundert in Europa stattfanden.

Die Holländische Republik war Pionier in der Entwicklung von modernen Finanzmärkten. Im 17. Jahrhundert führte sie als eine der ersten die Konzepte von öffentlichen Anleihen und Aktien ein. Die Gründung der Amsterdamer Börse im Jahr 1602, an der Aktien der Niederländischen Ostindien-Kompanie gehandelt wurden, markiert oft den Beginn des modernen Kapitalismus. Diese Innovationen ermöglichten es der Niederländischen Republik, immense Kapitalmengen für koloniale und Handelsunternehmungen zu mobilisieren, was die Finanzierung weitreichender Handelsnetzwerke erleichterte.

In Großbritannien führte die Notwendigkeit, die Kriegsausgaben zu finanzieren, insbesondere während der Napoleonischen Kriege, zur Entwicklung eines ausgeklügelten Systems aus Banken und Staatsanleihen. Die Gründung der Bank of England im Jahr 1694 war ein zentraler Moment, der die Basis für ein zentrales Bankwesen legte. Diese Institution spielte eine entscheidende Rolle bei der Stabilisierung der britischen Währung und bei der Finanzierung staatlicher Ausgaben durch die Emission von Banknoten, die allmählich zu einem allgemein akzeptierten Zahlungsmittel wurden.

Die Innovationen im Bankwesen, die während dieser finanziellen Revolutionen eingeführt wurden, haben das wirtschaftliche Umfeld dramatisch verändert. Diese Veränderungen umfassen die Einführung des Papiergeldes, die Entwicklung des Kreditwesens und die Entstehung von Finanzinstrumenten wie Anleihen und Aktien.

Die Idee des Kreditwesens ist nicht neu, aber die Art und Weise, wie Kredite im Zuge der finanziellen Revolutionen institutionalisiert wurden, war revolutionär. Banken begannen, als Vermittler zwischen Sparern und Kreditnehmern zu fungieren, was die Kapitalbildung und -allokation effizienter machte. Dies war entscheidend für die Finanzierung industrieller Unternehmungen und für das Wachstum von Unternehmen, die sonst keinen Zugang zu den nötigen Ressourcen gehabt hätten.

Zentralbanken entwickelten sich zu wichtigen Akteuren innerhalb der Finanzsysteme, indem sie die Geldmenge steuerten und als Kreditgeber letzter Instanz fungierten. Ihre Rolle bei der Gewährleistung der finanziellen Stabilität wurde besonders in Zeiten der Krise offensichtlich, wie während der Großen Depression oder in jüngster Zeit während der Finanzkrise von 2007-2008.

Kapitalmärkte erlebten durch die Finanzrevolutionen ein enormes Wachstum und eine zunehmende Komplexität. Die Schaffung organisierter Börsen erleichterte den Handel mit Wertpapieren, was nicht nur die Liquidität erhöhte, sondern auch privaten und institutionellen Anlegern neue Investitionsmöglichkeiten bot.

Die finanziellen Innovationen trugen auch zur Globalisierung der Finanzmärkte bei. Die leichte Transferierbarkeit von Kapital über Grenzen hinweg führte zu einer verstärkten wirtschaftlichen Interdependenz, die sowohl Chancen als auch neue Risiken mit sich brachte. Die asiatische Finanzkrise in den 1990er Jahren und die spätere globale Finanzkrise demonstrierten, wie eng die Weltwirtschaft durch Kapitalflüsse verbunden ist.

Die Entstehung und der Wandel von Finanzsystemen als Reaktion auf wirtschaftliche Revolutionen haben die Grundlage für das moderne wirtschaftliche Handeln gelegt. Diese Veränderungen brachten nicht nur Vorteile wie erhöhte Effizienz und bessere Kapitalallokation mit sich, sondern waren auch mit Herausforderungen wie Finanzkrisen und der Notwendigkeit einer komplexen Regulierung verbunden. Die Geschichte der finanziellen Revolutionen zeigt, wie tiefgreifend Finanzinnovationen die Dynamik der globalen Wirtschaft beeinflussen können und wie entscheidend sie für das Wachstum und die Entwicklung von Volkswirtschaften sind.

10. KULTUR UND BILDUNG: DIE VERBREITUNG REVOLUTIONÄRER IDEEN

Die Französische Revolution, die das späte 18. Jahrhundert erschütterte, war weit mehr als ein politisches Erdbeben. Sie markierte einen tiefgreifenden kulturellen und bildungspolitischen Wandel, der nicht nur die Strukturen der Gesellschaft radikal veränderte, sondern auch die Art und Weise, wie Menschen dachten, lernten und ihre Welt gestalteten. Der Einfluss dieser Revolution auf Kultur und Bildung war zentral für die Verbreitung und Verankerung revolutionärer Ideen und prägte die gesellschaftliche Entwicklung weit über die Grenzen Frankreichs hinaus.

Um die Bedeutung von Kultur und Bildung in dieser Epoche zu verstehen, muss man zunächst den Kontext der Französischen Revolution begreifen. Diese war nicht bloß das Resultat politischer Missstände und wirtschaftlicher Nöte, sondern auch Ausdruck einer tiefen intellektuellen und kulturellen Unzufriedenheit. Diese Unzufriedenheit wurde durch die Aufklärung genährt – eine Bewegung, die sich auf die Kraft der Vernunft und des kritischen Denkens stützte und traditionelle Autoritäten infrage stellte.

Bereits Jahrzehnte vor dem Ausbruch der Revolution hatten Philosophen wie Voltaire, Rousseau und Montesquieu begonnen, die Grundfesten des absolutistischen Staates und der ständischen Gesellschaft zu hinterfragen. Ihre Schriften verbreiteten Ideen von Freiheit, Gleichheit und Bürgerrechten – Konzepte, die wie ein zündender Funke wirkten und die kulturelle Landschaft Frankreichs grundlegend veränderten. Sie legten den intellektuellen Boden für den revolutionären Umbruch und schufen ein Klima, in dem radikale Veränderungen nicht nur möglich, sondern unausweichlich erschienen.

Die Revolution selbst brachte eine Neudefinition von Kultur und Bildung mit sich. Sie sah Bildung nicht mehr als Privileg einer Elite, sondern als Recht und Pflicht aller Bürger. Schulen und Universitäten wurden reformiert, um das neue republikanische Ideal zu fördern: mündige, aufgeklärte Bürger zu schaffen, die ihre Gesellschaft aktiv mitgestalten konnten. Theater, Kunst und Literatur wurden genutzt, um die Ideale der Revolution zu verbreiten und das Bewusstsein für die neue Ordnung zu stärken. Es war eine Zeit, in der Kultur und Bildung zu Werkzeugen der Transformation wurden – nicht nur, um alte Strukturen zu zerstören, sondern auch, um eine neue, gerechtere Gesellschaft aufzubauen.

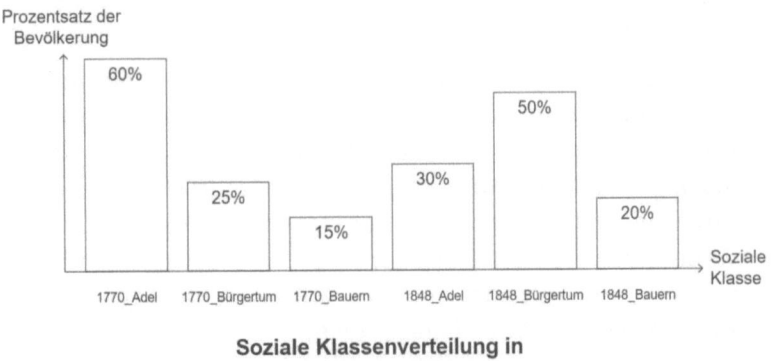

**Soziale Klassenverteilung in
1770 und 1848**

Abbildung 10: Soziale Verteilung - Datenmaterial aus H.-U. Wehler, Deutsche Gesellschaftsgeschichte, Bd.1, Quelle: Eigene Darstellung, © Ralf Schönert

Die Französische Revolution zeigt eindrucksvoll, wie eng politische Umbrüche mit kulturellen und intellektuellen Entwicklungen verwoben sein können. Sie ist ein Beispiel dafür, wie Ideen, die zunächst in den Köpfen weniger entstanden, die Macht hatten, eine ganze Gesellschaft zu verändern und neue Maßstäbe für die Zukunft zu setzen.

Definition von Kultur im Kontext der Revolution

Im brodelnden Herzen der Französischen Revolution war „Kultur" mehr als nur ein Wort, das die Künste und Literatur umfasste. Es war der pulsierende Lebensnerv, der das tägliche Leben und das Selbstverständnis der Menschen bestimmte. In dieser Ära des Umbruchs wurde die Kultur zum Schlachtfeld, auf dem verschiedene gesellschaftliche Gruppen mit der Verbissenheit von Feldherren kämpften. Ihr Ziel: die Macht zu ergreifen, um die Gesellschaft nach ihren Vorstellungen zu formen und zu festigen.

In den turbulenten Zeiten der Revolution wurden kulturelle Symbole, Rituale und Medien zu Waffen im Kampf um die öffentliche Meinung. Revolutionäre Führer, gleichsam Dirigenten eines großen Orchesters, nutzten jedes verfügbare Mittel, um die Massen zu mobilisieren und Unterstützung für ihre radikalen Ziele zu gewinnen. Die Straßen von Paris wurden zu Bühnen, auf denen das neue Drama der Freiheit und Gleichheit inszeniert wurde.

Ein besonders eindrucksvolles Beispiel für die Macht kultureller Symbole waren die öffentlichen Feste, die den revolutionären Elan befeuerten. Nehmen wir den Jahrestag des Sturms auf die Bastille – ein Tag, der in ganz Frankreich mit einer Mischung aus karnevalistischer Ausgelassenheit und politischem Pathos zelebriert wurde. Die Menschen strömten zu Tausenden auf die Plätze, um an Paraden teilzunehmen, Reden zu hören und Lieder zu singen, die die Taten derer priesen, die sich der Tyrannei entgegengestellt hatten. Diese Feste waren mehr als nur öffentliche Unterhaltungen; sie waren rituelle Akte, die dazu dienten, die revolutionären Werte tief im kollektiven Bewusstsein der Nation zu verankern.

Ein weiteres revolutionäres Symbol, das die neue Zeit einläutete, war die Einführung des Revolutionskalenders. Dieser Kalender, der die traditionellen Namen der Monate durch neue, von der Natur inspirierte

Namen ersetzte, war ein kühner Versuch, die Zeit selbst neu zu definieren. Es war, als würde die Revolution nicht nur die politische Landschaft umgestalten, sondern auch die chronologische Ordnung neu ordnen. Jeder Tag, der in diesem neuen Kalender verzeichnet war, sollte die Bürger daran erinnern, dass sie nun in einer Ära der Erneuerung und des Wandels lebten.

Die Revolutionäre erkannten, dass die wahre Macht nicht allein durch Gesetze oder durch die Schärfe des Guillotinenmessers erlangt wurde, sondern auch durch die Kontrolle der kulturellen Narrative. Indem sie die Kunst, die Literatur, die Feste und sogar den Kalender umgestalteten, webten sie ein neues soziales Gewebe, das stark genug war, die alte Ordnung zu überwinden und den Weg für eine neue Ära zu ebnen.

In den Archiven der Geschichte sind diese kulturellen Transformationen Zeugnisse einer Zeit, in der die Kultur selbst zum Schauplatz der Revolution wurde. Sie zeigen, wie tiefgreifend die Veränderungen waren, die in den Herzen und Köpfen der Menschen stattfanden – Veränderungen, die ebenso radikal waren wie die politischen Umwälzungen, die die Straßen von Paris erschütterten. In dieser revolutionären Ära war die Kultur nicht nur ein Spiegel der Gesellschaft, sondern auch ihr Architekt.

Definition von Bildung im revolutionären Frankreich

In den aufgewühlten Jahren der Französischen Revolution, als die Bastille fiel und der Adel floh, entbrannte nicht nur auf den Straßen, sondern auch in den Klassenzimmern und Lehranstalten ein heftiger Kampf. Bildung, lange das Privileg der Elite und ein Instrument der kirchlichen Macht, stand im Zentrum einer radikalen Umwälzung. Die Revolutionäre erkannten schnell die transformative Kraft der Bildung – sie war nicht weniger als ein Schlüssel zur Neugestaltung der Gesellschaft. Vor 1789 war das Bildungssystem Frankreichs eine feste Burg elitärer und kirchlicher Prägung. Schulen und Universitäten waren oft unter der strengen Aufsicht der Kirche, die das Bildungscurriculum dominierte und sicherstellte, dass die Lehren die sozialen Hierarchien und die göttliche Ordnung stützten. Bildung war eine Ware, die nur jenen zugänglich war, die es sich leisten konnten – eine scharfe Linie, die die Gesellschaft in Wissende und Unwissende teilte.

Mit dem Ausbruch der Revolution änderte sich diese Dynamik grundlegend. Die Revolutionäre sahen in der Bildung ein mächtiges Werkzeug, um die Grundlagen der Monarchie zu untergraben und eine neue, aufgeklärte Bürgergesellschaft zu schaffen. Die Vision war klar: Bildung sollte allen Bürgern zugänglich gemacht werden, um sie über ihre Rechte aufzuklären und sie zu befähigen, aktiv am neuen demokratischen Leben teilzunehmen.

Die Forderung nach Bildungsreform war radikal und weitreichend. Die revolutionären Führer planten, ein völlig neues Bildungssystem zu schaffen, das frei von kirchlicher Doktrin und adeliger Bevormundung war. Dieses System sollte nicht nur Lesen und Schreiben lehren, sondern auch die revolutionären Ideale von Freiheit, Gleichheit und Brüderlichkeit vermitteln.

Die Umsetzung dieser ehrgeizigen Pläne war jedoch alles andere als einfach. Die Revolution war eine Zeit großer Unruhen und Unsicherheiten, und das Bildungswesen litt unter chronischer Unterfinanzierung und organisatorischem Chaos. Trotz dieser Hindernisse wurden zahlreiche Schulen gegründet, und Bildungsinitiativen wurden gestartet, um die ländliche Bevölkerung, die lange Zeit von formaler Bildung ausgeschlossen war, zu erreichen.

Ein bemerkenswertes Beispiel für die neue Bildungsrichtung war die Gründung des "Lycée" Systems, das darauf abzielte, eine standardisierte Sekundärbildung anzubieten. Diese Institutionen waren ein Versuch, die Bildung zu säkularisieren und sie auf rationale und nützliche Themen auszurichten, die den Bürgern helfen sollten, sich in der neuen sozialen Ordnung zurechtzufinden.

Die langfristigen Auswirkungen dieser Bildungsrevolution waren tiefgreifend. Auch wenn die unmittelbaren Erfolge gemischt waren und viele der ambitionierten Ziele nicht vollständig erreicht wurden, legten die revolutionären Bildungsreformen den Grundstein für das moderne französische Bildungssystem. Sie trugen dazu bei, das Konzept der staatsbürgerlichen Bildung zu festigen, das in den folgenden Jahrzehnten weiterentwickelt wurde.

Die Bildungsrevolution war somit ein entscheidender Aspekt der umfassenderen sozialen Transformation, die Frankreich durch die Revolution erfuhr. Sie war ein kühnes Experiment, das zeigte, wie Bildung genutzt werden kann, um eine Gesellschaft zu verändern und die Bürger zu ermächtigen.

Kultur spielte eine entscheidende Rolle bei der Verbreitung revolutionärer Ideen. Druckmedien, Theater, Musik und bildende Kunst wurden aktiv dazu verwendet, die revolutionären Botschaften zu kommunizieren und die Massen zu mobilisieren. Zeitungen und Pamphlete, die oft billig oder sogar kostenlos verteilt wurden, erreichten ein breites Publikum und trugen wesentlich dazu bei, die Prinzipien der Revolution zu verbreiten. Ebenso wurden traditionelle Lieder und Gedichte umgeschrieben, um revolutionäre Botschaften zu vermitteln, und neue Werke wurden geschaffen, um die Errungenschaften und Ideale der Revolution zu feiern.

Die Französische Revolution transformierte Bildung von einem Privileg der Elite zu einem grundlegenden Recht, das zunehmend als wesentlich für das Funktionieren einer demokratischen Gesellschaft angesehen wurde. Die revolutionären Führer initiierten mehrere Projekte, um das Bildungssystem zu reformieren und es breiteren Bevölkerungsschichten zugänglich zu machen. Diese Reformen zielten darauf ab, einen neuen Bürger zu formen, der in der Lage war, an der demokratischen Gesellschaft teilzuhaben und ihre Werte zu verstehen und zu schätzen.

Die Französische Revolution war somit ein Wendepunkt, der nicht nur die politische Landschaft, sondern auch die kulturellen und bildungspolitischen Grundlagen der Gesellschaft tiefgreifend veränderte. Kultur und Bildung waren nicht nur Reflexionen der revolutionären Veränderungen, sondern auch aktive Werkzeuge, durch die diese Veränderungen bewirkt und verfestigt wurden. Sie halfen, eine neue Gesellschaftsordnung zu definieren und zu legitimieren und prägten das Bewusstsein und die Identität der Menschen in einer Zeit tiefgreifender Umwälzungen.

Die Presse und die Französische Revolution

Die Französische Revolution wurde nicht nur auf den Schlachtfeldern oder in den politischen Arenen ausgetragen, sondern auch auf den Seiten von Druckerzeugnissen. Die Entwicklung der Pressefreiheit, ein zentrales revolutionäres Ideal, spielte eine entscheidende Rolle in der Dynamik der Revolution und hatte weitreichende Auswirkungen auf die Gesellschaft.

Aufstieg der Pressefreiheit

Im Schatten der alten Regime, unter der strengen Aufsicht des königlichen Zensursystems, lebte die französische Presse ein gedämpftes Dasein. Das Ancien Régime, ein Symbol aristokratischer Exzesse und unangefochtener Macht, hielt seine Hand fest über die Kehle des öffentlichen Diskurses. Königliche Beamte überwachten jeden Druckbogen, jedes gedruckte Wort mit Argusaugen, um sicherzustellen, dass nichts gegen die fein gewobene Fassade der Monarchie sprach. In den schattigen Druckereien von Paris, wo das Flüstern des Bedruckens von Papier das einzige Geräusch war, das die Zensoren nicht zum Schweigen bringen konnten, wuchs jedoch eine unterdrückte Unruhe.

Die Revolutionäre, von denen viele die bittere Frucht der Unterdrückung gekostet hatten, sahen in der Pressefreiheit mehr als nur ein Recht; sie erblickten darin das glühende Versprechen einer neuen Ära. Für sie war die Freiheit der Presse das Fundament einer gerechten und repräsentativen Gesellschaft – ein kühner Traum, der in den verstaubten Salons und den lebhaften Straßencafés von Paris leise geträumt wurde. Als die Nationalversammlung 1789 die königliche Zensur aufhob, war dies nicht nur ein legislativer Akt. Es war ein Fanal der Hoffnung, ein Sturm, der die verrosteten Ketten der Unterdrückung sprengte.

Die Abschaffung des Zensursystems öffnete die Schleusen für eine Flutwelle von Meinungen, Ideen und Diskussionen. Über Nacht entstanden unzählige Zeitungen und Pamphlete, wie Pilze aus dem Boden schießend nach einem langen, erstickenden Winter. Jeder Bürger, vom gelehrten Philosophen bis zum einfachen Handwerker, fühlte sich berufen, seine Gedanken zu Papier zu bringen. Die Pariser Kaffeehäuser wurden zu Brutstätten politischer Diskurse, zu Arenen der Meinungsfreiheit, wo jeder Mann – und erstmals auch Frauen – die Bühne betreten und die Welt neu gestalten konnte.

Diese Befreiung der Presse war nicht nur ein Sieg für die Revolutionäre; es war eine Transformation, die das Herz der französischen Gesellschaft und Kultur neu definierte.

Die Rolle von Pamphleten und Flugblättern

Als die Ketten der Zensur in den Wirren der Revolution zerschlagen wurden, verwandelte sich Paris in ein pulsierendes Epizentrum der Worte und Ideen. Die Stadt erlebte einen beispiellosen Anstieg in der Produktion und Verbreitung von Pamphleten und Flugblättern, jenen bescheidenen Boten revolutionärer Gedanken, die in den Gassen, auf den Marktplätzen und in den Cafés ihre Runden machten. Diese

Druckerzeugnisse, oft hastig und billig gefertigt, wurden zum Brennstoff, der die Feuer der Umwälzung nährte.

In dieser neuen Ära der Informationsfreiheit fanden Pamphlete ihre Wegbereiter in den Händen von begeisterten Bürgern, die begierig waren, die Fesseln jahrhundertealter Unterdrückung zu sprengen. Diese Schriften, klein genug, um sie unter Mänteln zu verbergen und billig genug, um sie in Massen zu produzieren, spielten eine entscheidende Rolle in der Formung der öffentlichen Meinung. Sie mobilisierten die Massen gegen die Monarchie und das Ancien Régime, indem sie komplizierte politische Theorien in scharfe, zugängliche Kritik übersetzten.

Unter diesen einflussreichen Werken ragte Abbé Sieyès' "Was ist der Dritte Stand?" heraus. Mit messerscharfer Logik und brennender Leidenschaft griff Sieyès die soziale und politische Ordnung an und skizzierte eine Vision für eine umgestaltete französische Gesellschaft, die auf Gleichheit und Gerechtigkeit beruhte. Sein Pamphlet wurde zu einem Manifest für Veränderung, das in den Händen von Revolutionären und einfachen Bürgern gleichermaßen zu finden war und sie dazu anspornte, für eine neue Weltordnung zu kämpfen.

In den Straßen von Paris, wo die Luft mit dem Duft von Druckerschwärze und der elektrisierenden Aura der Freiheit durchtränkt war, entstanden Gespräche und Debatten, die die Nation verändern sollten. Die Pamphlete und Flugblätter, einst bloße Stücke von Papier, verwandelten sich in Banner der Revolution, getragen von der Kraft der Worte und dem unerschütterlichen Willen des Volkes, das Schicksal Frankreichs neu zu schreiben.

Emmanuel-Joseph Sieyès, bekannt als Abbé Sieyès, wurde am 3. Mai 1748 in Fréjus, Frankreich, geboren und ist eine der Schlüsselfiguren der Französischen Revolution. Ursprünglich zum Priester ausgebildet, erlangte Sieyès Bedeutung als politischer Theoretiker und Mitglied des Dritten Standes.

Sieyès trat zuerst mit seiner Schrift „Was ist der Dritte Stand?" aus dem Jahr 1789 hervor. In dieser einflussreichen Abhandlung argumentierte er, dass der Dritte Stand, der die breite Mehrheit der französischen Bevölkerung umfasste, eine vollständige Nation in sich selbst bildete und nicht länger von den privilegierten Klassen der Aristokratie und des Klerus übergangen werden sollte. Diese Schrift trug wesentlich dazu bei, die öffentliche Meinung zu mobilisieren und die Ereignisse zu beschleunigen, die schließlich zur Revolution führten. Während der Revolution war Sieyès ein aktives Mitglied der Nationalversammlung und später des Konvents. Er spielte eine wichtige Rolle bei der Ausarbeitung mehrerer Verfassungen und beeinflusste die politische Richtung Frankreichs tiefgreifend. Seine Fähigkeit, politische Theorie mit praktischer Politik zu verbinden, machte ihn zu einer Schlüsselfigur in dieser turbulenten Phase. Nachdem Sieyès 1799 an der Umsturzplanung beteiligt war, die Napoleon Bonaparte an die Macht brachte, wurde er zum Direktor ernannt, trat jedoch bald zurück und überließ Napoleon das politische Feld. Für seine Unterstützung wurde Sieyès mit einem Sitz im Senat belohnt und später zum Grafen des Kaiserreichs ernannt.

Obwohl er nach der Restauration der Bourbonenmonarchie in Ungnade fiel und sich aus dem öffentlichen Leben zurückzog, bleibt Abbé Sieyès eine Schlüsselfigur in der Geschichte der politischen Theorie und der Französischen Revolution. Er starb am 20. Juni 1836 in Paris.

Zeitungen und ihre Auswirkungen

Mit dem triumphalen Sturz der königlichen Zensur im revolutionären Frankreich öffnete sich ein neues Kapitel in der Geschichte der Kommunikation. Die frisch errungene Pressefreiheit entfesselte eine Flutwelle an kreativem und polemischem Ausdruck, wie sie Paris noch nie gesehen hatte. Inmitten dieses brodelnden Kessels politischer Leidenschaft und kultureller Umwälzung entstanden zahlreiche Zeitungen, die die breite Palette politischer Meinungen dieser turbulenten Zeit widerspiegelten.

Unter den herausragenden Publikationen ragten "L'Ami du peuple" von Jean-Paul Marat und "Le Père Duchesne" von Jacques Hébert heraus. Diese Zeitungen waren mehr als nur Blätter mit Nachrichten; sie waren Waffen im Kampf um die Herzen und Verstand der Menschen. Marat, der unermüdliche Kämpfer gegen die Ungerechtigkeiten der alten Ordnung, nutzte "L'Ami du peuple" geschickt, um seine feurigen Ansichten und seine scharfe Kritik an den vermeintlichen Verrätern der Revolution zu verbreiten. Seine Artikel, oft geschrieben aus den dunklen und feuchten Verstecken, die er aufgrund seiner Paranoia bevorzugte, zündeten Funken der Empörung unter seinen Lesern.

Jacques Hébert, ein ebenso leidenschaftlicher Revolutionär, gab mit "Le Père Duchesne" seiner eigenen, unverwechselbaren Stimme Ausdruck. Sein Stil war derb und direkt, voller Volksmund und derber Schimpfworte, was ihm die Herzen der Pariser Sansculotten gewann. Héberts Blatt war volksnah und ungeschönt, eine Stimme, die scheinbar direkt aus den rauchigen Tavernen und den belebten Marktplätzen kam. Seine Fähigkeit, komplexe politische Ideen in die Sprache des gewöhnlichen Volks zu übersetzen, machte "Le Père Duchesne" zu einer mächtigen Kraft in der politischen Landschaft der Revolution.

Jacques Hébert (1757–1794) war ein einflussreicher französischer Journalist, radikaler Politiker und eine führende Figur der Französischen Revolution. Er gewann breite Unterstützung unter den Pariser Sansculottes, indem er eine aggressive Rhetorik gegen Monarchie und Klerus pflegte. Hébert trat für radikale soziale und ökonomische Reformen ein und forderte den Sturz des Ancien Régime sowie eine kompromisslose Volksrepublik. Hébert gehörte zu den Hébertisten, einer extrem linken revolutionären Fraktion, die sich für antiklerikale Maßnahmen und eine stärkere Beteiligung des einfachen Volkes am politischen Prozess aussprach. Er war maßgeblich an der Entchristianisierungskampagne beteiligt, die das Ziel verfolgte, die katholische Kirche in Frankreich zu entmachten. Im März 1794 wurde Hébert von den Jakobinern unter Maximilien Robespierre verhaftet und wegen Verschwörung gegen die Revolution hingerichtet.

Diese Zeitungen erreichten ein breites Publikum, von den intellektuellen Salons der Bourgeoisie bis hin zu den Arbeitstischen der Handwerker. Tag für Tag wurden die neuesten Ausgaben begierig erwartet, diskutiert in den Cafés, debattiert auf den Straßen und zitiert auf den Barrikaden. Sie waren nicht nur Informationsquellen, sondern auch Katalysatoren des Wandels, die entscheidend dazu beitrugen, die revolutionären Ideale zu verbreiten und das Volk gegen die Feinde der neuen Ordnung zu mobilisieren.

Marat, Hébert und ihre Zeitgenossen waren nicht nur Chronisten ihrer Zeit, sondern aktive Gestalter des revolutionären Dramas, dessen Echo bis in unsere Tage hallt.

Die explosionsartige Zunahme der Druckmedien führte jedoch auch zu Herausforderungen. Die Freiheit der Presse brachte eine Welle der Desinformation und der extremistischen Propaganda mit sich, was die politische Landschaft weiter polarisierte. Die politischen Spannungen, die durch aggressive Pressekampagnen geschürt wurden, trugen zu den Gewaltexzessen der Terrorherrschaft bei. Die instabile Regierung reagierte zeitweise mit der Wiedereinführung der Zensur, um die Ordnung aufrechtzuerhalten.

Die Presse spielte eine zentrale Rolle in der Französischen Revolution; sie war sowohl ein Katalysator für den Wandel als auch ein Forum für intensive politische und soziale Auseinandersetzungen. Die Erfahrung der Revolution zeigt die Macht der Medien in politischen Umbrüchen und die Bedeutung von Pressefreiheit als einem grundlegenden, wenn auch doppelschneidigen, Recht. Die Geschichte der Presse während der Französischen Revolution ist somit ein entscheidendes Kapitel im Verständnis der modernen Medienlandschaft und ihrer Auswirkungen auf die Gesellschaft.[44]

44 Georges Lefebvre, 1789. Das Jahr der Revolution (= dtv. 4491) Deutscher Taschenbuch-Verlag, München 1989, ISBN 3-423-04491-8

11. SCHLÜSSELPERSONEN UND -GRUPPEN: PORTRÄTS VON BEFÜRWORTERN UND GEGNERN

Zwischen 1789 und 1848 erlebte Deutschland eine Zeit tiefgreifender politischer und gesellschaftlicher Umwälzungen. Die Wellen der Veränderung, angestoßen durch die Französische Revolution, die nachfolgenden Revolutionskriege und die napoleonische Besatzung, durchzogen das Land und veränderten es nachhaltig. Zugleich entfachten sie den Aufstieg von Nationalismus und Liberalismus, Bewegungen, die nicht nur das politische Denken, sondern auch die gesellschaftlichen Strukturen prägten.

In dieser Epoche traten zahlreiche Akteure auf die historische Bühne – Befürworter wie Gegner dieser Entwicklungen, die die Richtung und Dynamik des Wandels maßgeblich beeinflussten. Diese Akteure handelten oft wie Schachspieler, die ihre Züge auf dem komplexen Brett der politischen Umbrüche setzten. Zu den Befürwortern zählten Intellektuelle, Schriftsteller und Politiker, die von den Idealen der Freiheit, Gleichheit und Volkssouveränität inspiriert waren. Ihre Schriften und Reden wirkten wie ein Funke, der die Vorstellungskraft einer neuen Generation entfachte und den Boden für revolutionäre Bewegungen bereitete.

Gleichzeitig formierte sich entschiedener Widerstand. Konservative Monarchisten, Vertreter der alten Ordnung und religiöse Autoritäten stemmten sich gegen die Strömungen der Zeit. Für sie waren die Veränderungen eine Bedrohung für die Stabilität und den Erhalt traditioneller Werte. Ihre Argumente klangen wie Warnrufe vor einem Sturm, der die Fundamente der Gesellschaft zu zerstören drohte.

Diese Jahre der Spannung und des Konflikts können als Vorbote der Revolution von 1848 verstanden werden. Sie zeigen, wie die Idee des Wandels zunächst in den Köpfen und Herzen der Menschen Gestalt annahm, bevor sie sich in großen gesellschaftlichen Erschütterungen manifestierte. Die Dynamik zwischen Fortschritt und Widerstand, zwischen Visionären und Bewahrern, prägte Deutschland in dieser Zeit und bereitete den Boden für die politischen Entwicklungen des 19. Jahrhunderts.

Im Folgenden sollen einige der prägendsten Befürworter und Gegner dieser Umwälzungen porträtiert werden. Diese Figuren und ihre Beweggründe verdeutlichen, wie vielschichtig und kontrovers die Auseinandersetzungen um die Zukunft Deutschlands waren und wie sie die Gesellschaft nachhaltig prägten.

Befürworter: Liberale und Nationalisten

<u>Johann Gottlieb Fichte</u>

Johann Gottlieb Fichte war einer der bedeutendsten deutschen Philosophen und eine Schlüsselfigur des deutschen Idealismus. Seine philosophischen und politischen Schriften prägten die intellektuellen Entwicklungen im Deutschland des späten 18. und frühen 19. Jahrhunderts und beeinflussten sowohl die Entwicklung der modernen Philosophie als auch die Entstehung des deutschen Nationalismus. Fichte war nicht nur ein außergewöhnlicher Denker, sondern auch ein engagierter Staatsbürger, dessen Ideen auf die politische Situation seiner Zeit ebenso wirkten wie auf das philosophische Nachdenken über Freiheit, Moral und das Selbst.

Geboren wurde Fichte am 19. Mai 1762 in Rammenau, einem kleinen Dorf in Sachsen, als Sohn eines Webers. Trotz der bescheidenen Herkunft zeigte Fichte schon früh intellektuelle Fähigkeiten, die seinen Weg in die akademische Welt ebneten. Mit Hilfe von Förderern, darunter ein lokaler Adeliger, erhielt er eine gute Ausbildung und konnte

1780 ein Theologiestudium an der Universität Jena beginnen. Zunächst war seine Laufbahn von der Absicht geprägt, Pfarrer zu werden, doch die Begegnung mit den Schriften Immanuel Kants veränderte seinen Lebensweg. Die Auseinandersetzung mit Kants Philosophie der Vernunft und des transzendentalen Idealismus eröffnete Fichte eine neue Welt des Denkens, und er beschloss, sich der Philosophie zu widmen.

Fichte gilt als einer der wichtigsten Vertreter des Deutschen Idealismus, der philosophischen Strömung, die sich aus Kants Werk entwickelte. Seine zentrale Idee war die Betonung der Subjektivität und der Autonomie des menschlichen Geistes. Fichte glaubte, dass das „Ich" – das Selbstbewusstsein des Individuums – der Ursprung aller Realität und Erkenntnis sei. In seiner Wissenschaftslehre, die er 1794 erstmals entwickelte, versuchte Fichte, ein System zu schaffen, das das Ich als aktives, schöpferisches Prinzip in den Mittelpunkt stellt. Die Welt und die Objekte, die wir wahrnehmen, existieren nach Fichtes Ansicht nur in Bezug auf das Ich; sie sind Ergebnisse des Bewusstseins. Diese Philosophie betonte die Freiheit des Individuums, da das Ich nicht von äußeren Bedingungen abhängig ist, sondern selbst die Welt hervorbringt, die es erfährt. Fichtes Philosophie war eine Weiterentwicklung von Kants Ideen und beeinflusste auch später bedeutende Denker wie Friedrich Wilhelm Joseph Schelling und Georg Wilhelm Friedrich Hegel.

Die radikale Freiheit, die Fichte in seiner Philosophie postulierte, war auch die Grundlage für seine politischen Überzeugungen. Fichte war zutiefst davon überzeugt, dass die individuelle Freiheit die Grundlage jeder moralischen und politischen Ordnung sein müsse. Er war ein früher Verfechter republikanischer und demokratischer Ideen in Deutschland, inspiriert von der Französischen Revolution. In seinen frühen Schriften sprach sich Fichte für die Gleichheit aller Menschen und die Notwendigkeit einer politischen Ordnung aus, die auf den Prinzipien von Freiheit und Gerechtigkeit beruhte.

Eines seiner bedeutendsten politischen Werke ist die „Reden an die deutsche Nation", die er im Winter 1807-1808 während der napoleonischen Besatzung Berlins hielt. Diese Reden waren eine leidenschaftliche Verteidigung des deutschen Volkes und ein Aufruf zur nationalen Erneuerung. Fichte sah die Niederlage Preußens gegen Napoleon und die französische Vorherrschaft in Europa als Symptome einer tieferen Krise des deutschen Geistes und der deutschen Kultur. Er forderte die Deutschen auf, sich auf ihre eigene Stärke zu besinnen und eine moralische und kulturelle Erneuerung anzustreben, die auf Bildung und nationaler Einheit basieren sollte. Diese Reden trugen maßgeblich zur Entwicklung des deutschen Nationalbewusstseins bei und machten Fichte zu einer zentralen Figur des frühen Nationalismus. Er glaubte, dass die Bildung des Individuums, insbesondere durch eine Erziehung, die den Willen zur Freiheit und Selbstbestimmung fördert, die Grundlage für eine starke Nation sein müsse.

Neben seiner politischen und philosophischen Arbeit war Fichte auch ein bedeutender Pädagoge. Er war der erste Professor, der 1794 an der Universität Jena den Lehrstuhl für Philosophie des Deutschen Idealismus innehatte, und seine Vorlesungen zogen viele Schüler an, die später selbst einflussreiche Denker wurden. Fichte sah die Bildung nicht nur als intellektuelle Entwicklung, sondern als moralische Pflicht, die das Individuum befähigt, ein freies und verantwortungsbewusstes Mitglied der Gesellschaft zu werden. Bildung sollte nicht nur Wissen vermitteln, sondern den Charakter formen und das Bewusstsein für die Verantwortung stärken, die jeder Einzelne gegenüber der Gemeinschaft trägt.

Fichtes Einfluss auf die politische und philosophische Entwicklung Deutschlands kann kaum überschätzt werden. Seine Philosophie des Selbstbewusstseins und der Freiheit war nicht nur eine Antwort auf die Herausforderungen seiner Zeit, sondern legte auch den Grundstein für spätere Entwicklungen im Bereich des Existenzialismus und des Idealismus. Seine Ideen über die Rolle des Individuums in der Gesellschaft und die Bedeutung von Freiheit beeinflussten nicht nur Philosophen, sondern auch politische Denker und Aktivisten, die nach ihm kamen. Besonders seine Betonung der moralischen Autonomie des Individuums war von großer Bedeutung für die Entwicklung moderner Vorstellungen von Menschenrechten und individueller Freiheit.

Sein Leben war jedoch auch von Schwierigkeiten und Konflikten geprägt. Fichtes radikale Positionen, insbesondere seine scharfe Kritik an der etablierten Kirche und seine Verteidigung der Französischen Revolution, machten ihn zu einer umstrittenen Figur. Er geriet mehrfach in Konflikt mit den konservativen Kräften seiner Zeit, was dazu führte, dass er seinen Lehrstuhl in Jena verlor. Er wurde auch wegen seines religiösen Standpunkts, der als Atheismus interpretiert wurde, heftig angegriffen. Trotz dieser Schwierigkeiten blieb Fichte seinen Überzeugungen treu und setzte sich bis zu seinem Tod für die Prinzipien von Freiheit, Autonomie und Gerechtigkeit ein.

Fichte starb am 29. Januar 1814 in Berlin an einer Infektion, die er beim Pflegen seiner an Typhus erkrankten Frau erlitt. Sein Tod markierte das Ende eines Lebens, das ganz der Philosophie und dem Einsatz für Freiheit und nationale Erneuerung gewidmet war. Heute gilt Johann Gottlieb Fichte als eine der zentralen Figuren des deutschen Idealismus und als einer der Vordenker des modernen Nationalismus. Seine Ideen über das Selbst, die Freiheit und die Rolle des Individuums in der Gesellschaft sind auch heute noch von großer Bedeutung und beeinflussen weiterhin die philosophischen und politischen Debatten unserer Zeit.

Heinrich von Gagern

Heinrich von Gagern (1799–1880) war eine der bedeutendsten politischen Persönlichkeiten im deutschen Vormärz und der Revolution von 1848/49. Als überzeugter Befürworter eines vereinten deutschen Nationalstaates und einer konstitutionellen Monarchie spielte Gagern eine zentrale Rolle in der deutschen Nationalbewegung. Seine Karriere umfasste eine Vielzahl politischer Stationen, und er trat sowohl als praktischer Politiker als auch als Denker hervor. Gagern verband nationale und liberale Ideen miteinander, was ihn zu einem der führenden Vertreter des deutschen Liberalismus machte, besonders in der ersten Hälfte des 19. Jahrhunderts.

Heinrich Wilhelm August Freiherr von Gagern wurde am 20. August 1799 in Bayreuth geboren. Er stammte aus einer adeligen Familie, die im politischen und militärischen Leben des Großherzogtums Hessen eine prominente Rolle spielte. Sein Vater, Hans Christoph von Gagern, war Diplomat und Staatsmann und förderte die Erziehung seiner Söhne in einem stark patriotischen und aufklärerischen Geist. Der junge Heinrich von Gagern besuchte zunächst das Gymnasium in Darmstadt und später die Universitäten Heidelberg und Göttingen, wo er Jura und Staatswissenschaften studierte. Während seines Studiums wurde er Mitglied der Burschenschaften, einer nationalistischen und liberalen Studentenbewegung, die sich für die Einheit Deutschlands und die Einführung freiheitlicher Verfassungen einsetzte.

Im Rahmen seines Studiums und seiner frühen beruflichen Tätigkeit wurde Gagern stark von den Ideen der Aufklärung und des Liberalismus beeinflusst. Besonders prägte ihn das Ideal eines deutschen Nationalstaates, das in dieser Zeit, besonders nach den Befreiungskriegen gegen Napoleon, unter den deutschen Intellektuellen und Studenten an Bedeutung gewann. Diese nationalen und liberalen

Ideale waren für Gagern richtungsweisend und sollten ihn sein ganzes Leben lang begleiten.

Nach seinem Studium trat Heinrich von Gagern in den hessischen Staatsdienst ein und begann eine militärische Laufbahn. Er nahm 1821 als Leutnant am griechischen Unabhängigkeitskrieg gegen das Osmanische Reich teil, was seine Affinität zu nationalen Befreiungsbewegungen weiter verstärkte. Gagern war tief beeindruckt von den Bestrebungen des griechischen Volkes nach nationaler Unabhängigkeit und sah in diesem Kampf Parallelen zur Lage Deutschlands, das zu dieser Zeit in viele kleine Fürstentümer und Königreiche zersplittert war und unter der Hegemonie Österreichs und Preußens stand.

Seine politische Karriere nahm in den 1830er Jahren Fahrt auf, als er in den hessischen Landtag gewählt wurde. In den darauffolgenden Jahren wurde Gagern zunehmend zum Sprachrohr der liberalen und nationalen Kräfte im Großherzogtum Hessen. Er setzte sich für die Einführung von Verfassungen, die Einschränkung der absolutistischen Macht der Fürsten und die Förderung von Bürgerrechten ein. Diese Forderungen machten ihn zu einem wichtigen Vertreter der liberalen Bewegung in Deutschland. Gagerns Rhetorik und seine politischen Ideen wurden von der wachsenden Unzufriedenheit in der Bevölkerung über die restaurativen Maßnahmen der deutschen Fürstenhäuser nach dem Wiener Kongress von 1815 beflügelt.

Die Revolution von 1848, die in Frankreich begann und rasch auf weite Teile Europas übergriff, bot Gagern die Gelegenheit, seine Visionen von einem vereinten Deutschland in die Tat umzusetzen. Die Unzufriedenheit mit der reaktionären Politik der Fürsten, wirtschaftliche Missstände und das aufkommende Bewusstsein für nationale Einheit und Freiheit hatten zu breiten Aufständen und politischen Umwälzungen geführt. In dieser revolutionären Phase trat Heinrich von Gagern als einer der führenden Köpfe der liberalen Bewegung auf die politische Bühne.

Im Mai 1848 wurde Gagern in das Vorparlament gewählt, eine Versammlung, die sich in der Frankfurter Paulskirche konstituierte, um über die Zukunft Deutschlands zu beraten. Gagern setzte sich für die Schaffung einer konstitutionellen Monarchie ein, die einen deutschen Nationalstaat unter der Führung eines Monarchen vereinen sollte. Er sprach sich gegen radikale republikanische Ideen aus, da er befürchtete, dass eine solche Lösung den Weg in die Anarchie ebnen könnte. Stattdessen befürwortete er eine "kleindeutsche Lösung", bei der Preußen die Führung in einem vereinten Deutschland übernehmen sollte, während Österreich, das ein Vielvölkerreich war, außen vor bleiben sollte.

Sein Engagement für diese Idee trug ihm im Dezember 1848 das Amt des Präsidenten der Frankfurter Nationalversammlung ein. Diese Versammlung war der erste demokratisch gewählte gesamtdeutsche Volksvertreter und wurde mit der Aufgabe betraut, eine Verfassung für einen vereinten deutschen Staat zu erarbeiten. Unter Gagerns Führung setzte die Nationalversammlung die Arbeit an einer Verfassung fort, die eine konstitutionelle Monarchie, das allgemeine Wahlrecht und eine zentrale Regierung für das zukünftige Deutschland vorsah. Seine Rolle als Präsident der Nationalversammlung brachte ihn ins Zentrum des politischen Geschehens, und seine diplomatischen Fähigkeiten sowie seine Überzeugungskraft machten ihn zu einer der bedeutendsten Figuren der Revolution.

Die Verfassung, die im März 1849 von der Nationalversammlung verabschiedet wurde, sah eine kleindeutsche Lösung unter der Führung Preußens vor. Kaiser Friedrich Wilhelm IV. von Preußen wurde von der Nationalversammlung die Kaiserkrone angeboten. Doch trotz Gagerns intensiver Bemühungen und der Hoffnungen der Nationalversammlung lehnte Friedrich Wilhelm IV. die Krone ab, da er sie nicht aus den Händen einer demokratisch gewählten Volksversammlung annehmen wollte. Diese Ablehnung bedeutete das Scheitern der Bemühungen um eine nationale Einigung auf konstitutionell-liberaler Basis.

Nach dem Scheitern der Revolution von 1848 und der Auflösung der Nationalversammlung zog sich Gagern zunächst aus der Politik zurück, kehrte jedoch bald darauf in den hessischen Staatsdienst zurück. Er übernahm 1850 das Amt des Innenministers im Großherzogtum Hessen, wurde jedoch 1852 aufgrund seiner liberalen Überzeugungen entlassen. In den folgenden Jahren konzentrierte sich Gagern auf die Publikation politischer Schriften und setzte sich weiterhin für die Einheit Deutschlands und die Schaffung eines konstitutionellen Staates ein, wenngleich seine politische Einflussnahme abnahm.

Der Rest seines Lebens war von der Enttäuschung geprägt, dass seine Vision von einem vereinten, konstitutionellen Deutschland nicht verwirklicht werden konnte. Er verfolgte jedoch die weitere politische Entwicklung Deutschlands und erlebte die Gründung des Deutschen Kaiserreichs 1871 unter der Führung von Preußen, wenngleich dieses Reich eher die Züge einer konservativen Monarchie trug, als Gagern es sich in seinen Plänen vorgestellt hatte.

Heinrich von Gagern starb am 22. Mai 1880 in Darmstadt. Sein politisches Vermächtnis ist vor allem in seinem Engagement für die nationale Einheit und seine Versuche, liberale Ideen in einem deutschen Nationalstaat zu verwirklichen, zu sehen. Obwohl die Revolution von 1848 scheiterte und seine Vision eines vereinten Deutschlands zu seinen Lebzeiten nicht vollständig umgesetzt wurde, beeinflussten seine Ideen die nachfolgenden Generationen und die politische Entwicklung Deutschlands erheblich. Gagern bleibt eine Symbolfigur des deutschen Liberalismus und der Bewegung für nationale Einheit im 19. Jahrhundert.

Ludwig Börne

Ludwig Börne, geboren am 6. Mai 1786 in Frankfurt am Main als Löb Baruch, war ein deutscher Schriftsteller, Journalist und bedeutender politischer Publizist, der in der ersten Hälfte des 19. Jahrhunderts eine zentrale Rolle im Kampf für Freiheit, Demokratie und die Emanzipation der Juden spielte. Als eine der schillerndsten Figuren der Vormärz-Zeit, also der Periode zwischen dem Wiener Kongress (1815) und der Revolution von 1848, wurde Börne zu einer einflussreichen Stimme des politischen und literarischen Liberalismus in Deutschland. Seine kritischen Schriften prangerten die politischen Missstände seiner Zeit an, und sein Leben und Werk spiegeln die sozialen und politischen Kämpfe dieser Zeit wider.

Ludwig Börne wurde in eine jüdische Familie geboren und wuchs in einem stark konservativen, von Handels- und Finanzinteressen geprägten Umfeld auf. Schon früh musste er die Einschränkungen und Vorurteile gegenüber Juden in der damaligen Gesellschaft erleben, was seine politische Sensibilität und seine Schriften entscheidend beeinflusste. Börnes frühe Ausbildung fand zunächst an der Frankfurter Talmud-Tora-Schule statt, bevor er auf eine öffentliche Schule wechselte, die ihm den Zugang zu einer breiteren Bildung ermöglichte. Bereits in jungen Jahren zeigte er ein großes Interesse an Literatur und Philosophie.

Börne studierte ab 1803 Medizin in Halle, später auch in Jena, entschied sich jedoch, das Studium zu wechseln und sich den Rechtswissenschaften zuzuwenden. Dieses Studium schloss er 1808 an der Universität Gießen ab. Aufgrund seiner jüdischen Herkunft blieb ihm jedoch eine Karriere im öffentlichen Dienst weitgehend verwehrt, was ihn schließlich dazu brachte, sich der Journalistik zuzuwenden – ein Bereich, in dem er seine literarischen und politischen Talente zur Geltung bringen konnte.

Im Jahr 1811 nahm Börne den Namen Ludwig Börne an, nachdem er sich und seine Familie taufen ließ, um die rechtlichen und sozialen Diskriminierungen als Jude zu umgehen, die ihn in seiner beruflichen Laufbahn stark eingeschränkt hatten. Dieser Schritt zur Konversion, der in jener Zeit keine Seltenheit unter jüdischen Intellektuellen war, kann auch als Ausdruck seiner Hoffnung auf eine umfassende gesellschaftliche Emanzipation und Gleichberechtigung verstanden werden. Doch trotz seiner Taufe blieb Börne zeitlebens ein scharfer Kritiker der sozialen Ungleichheit und der Ausgrenzung von Juden.

Die politischen Umstände, unter denen Ludwig Börne lebte, prägten sein Werk maßgeblich. Nach den napoleonischen Kriegen und dem Wiener Kongress 1815, der die alten monarchischen Strukturen in Europa restaurierte, herrschte in den deutschen Staaten eine Zeit der politischen Repression. Die liberalen Hoffnungen auf Reformen und nationale Einheit, die während der Befreiungskriege gegen Napoleon in der deutschen Bevölkerung aufkamen, wurden von den konservativen Kräften der Fürstenhäuser und ihrer Berater, insbesondere unter der Führung des österreichischen Staatskanzlers Klemens von Metternich, systematisch unterdrückt. Diese sogenannte Restauration zielte darauf ab, die monarchische Macht und die feudalen Privilegien zu bewahren, während liberale und nationale Bewegungen unterdrückt wurden.

Ludwig Börne reagierte auf diese politische Repression mit seinen scharfsinnigen und polemischen Schriften, in denen er die politischen Verhältnisse in Deutschland kritisierte. Schon früh zeigte sich sein schriftstellerisches Talent, das er zunächst als Redakteur bei verschiedenen Zeitschriften und Zeitungen einsetzte. Zu seinen bekanntesten frühen Publikationen zählt die "Zeitschwingen", eine literarische und politische Zeitschrift, die er gemeinsam mit seinem Freund und Mitstreiter Karl Gutzkow herausgab. In seinen Artikeln setzte sich Börne kritisch mit der politischen Rückständigkeit der deutschen Fürstentümer und der Unterdrückung der Meinungsfreiheit auseinander.

Seine bekanntesten und einflussreichsten Schriften entstanden jedoch während seines Exils in Paris. 1830 ging Börne nach Frankreich, um dem zunehmenden politischen Druck in Deutschland zu entkommen und die Ereignisse der Julirevolution zu beobachten, die in Frankreich den Sturz des Bourbonenkönigs Karl X. und die Einsetzung von Louis-Philippe als "Bürgerkönig" zur Folge hatte. Börne war fasziniert von der französischen revolutionären Tradition und wurde in den folgenden Jahren ein leidenschaftlicher Unterstützer der liberalen und republikanischen Bewegungen in Europa. Seine Zeit in Paris war für ihn von entscheidender Bedeutung, da er in Frankreich das fand, was er in Deutschland vermisste: politische Freiheit, ein lebendiges intellektuelles Klima und die Möglichkeit, seine Ideen öffentlich zu äußern.

In Paris begann Börne, seine berühmten "Briefe aus Paris" zu schreiben, die zwischen 1830 und 1833 veröffentlicht wurden. Diese Briefe, die an einen fiktiven Empfänger gerichtet waren, waren nicht nur ein Bericht über die politischen Ereignisse in Frankreich, sondern auch eine schonungslose Abrechnung mit den deutschen Verhältnissen. Börne kritisierte die deutsche Reaktion und forderte die Deutschen auf, den französischen Vorbildern zu folgen und für Freiheit, Gleichheit und die nationale Einheit zu kämpfen. Die "Briefe aus Paris" wurden in ganz Europa gelesen und machten Börne zu einer wichtigen Stimme des Liberalismus. Seine scharfe und prägnante Sprache, gepaart mit einem unerschütterlichen Glauben an die Menschenrechte und die demokratische Erneuerung, machten ihn zu einer der bedeutendsten politischen Schriftsteller seiner Zeit.

Börnes Schriften fanden breite Resonanz unter den deutschen Liberalen und Intellektuellen, doch er blieb auch umstritten. Besonders seine scharfen Angriffe auf das konservative deutsche Establishment und seine Unterstützung der Französischen Revolution stießen bei den konservativen Kräften auf scharfe Ablehnung. Börne selbst wurde zum Ziel heftiger Kritik, vor allem durch den nationalistischen Schriftsteller Heinrich Heine, mit dem er lange Zeit eine enge Freundschaft pflegte, die jedoch in einen literarischen und persönlichen Konflikt mündete. Heine, der ebenfalls ein scharfer Kritiker der politischen Verhältnisse war, warf Börne eine naive Begeisterung für die französische Revolution vor und griff ihn in seiner Schrift "Ludwig Börne. Eine Denkschrift" an, die nach Börnes Tod veröffentlicht wurde. Dieser literarische Streit zwischen zwei der bedeutendsten politischen Schriftsteller des Vormärz wirkte lange nach und spiegelt die Spannungen innerhalb der liberalen Bewegung jener Zeit wider.

Ludwig Börne starb am 12. Februar 1837 in Paris. Er hinterließ ein umfangreiches Werk, das die politischen und sozialen Kämpfe seiner Zeit widerspiegelt und den Liberalismus und die Freiheitsbewegungen in Deutschland nachhaltig beeinflusste. Börnes unerschütterlicher Glaube an die Macht der Worte und die Notwendigkeit der politischen Erneuerung machten ihn zu einer Schlüsselfigur des Vormärz. Seine Schriften waren nicht nur eine scharfe Kritik an den reaktionären Kräften seiner Zeit, sondern auch ein leidenschaftliches Plädoyer für Freiheit, Gleichheit und Demokratie. Börne bleibt eine der bedeutendsten Figuren des deutschen Vormärz und eine Stimme, die die politischen Debatten des 19. Jahrhunderts maßgeblich mitprägte. Sein Erbe lebt in den Ideen fort, die die Revolution von 1848 und die politische Entwicklung Deutschlands im weiteren Verlauf des Jahrhunderts prägten.

Der Deutsche Burschenschaftsverband

Der Deutsche Burschenschaftsverband ist eine der bedeutendsten studentischen Bewegungen im deutschsprachigen Raum, die maßgeblich zur Entstehung des Nationalismus, Liberalismus und der Idee eines vereinten Deutschlands im 19. Jahrhundert beigetragen hat. Der Ursprung dieser Bewegung geht auf das frühe 19. Jahrhundert zurück, als in den deutschen Staaten das Bewusstsein für nationale Einheit und politische Freiheit erwachte. Im Folgenden wird die Entstehung, die Entwicklung und die Rolle der Burschenschaften im politischen und sozialen Wandel des 19. Jahrhunderts bis hin zur Gegenwart detailliert beschrieben.

Die Gründung der ersten Burschenschaften lässt sich auf das Jahr 1815 zurückführen, unmittelbar nach dem Ende der Napoleonischen Kriege. Die Niederlage Napoleons und der Wiener Kongress brachten zwar Frieden nach Europa, aber die politische Neuordnung des Kontinents bedeutete für Deutschland weiterhin Zersplitterung. Deutschland bestand nach wie vor aus vielen kleinen Staaten, Fürstentümern und Königreichen, die im Rahmen des Deutschen Bundes unter österreichischer Führung lose miteinander verbunden waren. Viele junge Menschen, insbesondere die Studenten, die in den Befreiungskriegen gegen Napoleon gekämpft hatten, hofften auf die nationale Einheit Deutschlands und die Schaffung eines liberalen Verfassungsstaates. Diese Hoffnungen wurden jedoch enttäuscht, da der Wiener Kongress vor allem die bestehenden monarchischen Strukturen wiederherstellte und revolutionäre Ideen unterdrückte.

In diesem Kontext entstand die Urburschenschaft in Jena, die als erste Studentenvereinigung galt, die sich ausdrücklich für die nationale Einheit Deutschlands und die Einführung einer Verfassung einsetzte. Die Gründung der Jenaer Urburschenschaft am 12. Juni 1815 markiert den Beginn der Burschenschaftsbewegung. Die Studenten, die sich in dieser Bewegung zusammenschlossen, stammten aus verschiedenen Teilen Deutschlands und hatten oft während der Befreiungskriege Seite an Seite gekämpft. Sie verband das gemeinsame Ziel, ein freies und geeintes Deutschland zu schaffen, das die Rechte und Freiheiten der Bürger gewährleistete. Die Ideale der Burschenschaften waren stark von den Ideen der Französischen Revolution und der Aufklärung geprägt: Freiheit, Gleichheit und Brüderlichkeit.

Das erste bedeutende öffentliche Ereignis der Burschenschaften war das Wartburgfest von 1817. Anlässlich des 300. Jahrestags der Reformation und des Sieges über Napoleon bei der Völkerschlacht von Leipzig 1813 versammelten sich am 18. Oktober 1817 etwa 500 Studenten und Professoren auf der Wartburg in Thüringen. Sie forderten die nationale Einheit Deutschlands, die Einführung von Verfassungen in den deutschen Einzelstaaten und die Abschaffung der feudalen Privilegien. Das Wartburgfest war ein starkes Symbol für die wachsende nationale Bewegung in Deutschland und zeigte, dass die Burschenschaften nicht nur eine studentische Gruppierung, sondern auch eine politische Kraft waren. Während des Festes verbrannten die Teilnehmer unter anderem reaktionäre Schriften und Symbole, darunter Bücher von Schriftstellern, die als Gegner der nationalen und liberalen Ideen galten, sowie Symbole der Feudalherrschaft.

Die Reaktion auf das Wartburgfest ließ nicht lange auf sich warten. Die konservativen Mächte, allen voran Fürst Klemens von Metternich, der österreichische Staatskanzler und einer der Architekten der restaurativen Nachkriegsordnung, sahen in den Burschenschaften eine Bedrohung für die bestehende politische Ordnung. Die Monarchien Europas, die gerade erst durch den Wiener Kongress wieder stabilisiert worden waren, wollten revolutionäre Ideen unterdrücken und sahen in den Burschenschaften eine potenzielle Gefahr für ihre Herrschaft. Besonders das Streben nach nationaler Einheit und liberalen Verfassungen stieß bei den Fürsten auf Widerstand.

Die konservativen Kräfte nutzten den Mord an August von Kotzebue im Jahr 1819 als Vorwand, um gegen die Burschenschaften vorzugehen. Kotzebue war ein konservativer Schriftsteller und Diplomat, der von vielen als Repräsentant der reaktionären Kräfte in Europa angesehen wurde. Er wurde von Karl Ludwig Sand, einem Mitglied der Jenaer Burschenschaft, aus politischen Motiven ermordet. Sand handelte im Namen des nationalen Gedankens, da Kotzebue in seinen Schriften gegen die deutschen Freiheitsbestrebungen polemisiert hatte. Dieser Mord schockierte die Monarchien Europas und führte zu einer Welle von Repressionen gegen die nationalen und liberalen Bewegungen.

Die Antwort der konservativen Kräfte waren die Karlsbader Beschlüsse von 1819. Diese reaktionären Maßnahmen, die auf einer Konferenz in der böhmischen Stadt Karlsbad unter der Führung Metternichs verabschiedet wurden, zielten darauf ab, die nationale und liberale Bewegung zu zerschlagen. Die Karlsbader Beschlüsse beinhalteten die Überwachung und Zensur der Universitäten, die Verfolgung und Auflösung der Burschenschaften sowie die Überwachung der Presse. Professoren, die sich für nationale und liberale Ideen einsetzten, wurden aus ihren Ämtern entlassen, und viele Burschenschaftsmitglieder wurden verfolgt oder inhaftiert. Die Burschenschaften mussten in den Untergrund gehen oder ihre Aktivitäten einstellen. Doch trotz der Repression blieben die Ideen der nationalen Einheit und Freiheit lebendig und fanden weiter Verbreitung, vor allem unter den Studenten.

Die Burschenschaften spielten auch in den revolutionären Bewegungen der folgenden Jahrzehnte eine zentrale Rolle. Insbesondere während des Vormärz, der Zeit zwischen 1815 und 1848, in der sich die oppositionellen Kräfte in Deutschland formierten, waren die Burschenschaften ein wichtiger Bestandteil der liberalen und nationalen Bewegung. Sie organisierten Proteste, diskutierten über politische Reformen und setzten sich für die Schaffung eines deutschen Nationalstaates ein. Viele Mitglieder der Burschenschaften nahmen an der Revolution von 1848/49 teil, die einen Höhepunkt der nationalen und liberalen Bestrebungen in Deutschland darstellte.

Im Jahr 1848 kam es in vielen deutschen Staaten zu revolutionären Erhebungen, die die Einführung von Verfassungen und die Schaffung eines deutschen Nationalstaates forderten. In der Frankfurter Nationalversammlung, die im Mai 1848 in der Paulskirche in Frankfurt am Main zusammentrat, um über die Zukunft Deutschlands zu beraten, waren viele ehemalige Burschenschaftler vertreten. Die Nationalversammlung setzte sich das Ziel, eine Verfassung für ein vereintes Deutschland auszuarbeiten und eine konstitutionelle Monarchie zu schaffen. Doch die Revolution scheiterte, da die deutschen Fürsten, insbesondere der preußische König Friedrich Wilhelm IV., sich weigerten, die von der Nationalversammlung ausgearbeitete Verfassung anzuerkennen und die Krone eines vereinten Deutschlands anzunehmen. Die Burschenschaften mussten erkennen, dass der Traum von einem vereinten Deutschland vorerst gescheitert war.[45]

Nach dem Scheitern der Revolution von 1848 und den darauffolgenden Repressionen gingen die Burschenschaften in den Untergrund oder lösten sich auf. Viele ihrer Mitglieder wurden verfolgt, inhaftiert oder ins Exil gezwungen. Doch trotz dieser Rückschläge blieb die Idee eines deutschen Nationalstaates bestehen. Die Burschenschaften spielten eine wichtige Rolle bei der Aufrechterhaltung des nationalen Gedankens, und viele ihrer Mitglieder setzten sich in den folgenden Jahrzehnten weiterhin für die Schaffung eines vereinten Deutschlands ein.

Mit der Gründung des Deutschen Kaiserreichs im Jahr 1871 unter preußischer Führung erfüllte sich schließlich der Traum von einem

---

45 Ralf Schönert, Von Aufbruch und Einigkeit - Deutschland zwischen 1848 und 1871, BOD Verlag 2023, ISBN 9783757880873

vereinten deutschen Nationalstaat. Viele der Ideale, für die die Burschenschaften gekämpft hatten, wurden nun Wirklichkeit. Die Burschenschaften bestanden jedoch weiterhin und behielten ihre Bedeutung im deutschen Hochschulwesen bei. Im Kaiserreich und auch in der Weimarer Republik nach dem Ersten Weltkrieg waren die Burschenschaften weiterhin wichtige gesellschaftliche Akteure, wenngleich sie sich zunehmend politisch differenzierten.

Im 20. Jahrhundert entwickelten sich die Burschenschaften weiter und passten sich den politischen und sozialen Gegebenheiten an. Nach dem Zweiten Weltkrieg, in dem viele Burschenschaften verboten wurden, gründeten sie sich in der Bundesrepublik Deutschland neu und setzten sich für die Förderung von Gemeinschaft, politischer Bildung und dem Engagement in gesellschaftlichen Fragen ein. Heute sind die Burschenschaften Teil der studentischen Tradition in Deutschland und Österreich, doch ihre Bedeutung und politische Ausrichtung sind umstritten. Einige Burschenschaften betonen weiterhin ihre nationale und konservative Ausrichtung, während andere stärker auf die Vermittlung demokratischer Werte und die Förderung von Bildung fokussiert sind.

Insgesamt lässt sich sagen, dass der Deutsche Burschenschaftsverband eine der einflussreichsten Bewegungen der deutschen Geschichte ist, deren Mitglieder maßgeblich zur Entstehung des deutschen Nationalbewusstseins und zur Verbreitung liberaler Ideen beigetragen haben. Von den frühen Forderungen nach nationaler Einheit und politischen Freiheiten über ihre Beteiligung an der Revolution von 1848 bis hin zur Gründung des Kaiserreichs 1871 spielten die Burschenschaften eine zentrale Rolle im politischen Leben Deutschlands. Ihr Erbe ist jedoch auch von Widersprüchen geprägt, da sie im Laufe der Zeit verschiedene politische Strömungen aufnahmen und heute in einem Spannungsfeld zwischen Tradition und Moderne stehen.

Carl von Rotteck

Carl von Rotteck (1775–1840) war ein deutscher Historiker, Jurist, Publizist und einer der bedeutendsten Vordenker des Liberalismus im 19. Jahrhundert. Besonders im Vormärz, der Zeit zwischen dem Wiener Kongress 1815 und der Revolution von 1848, trat Rotteck als scharfer Kritiker der politischen Verhältnisse seiner Zeit auf und setzte sich vehement für die Rechte des Bürgertums, die Pressefreiheit und die nationale Einheit Deutschlands ein. Seine Ideen und Schriften prägten eine Generation von Liberalen und Demokraten und leisteten einen bedeutenden Beitrag zur politischen Entwicklung Deutschlands im 19. Jahrhundert.

Carl von Rotteck wurde am 18. Juli 1775 in Freiburg im Breisgau geboren, einer Stadt im Großherzogtum Baden. Er stammte aus einer wohlhabenden und gebildeten Familie. Sein Vater war Jurist und Hochschullehrer, was dem jungen Carl früh Zugang zu einer akademischen Laufbahn ermöglichte. Nach dem Abitur begann er ein Studium der Rechtswissenschaften an der Universität Freiburg, wo er 1797 promovierte und im Anschluss daran eine Professur für Naturrecht und Politik erhielt. Schon in seiner Jugend wurde Rotteck von den Idealen der Aufklärung und den Gedanken der Französischen Revolution beeinflusst. Die Idee der Menschenrechte und der bürgerlichen Freiheiten prägte sein späteres politisches und intellektuelles Wirken entscheidend.

In den ersten Jahren seiner akademischen Karriere verfasste Rotteck zahlreiche Schriften über Rechts- und Staatswissenschaften, in denen er sich mit den Prinzipien des Naturrechts auseinandersetzte und für die Rechte des Individuums sowie die Notwendigkeit einer verfassungsmäßigen Ordnung eintrat. Seine Schriften reflektierten die politischen und sozialen Veränderungen, die Europa zu dieser Zeit erfassten. Während viele konservative Denker und Politiker nach den Napoleonischen Kriegen eine Rückkehr zu den alten monarchischen Strukturen anstrebten, trat Rotteck für Reformen ein, die auf den Idealen der Freiheit, Gleichheit und Demokratie beruhten.

Einen wichtigen Wendepunkt in Rottecks Leben stellte der Wiener Kongress von 1814/15 dar, der nach dem Sturz Napoleons die politischen Verhältnisse in Europa neu ordnete. Der Kongress restaurierte die alten monarchischen Strukturen und verfolgte das Ziel, revolutionäre Bewegungen und liberale Bestrebungen zu unterdrücken. Für Rotteck, der an eine Verfassungsreform und die Rechte der Bürger glaubte, waren die Ergebnisse des Wiener Kongresses eine Enttäuschung. Besonders der Deutsche Bund, der anstelle eines einheitlichen deutschen Nationalstaats geschaffen wurde, erweckte in ihm den Widerstand gegen die fortbestehende Zersplitterung Deutschlands und die konservative Restauration.[46]

Rotteck engagierte sich daraufhin zunehmend in der politischen Öffentlichkeit. Er trat als überzeugter Verfechter einer konstitutionellen Monarchie auf, in der die Macht des Monarchen durch eine Verfassung eingeschränkt und den Bürgern demokratische Mitspracherechte gewährt würden. Besonders wichtig war ihm die Einführung einer unabhängigen Justiz und die Garantie von Grundrechten wie der Meinungs- und Pressefreiheit. Diese Ideen veröffentlichte Rotteck in einer Vielzahl von Schriften und Essays, die weit über seine badische Heimat hinaus gelesen wurden und ihn zu einer der führenden Stimmen des Liberalismus in Deutschland machten.

Sein politisches Engagement brachte Rotteck auch in die badische Ständeversammlung, wo er sich als Abgeordneter für liberale Reformen einsetzte. 1819 wurde er Mitglied der Zweiten Kammer der badischen Ständeversammlung und blieb dort bis 1821. In seiner politischen Arbeit kämpfte er vor allem gegen die reaktionären Tendenzen

46 Ralf Schönert, Von Aufbruch und Einigkeit - Deutschland zwischen 1848 und 1871, BOD Verlag 2023, ISBN 9783757880873

der Zeit, die durch die Karlsbader Beschlüsse von 1819 verstärkt wurden. Diese Beschlüsse, die auf den Mord an dem konservativen Schriftsteller August von Kotzebue durch den radikalen Studenten Karl Ludwig Sand folgten, zielten darauf ab, die liberale und nationale Bewegung in Deutschland zu unterdrücken. Sie beinhalteten die Überwachung der Universitäten, die Zensur der Presse und die Verfolgung von politischen Gegnern. Für Rotteck, der die Pressefreiheit als unverzichtbare Grundlage einer aufgeklärten und demokratischen Gesellschaft betrachtete, waren diese Maßnahmen ein schwerer Rückschlag.

Trotz dieser Repressionen gab Rotteck seinen Einsatz für die Freiheit nicht auf. In den folgenden Jahren arbeitete er unermüdlich daran, die liberalen Ideen in der deutschen Gesellschaft zu verbreiten. Ein besonders bedeutendes Werk, das Rotteck in dieser Zeit veröffentlichte, war sein "Allgemeines Staatsrecht", das 1829 erschien. In diesem Buch setzte er sich mit den Grundlagen des Staatsrechts auseinander und plädierte für die Schaffung einer verfassungsmäßigen Ordnung, die die Macht des Staates begrenzt und die Rechte des Individuums schützt. Das Werk war ein wichtiger Beitrag zur politischen Theorie des Liberalismus und wurde in ganz Deutschland rezipiert.

Ein weiterer Meilenstein in Rottecks Karriere war die Gründung des "Deutschen Staatslexikons", das er zusammen mit dem liberalen Publizisten Carl Theodor Welcker herausgab. Das Staatslexikon, dessen erste Ausgabe 1834 erschien, war ein umfassendes Nachschlagewerk über Politik, Recht und Gesellschaft und wurde zu einem der einflussreichsten Werke des politischen Liberalismus in Deutschland. Es war nicht nur eine Sammlung von Informationen, sondern auch ein Instrument, um liberale Ideen zu verbreiten und das politische Bewusstsein der deutschen Bürger zu schärfen. Das Lexikon stellte die Prinzipien des Liberalismus dar und warb für demokratische Reformen, Pressefreiheit, Rechtsstaatlichkeit und nationale Einheit. Besonders in der

Vormärz-Zeit, als die politische Repression in Deutschland zunahm, wurde das Staatslexikon zu einer wichtigen Stimme der Opposition.

Rottecks politisches Engagement beschränkte sich jedoch nicht nur auf die Theorie. Er war auch praktisch in die politische Arbeit involviert und setzte sich aktiv für Reformen in seiner badischen Heimat ein. Trotz gesundheitlicher Probleme blieb er bis zu seinem Tod 1840 ein entschiedener Verfechter des Liberalismus und der bürgerlichen Rechte. Sein Einfluss war weitreichend: Viele seiner Ideen wurden in den Jahren nach seinem Tod aufgegriffen und fanden Eingang in die politische Bewegung, die zur Revolution von 1848 führte. Diese Revolution, die in vielen deutschen Staaten liberale Verfassungen und die Schaffung eines Nationalstaats forderte, war in vielerlei Hinsicht eine Erfüllung der Ziele, für die Rotteck sein Leben lang gekämpft hatte.

Sein Tod am 26. November 1840 markierte das Ende eines bedeutenden Lebens, das der Förderung der Freiheit und des Rechts gewidmet war. Carl von Rotteck hinterließ ein umfangreiches intellektuelles und politisches Erbe, das die politische Kultur Deutschlands nachhaltig prägte. Er gehörte zu den ersten deutschen Intellektuellen, die sich systematisch mit den Fragen der Menschenrechte, der staatlichen Legitimität und der Bedeutung einer freien Presse auseinandersetzten. Seine Schriften und politischen Aktivitäten trugen wesentlich dazu bei, dass der Liberalismus in Deutschland zu einer mächtigen politischen Kraft wurde, die schließlich in der Revolution von 1848/49 ihren Höhepunkt fand.

Rottecks Lebenswerk zeigt, dass politische Ideen und intellektuelle Debatten die Kraft haben, historische Veränderungen herbeizuführen. Obwohl er die Verwirklichung seiner politischen Visionen nicht mehr miterlebte, legte er den Grundstein für viele der Reformen, die in den Jahren nach seinem Tod umgesetzt wurden. Besonders seine Arbeit für die Pressefreiheit und die Verbreitung liberaler Ideen bleibt eines seiner wichtigsten Vermächtnisse. Auch heute gilt Carl von Rotteck als eine der herausragenden Figuren des deutschen Liberalismus und als Vorreiter für die Ideen von Freiheit, Gleichheit und Recht, die das moderne politische Denken maßgeblich beeinflusst haben.

Friedrich Ludwig Jahn

Friedrich Ludwig Jahn, auch bekannt als "Turnvater Jahn", war eine der einflussreichsten Persönlichkeiten der deutschen Nationalbewegung und gilt als Begründer der Turnbewegung. Jahn wurde am 11. August 1778 in Lanz in der Prignitz geboren und starb am 15. Oktober 1852 in Freyburg an der Unstrut. Sein Leben und Wirken sind eng mit dem Aufstieg des deutschen Nationalismus im frühen 19. Jahrhundert verbunden, und seine Ideen zur körperlichen Ertüchtigung und nationalen Erziehung hatten tiefgreifende Auswirkungen auf die deutsche Gesellschaft und den politischen Diskurs der Zeit.

Jahn stammte aus einer protestantischen Pfarrersfamilie, und seine Erziehung war stark von religiösen und moralischen Werten geprägt. Er besuchte Schulen in Salzwedel und Klötze und studierte ab 1796 Theologie und Philologie an verschiedenen deutschen Universitäten, darunter in Halle, Greifswald und Göttingen. Während seiner Studienzeit entwickelte er ein starkes Interesse an der Geschichte und der Kultur der deutschen Stämme, insbesondere an der Zeit der alten Germanen und ihrer Freiheitskämpfe. Dieses historische Interesse bildete den Hintergrund für Jahns späteres Engagement in der deutschen Nationalbewegung.

Friedrich Ludwig Jahn war stark von den Ideen der Französischen Revolution und den Befreiungskriegen gegen Napoleon beeinflusst. Die Französische Revolution hatte in vielen Teilen Europas das Streben nach nationaler Einheit und politischer Freiheit geweckt. In Deutschland, das zu dieser Zeit aus zahlreichen kleinen Fürstentümern und Königreichen bestand, wuchs das Bewusstsein für die Notwendigkeit einer nationalen Erneuerung und Einheit. Jahn sah in der Besatzung

Deutschlands durch Napoleon die große Gefahr einer dauerhaften Zersplitterung und Unterwerfung des deutschen Volkes. Die Freiheitskämpfe gegen Napoleon sowie die patriotischen Bewegungen jener Zeit prägten ihn tief und formten nachhaltig seine politischen Überzeugungen.

In den Jahren 1809 und 1810 wurde Jahn Lehrer in Berlin, wo er Kontakt zu patriotisch gesinnten Kreisen hatte. 1811 gründete er auf der Berliner Hasenheide den ersten Turnplatz, wo er mit jungen Männern Übungen zur körperlichen Ertüchtigung durchführte. Jahn glaubte fest daran, dass körperliche Erziehung und Turnen nicht nur die Gesundheit förderten, sondern auch den Charakter stärkten und die nationale Identität festigten. Für ihn war das Turnen eng mit dem Gedanken der Erneuerung Deutschlands verbunden. Der Turnplatz auf der Hasenheide war der erste seiner Art in Deutschland und wurde schnell zum Zentrum der Turnbewegung, die in den folgenden Jahren rasch wuchs.

Jahns Ziel war es, eine Generation von jungen Deutschen heranzuziehen, die sowohl körperlich fit als auch patriotisch gesinnt war. Er vertrat die Überzeugung, dass ein gesunder Geist nur in einem gesunden Körper gedeihen könne, und sah in der körperlichen Ertüchtigung eine Möglichkeit, das deutsche Volk für den bevorstehenden Kampf um Freiheit und Einheit zu stärken. Besonders wichtig war ihm die Idee der Gemeinschaft. In seinen Turnvereinen wurde der Zusammenhalt unter den Teilnehmern gestärkt, und es wurde ein Gemeinschaftsgefühl entwickelt, das über die bestehenden gesellschaftlichen Schranken hinausging.

Neben seinem Engagement in der Turnbewegung war Friedrich Ludwig Jahn auch ein überzeugter Verfechter der deutschen Einheitsbewegung. Jahn setzte sich dafür ein, die deutschen Länder zu einem Nationalstaat zu vereinen und den Einfluss der Fremdherrschaft – insbesondere die Vorherrschaft Frankreichs – zu beenden. In seinen

Schriften und Reden forderte er die Beseitigung der Kleinstaaterei und die Gründung eines starken, geeinten Deutschlands. Er sah den Nationalstaat als die einzige Möglichkeit, die Freiheit des deutschen Volkes zu sichern und die politische und kulturelle Zersplitterung Deutschlands zu überwinden.

Ein bedeutendes Werk Jahns war die Schrift "Deutsches Volkstum" (1810), in der er seine Ideen zur deutschen Einheit und zur Erneuerung des nationalen Geistes darlegte. Darin forderte er die Rückbesinnung auf die alten Tugenden der Germanen und die Wiederherstellung der Stärke und Größe Deutschlands. Er kritisierte die Kleinstaaterei und das Machtstreben der deutschen Fürsten, die seiner Meinung nach der nationalen Einheit im Wege standen. Jahn vertrat die Ansicht, dass nur durch die Erziehung eines starken, nationalbewussten Volkes die Freiheit und Unabhängigkeit Deutschlands erreicht werden könne.

Jahns Ideen fanden während der Befreiungskriege (1813-1815) gegen Napoleon große Resonanz. Viele der jungen Männer, die in seinen Turnvereinen trainierten, nahmen aktiv an den Kämpfen teil und sahen sich als Teil einer nationalen Erneuerungsbewegung. Jahn selbst beteiligte sich als Freiwilliger an den Befreiungskriegen und wurde für sein Engagement in der preußischen Armee als Hauptmann ausgezeichnet. Die Erfolge der Befreiungskriege und der Sieg über Napoleon weckten Hoffnungen auf eine nationale Einigung Deutschlands, doch diese Hoffnungen wurden durch die Entscheidungen des Wiener Kongresses (1814-1815) weitgehend enttäuscht.

Nach den Befreiungskriegen geriet Jahn zunehmend in Konflikt mit den reaktionären Kräften der deutschen Fürsten, die nach dem Wiener Kongress versuchten, die restaurative Ordnung wiederherzustellen und revolutionäre Bewegungen zu unterdrücken. Jahn wurde als radikaler Demokrat und Nationalist angesehen, dessen Ideen als Bedrohung für die bestehende Ordnung wahrgenommen wurden. In den folgenden Jahren gerieten die Turnvereine und die gesamte Turn-bewegung ins Visier der konservativen Regierungen. Die Karlsbader Beschlüsse von 1819, die auf den Mord an dem konservativen Schrift-steller August von Kotzebue durch den radikalen Burschenschafter Karl Ludwig Sand folgten, führten zu einem Verbot der Burschen-schaften, der Turnbewegung und anderer nationaler Bewegungen. Jahn wurde als einer der führenden Vertreter dieser Bewegungen ver-haftet und für mehrere Jahre inhaftiert.

Nach seiner Freilassung 1825 stand Jahn weiterhin unter strenger staatlicher Aufsicht und durfte sich nur eingeschränkt politisch betäti-gen. Seine Turnbewegung wurde in den meisten deutschen Staaten verboten, doch seine Ideen lebten im Untergrund weiter. In den fol-genden Jahrzehnten bildeten sich immer wieder neue Turnvereine, und die Bewegung erlebte in der zweiten Hälfte des 19. Jahrhunderts eine Renaissance. Jahn selbst zog sich nach seiner Haftentlassung in das thüringische Freyburg zurück, wo er seine letzten Lebensjahre verbrachte.

Die Ideen Friedrich Ludwig Jahns prägten die politische und kulturelle Landschaft Deutschlands nachhaltig. Seine Vorstellung von einem starken, geeinten und nationalbewussten Deutschland wurde zur Grundlage für die spätere deutsche Nationalbewegung und beein-flusste Generationen von Liberalen und Demokraten. Die Turnbewe-gung, die er ins Leben rief, entwickelte sich zu einer festen Institution im deutschen Bildungswesen und trug zur Verbreitung seiner Ideen bei. Besonders im Kaiserreich und in der Weimarer Republik spielte die Turnbewegung eine bedeutende Rolle im deutschen Vereinswe-sen und der Förderung der nationalen Identität.

Friedrich Ludwig Jahn starb am 15. Oktober 1852 im Alter von 74 Jah-ren. Sein Lebenswerk bleibt bis heute umstritten. Während er als "Turnvater" und Begründer der deutschen Turnbewegung geehrt wird, stehen seine nationalistischen und teilweise völkischen Ideen in der Kritik. Jahn propagierte nicht nur den Gedanken der nationalen Einheit, sondern auch eine starke Abgrenzung gegenüber anderen Nationen und Ethnien. Seine nationalen und patriotischen Ideen wurden im 20. Jahrhundert von verschiedenen politischen Strömungen aufgegriffen, darunter auch von den Nationalsozialisten, die sich auf Jahn als Vorbild beriefen. Trotz dieser problematischen Vereinnahmung bleibt Jahns Bedeutung für die deutsche Turnbewegung und seine Rolle als Vordenker der nationalen Einheit unbestritten.

Gegner: Monarchisten und Reaktionäre

Fürst Klemens von Metternich

Fürst Klemens Wenzel Lothar von Metternich, geboren am 15. Mai 1773 in Koblenz und gestorben am 11. Juni 1859 in Wien, war eine der bedeutendsten politischen Persönlichkeiten Europas im 19. Jahrhundert und prägte maßgeblich die europäische Politik während und nach den Napoleonischen Kriegen. Als österreichischer Diplomat und Staatsmann sowie als Außenminister und späterer Staatskanzler des Kaisertums Österreich war Metternich eine zentrale Figur des Wiener Kongresses von 1814–1815 und der nachfolgenden Restaurationszeit, die durch die Restauration monarchischer und konservativer Ordnung nach den revolutionären Umbrüchen in Europa gekennzeichnet war. Er gilt als einer der wichtigsten Vertreter der konservativen Politik im 19. Jahrhundert und als Architekt des europäischen Mächtegleichgewichts.

Metternich entstammte einer alten, rheinischen Adelsfamilie und wurde in einer Zeit geboren, in der Europa tiefgreifende politische und gesellschaftliche Veränderungen erlebte. Sein Vater, Franz Georg Karl von Metternich-Winneburg, war Diplomat im Dienst des Kurfürsten von Trier und brachte seinen Sohn früh mit den politischen Strukturen des Heiligen Römischen Reichs in Kontakt. Klemens von Metternich genoss eine umfassende und kosmopolitische Ausbildung. Er studierte zunächst in Straßburg und Mainz Rechtswissenschaften, wobei er auch die politischen Entwicklungen der Französischen Revolution miterlebte, die ihn tief prägten. Die Erfahrung der Revolution und die damit einhergehenden radikalen gesellschaftlichen Veränderungen verstärkten Metternichs Überzeugung, dass die Monarchie und die traditionellen Eliten die Basis einer stabilen politischen Ordnung seien. Diese Ansichten zogen sich wie ein roter Faden durch seine gesamte politische Karriere.

Nach dem Abschluss seines Studiums trat Metternich in den diplomatischen Dienst ein und arbeitete zunächst in verschiedenen kleineren deutschen Staaten. Der Durchbruch in seiner Karriere gelang ihm 1801, als er zum österreichischen Gesandten in Dresden ernannt wurde. In den folgenden Jahren bekleidete er verschiedene diplomatische Posten, unter anderem in Berlin und Paris, und entwickelte sich zu einem der wichtigsten Diplomaten Österreichs. 1809 wurde Metternich schließlich zum Außenminister des Habsburgerreichs ernannt, eine Position, die er über 30 Jahre lang innehatte und in der er zu einer der mächtigsten politischen Figuren Europas aufstieg.

Zu Beginn seiner Amtszeit sah sich Metternich mit der überragenden Macht Napoleons konfrontiert. Napoleon hatte in den Jahren zuvor weite Teile Europas unter französische Kontrolle gebracht, und Österreich war mehrfach von Frankreich besiegt worden. Metternich erkannte, dass eine direkte Konfrontation mit Napoleon das österreichische Kaiserreich weiter schwächen würde. Stattdessen setzte er auf eine Politik der Diplomatie und des Ausgleichs. Eines seiner wichtigsten politischen Manöver in dieser Zeit war die Heirat von Marie Louise, der Tochter von Kaiser Franz I. von Österreich, mit Napoleon im Jahr 1810. Durch diese Heirat hoffte Metternich, die Beziehungen zwischen Österreich und Frankreich zu stabilisieren und das Habsburgerreich vor weiteren Angriffen zu schützen.

Obwohl Metternich eine pragmatische Politik gegenüber Napoleon verfolgte, war er kein Freund des französischen Kaisers und blieb stets ein Gegner der revolutionären Ideale, die Napoleon verkörperte. Als sich die Macht Napoleons nach dem gescheiterten Russlandfeldzug 1812 zu schwächen begann, wechselte Metternich die Seite und schloss sich der Sechsten Koalition gegen Frankreich an. 1813 organisierte er das Treffen in Teplitz, bei dem er die Alliierten – Preußen, Russland und Österreich – zu einem gemeinsamen Vorgehen gegen Napoleon bewegen konnte. Dieser diplomatische Erfolg führte zur entscheidenden Schlacht bei Leipzig (1813), die Napoleon endgültig schwächte und die Grundlage für dessen Sturz legte.

Nach Napoleons Niederlage und der Abdankung im Jahr 1814 war Metternich eine der zentralen Figuren des Wiener Kongresses (1814–1815), der über die politische Neuordnung Europas nach den Napoleonischen Kriegen entschied. Metternich strebte auf dem Kongress die Wiederherstellung der alten monarchischen Ordnung an und setzte sich für die Restauration der europäischen Monarchien ein. Für ihn war die Revolution von 1789 der Ausgangspunkt für die Instabilität und die Kriege, die Europa in den folgenden Jahrzehnten erfassten. Um weitere Revolutionen zu verhindern, plädierte Metternich für eine Rückkehr zu den traditionellen politischen Strukturen, in denen Monarchen und Aristokratie die entscheidende Machtposition innehatten.

Ein zentrales Ergebnis des Wiener Kongresses war das europäische Gleichgewichtssystem, das Metternich maßgeblich entworfen hatte. Dieses System, auch als Concert européen bekannt, basierte auf der Idee, dass die europäischen Großmächte – Österreich, Preußen, Russland, Großbritannien und später Frankreich – gemeinsam die Stabilität und den Frieden auf dem Kontinent gewährleisten sollten. Metternich sah in diesem Mächtegleichgewicht eine Möglichkeit, Kriege zu verhindern und revolutionäre Bewegungen einzudämmen. Gleichzeitig wurde der Deutsche Bund gegründet, ein loser Zusammenschluss der deutschen Staaten unter österreichischer Führung, der die Zersplitterung Deutschlands zementierte und jede nationale Einigungsbewegung verhindern sollte.

Die folgenden Jahre waren von Metternichs Bemühungen geprägt, die konservative Ordnung in Europa aufrechtzuerhalten. Er setzte auf eine Politik der Restauration und der Repression, um die monarchischen Systeme in den europäischen Staaten zu stabilisieren. Besonders die Karlsbader Beschlüsse von 1819 waren ein zentrales Instrument dieser Politik. Diese Beschlüsse, die nach dem Mord an dem konservativen Schriftsteller August von Kotzebue durch den radikalen Burschenschafter Karl Ludwig Sand verabschiedet wurden, zielten darauf ab, liberale und nationale Bewegungen in den deutschen Staaten zu unterdrücken. Sie führten zur Überwachung der Universitäten, zur Zensur der Presse und zur Verfolgung von politischen Oppositionellen. Metternich sah in diesen Bewegungen eine Gefahr für die Stabilität der Monarchien und setzte sich konsequent für deren Bekämpfung ein.

Metternichs konservative und repressive Politik machte ihn zu einer der umstrittensten Figuren seiner Zeit. Während er von den europäischen Monarchen und konservativen Kräften als Garant der Ordnung und Stabilität geschätzt wurde, galt er den Liberalen und Nationalisten als Symbol der Unterdrückung und der Reaktion. Besonders in den deutschen Staaten wuchs der Widerstand gegen die restaurative Politik des "System Metternich", das jede Form von politischer Partizipation, Pressefreiheit und nationaler Einheit unterdrückte. Dieser Widerstand entlud sich schließlich in der Revolution von 1848, die in vielen europäischen Staaten ausbrach und das Ende der restaurativen Ordnung markierte.

Im März 1848 musste Metternich, angesichts der revolutionären Erhebungen in Wien und anderen Teilen des Habsburgerreichs, von seinem Amt als Staatskanzler zurücktreten und ins Exil nach England fliehen. Die Revolution von 1848 führte in vielen europäischen Ländern zu politischen Reformen und der Einführung von Verfassungen, doch sie scheiterte letztlich in den meisten Staaten, und die alten Monarchien kehrten an die Macht zurück. Metternich kehrte 1851 nach Österreich zurück, wo er bis zu seinem Tod 1859 zwar politisch inaktiv blieb, aber weiterhin eine respektierte und einflussreiche Figur in den konservativen Kreisen des Kaiserreichs war.

Fürst Klemens von Metternich bleibt eine zentrale Figur der europäischen Geschichte des 19. Jahrhunderts. Er war der Architekt der konservativen Restaurationspolitik, die nach den Napoleonischen Kriegen in Europa die monarchische Ordnung wiederherstellte und das Ziel verfolgte, revolutionäre Bewegungen zu unterdrücken. Metternichs Name ist untrennbar mit der Idee des europäischen Mächtegleichgewichts verbunden, das für mehrere Jahrzehnte den Frieden auf dem Kontinent sicherte. Gleichzeitig steht er für eine Politik der Repression und des Widerstands gegen den Liberalismus und den Nationalismus, die in der Revolution von 1848 endgültig zusammenbrach. Sein Erbe ist bis heute umstritten, doch seine Rolle als politischer Stratege und Diplomat, der die europäische Ordnung prägte, bleibt unbestritten.

Friedrich Wilhelm III. von Preußen

Friedrich Wilhelm III. von Preußen, geboren am 3. August 1770 in Potsdam, war von 1797 bis zu seinem Tod im Jahr 1840 König von Preußen. Sein Leben und seine Regierungszeit fallen in eine der turbulentesten Phasen der europäischen Geschichte, geprägt von den Koalitionskriegen gegen Napoleon, den Befreiungskriegen und der anschließenden Restauration in Europa nach dem Wiener Kongress. Friedrich Wilhelm III. war eine widersprüchliche Figur, die durch seine zögerliche Politik und konservativen Überzeugungen sowohl die Modernisierung Preußens unterstützte als auch reformfeindliche Tendenzen zeigte.

Friedrich Wilhelm III. war der Sohn von König Friedrich Wilhelm II. von Preußen und wuchs in einer Umgebung auf, die stark von militärischen Traditionen und einem strengen Pietismus geprägt war. Schon früh wurde er auf die Rolle des Königs vorbereitet, wobei ihm eine solide militärische Ausbildung sowie ein tiefes Pflichtbewusstsein vermittelt wurden. 1797, nach dem Tod seines Vaters, bestieg er den Thron und übernahm die Herrschaft über ein Preußen, das damals eines der mächtigsten Staaten in Mitteleuropa war, jedoch zunehmend unter den Herausforderungen der napoleonischen Expansion zu leiden hatte.

Zu Beginn seiner Regierungszeit zeigte sich Friedrich Wilhelm III. als friedliebender Monarch, der bemüht war, die Machtstellung Preußens zu bewahren, ohne sich in die wachsenden Konflikte auf dem europäischen Kontinent zu verstricken. Diese vorsichtige und zurückhaltende Außenpolitik, die auf Neutralität und Diplomatie setzte, war jedoch nicht lange erfolgreich. Der Aufstieg Napoleons und die Eroberungen Frankreichs bedrohten das Machtgleichgewicht in Europa, und Preußen geriet zunehmend unter Druck. 1806 nahm Friedrich Wilhelm III. schließlich an der Vierten Koalition gegen Frankreich teil, erlitt jedoch in der Schlacht bei Jena und Auerstedt eine vernichtende Niederlage. Diese militärische Katastrophe führte zur Besetzung Preußens durch französische Truppen und zwang Friedrich Wilhelm III., den demütigenden Frieden von Tilsit 1807 zu unterzeichnen, bei dem Preußen große Teile seines Territoriums verlor und sich unter die Vorherrschaft Napoleons beugen musste.

Die Niederlage von 1806 und die französische Besetzung lösten in Preußen eine Phase tiefgreifender Reformen aus, die unter der Führung von fähigen Staatsmännern wie Karl August von Hardenberg und Baron vom Stein durchgeführt wurden. Diese Reformen, die als Preußische Reformen bekannt sind, umfassten die Modernisierung des Militärs, die Abschaffung der Leibeigenschaft und die Reform der Verwaltung. Friedrich Wilhelm III. stimmte diesen Reformen zwar zu, blieb jedoch in seiner Haltung gegenüber tiefergehenden politischen Veränderungen, insbesondere in Bezug auf eine Verfassung, zögerlich und konservativ. Er war zwar offen für Reformen, die das Ziel hatten, Preußen als Staat zu stärken, scheute aber davor zurück, den monarchischen Absolutismus zu schwächen.

Eine Wende in Friedrich Wilhelms Herrschaft markierten die Befreiungskriege (1813–1815), in denen Preußen nach dem gescheiterten Russlandfeldzug Napoleons und unter der Parole „Für König und Vaterland" gegen die französische Fremdherrschaft aufstand. Nach dem Aufruf „An mein Volk" von 1813, in dem Friedrich Wilhelm III. die preußische Bevölkerung zur Unterstützung des Kampfes gegen Napoleon aufrief, spielte Preußen eine entscheidende Rolle im Sieg über Frankreich in der Schlacht bei Leipzig (1813) und später in der endgültigen Niederlage Napoleons bei Waterloo (1815). Diese Ereignisse stärkten die Stellung Preußens in Europa und machten Friedrich Wilhelm III. zu einem Symbol der nationalen Erneuerung.

Trotz des Sieges über Napoleon und der Euphorie der Befreiungskriege blieb Friedrich Wilhelm III. jedoch ein Monarch, der tief verwurzelt in den konservativen Prinzipien der alten Ordnung war. Während des Wiener Kongresses (1814–1815), der die europäische Landkarte nach den Napoleonischen Kriegen neu ordnete, war er einer der führenden Befürworter der Restauration, die auf die Wiederherstellung der monarchischen und aristokratischen Machtstrukturen abzielte. Friedrich Wilhelm III. setzte sich dafür ein, die alte Ordnung in Preußen und Europa wiederherzustellen und zu sichern. Die nationalen und liberalen Hoffnungen vieler Deutscher, die während der Befreiungskriege aufgekommen waren, wurden enttäuscht. Insbesondere die Erwartung, dass Friedrich Wilhelm III. eine Verfassung einführen würde, blieb unerfüllt. Obwohl er während der Kriege eine Verfassung in Aussicht gestellt hatte, scheute er sich nach dem Sieg, diese Versprechen zu erfüllen, und lehnte jede Form von parlamentarischer Mitsprache ab. Stattdessen stärkte er die monarchische Herrschaft und führte eine restaurative Politik.

Dennoch gab es unter Friedrich Wilhelm III. einige bedeutende Veränderungen in Preußen. Die Preußischen Reformen stärkten langfristig die Wirtschaft und Verwaltung des Staates, und das Militär wurde modernisiert, was die Grundlage für die spätere Vormachtstellung Preußens in Deutschland legte. Außerdem legte Friedrich Wilhelm III. großen Wert auf die Förderung von Bildung und Wissenschaft. Er förderte die Gründung der Humboldt-Universität in Berlin und setzte sich für die Reform des Schulwesens ein. Diese Entwicklungen trugen zur Modernisierung Preußens bei, auch wenn Friedrich Wilhelm III. auf politischer Ebene eine konservative Linie verfolgte.

Friedrich Wilhelm III. starb am 7. Juni 1840 in Berlin. Sein Erbe ist zwiespältig: Einerseits trug er durch seine vorsichtige und konservative Politik zur Stabilität und zum Erhalt der monarchischen Ordnung in Preußen und Europa bei, andererseits verhinderte seine Weigerung, weitergehende politische Reformen zuzulassen, die Erfüllung der liberalen und nationalen Hoffnungen, die während der Befreiungskriege aufgekommen waren. Unter seiner Herrschaft entwickelte sich Preußen zu einem starken und modernen Staat, der eine entscheidende Rolle in der späteren Einigung Deutschlands spielen sollte. Doch sein konservatives Festhalten an der Monarchie und die Unterdrückung liberaler Bestrebungen hinterließen auch einen tiefen Graben zwischen der Krone und den aufstrebenden bürgerlichen Kräften, der die politische Landschaft Deutschlands in den folgenden Jahrzehnten prägen sollte.

Der Deutsche Bund

Der Deutsche Bund war ein Staatenbund, der nach dem Wiener Kongress 1815 gegründet wurde und bis zur Gründung des Norddeutschen Bundes 1866 bestand. Er wurde als Nachfolger des Heiligen Römischen Reiches Deutscher Nation etabliert, das 1806 unter dem Druck Napoleons aufgelöst worden war. Der Deutsche Bund umfasste 39 souveräne deutsche Staaten, darunter Königreiche, Herzogtümer und freie Städte, die sich im Zuge des Kongresses zu einer lockeren Föderation zusammenschlossen. Seine Gründung markierte den Versuch, die politische Ordnung in Mitteleuropa nach den Napoleonischen Kriegen zu stabilisieren und zugleich den aufkommenden Nationalismus und Liberalismus einzudämmen.

Der Wiener Kongress hatte nach dem Ende der napoleonischen Herrschaft die Neuordnung Europas zum Ziel. Unter der Leitung von Fürst Klemens von Metternich, dem österreichischen Staatskanzler, stand die Wiederherstellung der alten monarchischen Ordnung im Zentrum der Verhandlungen. Ein zentraler Punkt dieser Neuordnung war die Schaffung des Deutschen Bundes, der das Machtgleichgewicht zwischen den deutschen Fürstentümern, insbesondere Preußen und Österreich, sichern sollte. Der Bund war weder ein Nationalstaat noch eine föderale Struktur im modernen Sinne. Stattdessen handelte es sich um eine lose Vereinigung souveräner Staaten, die durch den Bundestag, der in Frankfurt am Main tagte, vertreten waren. Dieser Bundestag war das einzige zentrale Organ des Bundes und bestand aus Delegierten der Mitgliedsstaaten, die jedoch in erster Linie im Interesse ihrer jeweiligen Monarchen handelten.

Die Hauptaufgabe des Deutschen Bundes war die Wahrung des inneren und äußeren Friedens sowie der Schutz der Unabhängigkeit und Souveränität seiner Mitglieder. Der Bund hatte jedoch keine eigene Exekutivgewalt, keine zentrale Verwaltung und keine eigene Armee. Stattdessen verpflichteten sich die Mitgliedsstaaten, gemeinsam für die Verteidigung des Bundesgebietes zu sorgen. In der Praxis führten diese Bestimmungen jedoch oft zu Spannungen zwischen den beiden führenden Mächten des Bundes, Preußen und Österreich, die beide versuchten, ihre Vorherrschaft in den deutschen Angelegenheiten zu sichern.

Politisch und ideologisch war der Deutsche Bund stark von den konservativen Prinzipien der Restauration geprägt, die auf dem Wiener Kongress festgelegt wurden. Metternich war bestrebt, die Errungenschaften der Französischen Revolution rückgängig zu machen und revolutionäre Bewegungen zu unterdrücken. Dies spiegelte sich in der restriktiven und reaktionären Politik des Bundes wider. Besonders die aufkommenden liberalen und nationalen Bewegungen in Deutschland, die eine Verfassung, Pressefreiheit und eine nationale Einigung forderten, standen im Widerspruch zu den Zielen des Deutschen Bundes.

Ein bedeutendes Ereignis, das die repressive Natur des Bundes unterstrich, war die Verabschiedung der Karlsbader Beschlüsse von 1819. Diese Beschlüsse wurden nach dem Mord an dem konservativen Schriftsteller August von Kotzebue durch den Burschenschafter Karl Ludwig Sand eingeführt und zielten darauf ab, die nationalen und liberalen Bewegungen zu unterdrücken. Sie beinhalteten die Überwachung der Universitäten, die Zensur der Presse und die Verfolgung politischer Oppositioneller. Die Karlsbader Beschlüsse wurden auf Drängen Metternichs durch den Bundestag des Deutschen Bundes verabschiedet und blieben ein zentrales Instrument der Repression gegen jegliche Bestrebungen nach Reformen und politischer Teilhabe.

Trotz der repressiven Maßnahmen des Deutschen Bundes blieb der Wunsch nach nationaler Einheit und liberalen Reformen in weiten Teilen der deutschen Bevölkerung lebendig. In den 1830er Jahren kam es immer wieder zu Unruhen und Protesten gegen die konservative Politik des Bundes, besonders in den sogenannten Vormärz-Bewegungen, die auf die Revolution von 1848 hinarbeiteten. Der Deutsche Bund, der sich als Verteidiger der bestehenden Ordnung verstand, war zunehmend überfordert, mit den wachsenden Forderungen nach nationaler Einheit und demokratischen Rechten umzugehen.

Die Revolution von 1848, die in vielen Teilen Europas ausbrach, stellte den Deutschen Bund vor seine größte Herausforderung. In Frankfurt trat die Frankfurter Nationalversammlung zusammen, die sich das Ziel setzte, eine Verfassung für ein geeintes Deutschland auszuarbeiten. Obwohl viele der Delegierten der Nationalversammlung eine Abschaffung des Deutschen Bundes und die Schaffung eines Nationalstaates befürworteten, konnte sich die Versammlung nicht gegen die monarchischen Kräfte durchsetzen. Die Revolution scheiterte, und der Deutsche Bund wurde in seiner alten Form wiederhergestellt.

In den Jahren nach 1848 geriet der Deutsche Bund zunehmend in eine Krise. Die Rivalität zwischen Preußen und Österreich spitzte sich zu, und die Frage der deutschen Einigung wurde immer drängender. Preußen, unter der Führung von Ministerpräsident Otto von Bismarck, verfolgte ab den 1860er Jahren eine aggressive Außenpolitik, die darauf abzielte, die Vorherrschaft Preußens in Deutschland zu sichern. Dies führte 1866 zum Deutschen Krieg zwischen Preußen und Österreich, der mit dem Sieg Preußens und der Auflösung des Deutschen Bundes endete. Preußen gründete im Anschluss den Norddeutschen Bund, der den Weg für die spätere Gründung des Deutschen Kaiserreichs 1871 ebnete.

Der Deutsche Bund war somit kein erfolgreicher Versuch, eine nationale Einheit in Deutschland zu schaffen. Er war vielmehr eine konservative Struktur, die darauf abzielte, die bestehenden monarchischen Ordnungen zu sichern und revolutionäre Umwälzungen zu verhindern. Dennoch spielte der Bund eine wichtige Rolle in der politischen Geschichte Deutschlands im 19. Jahrhundert, da er die Konflikte und Spannungen aufzeigte, die letztlich zur deutschen Einigung führen sollten. Er zeigte auch die Grenzen der restaurativen Politik auf und verdeutlichte die zunehmende Bedeutung von Nationalismus und Liberalismus in der politischen Landschaft Europas.

August von Kotzebue

August von Kotzebue (1761–1819) war ein bedeutender deutscher Dramatiker, Schriftsteller und Diplomat, der vor allem durch seine Theaterstücke und seine konservative politische Haltung Bekanntheit erlangte. Kotzebue wurde am 3. Mai 1761 in Weimar geboren und begann früh, sich für Literatur zu interessieren. Er studierte Rechtswissenschaften in Jena und Duisburg, bevor er eine Karriere im diplomatischen Dienst einschlug. Nach Aufenthalten in Russland und Deutschland kehrte er immer wieder zur Literatur zurück, wobei er sich besonders dem Theater widmete.

Kotzebue war ein äußerst produktiver Dramatiker, der über 200 Theaterstücke verfasste. Seine Werke, die sich durch sentimentale und moralische Themen auszeichneten, erreichten in ganz Europa große Popularität. Zu seinen bekanntesten Stücken zählen „Die deutschen Kleinstädter" (1803) und „Der arme Poet" (1812). Kotzebues Dramen behandelten oft gesellschaftliche und zwischenmenschliche Konflikte, und seine Fähigkeit, komplexe Charaktere und emotionale Tiefe zu schaffen, machten ihn zu einem der meistgespielten Autoren seiner Zeit. Doch während seine Werke von vielen geschätzt wurden, geriet er zunehmend in das Visier der aufstrebenden nationalistischen und liberalen Bewegungen.

Politisch war Kotzebue ein entschiedener Gegner der liberalen und nationalistischen Ideen, die zu Beginn des 19. Jahrhunderts in Deutschland aufkamen. Er unterstützte die Monarchie und war ein scharfer Kritiker der Burschenschaften, einer studentischen Bewegung, die für nationale Einheit und demokratische Reformen eintrat.

In seinen Schriften und öffentlichen Äußerungen setzte er sich für die Bewahrung der alten Ordnung ein und lehnte revolutionäre Bestrebungen ab. Seine Nähe zum zaristischen Russland und seine Angriffe auf die nationalen und liberalen Kräfte machten ihn in diesen Kreisen zu einer verhassten Figur.

Am 23. März 1819 wurde August von Kotzebue von Karl Ludwig Sand, einem Studenten, in Mannheim ermordet. Sand, ein Anhänger der Burschenschaft, betrachtete Kotzebue als Verräter an der deutschen Nation und als Feind der Freiheitsbewegungen. Der Mord an Kotzebue löste in ganz Deutschland Bestürzung aus und führte zu einer harten Reaktion der konservativen Mächte. Der österreichische Staatskanzler Fürst Metternich nutzte den Vorfall, um die sogenannten Karlsbader Beschlüsse durchzusetzen, die zur Überwachung und Zensur der Universitäten und Presse führten und die Burschenschaften verboten. Kotzebue wurde dadurch posthum zur Symbolfigur des reaktionären Widerstands gegen die liberalen und nationalen Bewegungen des Vormärz.

Trotz seines tragischen Endes bleibt August von Kotzebue eine kontroverse Figur in der deutschen Geschichte. Als erfolgreicher Dramatiker prägte er die europäische Theaterlandschaft seiner Zeit, während seine konservative politische Haltung ihn zum Gegenspieler der nationalistischen und demokratischen Bewegungen machte. Sein Leben und seine Ermordung spiegeln die tiefen politischen und gesellschaftlichen Spannungen wider, die Deutschland im frühen 19. Jahrhundert prägten.

Johann Ludwig von Windischgrätz

Johann Ludwig von Windischgrätz, auch als Fürst Alfred zu Windischgrätz bekannt, war ein bedeutender österreichischer Feldmarschall, der während der Revolution von 1848 eine zentrale Rolle spielte. Geboren am 11. Mai 1787 in Brüssel, das damals zu den Habsburgern gehörte, und gestorben am 21. März 1862 in Wien, erlangte Windischgrätz Berühmtheit und Macht durch seine unnachgiebige Verteidigung der monarchischen Ordnung während einer der turbulentesten Zeiten der österreichischen Geschichte. Er war eine zentrale Figur der konservativen Kräfte des Habsburgerreiches, die die revolutionären Bestrebungen unterdrückten, die 1848 in ganz Europa ausbrachen.

Johann Ludwig von Windischgrätz stammte aus einer wohlhabenden und einflussreichen Adelsfamilie. Seine militärische Laufbahn begann früh; bereits als junger Mann trat er in die österreichische Armee ein und nahm an den Napoleonischen Kriegen teil. Hier bewies er sich als fähiger Offizier und stieg rasch in der militärischen Hierarchie auf. Seine Erfahrungen in den napoleonischen Feldzügen formten seine konservativen und monarchistischen Überzeugungen. Für Windischgrätz war die Aufrechterhaltung der Ordnung und die Verteidigung der Monarchie von höchster Bedeutung. In den Jahren nach den Napoleonischen Kriegen etablierte sich Windischgrätz als einer der führenden Militärs im Habsburgerreich und wurde für seine Loyalität gegenüber Kaiser Franz I. von Österreich geschätzt.

Als die Revolution von 1848 Europa erfasste, befand sich Windischgrätz bereits in einer bedeutenden militärischen Position. Die Revolution von 1848 war eine europäische Bewegung, die von liberalen und nationalen Kräften angeführt wurde und die auf tiefgreifende politische und soziale Reformen abzielte. In vielen Ländern – darunter Frankreich, Deutschland, Italien und Österreich – forderten die Revolutionäre Verfassungen, Pressefreiheit, Bürgerrechte und nationale Einheit. Das Habsburgerreich war besonders anfällig für diese Umwälzungen, da es ein Vielvölkerstaat war, der verschiedene ethnische Gruppen und Nationalitäten umfasste, die ebenfalls nach Unabhängigkeit und Selbstbestimmung strebten.

Im März 1848 brachen in Wien, der Hauptstadt des Habsburgerreiches, die ersten Unruhen aus. Die Revolution in Wien war Teil einer breiteren Bewegung, die in den meisten großen Städten Europas stattfand. Die Aufstände zwangen den österreichischen Staatskanzler Fürst Metternich, der seit dem Wiener Kongress (1814–1815) die konservative Ordnung in Europa geprägt hatte, zum Rücktritt. Die liberale Opposition gewann vorübergehend die Oberhand und forderte politische Reformen. Windischgrätz, der zu diesem Zeitpunkt in Prag stationiert war, beobachtete die Ereignisse in Wien und den anderen Teilen des Reiches mit zunehmender Sorge.

In Prag, der Hauptstadt des Königreichs Böhmen, brachen ebenfalls revolutionäre Unruhen aus, die stark von nationalen und liberalen Forderungen geprägt waren. Die tschechischen Nationalisten in Prag forderten Autonomie und eine größere Rolle im politischen System des Habsburgerreiches. Windischgrätz, der in Prag über die Garnisonstruppen das Kommando führte, reagierte mit Härte auf die Aufstände. Seine Entschlossenheit, die monarchische Ordnung aufrechtzuerhalten, zeigte sich besonders während der sogenannten Prager Juni-Revolution im Juni 1848. Windischgrätz ließ die Stadt bombardieren, um die revolutionären Kräfte zu zerschlagen. Diese brutale Unterdrückung der Aufstände brachte ihm den Ruf eines unnachgiebigen und kompromisslosen Verfechters der Reaktion ein.

Seine persönliche Tragödie während der Unruhen in Prag – seine Frau wurde während der Kämpfe tödlich verwundet – verstärkte Windischgrätz' Entschlossenheit, die revolutionären Bestrebungen mit aller Härte zu bekämpfen. Nach der Niederschlagung der Aufstände in Prag erhielt Windischgrätz den Befehl, nach Wien zu marschieren, um auch dort die revolutionären Kräfte zu unterdrücken, die die Kontrolle über die Hauptstadt übernommen hatten. In Wien waren die revolutionären Aufstände besonders stark, und die Liberalen hatten die Monarchie zeitweise in die Defensive gedrängt.

Windischgrätz zog mit einer Armee von 70.000 Soldaten nach Wien und schlug die Revolution im Oktober 1848 mit großer Brutalität nieder. Nach mehreren Tagen schwerer Kämpfe gelang es ihm, die Kontrolle über die Stadt zurückzugewinnen und die revolutionären Führer zu verhaften. Die Niederlage der Wiener Revolution markierte das Ende der liberalen Bestrebungen in Österreich und stärkte die Position der konservativen Kräfte unter der Führung des jungen Kaisers Franz Joseph I., der im Dezember 1848 die Nachfolge seines Onkels Ferdinand I. antrat. Windischgrätz spielte eine zentrale Rolle bei der Wiederherstellung der Ordnung im Habsburgerreich und wurde zum Symbol für die reaktionäre Politik, die die Revolutionen von 1848 in vielen Teilen Europas unterdrückte.

Doch Windischgrätz' militärische Karriere und sein Einfluss erreichten ihren Höhepunkt während der sogenannten Ungarischen Revolution von 1848/1849. Die ungarischen Nationalisten unter der Führung von Lajos Kossuth forderten die Unabhängigkeit Ungarns vom Habsburgerreich und errichteten eine revolutionäre Regierung. Windischgrätz wurde erneut mit der Aufgabe betraut, die Monarchie zu verteidigen und die revolutionären Kräfte in Ungarn zu zerschlagen. Mit einer Armee von 110.000 Mann marschierte er gegen die ungarischen Aufständischen, erlitt jedoch eine Reihe von militärischen Rückschlägen. Obwohl es ihm zunächst gelang, Budapest zu erobern, war er nicht in der Lage, die ungarischen Rebellen endgültig zu besiegen.

Die militärische Lage verschlechterte sich für die Habsburger, und Windischgrätz geriet zunehmend unter Druck. Schließlich musste die österreichische Regierung die Hilfe des russischen Zaren Nikolaus I. in Anspruch nehmen, um die ungarische Revolution niederzuschlagen. Mit der Unterstützung der russischen Truppen wurde die ungarische Revolution 1849 endgültig niedergeschlagen, doch Windischgrätz wurde für seine militärischen Misserfolge verantwortlich gemacht und von Kaiser Franz Joseph I. entlassen. Dies markierte das Ende seiner politischen und militärischen Karriere.

Nach seiner Entlassung zog sich Windischgrätz weitgehend aus dem öffentlichen Leben zurück. Seine harte Haltung gegenüber den Revolutionären und sein kompromissloses Vorgehen in Prag, Wien und Ungarn machten ihn zu einer der umstrittensten Figuren der Revolutionszeit. Für die konservativen Kräfte und die Monarchisten war Windischgrätz ein Held, der die monarchische Ordnung verteidigt und die Stabilität des Habsburgerreiches bewahrt hatte. Für die Liberalen, Nationalisten und Revolutionäre hingegen war er ein Symbol der Unterdrückung und der Reaktion, der den Freiheitsdrang der Völker brutal unterdrückte.

Johann Ludwig von Windischgrätz starb am 21. März 1862 in Wien. Sein Leben und Wirken spiegeln die politischen Spannungen und Konflikte des 19. Jahrhunderts wider, die Europa in den Jahrzehnten nach den Napoleonischen Kriegen prägten. Er war ein Mann, der in den Diensten der alten Ordnung stand und entschlossen war, jede Bedrohung für die Monarchie und das Habsburgerreich mit militärischer Gewalt niederzuschlagen. Windischgrätz' Rolle in den Revolutionen von 1848/1849 zeigt, wie tief die Kluft zwischen den konservativen und liberalen Kräften in Europa war, und wie schwer es den Monarchien des 19. Jahrhunderts fiel, mit den Forderungen nach Freiheit, nationaler Einheit und politischen Reformen umzugehen. Seine Brutalität in der Niederschlagung der Aufstände machte ihn zu einer umstrittenen, aber auch unvermeidlich wichtigen Figur in der Geschichte des Habsburgerreiches.

Zwischen 1789 und 1848 formte der Konflikt zwischen Befürwortern von Reformen und nationaler Einheit und den konservativen Gegnern des Wandels die politische Landschaft in Deutschland. Auf der einen Seite standen liberale Intellektuelle, Nationalisten und studentische Gruppen, die die Werte der Französischen Revolution auf Deutschland übertragen wollten. Auf der anderen Seite standen die Monarchen, konservativen Politiker und reaktionären Kräfte, die bestrebt waren, die alte Ordnung zu bewahren. Diese Konflikte bereiteten den Boden für die Revolution von 1848, in der sich diese tiefen Spannungen entluden und die Frage der deutschen Einheit und Freiheit erneut in den Mittelpunkt rückte.

12. REGIONALE PERSPEKTIVEN: UNTERSCHIEDLICHE REAKTIONEN INNERHALB DER DEUTSCHEN LANDE

Zwischen 1789 und 1848 erlebten die deutschen Lande eine Zeit tiefgreifender politischer und sozialer Veränderungen, ausgelöst durch die Französische Revolution, die Napoleonischen Kriege, die Restaurationspolitik des Wiener Kongresses und schließlich die revolutionären Erhebungen von 1848. Die Reaktionen auf diese Umwälzungen fielen regional sehr unterschiedlich aus, was auf die Zersplitterung Deutschlands in zahlreiche souveräne Fürstentümer, Königreiche, Herzogtümer und freie Städte zurückzuführen war. In dieser Periode traten sowohl in Norddeutschland als auch in Süddeutschland, in den großen und kleinen Staaten, sehr unterschiedliche politische Dynamiken zutage. Diese regionalen Unterschiede spiegelten die Vielfalt der deutschen Länder wider, die in Bezug auf politische, soziale und wirtschaftliche Strukturen stark variierten.

Ein zentrales Ereignis, das den politischen Diskurs in den deutschen Ländern beeinflusste, war die Französische Revolution von 1789. Die revolutionären Ideale von Freiheit, Gleichheit und Brüderlichkeit übten auf viele Gebildete und politisch engagierte Bürger in Deutschland einen großen Einfluss aus, insbesondere in den süddeutschen Staaten. In Städten wie Mainz, Frankfurt oder dem Großherzogtum Baden entwickelten sich schon früh liberale Bewegungen, die sich für politische Reformen, Verfassungen und Bürgerrechte einsetzten. Besonders die linksrheinischen Gebiete, die ab 1794 unter französischer Besatzung standen, übernahmen viele Errungenschaften der Revolution. Diese Regionen erlebten tiefgreifende Reformen, darunter die Abschaffung der Leibeigenschaft, die Einführung des Code Civil und eine grundlegende Modernisierung der Verwaltung. Für viele Menschen in diesen Gebieten bedeutete die französische Herrschaft, trotz der militärischen Besatzung, Fortschritt und soziale Erneuerung.

Im Gegensatz dazu waren die Reaktionen in den norddeutschen und zentraldeutschen Gebieten oft von tiefer Ablehnung gegenüber den französischen Ideen geprägt. Insbesondere die konservativen Fürsten und der Adel sahen in der Französischen Revolution eine Bedrohung für ihre Macht und ihre angestammten Privilegien. Preußen, das größte und mächtigste deutsche Königreich, war ein Vorreiter dieser konservativen Haltung. Unter König Friedrich Wilhelm II. und später Friedrich Wilhelm III. verfolgte Preußen eine reaktionäre Politik, die sich auf die Bewahrung der monarchischen Ordnung konzentrierte. Die preußische Regierung lehnte revolutionäre Ideen ab und verhinderte in den folgenden Jahrzehnten politische Reformen, die den Forderungen der Liberalen und Nationalisten entsprochen hätten.[47]

Nach der Niederlage Napoleons und dem Wiener Kongress von 1814/15, der die politische Ordnung Europas neu gestaltete, wurde der Deutsche Bund gegründet, ein lockerer Zusammenschluss von 39 deutschen Staaten. Der Bund sollte die territoriale Integrität der Mitgliedsstaaten sichern und gleichzeitig die aufkommenden liberalen und nationalen Bewegungen in Schach halten. Der Wiener Kongress markierte den Beginn der Restauration, einer Phase, in der die monarchischen Herrscher versuchten, die vorrevolutionäre Ordnung wiederherzustellen. Dies führte zu unterschiedlichen Reaktionen in den deutschen Ländern. In vielen süddeutschen Staaten, insbesondere in Baden und Württemberg, waren die Fürsten jedoch bereit, liberale Reformen umzusetzen. Diese Staaten führten Verfassungen ein, die zumindest einige bürgerliche Freiheiten und politische Teilhabe ga-

---

47 Franz Dumont, Die Mainzer Republik von 1792/93. Studien zur Revolutionierung in Rheinhessen und der Pfalz (= Alzeyer Geschichtsblätter. Sonderheft. 19). Verlag der Rheinhessischen Druckwerkstätte, Alzey 1982, ISBN 3-87854-035-3

rantierten. Baden wurde zu einem Zentrum des liberalen Denkens, und viele Bürger waren stolz darauf, eine relativ fortschrittliche Verfassung zu haben. Auch in Württemberg, Hessen und Bayern gab es Verfassungen, die, wenn auch eingeschränkt, politische Mitbestimmung ermöglichten.

Im Gegensatz dazu blieb Preußen weitgehend unverändert. Friedrich Wilhelm III. versprach zwar 1815 eine Verfassung, doch dieses Versprechen wurde nie eingelöst. Preußen blieb ein autoritär geführter Staat, in dem die Monarchie und die Bürokratie die politische Macht monopolisierten. Auch in den mittleren und kleineren deutschen Staaten wie Sachsen und Hannover blieb die politische Ordnung konservativ, und Versuche, liberale Reformen durchzusetzen, scheiterten an den Widerständen der Fürsten und ihrer Ratgeber. Diese Unterschiede in der Verfassungspolitik zwischen den süddeutschen und den nord- und mitteldeutschen Staaten führten dazu, dass sich im Laufe der 1820er und 1830er Jahre eine liberale Opposition in den süddeutschen Staaten herausbildete, während im Norden die politische Repression stärker war.

Ein weiterer zentraler Wendepunkt war das Jahr 1819, als die Karlsbader Beschlüsse verabschiedet wurden. Nach dem Mord an dem konservativen Schriftsteller August von Kotzebue durch den nationalistischen Studenten Karl Ludwig Sand nutzte der österreichische Staatskanzler Fürst Metternich die Gelegenheit, um eine Welle der Repression über die deutschen Staaten zu bringen. Die Karlsbader Beschlüsse beinhalteten die Zensur der Presse, die Überwachung der Universitäten und die Unterdrückung der liberalen und nationalen Bewegungen. Diese Maßnahmen trafen besonders die süddeutschen Staaten, in denen sich die liberalen Ideen bereits verbreitet hatten, besonders hart. Viele liberale Politiker und Intellektuelle wurden verfolgt, ihre Publikationen verboten, und die politischen Reformbestrebungen wurden stark eingeschränkt.

Dennoch entwickelte sich in den folgenden Jahrzehnten eine zunehmende Opposition gegen die konservative Ordnung des Deutschen Bundes, insbesondere in den Städten des Südens. Die Vormärz-Bewegung, die ihren Namen von der Zeit vor der Revolution von 1848 hat, wuchs in Städten wie Heidelberg, Frankfurt und Karlsruhe. Hier fanden liberale Intellektuelle, Studenten und Bürger eine Plattform, um über politische Reformen und die nationale Einigung Deutschlands zu diskutieren. Diese Ideen fanden jedoch auch in den norddeutschen Ländern zunehmend Resonanz. In Preußen wurde der Druck auf das autoritäre System Friedrich Wilhelms IV., der 1840 den Thron bestieg, immer größer.

Die zunehmende Verbreitung liberaler Ideen in den deutschen Ländern mündete schließlich in der Revolution von 1848, die in vielen Teilen Europas ausbrach. In den deutschen Staaten führte die Revolution zu einem kurzzeitigen Zusammenbruch der monarchischen Ordnung und zur Gründung der Frankfurter Nationalversammlung, die den Auftrag hatte, eine Verfassung für ein geeintes Deutschland auszuarbeiten. In vielen süddeutschen Staaten, wie Baden und Württemberg, war die Unterstützung für die revolutionären Ideen stark, und die Fürsten mussten weitreichende politische Zugeständnisse machen. In Preußen und Österreich hingegen reagierten die Regierungen zunächst mit Gewalt auf die revolutionären Forderungen. Besonders in Wien und Berlin kam es zu blutigen Kämpfen zwischen Revolutionären und den königlichen Truppen.

Die regionale Vielfalt der Reaktionen auf die politischen Umwälzungen zwischen 1789 und 1848 zeigt, dass es kein einheitliches Bild der deutschen Staaten in dieser Zeit gab. Während in den süddeutschen Staaten und in den linksrheinischen Gebieten liberale und nationale Ideen relativ stark Fuß fassen konnten, blieben die norddeutschen Länder und das Habsburgerreich Zentren konservativer Macht, die jede Form von Reformen ablehnten. Diese regionalen Unterschiede prägten die politische Landschaft der deutschen Staaten bis zur endgültigen Einigung im Jahr 1871 und zeigten die Spannungen zwischen den verschiedenen politischen Strömungen, die das 19. Jahrhundert in Deutschland bestimmten.

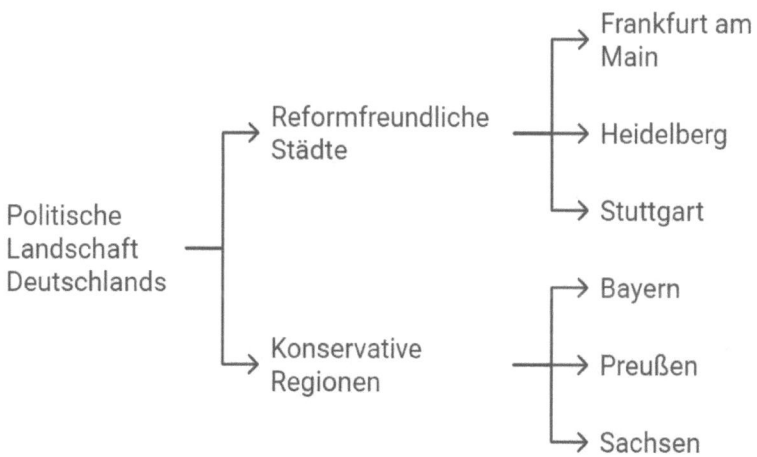

Abbildung 11: Haltung von Städten und Regionen, Quelle: Eigene Darstellung, © Ralf Schönert

Schlacht bei Jena und Auerstedt (1806)

Die Schlacht bei Jena und Auerstedt, die am 14. Oktober 1806 im Rahmen der napoleonischen Kriege stattfand, war ein entscheidendes militärisches Aufeinandertreffen zwischen dem Kaiserreich Frankreich unter der Führung Napoleons und dem Königreich Preußen. Die Schlacht endete mit einem überwältigenden Sieg Napoleons, der die preußische Armee zerschlug und Preußen für Jahre in die politische und militärische Bedeutungslosigkeit führte. Sie markierte einen Wendepunkt in der militärischen und politischen Geschichte Preußens und hatte weitreichende Folgen für die Entwicklung des europäischen Machtgefüges.

Zu Beginn des 19. Jahrhunderts war Preußen, neben Österreich, eine der führenden Mächte im Heiligen Römischen Reich Deutscher Nation. Doch Preußen hatte in den Jahren zuvor eine zögerliche und vorsichtige Außenpolitik verfolgt, was Napoleon die Möglichkeit gab, weite Teile Europas zu erobern und seine Macht zu festigen. Die preußische Führung, allen voran König Friedrich Wilhelm III., hatte die Entwicklungen in Europa lange ignoriert, und erst als sich Frankreich immer weiter ausdehnte und eine Bedrohung für die Unabhängigkeit Preußens darstellte, entschloss sich Preußen, in den Krieg gegen Napoleon zu ziehen. Dieser Entschluss führte zur Bildung der Vierten Koalition gegen Napoleon, der sich neben Preußen auch Großbritannien, Russland, Sachsen und Schweden anschlossen.

Die Schlacht bei Jena und Auerstedt war das Resultat dieser Konfrontation. Napoleon, der die preußische Armee und ihre militärische Stärke anfangs unterschätzt hatte, war entschlossen, einen schnellen und entscheidenden Schlag gegen Preußen zu führen, um die Koalition zu schwächen. Seine Armee, die seit Jahren in Europa erfolgreich gekämpft hatte, war bestens ausgerüstet und gut organisiert. Auf der anderen Seite war die preußische Armee trotz ihrer ruhmreichen Geschichte seit den Tagen Friedrichs des Großen veraltet. Sie war schlecht ausgerüstet, starr in ihrer Organisation und wurde von einer Führung geleitet, die nicht auf die modernen taktischen Anforderungen der Kriegsführung unter Napoleon eingestellt war.

Am Morgen des 14. Oktober 1806 kam es auf zwei Schlachtfeldern gleichzeitig zu Kämpfen: Bei Jena traf Napoleon mit dem Hauptteil seiner Armee auf die preußischen Truppen unter dem Befehl von Fürst Hohenlohe, während bei Auerstedt der französische Marschall Louis-Nicolas Davout auf das preußische Korps unter Herzog Friedrich Wilhelm von Braunschweig stieß. Obwohl die beiden Schlachtfelder etwa 20 Kilometer voneinander entfernt lagen, werden die Schlachten aufgrund ihres zeitlichen und strategischen Zusammenhangs oft als ein Ereignis betrachtet.

Bei Jena setzte Napoleon etwa 96.000 Mann gegen rund 38.000 preußische Soldaten ein. Napoleon nutzte geschickt das Gelände und führte seine Truppen mit Schnelligkeit und Flexibilität in den Kampf. Die preußischen Truppen, die in starren Linienformationen kämpften, waren den beweglichen und gut koordinierten Angriffen der französischen Truppen nicht gewachsen. Besonders die Artillerie der Franzosen spielte eine entscheidende Rolle in der Schlacht, da sie die preußischen Linien zermürbte. Die Preußen erlitten nach mehreren Stunden erbitterter Kämpfe eine vernichtende Niederlage, und ihre Truppen zogen sich in völliger Auflösung zurück.

Die Schlacht bei Auerstedt, die gleichzeitig stattfand, verlief ähnlich dramatisch, obwohl die Umstände hier anders waren. Marschall Davout, der nur über etwa 27.000 Mann verfügte, stand einer preußischen Armee von etwa 60.000 Soldaten gegenüber. Trotz der zahlenmäßigen Überlegenheit der Preußen gelang es Davout, die preußischen Truppen in einer der beeindruckendsten militärischen Leistungen der napoleonischen Ära zu besiegen. Durch geschicktes Manövrieren und den Einsatz von überlegener Taktik konnte er die preußische Armee zerschlagen. Der preußische Oberbefehlshaber, Herzog Friedrich Wilhelm von Braunschweig, wurde tödlich verwundet, was die preußische Führung zusätzlich demoralisierte.

Die Niederlagen bei Jena und Auerstedt führten dazu, dass die preußische Armee in völliger Auflösung geriet. Der Rückzug der geschlagenen Truppen wurde zu einer Flucht, und die Überreste der Armee waren nicht mehr in der Lage, weiteren Widerstand zu leisten. Napoleon nutzte diesen Sieg, um zügig nach Berlin vorzurücken, das er am 27. Oktober 1806 kampflos einnehmen konnte. Innerhalb weniger Wochen hatte er Preußen besiegt und die preußische Hauptstadt besetzt, was das Ende der preußischen Macht für die nächsten Jahre bedeutete.

Die Folgen der Schlacht waren enorm. Preußen verlor nicht nur einen Großteil seines Territoriums und seiner Armee, sondern auch sein Ansehen als führende europäische Militärmacht. Der Frieden von Tilsit, der 1807 zwischen Napoleon und Preußen sowie Russland geschlossen wurde, besiegelte die Demütigung Preußens. Große Teile des preußischen Territoriums wurden an Napoleon und seine Verbündeten abgetreten, und Preußen wurde zu einem Vasallenstaat Frankreichs.

Trotz dieser schweren Niederlage hatten die Schlachten von Jena und Auerstedt auch langfristig positive Folgen für Preußen. Sie führten zu einer tiefgreifenden militärischen und politischen Reformbewegung im Königreich. Unter der Führung von Männern wie Gerhard von Scharnhorst, August Neidhardt von Gneisenau und Carl von Clausewitz begann Preußen, seine Armee nach modernen Grundsätzen neu zu organisieren. Es wurden bedeutende Reformen durchgeführt, die das Militärwesen, das Bildungssystem und die Verwaltung umfassten. Diese Reformen legten die Grundlage für den späteren Wiederaufstieg Preußens als führende Macht in Europa und trugen entscheidend zum Sieg über Napoleon in den Befreiungskriegen von 1813 bis 1815 bei.

Zusammenfassend war die Schlacht bei Jena und Auerstedt eine der verheerendsten Niederlagen in der Geschichte Preußens. Sie demonstrierte die militärische Überlegenheit Napoleons und führte zu einem tiefgreifenden Wandel in der preußischen Gesellschaft und Politik. Die daraus resultierenden Reformen spielten eine Schlüsselrolle im Wiederaufstieg Preußens, das später eine entscheidende Rolle bei der Entstehung des Deutschen Kaiserreichs im Jahr 1871 spielen sollte.

Völkerschlacht bei Leipzig (1813)

Die Völkerschlacht bei Leipzig, die vom 16. bis 19. Oktober 1813 stattfand, war die größte Schlacht der Napoleonischen Kriege und ein entscheidender Wendepunkt im Kampf gegen Napoleon Bonaparte. Diese Schlacht wird auch als „Schlacht der Nationen" bezeichnet, da Truppen aus mehreren europäischen Nationen beteiligt waren. Auf der einen Seite standen die französischen Truppen unter der Führung Napoleons, die versuchten, ihre Vorherrschaft in Europa zu verteidigen, auf der anderen Seite die Koalitionstruppen aus Russland, Preußen, Österreich und Schweden, die sich gegen die französische Besatzung und Kontrolle wehrten.

Nach seinem misslungenen Russlandfeldzug im Jahr 1812, bei dem Napoleon einen großen Teil seiner Armee verloren hatte, war seine Macht stark geschwächt. Die europäischen Mächte sahen in dieser Schwächung eine Gelegenheit, sich gegen die französische Hegemonie zu erheben. 1813 formierten sich die Gegner Napoleons in der Sechsten Koalition, bestehend aus Russland, Preußen, Österreich und Schweden, und beschlossen, Napoleon auf deutschem Boden entgegenzutreten, um seine Vormachtstellung endgültig zu beenden.

Die Völkerschlacht bei Leipzig war der Höhepunkt dieses Feldzugs. Napoleon hatte eine Armee von etwa 200.000 Soldaten versammelt, die gegen die zahlenmäßig überlegenen Koalitionstruppen kämpfen sollten, die etwa 370.000 Mann stark waren. Die Schlacht erstreckte sich über mehrere Tage und fand in der Umgebung von Leipzig statt. Die Stadt Leipzig war von strategischer Bedeutung, da sie an einem wichtigen Verkehrsknotenpunkt in Mitteldeutschland lag, und die Kontrolle über die Stadt war entscheidend für die Nachschublinien beider Seiten.

Am 16. Oktober begann die Schlacht mit heftigen Kämpfen zwischen den französischen Truppen und den Koalitionstruppen. Trotz zahlenmäßiger Überlegenheit der Alliierten konnte Napoleon seine Linien anfangs halten. In den nächsten Tagen jedoch wurde die Lage für die Franzosen immer schwieriger, da die Koalitionstruppen durch Verstärkungen weitere Truppen ins Feld brachten, insbesondere die österreichischen und preußischen Armeen. Am 18. Oktober kam es zum entscheidenden Schlag, als die Koalitionstruppen einen massiven Angriff entlang der gesamten Front starteten. Die französischen Truppen wurden zunehmend in die Defensive gedrängt, und Napoleons Position wurde unhaltbar.

Die Schlacht endete am 19. Oktober, als Napoleon gezwungen war, den Rückzug anzutreten. Während des Rückzugs kam es zu einem weiteren schweren Verlust für die Franzosen: Eine Brücke über die Elster, die als Hauptfluchtweg diente, wurde vorzeitig gesprengt, was dazu führte, dass Tausende französischer Soldaten, einschließlich des Kommandanten Marschall Poniatowski, gefangen genommen oder getötet wurden. Der Rückzug verwandelte sich in eine Katastrophe, und Napoleon musste den größten Teil seiner Armee in Deutschland aufgeben.

Die Folgen der Völkerschlacht waren weitreichend. Napoleon hatte nicht nur eine seiner größten militärischen Niederlagen erlitten, sondern auch seine Vormachtstellung in Europa endgültig verloren. Die Völkerschlacht markierte den Anfang vom Ende für das napoleonische Kaiserreich. In den folgenden Monaten zogen sich die französischen Truppen aus Deutschland zurück, und die Koalitionstruppen rückten bis nach Frankreich vor. Die Schlacht führte schließlich zum Einmarsch der alliierten Truppen in Paris im Jahr 1814 und zur ersten Abdankung Napoleons.

Für Deutschland und Europa hatte die Völkerschlacht bei Leipzig eine immense symbolische Bedeutung. Sie wurde als Sieg der Freiheit über die französische Fremdherrschaft gefeiert und stärkte das nationale Bewusstsein in vielen deutschen Staaten. In den folgenden Jahren wuchs die nationale Bewegung, die auf die Einheit und Freiheit Deutschlands abzielte. Die Völkerschlacht wird bis heute als entscheidendes Ereignis in der deutschen und europäischen Geschichte betrachtet, das das Ende der napoleonischen Vorherrschaft und den Beginn einer neuen politischen Ära in Europa markierte.

Wiener Kongress (1814-1815)

Der Wiener Kongress, der von September 1814 bis Juni 1815 stattfand, war eine der bedeutendsten diplomatischen Konferenzen in der europäischen Geschichte. Nach den Napoleonischen Kriegen hatten die europäischen Großmächte das Ziel, die politische und territoriale Ordnung des Kontinents neu zu gestalten und ein stabiles Machtgleichgewicht zu schaffen. Der Kongress wurde von den vier Hauptsiegermächten – Großbritannien, Russland, Österreich und Preußen – sowie Frankreich, das durch den Außenminister Charles-Maurice de Talleyrand vertreten war, dominiert.

Der Gastgeber des Wiener Kongresses war der österreichische Staatskanzler Fürst Klemens von Metternich, der als Architekt der restaurativen Politik gilt. Metternich strebte die Wiederherstellung der vorrevolutionären Ordnung an und setzte sich für die Stabilität und den Erhalt der Monarchien ein, die durch die Französische Revolution und die napoleonische Vorherrschaft bedroht worden waren.

Zentrale Ziele des Wiener Kongresses waren die Neuordnung der politischen Grenzen und die Wiederherstellung der alten Dynastien. Frankreich wurde auf die Grenzen von 1792 zurückgedrängt, während die Großmächte ihr Territorium vergrößerten: Preußen erhielt Teile des Rheinlandes, Österreich gewann Einfluss in Italien, und Russland erhielt das Herzogtum Warschau. Um den Status quo zu sichern, wurde das Konzept des Mächtegleichgewichts eingeführt, das darauf abzielte, keinen Staat in Europa zu mächtig werden zu lassen.

Ein weiteres bedeutendes Ergebnis des Kongresses war die Gründung des Deutschen Bundes, der die zersplitterten deutschen Staaten in einem losen Staatenbund zusammenfasste. Der Wiener Kongress legte die Grundlage für die Restauration in Europa, die konservative Kräfte in den folgenden Jahrzehnten dominierten, und prägte die europäische Politik bis zur Revolution von 1848.

Wartburgfest (1817)

Das Wartburgfest von 1817 war eine der bedeutendsten politischen Kundgebungen der frühen deutschen National- und Freiheitsbewegung. Es fand am 18. Oktober 1817 auf der Wartburg bei Eisenach in Thüringen statt und wurde von etwa 500 Teilnehmern besucht, vor allem von Studenten und Professoren, die den sogenannten Burschenschaften angehörten. Diese studentischen Vereinigungen hatten sich nach den Napoleonischen Kriegen formiert und verfolgten das Ziel, die deutsche Zersplitterung zu überwinden und eine nationale Einheit unter liberalen und freiheitlichen Prinzipien zu schaffen.

Das Wartburgfest fiel auf zwei symbolträchtige Ereignisse: den 300. Jahrestag des Thesenanschlags von Martin Luther im Jahr 1517, der die Reformation in Deutschland eingeleitet hatte, und den vierten Jahrestag der Völkerschlacht bei Leipzig, bei der die Koalitionstruppen einen entscheidenden Sieg über Napoleon errungen hatten. Die Wartburg, auf der sich Martin Luther einst versteckt hatte, war daher ein bedeutungsvoller Ort, um die Idee einer neuen, freien und geeinten deutschen Nation zu propagieren.

Das Fest war sowohl eine nationale als auch eine politische Veranstaltung. Die Teilnehmer forderten die Schaffung eines deutschen Nationalstaates und die Einführung von Verfassungen, die bürgerliche Freiheitsrechte und politische Mitbestimmung garantieren sollten. Diese Forderungen richteten sich gegen die politische Restauration, die auf dem Wiener Kongress 1815 etabliert worden war. Der Deutsche Bund, der als Ergebnis des Wiener Kongresses gegründet worden war, hatte die deutsche Zersplitterung in zahlreiche souveräne Fürstentümer und Königreiche zementiert und verhinderte aktiv jede Form von liberalen Reformen und nationaler Einigung.

Ein umstrittener Teil des Wartburgfestes war das symbolische Verbrennen reaktionärer Schriften und Symbole, darunter Bücher von Autoren, die als Gegner der nationalen und liberalen Bewegung galten, wie der Schriftsteller August von Kotzebue, der später von dem Burschenschafter Karl Ludwig Sand ermordet wurde. Diese Aktion wurde von vielen als provokativ empfunden und führte dazu, dass das Wartburgfest von den konservativen Kräften als Bedrohung wahrgenommen wurde.

Das Wartburgfest markierte einen wichtigen Meilenstein in der Geschichte der deutschen Nationalbewegung und inspirierte die liberale und nationale Opposition gegen die restaurative Ordnung des Deutschen Bundes. Es symbolisierte den Aufbruch einer neuen Generation, die bereit war, für politische Reformen, nationale Einheit und Freiheitsrechte zu kämpfen. In den folgenden Jahren verstärkten sich die Repressionen gegen die Burschenschaften, besonders durch die Karlsbader Beschlüsse von 1819, die die Aktivitäten der nationalen Bewegung stark einschränkten. Trotzdem blieb das Wartburgfest ein Symbol für den Widerstand gegen die politische Repression und die Hoffnung auf eine freiheitliche und geeinte deutsche Nation.

Karlsbader Beschlüsse (1819)

Die Karlsbader Beschlüsse, die im August 1819 auf einer Konferenz in Karlsbad (heute Karlovy Vary) unter der Leitung des österreichischen Staatskanzlers Fürst Klemens von Metternich verabschiedet wurden, waren ein zentraler Bestandteil der reaktionären Politik im Deutschen

Bund. Diese Beschlüsse sollten die liberalen und nationalistischen Bewegungen, die nach den Napoleonischen Kriegen in den deutschen Staaten aufkamen, unterdrücken und die bestehende monarchische Ordnung festigen. Sie reagierten auf die wachsenden politischen Spannungen und insbesondere auf den Mord an dem konservativen Schriftsteller August von Kotzebue durch den Burschenschafter Karl Ludwig Sand im März 1819. Dieser Mord war ein Schock für die konservativen Kräfte, da er die Radikalisierung nationalistischer und liberaler Gruppierungen offenbarte, die sich in studentischen Vereinigungen wie den Burschenschaften organisiert hatten.

Die Karlsbader Beschlüsse bestanden aus mehreren repressiven Maßnahmen, die darauf abzielten, jede Form von Opposition gegen die Fürstenherrschaft zu unterdrücken. Zu den wichtigsten Bestimmungen gehörte die Überwachung der Universitäten. Die Burschenschaften und andere studentische Verbindungen, die als Brutstätten für revolutionäre Ideen galten, wurden verboten. Universitäten, die als besonders liberale Zentren galten, wurden unter strenge Aufsicht gestellt, und Professoren, die liberalen oder nationalen Ideen nahe standen, konnten entlassen oder überwacht werden. Die Maßnahme zielte darauf ab, die Verbreitung von Ideen zu verhindern, die die monarchische Ordnung in Frage stellten.

Zudem wurde eine umfassende Pressezensur eingeführt. Zeitungen, Zeitschriften und andere Publikationen mussten sich einer strengen Kontrolle unterwerfen, und jede Form der Kritik an der Regierung oder der Forderung nach liberalen Reformen wurde unterdrückt. Diese Zensur sollte sicherstellen, dass die monarchische Ordnung nicht durch die Verbreitung von revolutionären Ideen destabilisiert wurde.

Ein weiteres Element der Karlsbader Beschlüsse war die Überwachung und Repression politischer Vereine und öffentlicher Versammlungen. Alle politischen Gruppen, die die bestehende Ordnung kritisierten oder Reformen forderten, wurden verboten oder stark eingeschränkt. Zudem richteten die Beschlüsse eine zentrale Untersuchungskommission in Mainz ein, die dazu diente, oppositionelle Gruppen und Einzelpersonen zu überwachen und zu verfolgen.

Die Karlsbader Beschlüsse markierten den Beginn einer Phase der politischen Repression im Deutschen Bund, die als "Vormärz" bekannt wurde und bis zur Revolution von 1848 anhielt. Die konservativen Kräfte, allen voran Österreich und Preußen, nutzten die Beschlüsse, um jede Form von Opposition zu ersticken und die bestehenden Herrschaftsstrukturen zu festigen. Sie spiegelten die Angst der monarchischen Eliten vor den revolutionären Bewegungen wider, die durch die Französische Revolution und die Napoleonischen Kriege inspiriert worden waren. Trotz der Repression blieben die liberalen und nationalen Bewegungen in Deutschland aktiv und gewannen in den folgenden Jahrzehnten zunehmend an Unterstützung. Die Karlsbader Beschlüsse trugen dazu bei, die Spannungen zwischen den reformwilligen Kräften und den konservativen Eliten zu verschärfen, was schließlich zur Revolution von 1848 führte.

Julirevolution in Frankreich (1830)

Die Julirevolution in Frankreich im Jahr 1830 war ein bedeutendes politisches Ereignis, das die europäischen Machtverhältnisse tiefgreifend beeinflusste und weitreichende Konsequenzen hatte. Sie fand vom 27. bis 29. Juli 1830 in Paris statt und führte zum Sturz der Bourbonen-Dynastie unter König Karl X. sowie zur Einsetzung von Louis-Philippe von Orléans als „Bürgerkönig". Die Revolution gilt als eine der Schlüsselbewegungen des 19. Jahrhunderts, die einen Übergang von monarchischen Systemen zu konstitutionellen Monarchien einleitete und gleichzeitig revolutionäre Bestrebungen in anderen europäischen Ländern inspirierte.

Nach dem Sturz Napoleons und dem Ende seiner Herrschaft im Jahr 1815 wurde in Frankreich mit dem Wiener Kongress die Monarchie der Bourbonen wiederhergestellt. Karl X., der 1824 nach dem Tod seines Bruders Ludwig XVIII. den Thron bestieg, regierte jedoch zunehmend absolutistisch. Er war ein entschiedener Vertreter der reaktionären Kräfte, die die Errungenschaften der Französischen Revolution rückgängig machen wollten, und versuchte, die Vorrechte des Adels und der Kirche zu stärken. Dies führte zu einem wachsenden Konflikt mit den liberalen und bürgerlichen Kräften in Frankreich, die eine stärkere parlamentarische Beteiligung und bürgerliche Freiheiten forderten.

In den Jahren vor der Julirevolution verschärfte Karl X. seine reaktionäre Politik. Besonders die „Vier Ordonanzen" vom 25. Juli 1830, die die Pressefreiheit massiv einschränkten, die neu gewählte Abgeordnetenkammer auflösten, das Wahlrecht weiter einschränkten und Neuwahlen ansetzten, führten zu einer breiten Ablehnung in der Bevölkerung. Diese Maßnahmen sollten die Macht der Monarchie stärken, wurden aber von den liberalen und bürgerlichen Schichten als unrechtmäßiger Eingriff in die errungene konstitutionelle Ordnung empfunden. Der Rückgriff auf autoritäre Maßnahmen führte zur Mobilisierung der Opposition und bereitete den Boden für die Revolution.

Am 27. Juli 1830 begannen in Paris die ersten Proteste gegen die Politik Karls X. Die Hauptstadt war zu dieser Zeit das Zentrum der französischen Politik, Kultur und Wirtschaft, und viele der revolutionären Ideen, die in der Bevölkerung zirkulierten, hatten hier ihre Wurzeln. Arbeiter, Studenten und Bürger gingen auf die Straße, um gegen die Unterdrückung der Pressefreiheit und die politischen Eingriffe zu protestieren. Die Stimmung war explosiv, und schnell eskalierten die Proteste zu offenen Kämpfen zwischen den aufständischen Bürgern und den Regierungstruppen. Die Kämpfer errichteten Barrikaden in den

Straßen von Paris, eine Taktik, die in späteren Revolutionen wiederholt Anwendung finden sollte.

Innerhalb von drei Tagen, vom 27. bis 29. Juli, kam es zu heftigen Straßenkämpfen in Paris. Die Regierungstruppen waren den Aufständischen zahlenmäßig und in ihrer Bewaffnung unterlegen. Zudem war die revolutionäre Stimmung unter den Bürgern so stark, dass sich viele Soldaten weigerten, weiter gegen ihre Landsleute zu kämpfen. Die Pariser Bevölkerung, besonders Arbeiter und Studenten, übernahm rasch die Kontrolle über weite Teile der Stadt. In den „Drei Glorreichen Tagen" (les Trois Glorieuses) besiegten die Revolutionäre die königlichen Truppen, und Karl X. sah sich gezwungen, Paris zu verlassen und ins Exil zu fliehen. Er dankte am 2. August 1830 zugunsten seines Enkels, des Herzogs von Bordeaux, ab, aber die Abgeordneten und das Volk entschieden sich, einen neuen König zu wählen.

Die Julirevolution brachte Louis-Philippe von Orléans an die Macht, einen Vertreter der liberaleren Monarchisten, der von den Bürgern als „Bürgerkönig" gefeiert wurde. Er akzeptierte die konstitutionelle Monarchie und versprach, die bürgerlichen Freiheiten zu wahren, was ihm breite Unterstützung in der Bevölkerung einbrachte. Seine Herrschaft, die als Julimonarchie bekannt wurde, war jedoch ein Kompromiss zwischen monarchischer und republikanischer Herrschaft. Sie basierte auf dem Prinzip, dass der König durch eine Verfassung regierte und die Rechte des Bürgertums stärker berücksichtigt wurden als unter Karl X. Die Pressefreiheit wurde wiederhergestellt, das Wahlrecht erweitert, und die politische Mitbestimmung des Parlaments gestärkt. Dennoch blieb das Wahlrecht weiterhin auf wohlhabende Bürger beschränkt, was im späteren Verlauf zu weiteren Unruhen und Forderungen nach einer demokratischeren Ordnung führte.

Die Julirevolution von 1830 war nicht nur ein französisches, sondern ein europäisches Ereignis. Sie hatte eine Signalwirkung auf andere Länder, in denen sich liberale und nationale Bewegungen gegen die restaurativen Monarchien formierten. In den deutschen Staaten, den italienischen Fürstentümern und in Polen kam es zu revolutionären Erhebungen, die von den Ereignissen in Frankreich inspiriert wurden. Besonders in den deutschen Ländern forderten die Liberalen in vielen Regionen die Einführung von Verfassungen, Pressefreiheit und bürgerlichen Rechten. Die deutschen Fürsten reagierten unterschiedlich: In einigen Staaten, wie in Hessen und Sachsen, wurden Reformen gewährt, während in anderen, insbesondere in Preußen und Österreich, die konservativen Kräfte die Revolutionen brutal niederschlugen.

In Belgien führte die Julirevolution sogar zum Belgischen Unabhängigkeitskrieg und zur Loslösung Belgiens von den Niederlanden, was zur Gründung des unabhängigen Königreichs Belgien 1831 führte. Auch Polen erlebte einen Aufstand gegen die russische Herrschaft, der jedoch von den russischen Truppen niedergeschlagen wurde. Die Julirevolution hatte also sowohl in Westeuropa als auch in Osteuropa weitreichende Konsequenzen und förderte den liberalen und nationalen Widerstand gegen die alten monarchischen Mächte.

Zusammengefasst markiert die Julirevolution von 1830 einen wichtigen Wendepunkt in der europäischen Geschichte. Sie zeigte, dass die monarchische Herrschaft, die nach dem Wiener Kongress wiederhergestellt worden war, zunehmend unter Druck geriet, und dass die Ideen von Freiheit, bürgerlichen Rechten und nationaler Selbstbestimmung nicht mehr ignoriert werden konnten. Louis-Philippe konnte zwar die Monarchie in Frankreich bewahren, doch die politischen und sozialen Spannungen, die durch die Julirevolution sichtbar wurden, blieben bestehen und führten schließlich zu weiteren revolutionären Erhebungen in den folgenden Jahrzehnten, insbesondere zur Revolution von 1848, die das Ende der Julimonarchie einläutete.

Hambacher Fest (1832)

Das Hambacher Fest, das vom 27. bis 30. Mai 1832 auf dem Hambacher Schloss in der Nähe von Neustadt an der Weinstraße stattfand, gilt als eine der wichtigsten und symbolträchtigsten Kundgebungen in der Geschichte der deutschen Demokratie- und Nationalbewegung. Es versammelten sich zwischen 20.000 und 30.000 Menschen, um ihre Forderungen nach nationaler Einheit, Freiheit, Bürgerrechten und politischer Teilhabe zu artikulieren. Das Fest war in seiner Größe und Bedeutung einzigartig und wird häufig als Meilenstein auf dem Weg zur Revolution von 1848 betrachtet.

Die Ursachen für das Hambacher Fest liegen in den politischen und gesellschaftlichen Spannungen der Zeit. Nach dem Wiener Kongress 1815 wurde in den deutschen Staaten, die im Deutschen Bund lose miteinander verbunden waren, eine konservative Restauration vorangetrieben. Die Monarchen, allen voran Fürst Metternich in Österreich, hatten kein Interesse an liberalen oder nationalistischen Bestrebungen. Die Karlsbader Beschlüsse von 1819, die Pressezensur, das Verbot der Burschenschaften und die Überwachung der Universitäten waren deutliche Zeichen der repressiven Politik. Diese Maßnahmen führten jedoch nicht zur Befriedung, sondern verstärkten den Unmut in weiten Teilen der Bevölkerung, insbesondere bei den liberalen und nationalen Bewegungen.

Im Vorfeld des Hambacher Festes hatten sich in der Pfalz und insbesondere in der Stadt Neustadt oppositionelle Kräfte formiert. Die Pfalz, die von 1816 bis 1946 zu Bayern gehörte, war von wirtschaftlicher Not und politischer Unzufriedenheit geprägt. Unter diesen Bedingungen entstanden zunehmend liberale und nationale Bewegungen, die sich gegen die bestehende Ordnung wandten. Die liberale Presse spielte eine zentrale Rolle in der Mobilisierung der Bevölkerung. Besonders die Zeitung „Der Deutsche Beobachter" unter der Leitung von Philipp Jakob Siebenpfeiffer, einem der Hauptinitiatoren des Hambacher Festes, und Johann Georg August Wirth, ebenfalls ein führender Liberaler, trug zur Verbreitung oppositioneller Ideen bei.

Das Hambacher Fest wurde schließlich als politische Massenkundgebung organisiert, die die Unzufriedenheit mit der reaktionären Politik des Deutschen Bundes und die Forderungen nach politischen Reformen zum Ausdruck bringen sollte. Neben liberalen Bürgern und Studenten nahmen auch Handwerker und Bauern an dem Fest teil. Besonders auffällig war die internationale Dimension des Hambacher Festes: Neben deutschen Teilnehmern nahmen auch Gäste aus Frankreich, Polen und anderen europäischen Ländern teil, was dem Ereignis eine europäische Dimension verlieh. Die Versammlung war nicht nur eine nationale, sondern auch eine internationale Protestbewegung gegen Unterdrückung und für Freiheit.

Während des Festes hissten die Teilnehmer erstmals die Schwarz-Rot-Goldene Fahne, die heute als Flagge der Bundesrepublik Deutschland verwendet wird. Die Farben standen symbolisch für die Einheit und Freiheit Deutschlands und wurden im Laufe der Veranstaltung zu einem zentralen Symbol der nationalen Bewegung. Die Reden, die gehalten wurden, betonten die Forderungen nach nationaler Einheit, Pressefreiheit, einem freien Wahlrecht und der Abschaffung der Fürstenherrschaft. Auch die Forderung nach einer gesamtdeutschen Verfassung und einem republikanischen Staat wurden laut. Die Redner äußerten zudem Solidarität mit den revolutionären Bewegungen in Polen und Frankreich, was das Hambacher Fest als Ausdruck eines transnationalen Freiheitskampfes erscheinen ließ.

Besonders Philipp Jakob Siebenpfeiffer und Johann Georg August Wirth traten als führende Redner des Festes hervor. Siebenpfeiffer forderte in seiner Rede die Bildung einer Republik und die Schaffung eines vereinten, demokratischen Deutschlands. Wirth betonte die Bedeutung der Pressefreiheit und kritisierte die repressive Politik der deutschen Fürsten scharf. Die Reden fanden großen Anklang unter den Teilnehmern und stärkten das Selbstbewusstsein der liberalen und nationalen Bewegung in Deutschland.

Das Hambacher Fest rief bei den konservativen Mächten des Deutschen Bundes große Besorgnis hervor. In der Folge verschärften die deutschen Staaten ihre Repressionsmaßnahmen. Es kam zu einer Welle von Verhaftungen und Strafprozessen gegen die Organisatoren und Teilnehmer des Festes. Die Zensur wurde verstärkt, und die Überwachung oppositioneller Gruppen intensiviert. Wirth und Siebenpfeiffer mussten ins Exil fliehen, da sie in den darauffolgenden Prozessen zu Haftstrafen verurteilt wurden.

Obwohl das Hambacher Fest die politischen Ziele der Bewegung nicht unmittelbar erreichte, war es ein bedeutendes Signal für die spätere Entwicklung der deutschen Demokratiebewegung. Es mobilisierte breite Schichten der Bevölkerung und zeigte, dass der Wunsch nach Freiheit, nationaler Einheit und Bürgerrechten tief in der deutschen Gesellschaft verwurzelt war. Diese Ideen führten schließlich zu den revolutionären Erhebungen von 1848, die erneut versuchten, die Forderungen nach Einheit und Freiheit zu verwirklichen.

Das Hambacher Fest bleibt bis heute ein zentrales Symbol der deutschen Demokratiegeschichte. Es war einer der ersten großen Massenproteste, der politische Reformen und nationale Einheit forderte und zugleich die europäischen Dimensionen der Freiheitsbewegungen betonte. Die Schwarz-Rot-Goldene Flagge, die erstmals beim Hambacher Fest gehisst wurde, ist heute ein wichtiges nationales Symbol Deutschlands und erinnert an den Kampf für Einheit und Freiheit im 19. Jahrhundert.

Heidelberger Versammlung (1848)

Die Heidelberger Versammlung, die am 5. März 1848 stattfand, war ein entscheidendes Ereignis im Vorfeld der Deutschen Revolution von 1848/49. Sie gilt als der erste Schritt zur Einberufung der Frankfurter Nationalversammlung und spielte eine zentrale Rolle in der deutschen Einheits- und Freiheitsbewegung. Die Versammlung wurde von führenden Vertretern des liberalen und nationalen Spektrums einberufen, um eine gesamtdeutsche Lösung für die politischen und gesellschaftlichen Umbrüche zu finden, die in dieser Zeit Europa erfassten.

Im Frühjahr 1848 befand sich Europa in einem politischen Aufbruch. Die Februarrevolution in Frankreich, die zur Abdankung des Königs Louis-Philippe und zur Ausrufung der Zweiten Französischen Republik führte, löste auch in den deutschen Staaten eine Welle von Protesten und Aufständen aus. In mehreren Städten, darunter Berlin, Wien und München, kam es zu Massenprotesten, die politische Reformen, Pressefreiheit, nationale Einheit und die Einführung von Verfassungen forderten. In dieser angespannten Atmosphäre erkannten die liberalen und nationalen Kräfte in Deutschland die Notwendigkeit, eine geeinte politische Front zu schaffen.

Die Heidelberger Versammlung wurde von prominenten Liberalen einberufen, darunter Heinrich von Gagern, Friedrich Hecker, Ludwig Uhland und Robert Blum, um den revolutionären Forderungen eine organisatorische Struktur zu geben und eine geeinte deutsche Politik zu entwickeln. Die Stadt Heidelberg wurde als Ort der Versammlung gewählt, weil sie als liberaler Treffpunkt galt und in der Nähe der badischen Zentren der liberalen Bewegung lag. Die Teilnehmer der Versammlung setzten sich hauptsächlich aus oppositionellen Politikern, Intellektuellen und Juristen zusammen, die das Ziel verfolgten, den verschiedenen revolutionären Bewegungen in den deutschen Staaten eine gemeinsame politische Richtung zu geben.

Ein zentrales Ergebnis der Heidelberger Versammlung war die Entscheidung, ein Vorparlament einzuberufen, das die Aufgabe haben sollte, die Einberufung einer gesamtdeutschen Nationalversammlung zu organisieren. Dieses Vorparlament sollte in Frankfurt am Main tagen und die Weichen für die Schaffung einer neuen Verfassungsordnung in Deutschland stellen. Es war der Überzeugung der Teilnehmer der Heidelberger Versammlung zu verdanken, dass der Wunsch nach nationaler Einheit und Freiheit in geordnete parlamentarische Bahnen gelenkt wurde. Besonders wichtig war die Einigung, dass die Nationalversammlung demokratisch legitimiert sein sollte, indem Delegierte aus allen deutschen Staaten entsandt wurden, die die Interessen der verschiedenen Regionen repräsentieren sollten.

Neben der Einberufung des Vorparlaments setzte sich die Versammlung auch mit der „deutschen Frage" auseinander, also der Frage, wie ein zukünftiger deutscher Nationalstaat aussehen sollte. Dabei standen zwei Modelle zur Debatte: die „kleindeutsche Lösung", die einen Nationalstaat unter der Führung Preußens und ohne Österreich vorsah, und die „großdeutsche Lösung", die auch das multiethnische Habsburgerreich in den deutschen Nationalstaat integrieren wollte. Diese Frage wurde jedoch nicht abschließend geklärt und sollte die folgenden Monate der politischen Auseinandersetzungen prägen.

Ein weiterer wichtiger Beschluss der Heidelberger Versammlung war die Forderung nach einer Nationalversammlung, die nicht nur die nationale Einheit, sondern auch Grundrechte und politische Freiheiten gewährleisten sollte. Dies spiegelte den Geist der Zeit wider, in der die Ideen von Liberalismus, Nationalismus und Demokratie immer mehr an Einfluss gewannen. Die Versammlung erkannte, dass ein geeintes Deutschland auf einer Verfassung basieren musste, die den Bürgern politische Teilhabe und Rechte sicherte.

Die Heidelberger Versammlung markierte einen Wendepunkt in der deutschen Geschichte, da sie den Grundstein für den revolutionären

Prozess legte, der schließlich zur Einberufung der Frankfurter Nationalversammlung führte. Sie war der erste Schritt zur Verwirklichung der lang gehegten Ideen von nationaler Einheit und politischer Freiheit, die seit den Befreiungskriegen gegen Napoleon in Deutschland präsent waren. Obwohl die Revolution von 1848/49 scheiterte und die erhoffte nationale Einigung nicht unmittelbar erreicht wurde, legte die Heidelberger Versammlung den Grundstein für die späteren Entwicklungen, die schließlich zur Gründung des Deutschen Kaiserreichs im Jahr 1871 führten. Die Bedeutung der Heidelberger Versammlung liegt nicht nur in ihren politischen Ergebnissen, sondern auch in der symbolischen Kraft, die sie für die deutsche Einheitsbewegung hatte. Sie war Ausdruck des Wunsches vieler Deutscher nach einer Verfassung, die bürgerliche Freiheiten garantierte, und nach einem geeinten Nationalstaat, der die Zersplitterung des Deutschen Bundes überwand. Als politisches Signal markierte die Heidelberger Versammlung den Beginn eines Prozesses, der die politische Landschaft Deutschlands in den folgenden Jahrzehnten nachhaltig prägen sollte.

Frankfurter Nationalversammlung (1848-1849)

Die Frankfurter Nationalversammlung, die von Mai 1848 bis Mai 1849 in der Paulskirche in Frankfurt am Main tagte, war das erste gesamtdeutsche Parlament, das auf demokratischem Wege gewählt wurde. Sie entstand im Zuge der revolutionären Erhebungen von 1848, die in vielen Teilen Europas politische und soziale Reformen forderten. Diese Revolutionen, besonders die in den deutschen Ländern, wurden von den Ideen des Liberalismus, der nationalen Einheit und der konstitutionellen Monarchie getragen. Die Frankfurter Nationalversammlung war der zentrale Ausdruck dieser politischen Bestrebungen und hatte das Ziel, eine Verfassung für einen vereinten deutschen Nationalstaat zu erarbeiten.

Nachdem es in verschiedenen Teilen des Deutschen Bundes zu revolutionären Aufständen gekommen war, setzten sich die politischen Führer, Liberalen und Nationalisten das Ziel, die Zersplitterung Deutschlands in viele kleine Einzelstaaten zu überwinden. Die Bewegung für eine nationale Einheit und bürgerliche Freiheiten gewann rasch an Unterstützung in der Bevölkerung. Bereits am 5. März 1848 trafen sich führende Liberale und Nationalisten in Heidelberg, um die Einberufung eines gesamtdeutschen Parlaments zu fordern. Diese Forderung wurde kurz darauf in die Tat umgesetzt, als im Mai 1848 die Wahl zur Nationalversammlung stattfand.

Die Nationalversammlung bestand aus rund 585 Abgeordneten, die aus den verschiedenen Staaten des Deutschen Bundes entsandt wurden. Sie war ein breites Spektrum der damaligen politischen Landschaft: von Konservativen über Liberale bis hin zu Demokraten. Die Versammlung repräsentierte zum ersten Mal in der deutschen Geschichte alle Teile des deutschen Volkes, und ihre Hauptaufgabe war es, eine Verfassung zu erarbeiten, die die Grundlage für ein geeintes Deutschland schaffen sollte.

Die Arbeit der Frankfurter Nationalversammlung stand von Anfang an vor großen Herausforderungen. Eine der zentralen Fragen war die nach der territorialen Ausdehnung des künftigen deutschen Nationalstaates. Insbesondere die sogenannte „deutsche Frage" führte zu intensiven Debatten. Zwei Lösungsansätze standen sich gegenüber: die „kleindeutsche Lösung", die einen deutschen Nationalstaat unter der Führung Preußens ohne das habsburgische Österreich vorsah, und die „großdeutsche Lösung", die auch Österreich in den neuen deutschen Staat einbinden wollte. Letztlich entschied sich die Mehrheit der Abgeordneten für die kleindeutsche Lösung, da Österreich aufgrund seiner multiethnischen Struktur und seiner vielen nichtdeutschen Gebiete als ungeeignet für einen deutschen Nationalstaat angesehen wurde.

Im März 1849 verabschiedete die Nationalversammlung die sogenannte Paulskirchenverfassung, die Deutschland als konstitutionelle Monarchie unter einem deutschen Kaiser an der Spitze vorsah. Diese Verfassung garantierte eine Reihe von Grundrechten, darunter Meinungs- und Pressefreiheit, Religionsfreiheit sowie die Abschaffung der Standesunterschiede. Ein zentrales Element war die Einführung eines Parlaments, das aus zwei Kammern bestehen sollte – einer gewählten Volksvertretung und einem Staatenhaus, das die Interessen der Einzelstaaten vertreten sollte.

Die Nationalversammlung bot die Kaiserkrone dem preußischen König Friedrich Wilhelm IV. an, der jedoch die Krone ablehnte. Er wollte nicht von einer demokratisch gewählten Versammlung gekrönt werden, sondern nur durch die Zustimmung der deutschen Fürsten. Diese Ablehnung markierte den Anfang vom Ende der Frankfurter Nationalversammlung. Ohne die Unterstützung der großen deutschen Monarchien, insbesondere Preußens, verlor das Parlament seine Machtbasis. In den folgenden Monaten zerfiel die Nationalversammlung, und schließlich wurde sie im Mai 1849 aufgelöst.

Trotz ihres Scheiterns hatte die Frankfurter Nationalversammlung eine weitreichende Bedeutung für die politische Entwicklung Deutschlands. Sie war der erste Versuch, Deutschland auf demokratischer Grundlage zu vereinen und eine Verfassung zu schaffen, die den Bürgern politische Mitbestimmung und Grundrechte garantieren sollte. Viele der in der Paulskirchenverfassung erarbeiteten Grundrechte fanden später Eingang in die Verfassungen des Kaiserreichs und der Weimarer Republik. Die Frankfurter Nationalversammlung bleibt somit ein symbolischer Meilenstein in der Geschichte des deutschen Parlamentarismus und der Nationalbewegung.

13. VERGLEICH UND ANALYSE: DIE FRANZÖSISCHE REVOLUTION IM KONTEXT ANDERER EUROPÄISCHER EREIGNISSE

Die Französische Revolution war eines der folgenreichsten Ereignisse der europäischen Geschichte. Sie markierte das Ende des Ancien Régime in Frankreich und führte zu tiefgreifenden politischen, sozialen und wirtschaftlichen Veränderungen, die nicht nur Frankreich, sondern ganz Europa beeinflussten. Um den vollen historischen Kontext der Französischen Revolution zu verstehen, ist es notwendig, diese im Vergleich zu anderen europäischen Ereignissen im Zeitraum von 1789 bis 1848 zu analysieren. Während dieser Zeit war Europa von politischen Unruhen und Umbrüchen geprägt, die vielfach durch die revolutionären Ideen von Freiheit, Gleichheit und Brüderlichkeit inspiriert waren.

Die Französische Revolution begann mit dem Zusammenbruch der absolutistischen Monarchie in Frankreich und der Forderung nach einer gerechteren Gesellschaft. Die Gründe für die Revolution waren vielfältig: soziale Ungleichheiten, finanzielle Krisen des Staates, die Aufklärungsideale und das Versagen der Monarchie, Reformen durchzuführen. Die Revolution durchlief mehrere Phasen, angefangen mit der Verfassungsmonarchie 1789, dem Aufstieg der radikalen Jakobiner und der Errichtung der Ersten Republik bis hin zur Herrschaft Napoleons ab 1799.

Die Französische Revolution hatte eine Kettenreaktion in Europa zur Folge. Besonders die monarchischen und aristokratischen Herrschaftsstrukturen in anderen Ländern fühlten sich durch die revolutionären Entwicklungen in Frankreich bedroht. Ein zentraler Vergleichspunkt ist der Kontrast zwischen der Französischen Revolution und den politischen Reaktionen in anderen europäischen Staaten.

Während die Revolution in Frankreich versuchte, die monarchische Herrschaft zu stürzen und eine republikanische Ordnung zu etablieren, reagierten die meisten europäischen Monarchien mit einer Politik der Restauration und des Konservatismus, besonders nach dem Sturz Napoleons im Jahr 1815. Diese Politik zielte darauf ab, die alten Herrschaftsstrukturen wiederherzustellen und revolutionäre Bewegungen zu unterdrücken.

Eines der wichtigsten europäischen Ereignisse, die direkt durch die Französische Revolution beeinflusst wurden, war der Wiener Kongress (1814–1815). Der Wiener Kongress war die Antwort der europäischen Mächte auf die napoleonische Vorherrschaft und die Revolutionen, die in Frankreich begannen und sich in ganz Europa ausbreiteten. Der Kongress setzte sich das Ziel, die politischen Grenzen Europas neu zu ordnen und die Monarchien wieder zu stärken. Die Verfechter der Restauration, insbesondere Fürst Metternich von Österreich, wollten das europäische Gleichgewicht der Kräfte wiederherstellen und die revolutionären Ideale von Freiheit und Gleichheit unterdrücken. Der Deutsche Bund, der auf dem Wiener Kongress gegründet wurde, war ein Produkt dieser Politik und repräsentierte den Versuch, die territoriale Zersplitterung und die Macht der Monarchen zu bewahren.

Im Gegensatz zur Französischen Revolution, die auf radikale Veränderungen und die Schaffung einer neuen Gesellschaftsordnung abzielte, konzentrierten sich viele andere europäische Revolutionen auf begrenzte Reformen und die Wahrung der monarchischen Strukturen. Die Revolution von 1830 in Frankreich ist ein Beispiel dafür. Diese Revolution führte zwar zum Sturz der Bourbonenmonarchie unter Karl X., aber die nachfolgende Julimonarchie unter Louis-Philippe war eine konstitutionelle Monarchie, die die bürgerlichen Freiheiten stärkte, jedoch die monarchischen Institutionen beibehielt. Die Julirevolution inspirierte ähnliche Aufstände in Belgien, Polen und Italien, führte jedoch in den meisten Fällen nicht zu radikalen Systemwechseln, sondern zu begrenzten konstitutionellen Reformen.

Belgien

Die Französische Revolution und die nachfolgenden napoleonischen Kriege hatten tiefgreifende Auswirkungen auf Belgien, das zu jener Zeit ein Teil des österreichischen Habsburgerreiches war. Diese Ereignisse prägten das politische und gesellschaftliche Klima in der Region und führten schließlich zur Belgischen Revolution von 1830, die zur Unabhängigkeit Belgiens von den Niederlanden führte. Die Auswirkungen der Französischen Revolution auf Belgien lassen sich in mehreren Phasen beschreiben, von der direkten französischen Besetzung bis zur politischen und nationalen Bewegung, die zur belgischen Unabhängigkeit führte.

Belgien wurde während der Koalitionskriege von Frankreich besetzt und 1795 in die Französische Republik eingegliedert. Diese Annexion brachte viele der revolutionären Ideen und Reformen nach Belgien, darunter die Abschaffung des Feudalismus, die Einführung des Code Civil (des französischen Zivilrechts) und eine säkulare Verwaltung. Die katholische Kirche, die in Belgien eine bedeutende gesellschaftliche Rolle spielte, wurde entmachtet, und viele Kirchenbesitze wurden konfisziert. Diese Reformen förderten einerseits moderne, liberale Strukturen, andererseits führten sie zu Widerständen, vor allem in den ländlichen und kirchennahen Kreisen.

Während der napoleonischen Ära wurden die von der Französischen Revolution eingeleiteten Reformen weiter konsolidiert. Belgien wurde stärker in das französische Reich integriert, was wirtschaftliche Vorteile durch Zugang zu neuen Märkten brachte, aber auch eine starke politische und kulturelle Fremdbestimmung mit sich brachte. Die napoleonische Herrschaft brachte jedoch auch wirtschaftliche Belastungen mit sich, darunter hohe Steuern und eine rigorose Wehrpflicht, die in Belgien besonders unpopulär war. Nach der Niederlage Napoleons und dem Wiener Kongress von 1815 wurde Belgien nicht unabhängig, sondern in das Vereinigte Königreich der Niederlande unter dem niederländischen König Wilhelm I. eingegliedert. Diese Vereinigung war Teil der Restauration, die Europa nach den napoleonischen Kriegen stabilisieren sollte. Belgien, das stark katholisch und französischsprachig geprägt war, wurde mit den protestantischen und niederländischsprachigen nördlichen Provinzen der Niederlande zusammengeführt. Diese erzwungene Union führte zu erheblichen Spannungen zwischen den beiden Regionen. Die Belgier empfanden die Herrschaft der Niederländer als fremd und diskriminierend, besonders im Hinblick auf Sprache, Religion und wirtschaftliche Interessen. Wilhelm I. bevorzugte den niederländischen Protestantismus und versuchte, die niederländische Sprache durchzusetzen, was im katholischen und französischsprachigen Süden auf starken Widerstand stieß.

Inspiriert von der Julirevolution in Frankreich im selben Jahr, brach 1830 in Brüssel eine Revolte gegen die niederländische Herrschaft aus. Diese Revolution war eine Folge der jahrelangen sozialen, kulturellen und politischen Spannungen, die sich zwischen Belgien und den Niederlanden aufgebaut hatten. Die belgische Bevölkerung forderte Unabhängigkeit, religiöse Toleranz und eine Stärkung der eigenen Identität. Die Unzufriedenheit wuchs vor allem in den städtischen, bürgerlichen Schichten, die liberale und nationale Ideale vertraten.

Die Revolution verlief erfolgreich, da die niederländischen Truppen von den belgischen Rebellen zurückgedrängt wurden, und am 4. Oktober 1830 erklärte Belgien seine Unabhängigkeit. Die europäischen Großmächte, die auf dem Wiener Kongress die politische Landkarte Europas festgelegt hatten, mussten auf die belgische Unabhängigkeit reagieren. Trotz der restaurativen Bestrebungen akzeptierten sie nach Verhandlungen die Unabhängigkeit Belgiens, was im Londoner Protokoll von 1831 formell anerkannt wurde. Leopold I. wurde der erste König Belgiens und etablierte eine konstitutionelle Monarchie, die sich von der strengen niederländischen Herrschaft unterschied. Die Revolution von 1830 markierte den Beginn eines unabhängigen Belgiens, das eine konstitutionelle Monarchie mit einer liberalen Verfassung wurde. Diese Ereignisse verdeutlichen den langfristigen Einfluss der Französischen Revolution auf Belgien. Die französischen Ideen von Freiheit, Gleichheit und Brüderlichkeit sowie die modernen Verwaltungs- und Rechtssysteme hatten die politische Landschaft Belgiens nachhaltig geprägt. Die belgische Verfassung von 1831, eine der liberalsten ihrer Zeit, war stark von den revolutionären Idealen inspiriert und gewährleistete Grundrechte wie Pressefreiheit, Religionsfreiheit und das Recht auf politische Teilhabe. Insgesamt führte die Französische Revolution, zusammen mit den napoleonischen Kriegen und den darauf folgenden restaurativen Bemühungen, zu tiefgreifenden politischen Umbrüchen in Belgien. Diese mündeten in einer nationalen Bewegung, die schließlich die Unabhängigkeit Belgiens und die Schaffung eines modernen Nationalstaates ermöglichte. Belgien entwickelte sich zu einem der ersten unabhängigen und konstitutionellen Staaten in Europa, was das Land zu einem politischen Modell für andere europäische Revolutionen machte.

Polen

Die Französische Revolution und die nachfolgenden napoleonischen Kriege hatten erhebliche Auswirkungen auf Polen, dessen politische und territoriale Situation zu dieser Zeit äußerst instabil war. Während der gesamten Zeit von 1789 bis 1848 stand Polen im Mittelpunkt geopolitischer Umbrüche, und das Land erlebte eine Reihe von Teilungen, revolutionären Bewegungen und Versuchen zur Wiedererlangung der Unabhängigkeit. Die französischen revolutionären Ideale von Freiheit, Gleichheit und Nationalismus inspirierten viele Polen, und die Herrschaft Napoleons brachte sowohl Hoffnungen auf nationale Wiedergeburt als auch Enttäuschungen mit sich. Die wichtigsten Auswirkungen auf Polen lassen sich in mehrere Phasen unterteilen:

Vor der Französischen Revolution war Polen bereits geschwächt und durch interne Machtkämpfe zerrüttet. Dies ermöglichte den Nachbarstaaten Preußen, Russland und Österreich, das polnische Territorium in drei großen Schritten (1772, 1793 und 1795) unter sich aufzuteilen. Polen verschwand als souveräner Staat von der europäischen Landkarte. Diese Teilungen waren eine direkte Folge der Schwäche der polnischen Zentralregierung und des Einflusses der benachbarten Großmächte, die bestrebt waren, ihre eigenen Machtinteressen zu sichern. Der Verlust der polnischen Unabhängigkeit führte zu einer weitreichenden Verbreitung nationaler Bewegungen und revolutionärer Ideen innerhalb der polnischen Gesellschaft.

Die Französische Revolution inspirierte viele polnische Patrioten, die in den revolutionären Idealen von Freiheit und nationaler Selbstbestimmung Hoffnung auf eine Wiederbelebung der polnischen Unabhängigkeit sahen. Ein bedeutendes Ereignis in diesem Zusammenhang war der Kościuszko-Aufstand von 1794, angeführt von Tadeusz Kościuszko, einem polnischen Nationalhelden, der zuvor in den amerikanischen Unabhängigkeitskriegen gekämpft hatte. Der Aufstand war ein Versuch, Polen gegen die Besatzungsmächte Preußen, Russland und Österreich zu verteidigen und die nationale Souveränität wiederherzustellen. Trotz großer Unterstützung in der polnischen Bevölkerung scheiterte der Aufstand letztlich, und Polen wurde im Jahr 1795 durch die dritte Teilung vollständig von der europäischen Landkarte gelöscht.

Während der Herrschaft Napoleons entstand unter den Polen neue Hoffnung auf die Wiederherstellung eines unabhängigen polnischen Staates. Napoleon, der in den Napoleonischen Kriegen gegen Preußen, Russland und Österreich kämpfte, erkannte die strategische Bedeutung Polens und versprach den Polen Unterstützung. Im Jahr 1807 gründete Napoleon das Herzogtum Warschau, einen polnischen Satellitenstaat, der aus den von Preußen abgetretenen Gebieten geschaffen wurde. Obwohl das Herzogtum Warschau unter französischem Einfluss stand, war es faktisch ein polnischer Staat, der als Symbol der polnischen nationalen Wiedergeburt galt. Napoleon stellte den Polen militärische und politische Autonomie in Aussicht, und viele Polen kämpften in der französischen Armee.

Das Herzogtum Warschau war jedoch eine kurzlebige Schöpfung. Obwohl es den Polen Hoffnung auf Unabhängigkeit gab, war es stark von Napoleon abhängig und konnte ohne seine Unterstützung nicht bestehen. Nach Napoleons Niederlage in der Schlacht von Leipzig im Jahr 1813 und seiner endgültigen Niederlage 1815 wurde das Herzogtum aufgelöst. Dennoch spielte diese Phase eine entscheidende Rolle in der polnischen Geschichte, da sie die Idee der polnischen Unabhängigkeit und nationalen Einheit am Leben hielt. Viele Polen hatten in den napoleonischen Kriegen gekämpft und hofften weiterhin auf eine Wiederherstellung ihres Landes.

Nach dem Sturz Napoleons und dem Wiener Kongress (1814–1815) wurde Polen nicht wieder vollständig unabhängig, doch es kam zu einer Kompromisslösung. Es wurde das Kongresspolen (auch Königreich Polen genannt) gegründet, das formal ein autonomer polnischer Staat war, jedoch in einer Personalunion mit dem Russischen Reich unter der Herrschaft des Zaren. Das Königreich Polen erhielt eine eigene Verfassung, eine polnische Armee und gewisse Freiheiten, doch die politische Realität war, dass Russland die Kontrolle über das Land behielt. Die polnische Bevölkerung empfand diese Lösung als unbefriedigend, und der Wunsch nach voller Unabhängigkeit blieb stark.

Inspiriert von den liberalen und nationalen Bewegungen in Europa, insbesondere der Julirevolution in Frankreich von 1830, brach im Königreich Polen der Novemberaufstand aus. Der Aufstand wurde von polnischen Offizieren der Armee initiiert, die die russische Herrschaft ablehnten und die vollständige Unabhängigkeit Polens forderten. Zunächst erzielten die polnischen Truppen einige militärische Erfolge, doch der Aufstand wurde schließlich von den weit überlegenen russischen Streitkräften brutal niedergeschlagen. Der Zar hob daraufhin die polnische Verfassung auf, löste das polnische Parlament auf und integrierte das Land stärker in das Russische Reich. Der gescheiterte Aufstand führte zu einer massiven Repression, die viele polnische Patrioten ins Exil zwang und den Traum von der Unabhängigkeit weiter entfernte. Trotz der Rückschläge blieb der polnische Nationalismus lebendig, und die polnischen Freiheitskämpfer wurden zu Symbolfiguren in Europa. Die polnische Frage – die Forderung nach nationaler Souveränität und Unabhängigkeit – blieb ein zentrales Thema in der europäischen Politik des 19. Jahrhunderts. Die revolutionären Ideen, die aus der Französischen Revolution hervorgegangen waren, prägten weiterhin die polnischen Unabhängigkeitsbestrebungen und führten in den folgenden Jahrzehnten zu weiteren Aufständen, insbesondere dem Januaraufstand von 1863.

Zusammenfassend lässt sich sagen, dass die Französische Revolution und die napoleonischen Kriege einen tiefgreifenden Einfluss auf Polen hatten. Die revolutionären Ideale von Freiheit, Nationalismus und Selbstbestimmung inspirierten die polnische Bevölkerung und führten zu einer Reihe von Unabhängigkeitsbestrebungen. Die kurzlebige Existenz des Herzogtums Warschau unter Napoleon nährte die Hoffnung auf nationale Wiedergeburt, während die wiederholten Aufstände – wie der Kościuszko-Aufstand und der Novemberaufstand – den polnischen Widerstand gegen fremde Herrschaft symbolisierten. Trotz wiederholter Niederlagen und Repressionen blieb der polnische Nationalismus eine treibende Kraft, die schließlich zur Wiederherstellung Polens als unabhängiger Staat nach dem Ersten Weltkrieg führte.

Italien

Die Französische Revolution und die nachfolgenden napoleonischen Kriege hatten tiefgreifende und langfristige Auswirkungen auf Italien, das zu jener Zeit in zahlreiche Kleinstaaten und Regionen zersplittert war, die von verschiedenen Mächten beherrscht wurden. Die Ereignisse zwischen 1789 und 1848 brachten nicht nur bedeutende politische Veränderungen, sondern auch den Aufstieg eines italienischen Nationalismus und Liberalismus, der schließlich zur Einigung Italiens in der zweiten Hälfte des 19. Jahrhunderts führen sollte. Hier sind die wichtigsten Auswirkungen der Französischen Revolution und Napoleons auf Italien:

Italien war im späten 18. Jahrhundert ein Flickenteppich von Staaten, darunter das Königreich Sardinien, das Großherzogtum Toskana, der Kirchenstaat, das Königreich Neapel sowie von Österreich kontrollierte Gebiete wie die Lombardei und Venetien. Mit der Ausbreitung der Französischen Revolution und Napoleons Aufstieg begann Frankreich, in diese italienischen Gebiete einzudringen. Im Zuge seiner Feldzüge in Italien zwischen 1796 und 1797 eroberte Napoleon große Teile des Nordens und gründete mehrere Satellitenrepubliken, darunter die Cisalpinische Republik und die Römische Republik.

Diese Republiken wurden nach französischem Vorbild gestaltet, und Napoleon führte viele revolutionäre Reformen ein. Dazu gehörten die Abschaffung des Feudalismus, die Einführung moderner Verwaltungssysteme, die Förderung der bürgerlichen Rechte und die Einführung des Code Civil. Diese Reformen schufen die Grundlage für eine tiefgreifende soziale und politische Umstrukturierung in Italien. Besonders die Abschaffung der feudalen Privilegien und der Ausbau des Bürgertums führten zu einer Stärkung der liberalen Kräfte. Gleichzeitig brachte die französische Herrschaft auch eine zentrale Verwaltung und das erste Gefühl einer nationalen Einheit, auch wenn diese Einheit unter französischer Kontrolle stand.

1805 proklamierte Napoleon das Königreich Italien, das aus Teilen Norditaliens bestand und unter seiner Kontrolle stand. Napoleon krönte sich selbst zum König Italiens, und das Land wurde stärker in das französische Kaiserreich integriert. Auch im Süden Italiens wurde Napoleon aktiv: Sein Bruder Joseph Bonaparte wurde König von Neapel und später durch Joachim Murat, Napoleons Schwager, ersetzt. Diese neue politische Ordnung brachte Italien nicht nur in engeren Kontakt mit Frankreich, sondern auch mit den revolutionären und napoleonischen Reformen, die das Land modernisierten.

Die napoleonische Herrschaft hatte gemischte Auswirkungen auf die Italiener. Einerseits brachten die Reformen Modernisierung und die Idee der Gleichheit vor dem Gesetz, was vor allem das Bürgertum und die städtischen Eliten unterstützten. Andererseits führten die schweren Kriegsabgaben, die Rekrutierung italienischer Soldaten in Napoleons Armee und die harte Kontrolle durch das napoleonische Regime zu weit verbreitetem Widerstand in der ländlichen Bevölkerung. Dennoch prägten die Ideen der Französischen Revolution – Freiheit, Gleichheit und Brüderlichkeit – das Denken vieler Italiener, insbesondere der liberalen und gebildeten Schichten.

Nach der Niederlage Napoleons und dem Wiener Kongress 1814/1815 wurde Italien weitgehend in seine vor-napoleonischen Zustände zurückversetzt. Die alten Monarchien wurden wiederhergestellt, darunter das Königreich Sardinien-Piemont, das Großherzogtum Toskana, der Kirchenstaat und das Königreich beider Sizilien. Österreich erlangte wieder die Kontrolle über die Lombardei und Venetien, und die Habsburger nahmen ihre Machtposition in Norditalien wieder ein. Der Wiener Kongress versuchte, die alte monarchische Ordnung zu stabilisieren und jegliche nationalistischen oder liberalen Bewegungen zu unterdrücken.

Doch die Rückkehr zur alten Ordnung erwies sich als schwierig. Die Ideen der Französischen Revolution und der napoleonischen Zeit hatten tief in der italienischen Gesellschaft Wurzeln geschlagen. Die Restauration brachte die Repression und Zensur durch die wiederhergestellten Monarchien mit sich, doch die liberalen und nationalen Kräfte ließen sich nicht mehr unterdrücken. Die napoleonische Erfahrung hatte gezeigt, dass ein vereinigtes Italien möglich war, wenn auch unter ausländischer Kontrolle, und diese Idee beflügelte die Entstehung des italienischen Nationalismus.

Die Ideen der Französischen Revolution sowie die Erfahrungen unter Napoleons Herrschaft waren entscheidende Katalysatoren für den Risorgimento, die Bewegung zur Vereinigung und Befreiung Italiens. In den Jahren nach dem Wiener Kongress entstanden zahlreiche geheime Gesellschaften, die für die nationale Einheit und gegen die fremde Herrschaft kämpften, darunter die Carbonari. Diese Organisationen waren fest in den liberalen und nationalistischen Idealen der Französischen Revolution verankert und kämpften für die Unabhängigkeit Italiens von der österreichischen und bourbonischen Kontrolle sowie für Verfassungen und Bürgerrechte.

Die **Carbonari** waren ein Geheimbund, der im frühen 19. Jahrhundert in Italien und später auch in anderen Teilen Europas aktiv war. Sie spielten eine bedeutende Rolle in der Zeit der nationalen Erhebung und der liberalen Revolutionen, die Europa in dieser Zeit erfassten. Hier sind die wichtigsten Aspekte der Carbonari: Der Name „Carbonari" bedeutet „Köhler" auf Italienisch, was auf die angebliche Herkunft der Bewegung aus den Wäldern Süditaliens hindeutet, wo viele Kohlenbrenner arbeiteten. Es wird angenommen, dass sich der Bund aus älteren geheimen Gesellschaften wie den Freimaurern entwickelte und möglicherweise von diesen beeinflusst wurde. Die Carbonari waren primär an der Förderung liberaler und nationalistischer Ideale interessiert. Ihr Ziel war es, die politische Kontrolle der reaktionären und absolutistischen Herrscher zu unterminieren und eine konstitutionelle Regierung zu fördern. Dies stand im Einklang mit den breiteren Zielen der liberalen Bewegungen in Europa zur Zeit der Restauration, die auf die Wiederherstellung der vor-napoleonischen monarchischen Ordnungen abzielte.

Die Carbonari nutzten eine hierarchische Struktur ähnlich der der Freimaurer, komplett mit Initiationsriten und einem strengen Kodex. Sie organisierten sich in kleinen, autonomen Zellen, die „Vendite" genannt wurden, um Infiltration und Aufdeckung zu erschweren. Ihre Mitglieder rekrutierten sich aus verschiedenen sozialen Schichten, einschließlich Intellektuellen, Offizieren und sogar einigen Mitgliedern des Adels.

Die Carbonari waren an mehreren wichtigen revolutionären Bewegungen beteiligt:

- Italien (1820-1821 und 1830-1831): Revolutionen in Neapel und im Kirchenstaat zielten darauf ab, konstitutionelle Regierungen zu errichten, wurden jedoch von österreichischen Truppen niedergeschlagen.
- Frankreich (1820er Jahre): Französische Carbonari unterstützten liberal-revolutionäre Aktivitäten gegen die Bourbonen-Monarchie.

Der Einfluss der Carbonari begann in den 1830er Jahren nachzulassen, teilweise aufgrund der verstärkten Repression durch die restaurativen Monarchien und der Aufstiegs anderer politischer Gruppen und Bewegungen. Nichtsdestotrotz spielten sie eine wichtige Rolle als Katalysator für die spätere Einigung Italiens und beeinflussten die Entstehung anderer geheimer revolutionärer Organisationen in Europa. Die Carbonari sind ein faszinierendes Beispiel dafür, wie geheime gesellschaftliche Bewegungen die politische Landschaft Europas im 19. Jahrhundert geprägt haben und stehen exemplarisch für die Komplexität der damaligen politischen und sozialen Veränderungen.

Die ersten revolutionären Aufstände, die von diesen Bewegungen angestoßen wurden, fanden in den 1820er Jahren und erneut 1831 statt. Diese Erhebungen wurden von den restaurierten Monarchien und der österreichischen Armee niedergeschlagen, doch sie verdeutlichten das wachsende Verlangen nach nationaler Einheit und politischer Freiheit.

Die revolutionären Bewegungen von 1848, die in vielen Teilen Europas ausbrachen, erfassten auch Italien. Inspiriert von den Erfolgen der

Februarrevolution in Frankreich und der Unzufriedenheit mit der reaktionären Herrschaft, kam es in fast allen italienischen Staaten zu Aufständen. Die Bürger forderten Verfassungen, Bürgerrechte und nationale Einheit. Besonders im Königreich Sardinien-Piemont unter König Karl Albert nahm die nationale Bewegung an Fahrt auf. Karl Albert gab den revolutionären Forderungen nach und erließ eine Verfassung. Gleichzeitig führte Sardinien-Piemont einen Krieg gegen Österreich, um die Lombardei und Venetien zu befreien und die italienische Einheit voranzutreiben. Der sogenannte Erste Italienische Unabhängigkeitskrieg (1848–1849) scheiterte jedoch an der militärischen Stärke Österreichs.

Trotz des Scheiterns der Revolution von 1848 war der Funke des italienischen Nationalismus nicht erloschen. Die Revolten verdeutlichten, dass ein vereintes, freies Italien möglich war und dass die Zeit der Fremdherrschaft zu Ende gehen musste. Das Risorgimento setzte sich in den folgenden Jahrzehnten fort, angeführt von Persönlichkeiten wie Giuseppe Mazzini, Giuseppe Garibaldi und Graf Camillo di Cavour, die schließlich zur Einigung Italiens unter der Führung des Königreichs Sardinien-Piemont und König Viktor Emanuel II. im Jahr 1861 führte.

Die Französische Revolution und die napoleonischen Kriege spielten eine entscheidende Rolle in der Entwicklung des italienischen Nationalismus und Liberalismus. Die napoleonischen Reformen und die kurzzeitige politische Einheit unter französischer Kontrolle legten den Grundstein für die Idee eines vereinten Italiens. Obwohl die Restauration nach dem Wiener Kongress versuchte, die alte Ordnung wiederherzustellen, hatten die revolutionären Ideen und Erfahrungen tiefe Wurzeln geschlagen, die schließlich im Risorgimento und der italienischen Einigung mündeten.

Ein weiteres Ereignis, das in direktem Zusammenhang mit den Ideen der Französischen Revolution steht, ist die Revolution von 1848, die ganz Europa erfasste. Diese Revolutionen begannen erneut in Frankreich und breiteten sich schnell in anderen Ländern wie Österreich, Deutschland, Italien und Ungarn aus. Sie repräsentierten die zweite große Welle des Aufbegehrens gegen die restaurative Ordnung des Wiener Kongresses. Die Revolutionen von 1848 folgten den Ideen von Freiheit, Nationalstaatlichkeit und sozialer Gerechtigkeit, die bereits während der Französischen Revolution aufkamen. Doch im Gegensatz zu den Ereignissen von 1789 führten die Revolutionen von 1848 in den meisten europäischen Ländern nicht zu dauerhaften politischen Veränderungen. Die monarchischen Kräfte schlugen die revolutionären Bewegungen in vielen Ländern nieder, und in Deutschland etwa blieb der Versuch, eine nationale Einigung durch die Frankfurter Nationalversammlung zu erreichen, erfolglos.

In diesem Kontext wird deutlich, dass die Französische Revolution eine beispiellose Dynamik von radikalen Reformen und revolutionären Umwälzungen auslöste, die in vielen anderen europäischen Ländern so nicht zu finden war. Während die Französische Revolution die Abschaffung der Monarchie, die Schaffung einer Republik und die Einführung weitreichender sozialer und politischer Reformen zum Ziel hatte, strebten viele der späteren europäischen Revolutionen lediglich begrenzte konstitutionelle Veränderungen an. In Ländern wie Preußen oder Österreich blieb der monarchische Absolutismus weiterhin stark, und es bedurfte vieler Jahrzehnte, bis sich liberale Ideen und Reformen nachhaltig durchsetzen konnten.

Gleichzeitig hatten die napoleonischen Kriege und die französische Herrschaft über weite Teile Europas tiefgreifende Auswirkungen auf andere europäische Länder. Viele der von Napoleon eingeführten Reformen, wie die Abschaffung der Leibeigenschaft oder die Einführung von bürgerlichen Rechten und Verfassungen, beeinflussten die politischen Entwicklungen in Deutschland, Italien und Polen nachhaltig. Diese Reformen wurden teilweise nach der Niederlage Napoleons von den restaurativen Kräften wieder zurückgenommen, doch in den Köpfen der Menschen blieben die Ideen der Französischen Revolution lebendig und prägten die politischen Bewegungen des 19. Jahrhunderts.

Zusammenfassend lässt sich sagen, dass die Französische Revolution den Ausgangspunkt für eine Reihe von revolutionären Bewegungen und politischen Umwälzungen in Europa darstellte. Während Frankreich selbst durch die Revolution tiefgreifende Veränderungen erlebte, wurden viele europäische Länder von konservativen Mächten beherrscht, die versuchten, die revolutionären Ideen zu unterdrücken. Doch auch dort, wo die revolutionären Bewegungen vorerst scheiterten, blieben die Ideale der Französischen Revolution – Freiheit, Gleichheit und Brüderlichkeit – weiterhin einflussreich und inspirierten die nationalen und liberalen Bewegungen, die Europa im 19. Jahrhundert veränderten.

14. SCHLUSSFOLGERUNGEN: LANGFRISTIGE BEDEUTUNG DER REVOLUTION FÜR DEUTSCHLAND

Die Französische Revolution von 1789 wirkte wie ein Stein, der ins Wasser geworfen wurde und dessen Wellen sich weit über die Grenzen Frankreichs hinaus verbreiteten. Diese Revolution hinterließ in Deutschland Spuren, die nicht nur sofort sichtbar waren, sondern sich über viele Jahrzehnte hinweg in die politische, gesellschaftliche und wirtschaftliche Struktur des Landes eingruben. Zu jener Zeit war Deutschland ein Flickenteppich aus kleinen Fürstentümern, Herzogtümern und Königreichen – von einem einheitlichen Nationalstaat war keine Rede. Doch die revolutionären Ideale aus Frankreich – Freiheit, Gleichheit, Brüderlichkeit – fanden ihren Weg über die Rheinländer hinaus und verbreiteten sich wie ein Wind, der alte Strukturen hinwegfegte und den Boden für Neues bereitete.

Für die vielen kleinen Herrschaften bedeutete dies einen tektonischen Wandel. Der Gedanke der Freiheit, der plötzlich in der Luft lag, stellte die althergebrachte Macht der Fürsten infrage. Vorher hatten sie fast uneingeschränkte Macht über ihre Untertanen, doch nun schien es, als würde die Idee eines selbstbestimmten Bürgers ihren Herrschaftsanspruch bröckeln lassen. Die revolutionären Strömungen lösten Veränderungen aus, die mit der Wucht eines reißenden Flusses den Weg in Richtung Modernisierung ebneten.

Auch die Idee der Gleichheit brachte tiefgreifende Umwälzungen. Im Gegensatz zu der starren Gesellschaftsordnung des Ancien Régime, in der das Ständedenken dominierte, öffnete sich nun langsam eine Tür, die zuvor fest verriegelt war. Bürgerliche Schichten gewannen an Einfluss, und alte Privilegien des Adels wurden hinterfragt. Diese Entwicklung war ein zähes Ringen, ähnlich einem Baum, der sich durch den Beton nach oben kämpft. Doch letztlich brachten diese Ideen die Samen für eine Gesellschaft, in der der Geburtsstand weniger entscheidend war als die individuellen Fähigkeiten und das Engagement eines jeden Einzelnen.

Die Auswirkungen der Revolution trugen schließlich auch zur nationalen Einigung bei. Das Streben nach Freiheit und Selbstbestimmung entzündete bei vielen Deutschen den Wunsch nach einem vereinten Staat – einer Heimat, die mehr war als eine Ansammlung von Kleinstaaten. So legte die Französische Revolution den Grundstein für die deutsche Einigungsbewegung im 19. Jahrhundert. Sie wirkte wie ein Funke, der ein langsam brennendes Feuer entfachte, dessen Flammen Jahrzehnte später zur Gründung des Deutschen Kaiserreiches führten. Ohne die revolutionären Wellen von 1789 hätte der Weg in die Moderne für Deutschland wohl weitaus länger gedauert und wäre weniger radikal verlaufen.

1. Aufstieg von Nationalismus und Liberalismus

Der Aufstieg von Nationalismus und Liberalismus im 19. Jahrhundert war ein zentrales Phänomen, das die politischen, gesellschaftlichen und kulturellen Entwicklungen in Europa nachhaltig prägte. Diese beiden Ideologien entstanden in Reaktion auf die tiefgreifenden Umwälzungen, die durch die Französische Revolution von 1789 und die napoleonischen Kriege ausgelöst wurden. Während der Nationalismus das Streben nach nationaler Einheit, Unabhängigkeit und Selbstbestimmung in den Vordergrund stellte, forderte der Liberalismus politische Freiheiten, Bürgerrechte und die Einführung verfassungsrechtlicher Strukturen, die die Macht der Monarchien einschränkten. Der Aufstieg dieser beiden Bewegungen ging in Europa Hand in Hand und bildete die Grundlage für eine Reihe von revolutionären Bewegungen und nationalen Befreiungskämpfen.

Der moderne Nationalismus entwickelte sich aus den politischen und sozialen Ideen der Französischen Revolution. Vor 1789 war der Begriff „Nation" hauptsächlich eine kulturelle Kategorie, die sich auf eine Gemeinschaft mit einer gemeinsamen Sprache, Traditionen und Geschichte bezog. Die Französische Revolution transformierte diese Vorstellung jedoch grundlegend, indem sie das Prinzip der Volkssouveränität einführte. Das Volk wurde als Träger der politischen Legitimität angesehen, nicht mehr die Monarchie oder der Adel. Dies führte zu der Vorstellung, dass jede Nation das Recht auf Selbstbestimmung und Unabhängigkeit hat.

Der Nationalismus wurde in den napoleonischen Kriegen weiter gefördert. Während Frankreich unter Napoleon große Teile Europas besetzte und in sein Reich integrierte, wuchs in den eroberten Ländern der Widerstand gegen die französische Fremdherrschaft. Besonders in den deutschsprachigen Gebieten, die nach der Auflösung des Heiligen Römischen Reiches im Jahr 1806 stark fragmentiert waren, formte sich eine Bewegung, die nach nationaler Einheit strebte. Die Befreiungskriege von 1813 bis 1815, die zur Niederlage Napoleons führten, verstärkten das nationale Bewusstsein, da viele Deutsche im Kampf gegen die französische Besatzung ein Gemeinschaftsgefühl entwickelten.

Auch in anderen Teilen Europas, wie in Italien und Polen, entwickelte sich der Nationalismus als Reaktion auf die Fremdherrschaft und die politische Zersplitterung. In diesen Regionen formierten sich Bewegungen, die sich für nationale Einheit, Unabhängigkeit von fremden Mächten und die Schaffung von Nationalstaaten einsetzten.

Parallel zum Nationalismus entstand im 19. Jahrhundert der Liberalismus, der ebenfalls in den Ideen der Aufklärung und der Französischen Revolution wurzelte. Der Liberalismus war in erster Linie eine politische Bewegung, die sich für individuelle Freiheiten, Rechtsstaatlichkeit und die Einschränkung der monarchischen Macht durch Verfassungen einsetzte. Zu den zentralen Forderungen des Liberalismus gehörten die Gewaltenteilung, die Einführung parlamentarischer Systeme, die Garantie von Meinungs- und Pressefreiheit sowie die Schaffung eines Rechtsstaates, der alle Bürger vor dem Gesetz gleichstellt.

Der Liberalismus richtete sich gegen die absolutistischen Monarchien, die im Zuge der Restauration nach dem Wiener Kongress 1815 in Europa wieder erstarkt waren. Die konservativen Kräfte, angeführt von Österreich unter Fürst Metternich, versuchten, die alte monarchische Ordnung wiederherzustellen und jegliche Form von politischer Beteiligung oder liberalen Reformen zu unterdrücken. Dies führte zu Spannungen zwischen den liberalen Bewegungen, die politische Reformen forderten, und den restaurativen Kräften, die das bestehende System aufrechterhalten wollten.

Ein frühes Beispiel für den Widerstand gegen diese restaurative Ordnung war das Wartburgfest von 1817, bei dem liberale und nationale Studenten auf der Wartburg zusammenkamen, um für die deutsche Einheit und bürgerliche Freiheiten zu demonstrieren. Die Burschenschaften, die aus dieser Bewegung hervorgingen, wurden bald zu einem Symbol für die nationale und liberale Opposition gegen die repressiven Maßnahmen der Monarchien.

Die Karlsbader Beschlüsse von 1819, die nach der Ermordung des konservativen Schriftstellers August von Kotzebue durch den Burschenschafter Karl Ludwig Sand erlassen wurden, verdeutlichten die harte Reaktion der konservativen Kräfte. Die Beschlüsse führten zur Zensur der Presse, zur Überwachung der Universitäten und zur Verfolgung liberaler und nationalistischer Bewegungen. Diese Repression hinderte jedoch nicht die weitere Verbreitung liberaler und nationaler Ideen.

Der Zeitraum zwischen dem Wiener Kongress und der Revolution von 1848, der als Vormärz bekannt ist, war geprägt von einer wachsenden

Spannung zwischen den aufkommenden nationalen und liberalen Bewegungen und den konservativen Monarchien Europas. Die Idee eines geeinten deutschen Nationalstaates, der auf liberalen Prinzipien basiert, wurde besonders von der gebildeten Mittelschicht und den Studenten getragen. Viele Intellektuelle und Politiker forderten nicht nur die nationale Einheit, sondern auch die Schaffung von Verfassungen, die die Macht der Fürsten einschränken und den Bürgern politische Mitbestimmungsrechte garantieren sollten.

In vielen deutschen Staaten, aber auch in Italien, Polen und Frankreich, formierten sich zunehmend liberale und nationale Gruppen, die gegen die restaurative Ordnung aufbegehrten. Die Revolutionsbewegungen von 1830, die in Frankreich zum Sturz der Bourbonenmonarchie führten, inspirierten ähnliche Aufstände in Belgien, Polen und verschiedenen deutschen Staaten. Während die französische Julirevolution erfolgreich war und die Herrschaft des „Bürgerkönigs" Louis-Philippe etablierte, scheiterten die meisten Aufstände in anderen Teilen Europas, insbesondere in Polen, wo der Aufstand von russischen Truppen brutal niedergeschlagen wurde.

Der Aufstieg von Nationalismus und Liberalismus fand seinen Höhepunkt in der Revolution von 1848, die in vielen europäischen Ländern ausbrach und die bestehenden monarchischen Strukturen in Frage stellte. Die Revolution wurde durch eine Mischung aus sozialer Unzufriedenheit, nationalen Bestrebungen und dem Wunsch nach politischen Freiheiten ausgelöst.

In Deutschland führte die Revolution zur Einberufung der Frankfurter Nationalversammlung, die den ersten Versuch darstellte, einen deutschen Nationalstaat auf demokratischer Grundlage zu schaffen. Die Versammlung erarbeitete eine Verfassung, die Deutschland als konstitutionelle Monarchie mit einem gewählten Parlament vorsah. Auch in Italien und Österreich gab es revolutionäre Bewegungen, die sowohl nationale Einheit als auch politische Reformen forderten.

Trotz der breiten Unterstützung scheiterten die Revolutionen von 1848 in den meisten Ländern. Die monarchischen Kräfte in Preußen, Österreich und anderen Staaten waren zu stark, und die Uneinigkeit unter den Revolutionären führte dazu, dass ihre Bewegungen zerschlagen wurden. In Deutschland weigerte sich der preußische König Friedrich Wilhelm IV., die von der Frankfurter Nationalversammlung angebotene Kaiserkrone anzunehmen, was das Ende der Revolution bedeutete.

Obwohl die Revolution von 1848 scheiterte, hatten Nationalismus und Liberalismus langfristige Auswirkungen auf die politische Entwicklung Europas. In den folgenden Jahrzehnten setzten sich die Ideen von nationaler Einheit und politischer Freiheit weiter durch. In Deutschland führte der nationale Gedanke schließlich zur Einigung unter preußischer Führung im Jahr 1871, während Italien in einem ähnlichen Prozess in den 1860er Jahren vereint wurde.

Auch der Liberalismus setzte sich nach und nach durch. Viele der von den Liberalen geforderten Reformen, wie Verfassungen, Bürgerrechte und politische Mitbestimmung, wurden im Laufe des 19. Jahrhunderts in vielen europäischen Ländern umgesetzt. Der Druck der liberalen Bewegungen zwang die Monarchien, Zugeständnisse zu machen, was zur allmählichen Demokratisierung vieler Staaten führte.

Der Aufstieg von Nationalismus und Liberalismus im 19. Jahrhundert war ein zentrales Phänomen, das die politischen Strukturen Europas grundlegend veränderte. Beide Bewegungen standen in engem Zusammenhang und beeinflussten sich gegenseitig: Der Nationalismus förderte den Wunsch nach nationaler Selbstbestimmung und Einheit, während der Liberalismus politische Freiheiten und Verfassungen forderte. Trotz der Rückschläge, die die nationalen und liberalen Bewegungen erlitten, setzten sie langfristige Entwicklungen in Gang, die zur Entstehung moderner Nationalstaaten und zur Demokratisierung Europas führten.

2. Wiener Kongress und Karlsbader Beschlüsse

Der Wiener Kongress (1814–1815) und die Karlsbader Beschlüsse (1819) sind zwei eng miteinander verbundene Ereignisse, die die politische Landschaft Europas nach den Napoleonischen Kriegen entscheidend prägten. Beide Ereignisse spielten eine zentrale Rolle in der konservativen Restauration, die darauf abzielte, die durch die Französische Revolution und die Herrschaft Napoleons entstandenen Umbrüche rückgängig zu machen und die alte monarchische Ordnung wiederherzustellen. Während der Wiener Kongress Europa neu ordnete und die Machtverhältnisse festigte, waren die Karlsbader Beschlüsse eine direkte Reaktion auf die wachsenden liberalen und nationalen Bewegungen, die in den Jahren nach dem Kongress an Stärke gewannen.

Der Wiener Kongress fand nach der endgültigen Niederlage Napoleons statt und wurde von den europäischen Großmächten einberufen, um Europa neu zu ordnen. Die Hauptziele des Kongresses waren die Wiederherstellung der politischen Ordnung vor der Französischen Revolution, die Schaffung eines stabilen Gleichgewichts der Mächte in Europa und die Verhinderung weiterer revolutionärer Umwälzungen. Die führenden Akteure des Wiener Kongresses waren die sogenannten „Fünf Großmächte": Großbritannien, Österreich, Russland, Preußen und Frankreich, das trotz seiner Niederlage in den Verhandlungen eine wichtige Rolle spielte, um das Machtgleichgewicht zu wahren.

Der österreichische Staatskanzler Fürst Klemens von Metternich war eine der zentralen Figuren des Wiener Kongresses. Metternich war ein Verfechter der Restauration und strebte danach, das monarchische System in Europa zu sichern. Sein Hauptanliegen war es, revolutionäre und nationale Bewegungen zu unterdrücken, die die bestehende Ordnung bedrohten. Unter seiner Führung wurde auf dem Kongress eine Politik der Stabilität und des Ausgleichs verfolgt, die das Ziel hatte, Europa vor weiteren revolutionären Erschütterungen zu bewahren.

Ein zentrales Ergebnis des Wiener Kongresses war die territoriale Neuordnung Europas. Viele der von Napoleon besetzten Gebiete wurden an ihre früheren Herrscher zurückgegeben, und neue territoriale Grenzen wurden gezogen, um ein Gleichgewicht zwischen den Großmächten zu schaffen. Preußen erhielt große Teile des Rheinlandes und Sachsens, Österreich erhielt Gebiete in Italien, und Russland vergrößerte sein Territorium in Polen. Diese Maßnahmen sollten sicherstellen, dass keine Macht in Europa zu dominant wurde, um den Frieden zu sichern.

Für Deutschland war das wichtigste Ergebnis des Wiener Kongresses die Gründung des Deutschen Bundes. Der Deutsche Bund war ein loser Zusammenschluss von 39 souveränen deutschen Staaten, darunter Preußen, Österreich, Bayern und Württemberg. Der Bund sollte die territoriale Einheit und Sicherheit der deutschen Staaten garantieren, ohne jedoch einen einheitlichen Nationalstaat zu schaffen. Der Bundestag, der in Frankfurt am Main tagte, war das zentrale Gremium des Deutschen Bundes, hatte aber wenig tatsächliche Macht, da die einzelnen Staaten ihre Souveränität weitgehend behielten.

Obwohl der Wiener Kongress die alte Ordnung wiederherzustellen versuchte, hatte er nicht berücksichtigt, dass die Ideen von Freiheit, Gleichheit und nationaler Selbstbestimmung, die durch die Französische Revolution und Napoleon verbreitet worden waren, weiterhin in Europa lebendig waren. Besonders in den deutschen Staaten, die durch den Deutschen Bund nur lose verbunden waren, gab es eine wachsende liberale und nationale Bewegung, die politische Reformen und die Schaffung eines deutschen Nationalstaates forderte.

Die Karlsbader Beschlüsse von 1819 waren eine direkte Reaktion auf diese liberalen und nationalen Bewegungen. Sie wurden auf einer

Konferenz in Karlsbad unter der Leitung Metternichs verabschiedet und zielten darauf ab, die revolutionären und nationalen Bestrebungen in den deutschen Staaten zu unterdrücken. Ein Auslöser für die Verabschiedung der Beschlüsse war die Ermordung des konservativen Schriftstellers August von Kotzebue durch den nationalistischen Studenten Karl Ludwig Sand im März 1819. Dieser Mord war für die konservativen Kräfte, insbesondere für Metternich, ein Beweis dafür, dass die liberalen und nationalen Bewegungen eine Bedrohung für die monarchische Ordnung darstellten.

Die Karlsbader Beschlüsse beinhalteten eine Reihe repressiver Maßnahmen, die sich gegen die wachsenden nationalen und liberalen Bewegungen in den deutschen Staaten richteten:

1. *Pressezensur:* Eines der wichtigsten Instrumente zur Unterdrückung der liberalen Bewegung war die Einführung strikter Zensurmaßnahmen. Alle Zeitungen und Druckerzeugnisse mussten einer staatlichen Kontrolle unterworfen werden, und jegliche Form von Kritik an den Regierungen oder die Forderung nach nationaler Einheit und politischen Reformen wurde unterdrückt.

2. *Überwachung der Universitäten:* Die Universitäten, die als Brutstätten liberalen Gedankenguts und nationalistischer Ideen galten, wurden streng überwacht. Die Burschenschaften, studentische Vereinigungen, die für nationale Einheit und politische Freiheit kämpften, wurden verboten. Professoren, die sich offen zu liberalen Ideen bekannten, wurden aus ihren Ämtern entfernt, und die Universitäten unterstanden strengen Kontrollen, um die Verbreitung von revolutionären Ideen zu verhindern.

3. *Verfolgung politischer Opposition:* Eine zentrale Maßnahme der Karlsbader Beschlüsse war die Errichtung einer zentralen

Untersuchungskommission in Mainz, die die Aufgabe hatte, politische Oppositionelle zu überwachen und zu verfolgen. Personen, die im Verdacht standen, liberale oder nationale Bestrebungen zu unterstützen, wurden verhaftet, verfolgt und häufig ohne Gerichtsverfahren inhaftiert.

Diese Maßnahmen führten zu einer weitreichenden Repression in den deutschen Staaten und schwächten die liberale und nationale Bewegung erheblich. Die Karlsbader Beschlüsse wurden durch den Bundestag des Deutschen Bundes gebilligt und galten als Gesetz für alle Mitgliedsstaaten des Bundes. Sie waren ein deutlicher Ausdruck der restaurativen Politik, die auf dem Wiener Kongress begründet wurde, und zeigten den entschlossenen Versuch der konservativen Mächte, die politische Ordnung zu erhalten. Obwohl der Wiener Kongress und die Karlsbader Beschlüsse die revolutionären und nationalen Bewegungen vorübergehend eindämmten, konnten sie diese nicht dauerhaft unterdrücken. Die repressiven Maßnahmen führten zwar zu einer Phase der politischen Stagnation in den deutschen Staaten, aber die Ideen von Freiheit, nationaler Einheit und Bürgerrechten blieben in der Bevölkerung lebendig.

Besonders im sogenannten Vormärz (1815–1848) formierten sich immer wieder liberale und nationale Bewegungen, die gegen die restaurative Ordnung aufbegehrten. Die Forderungen nach Verfassungen, politischer Teilhabe und nationaler Einheit wurden in den folgenden Jahrzehnten immer lauter. Die Revolution von 1848, die in vielen europäischen Ländern ausbrach, war der direkte Ausdruck dieser aufgestauten Spannungen und Forderungen.

Zusammenfassend lässt sich sagen, dass der Wiener Kongress und die Karlsbader Beschlüsse zwar die alte Ordnung Europas vorübergehend stabilisierten, aber langfristig nicht verhindern konnten, dass die revolutionären Ideen der Französischen Revolution und die Forderungen nach nationaler Einheit und Freiheit immer stärker wurden. Die Maßnahmen zur Unterdrückung dieser Bewegungen schufen lediglich eine Phase der politischen Repression, die letztlich zur Revolution von 1848 und zum späteren nationalen Einigungsprozess in Deutschland führte.

3. Revolution von 1848/49

Der bedeutendste Ausdruck des revolutionären Erbes der Französischen Revolution in Deutschland war die *Revolution von 1848/49*, die in vielen Teilen Europas stattfand und durch die Februarrevolution in Frankreich angestoßen wurde. In Deutschland brachen in fast allen Staaten Unruhen und Aufstände aus, bei denen die Menschen Verfassungen, Bürgerrechte und nationale Einheit forderten. Die *Frankfurter Nationalversammlung*, die sich in der Paulskirche versammelte, war der erste Versuch, ein geeintes Deutschland auf demokratischer Grundlage zu schaffen.

Die Revolution von 1848 war direkt von den Ideen der Französischen Revolution inspiriert und stellte einen Höhepunkt des nationalen und liberalen Strebens dar. Die Paulskirchenversammlung erarbeitete eine Verfassung, die einen deutschen Nationalstaat mit Grundrechten und einer konstitutionellen Monarchie vorsah. Doch der Versuch, die Einheit Deutschlands zu schaffen, scheiterte an der Ablehnung der Kaiserkrone durch den preußischen König Friedrich Wilhelm IV. sowie an der Uneinigkeit unter den Revolutionären selbst.

Trotz des Scheiterns war die Revolution von 1848 ein wichtiger Meilenstein auf dem Weg zur deutschen Einheit. Die Ideen von politischer Mitbestimmung und nationaler Einheit blieben präsent und wurden schließlich in der zweiten Hälfte des 19. Jahrhunderts verwirklicht.

4. Langfristige politische und soziale Veränderungen

Die Revolution von 1848/49 war ein zentrales Ereignis in der europäischen Geschichte des 19. Jahrhunderts. Sie betraf weite Teile Europas, von Frankreich über Deutschland bis nach Italien und das Habsburgerreich, und hatte tiefgreifende politische, soziale und wirtschaftliche Auswirkungen. In Deutschland war die Revolution geprägt von den Forderungen nach nationaler Einheit, bürgerlichen Freiheiten und demokratischen Reformen. Obwohl die Revolution letztlich scheiterte, ebnete sie den Weg für spätere politische Entwicklungen und die deutsche Einigung im Jahr 1871.

Die Ursachen der Revolution von 1848 waren vielfältig und tief verwurzelt. Seit dem Wiener Kongress 1815 und der folgenden Restauration waren die europäischen Monarchien bestrebt, die alte, monarchische Ordnung wiederherzustellen und revolutionäre Bewegungen zu unterdrücken. In den deutschen Staaten war der Deutsche Bund gegründet worden, ein loser Zusammenschluss von 39 souveränen Staaten. Während dieser Bund die territoriale Stabilität sicherstellen sollte, ignorierte er die Forderungen nach nationaler Einheit und bürgerlichen Freiheiten.

Es gab mehrere Faktoren, die die Revolution von 1848 auslösten:

1. *Soziale und wirtschaftliche Probleme:* In den Jahren vor der Revolution hatte Europa unter einer schweren Wirtschaftskrise gelitten. Eine Missernte 1847 führte zu einer Hungerkrise, die besonders die ländlichen Gebiete traf. Die städtische Bevölkerung litt unter Arbeitslosigkeit und Armut, und die aufstrebenden Industriellen und das Bürgertum forderten wirtschaftliche Reformen, die den freien Handel und die industrielle Entwicklung fördern sollten.

2. *Politische Unzufriedenheit:* Die politischen Systeme der meisten deutschen Staaten waren autokratisch, und die Macht lag

bei den Monarchen und der Aristokratie. Die liberalen Bewegungen, die seit den Napoleonischen Kriegen an Bedeutung gewonnen hatten, forderten politische Reformen, insbesondere Verfassungen, Pressefreiheit, Bürgerrechte und die Einführung von Parlamenten. Auch der Wunsch nach einem Nationalstaat, der die Zersplitterung Deutschlands überwinden würde, war weit verbreitet.

3. *Einfluss der Französischen Revolution von 1848:* Im Februar 1848 brach in Frankreich eine Revolution aus, die den Sturz des „Bürgerkönigs" Louis-Philippe und die Ausrufung der Zweiten Französischen Republik zur Folge hatte. Diese Ereignisse inspirierten revolutionäre Bewegungen in ganz Europa, darunter auch in den deutschen Staaten.

Die Revolution von 1848 begann in Deutschland im März 1848, weshalb sie oft als Märzrevolution bezeichnet wird. In fast allen deutschen Staaten kam es zu Aufständen, Demonstrationen und Forderungen nach politischen Reformen. Besonders in den großen Städten wie Berlin, Wien, Frankfurt und München gingen tausende Menschen auf die Straßen, um für ihre Rechte zu kämpfen.

Ein wichtiger Meilenstein der Revolution war die Einberufung des Vorparlaments, das am 31. März 1848 in Frankfurt am Main zusammentrat. Dieses Gremium hatte das Ziel, die Grundlage für eine nationale Volksvertretung zu schaffen. Daraus entstand die Frankfurter Nationalversammlung, die am 18. Mai 1848 in der Frankfurter Paulskirche eröffnet wurde. Die Nationalversammlung war das erste frei gewählte gesamtdeutsche Parlament und hatte die Aufgabe, eine Verfassung für einen vereinten deutschen Nationalstaat zu erarbeiten.

Die Nationalversammlung setzte sich aus Vertretern verschiedener politischer Richtungen zusammen, darunter Liberale, Demokraten und Konservative. Ihre Arbeit konzentrierte sich auf die Ausarbeitung einer Verfassung, die den künftigen deutschen Staat auf eine konstitutionelle Monarchie stützen sollte. Eines der zentralen Probleme, mit denen die Nationalversammlung konfrontiert war, war die sogenannte „deutsche Frage" – die Frage, wie der zukünftige Nationalstaat territorial gestaltet werden sollte. Zwei Lösungsansätze standen zur Debatte: die kleindeutsche Lösung, die ein Deutschland ohne Österreich und unter preußischer Führung vorsah, und die großdeutsche Lösung, die auch Österreich einschließen wollte. Letztlich entschied sich die Mehrheit für die kleindeutsche Lösung, da Österreich aufgrund seiner multiethnischen Struktur als ungeeignet für die Schaffung eines deutschen Nationalstaates angesehen wurde.

Im März 1849 verabschiedete die Frankfurter Nationalversammlung die Paulskirchenverfassung, die Deutschland als konstitutionelle Monarchie mit einem gewählten Parlament vorsah. Die Verfassung garantierte Grundrechte wie Pressefreiheit, Religionsfreiheit und die Gleichheit vor dem Gesetz. Als deutscher Kaiser sollte der preußische König Friedrich Wilhelm IV. fungieren. Doch hier offenbarte sich die Schwäche der Revolution: Friedrich Wilhelm IV. weigerte sich, die ihm von der Nationalversammlung angebotene Kaiserkrone anzunehmen, da sie von einem „Volk" und nicht von den deutschen Fürsten kam. Diese Ablehnung war ein schwerer Schlag für die Revolution und zeigte die Grenzen der Macht der Nationalversammlung.

Die Weigerung des preußischen Königs, die Kaiserkrone anzunehmen, und die Uneinigkeit der revolutionären Kräfte führten zum allmählichen Zerfall der Revolution. Die Monarchien in den deutschen Staaten begannen, ihre Macht zurückzugewinnen, und mit Hilfe der Armee schlugen sie die revolutionären Bewegungen nieder. In Preußen, Österreich und anderen deutschen Staaten wurden die Revolutionäre verhaftet, und die Fürsten setzten ihre autokratische Herrschaft wieder ein.

Im Sommer 1849 wurde die Frankfurter Nationalversammlung aufgelöst, nachdem die meisten deutschen Fürsten ihre Unterstützung zurückgezogen hatten. Die Revolution war gescheitert, und die alten Mächte hatten ihre Kontrolle wiederhergestellt. In vielen deutschen Staaten kehrten Zensur, politische Repression und Verfolgung zurück, und viele der führenden Revolutionäre mussten ins Exil gehen.

Obwohl die Revolution von 1848/49 scheiterte, hatte sie weitreichende Auswirkungen auf die politische Entwicklung Deutschlands und Europas. Sie markierte den Höhepunkt der nationalen und liberalen Bewegungen und brachte wichtige Ideen in den politischen Diskurs ein, die später verwirklicht werden sollten. Die Paulskirchenverfassung und die Debatten der Nationalversammlung legten den Grundstein für die spätere deutsche Einigung.

In den Jahren nach der Revolution wurde deutlich, dass die Idee eines deutschen Nationalstaates weiterlebte. Vor allem in Preußen gab es Bestrebungen, die deutsche Einheit unter preußischer Führung zu erreichen. Diese Bemühungen gipfelten schließlich in der Gründung des Deutschen Kaiserreichs 1871, nach dem Sieg Preußens im Deutsch-Französischen Krieg von 1870/71. Die Revolution von 1848 hatte also indirekt den Weg für die deutsche Einigung unter der Führung von Otto von Bismarck bereitet.

Die Revolution hatte auch langfristige Auswirkungen auf die politische Kultur in Deutschland. Die Forderungen nach bürgerlichen Freiheiten und politischen Rechten, die 1848 laut geworden waren, blieben präsent und bildeten die Grundlage für die späteren liberalen Bewegungen im Kaiserreich und in der Weimarer Republik. Obwohl die Fürsten die Macht zurückerlangten, konnten sie die Idee der politischen Teilhabe und der bürgerlichen Freiheiten nicht mehr vollständig unterdrücken.

Die Revolution von 1848/49 war der Ausdruck eines tiefen Wunsches nach nationaler Einheit und politischen Freiheiten, scheiterte jedoch an der Stärke der konservativen Monarchien und an der Uneinigkeit der revolutionären Kräfte. Dennoch prägte sie die politische Entwicklung Deutschlands und Europas nachhaltig und bereitete den Boden für die späteren politischen und gesellschaftlichen Veränderungen, die zur deutschen Einigung und zur Demokratisierung führten.

5. Weg zur nationalen Einheit

Der Weg zur nationalen Einheit in Deutschland war ein komplexer und langer Prozess, der sich über mehrere Jahrzehnte im 19. Jahrhundert erstreckte. Er war geprägt von politischen, sozialen und militärischen Entwicklungen, die schließlich zur Gründung des Deutschen Kaiserreichs im Jahr 1871 führten. Diese Entwicklung war nicht das Ergebnis einer einzelnen Revolution oder eines radikalen Umsturzes, sondern das Ergebnis eines vielschichtigen Prozesses, der tief in den Idealen der Französischen Revolution, den Erfahrungen der napoleonischen Kriege und den darauf folgenden restaurativen Bemühungen verwurzelt war. Der Weg zur deutschen Einheit war von nationalen und liberalen Bewegungen, diplomatischem Geschick und militärischen Konflikten geprägt, die schließlich zur Vereinigung der deutschen Staaten unter preußischer Führung führten.

Der erste Anstoß für die Entwicklung eines nationalen Bewusstseins in Deutschland ging von den napoleonischen Kriegen aus. Mit der Auflösung des Heiligen Römischen Reiches Deutscher Nation im Jahr 1806 und der Besetzung großer Teile Deutschlands durch Napoleon begann sich in der deutschen Bevölkerung ein Gefühl der Zusammengehörigkeit und ein Wunsch nach nationaler Einheit zu entwickeln. Die französische Besatzung und die von Napoleon eingeführten Reformen, wie die Abschaffung des Feudalismus und die Einführung moderner Verwaltungssysteme, trugen zur Modernisierung der deutschen Staaten bei, weckten jedoch auch den Widerstand gegen die französische Fremdherrschaft.

Die Befreiungskriege (1813-1815), in denen deutsche Truppen gemeinsam mit den anderen europäischen Mächten Napoleon besiegten, stärkten das nationale Bewusstsein weiter. In dieser Zeit formierten sich erste Bewegungen, die die Idee eines vereinten deutschen Nationalstaates verfolgten. Diese Bewegungen fanden insbesondere unter Studenten, Intellektuellen und dem aufstrebenden Bürgertum Unterstützung. Die Burschenschaften, studentische Vereinigungen, die sich für nationale Einheit und bürgerliche Freiheiten einsetzten, waren ein Ausdruck dieses neuen nationalen Bewusstseins.

Nach der Niederlage Napoleons und dem Wiener Kongress 1815 kehrten die monarchischen Mächte Europas zur alten Ordnung zurück. Im Fall Deutschlands führte dies zur Gründung des Deutschen Bundes, eines losen Zusammenschlusses von 39 souveränen deutschen Staaten. Der Deutsche Bund war keine Nation im modernen Sinne, sondern ein Sicherheitsbündnis, das die territoriale Integrität der Mitgliedsstaaten schützen sollte. Die großen Mächte, insbesondere Österreich und Preußen, dominierten den Bund, und die politische Ordnung blieb weitgehend in den Händen der Fürsten.

Obwohl der Deutsche Bund keine Grundlage für die nationale Einheit schuf, blieben die Forderungen nach einer politischen Vereinigung und nach bürgerlichen Freiheiten lebendig. Diese Forderungen wurden in den Jahrzehnten nach dem Wiener Kongress immer lauter, besonders im sogenannten Vormärz (1815-1848), einer Zeit, in der sich in Deutschland liberale und nationale Bewegungen formierten. Die repressiven Maßnahmen der restaurativen Kräfte, wie die Karlsbader Beschlüsse von 1819, die Pressezensur und die Verfolgung nationalistischer und liberaler Bewegungen, konnten die Ausbreitung dieser Ideen nicht dauerhaft unterdrücken.

Die zentrale Frage, die die Nationalversammlung beschäftigte, war die sogenannte „deutsche Frage": Sollte der neue Nationalstaat ein „kleindeutsches" Reich unter preußischer Führung ohne Österreich oder ein „großdeutsches" Reich, das auch Österreich einschloss, sein? Die Mehrheit der Abgeordneten entschied sich schließlich für die kleindeutsche Lösung, da Österreich mit seinen multiethnischen Gebieten als unvereinbar mit einem rein deutschen Nationalstaat angesehen wurde.

Im März 1849 verabschiedete die Nationalversammlung die Paulskirchenverfassung, die einen deutschen Nationalstaat als konstitutionelle Monarchie vorsah. Als Kaiser des neuen Deutschen Reiches sollte der preußische König Friedrich Wilhelm IV. fungieren. Doch Friedrich Wilhelm lehnte die ihm von der Nationalversammlung angebotene Kaiserkrone ab, da er nicht bereit war, eine Krone anzunehmen, die ihm von einem gewählten Parlament und nicht von den deutschen Fürsten angeboten wurde. Diese Ablehnung führte zum Scheitern der Revolution und zum Ende der Frankfurter Nationalversammlung.

Nach dem Scheitern der Revolution von 1848 war die deutsche Einheit vorerst gescheitert, doch der Wunsch nach einem Nationalstaat blieb bestehen. In den folgenden Jahren formierte sich das politische Geschehen um die beiden großen deutschen Mächte: Preußen und Österreich. Beide Staaten kämpften um die Vormachtstellung im Deutschen Bund, wobei Österreich, das nach dem Wiener Kongress die führende Macht war, eine großdeutsche Lösung verfolgte, während Preußen sich für eine kleindeutsche Lösung starkmachte.

Ein entscheidender Wendepunkt auf dem Weg zur deutschen Einheit war die Ernennung von Otto von Bismarck zum preußischen Ministerpräsidenten im Jahr 1862. Bismarck war ein pragmatischer und entschlossener Politiker, der den preußischen Staat stärken und die deutsche Einheit unter preußischer Führung erreichen wollte. Er war jedoch kein Anhänger des Liberalismus oder der Demokratie. Bismarcks

Ansatz beruhte auf dem Prinzip des „Blut und Eisen" – er glaubte, dass die deutsche Einheit durch militärische Macht und Diplomatie erreicht werden könne, nicht durch parlamentarische Debatten.

In den folgenden Jahren führte Bismarck Preußen in eine Reihe von Kriegen, die das politische Machtgefüge in Deutschland zugunsten Preußens verschoben:

- *Deutsch-Dänischer Krieg (1864):* Preußen und Österreich besiegten gemeinsam Dänemark und eroberten die Herzogtümer Schleswig und Holstein. Dieser Krieg stärkte die Position Preußens in Norddeutschland.
- *Deutscher Krieg (1866):* Im Konflikt zwischen Preußen und Österreich um die Vormachtstellung im Deutschen Bund besiegte Preußen Österreich in der Schlacht bei Königgrätz. Der Deutsche Bund wurde aufgelöst, und Preußen gründete den Norddeutschen Bund, einen Zusammenschluss norddeutscher Staaten unter preußischer Führung. Österreich wurde aus der deutschen Politik verdrängt.

Der letzte Schritt zur nationalen Einheit erfolgte im Deutsch-Französischen Krieg von 1870/71. Dieser Krieg, den Bismarck geschickt provoziert hatte, führte dazu, dass die süddeutschen Staaten, die bisher noch nicht Teil des Norddeutschen Bundes waren, an der Seite Preußens gegen Frankreich kämpften. Der Krieg endete mit einem entscheidenden Sieg der deutschen Truppen und der Kapitulation Frankreichs.

Am 18. Januar 1871, nach der deutschen Siege im Krieg, wurde im Spiegelsaal von Versailles das Deutsche Kaiserreich ausgerufen. Der preußische König Wilhelm I. wurde zum deutschen Kaiser gekrönt, und die deutschen Staaten schlossen sich zu einem einheitlichen Nationalstaat zusammen. Damit war die kleindeutsche Lösung unter preußischer Führung verwirklicht.

Der Weg zur deutschen nationalen Einheit war ein komplexer und langwieriger Prozess, der über mehrere Jahrzehnte hinweg durch nationale Bewegungen, revolutionäre Aufstände und diplomatische und militärische Konflikte geprägt war. Der Wunsch nach nationaler Einheit entstand aus den Erfahrungen der napoleonischen Kriege und der französischen Fremdherrschaft und entwickelte sich in den Jahrzehnten danach zu einem zentralen politischen Anliegen in Deutschland. Die Revolution von 1848/49 brachte die ersten konkreten Ansätze für eine deutsche Einheit, scheiterte jedoch an den monarchischen Kräften und der Uneinigkeit der Revolutionäre.

Unter der Führung von Preußen und insbesondere durch das diplomatische und militärische Geschick Otto von Bismarcks wurde die deutsche Einheit schließlich 1871 erreicht. Der neue Nationalstaat, das Deutsche Kaiserreich, war jedoch kein Ergebnis der liberalen Bewegungen oder der demokratischen Ideen der Revolution von 1848, sondern ein konservativer, monarchischer Staat, der durch militärische Macht und diplomatische Taktik geschaffen wurde. Dennoch legte der Weg zur deutschen Einheit den Grundstein für die weitere politische und gesellschaftliche Entwicklung des Landes im 19. und 20. Jahrhundert.

Welche Relevanz haben diese historischen Ereignisse für das moderne Deutschland?

Die historischen Ereignisse, die in diesem Buch behandelt wurden, besitzen eine tiefgreifende Relevanz für das heutige Deutschland, denn sie prägten die Grundlagen, auf denen die modernen demokratischen Werte und Institutionen ruhen. Die Periode der Aufklärung, die Französische Revolution und die sich anschließenden politischen Umwälzungen zwischen 1770 und 1848 haben die Werte von Freiheit, Gleichheit und Demokratie in den deutschen Ländern verankert und sie tief im Bewusstsein der Bürger verwurzelt. Diese Prinzipien sind bis heute von zentraler Bedeutung für das politische System Deutschlands.

Ein Schlüsselaspekt, der sich aus der damaligen Zeit ableiten lässt, ist die Bedeutung der Aufklärung und der revolutionären Ideen für die Entwicklung der Bürgerrechte und der Rechtsstaatlichkeit. Die Aufklärer stellten die bestehenden Machtverhältnisse infrage, was schließlich zu einer Änderung des gesellschaftlichen und politischen Selbstverständnisses in Europa und insbesondere in den deutschen Ländern führte. Diese intellektuelle Bewegung legte den Grundstein für das Konzept eines demokratischen Staates, in dem die Herrschaft auf Zustimmung der Regierten basiert. Heute spiegeln sich diese Ideen in den demokratischen Strukturen der Bundesrepublik wider – vom Grundgesetz, das die Unantastbarkeit der Menschenwürde betont, bis hin zu den Rechten auf freie Meinungsäußerung und Mitbestimmung.

Die Phase der napoleonischen Herrschaft und die damit verbundene Mediatisierung und Säkularisierung der deutschen Kleinstaaten führten zudem zu einem wichtigen Schritt in Richtung einer nationalen Einheit. Die Abschaffung zahlreicher kleiner Territorien und die Neuordnung der politischen Landkarte bildeten die Vorstufe zur späteren Gründung des Deutschen Reiches im Jahr 1871. Das heutige vereinte Deutschland hätte ohne diese Entwicklung kaum entstehen können. Der Impuls zur Vereinheitlichung und die Idee eines gemeinsamen deutschen Nationalstaats, die in der Zeit zwischen 1803 und 1848 immer wieder aufflammte, bildeten die Grundlage für die heutigen politischen und kulturellen Bestrebungen nach Integration und Zusammenhalt. Diese Einheit war auch eine zentrale Voraussetzung für den Erfolg der späteren Bundesrepublik nach 1949.

Auch die sozialen Bewegungen der 1830er und 1840er Jahre, die in der Märzrevolution von 1848 gipfelten, haben Auswirkungen auf das heutige Deutschland. Sie waren Ausdruck des wachsenden Wunsches nach politischer Teilhabe und sozialer Gerechtigkeit. Diese Forderungen wurden nach der gescheiterten Revolution zwar lange unterdrückt, aber nie ganz aufgegeben. Sie kehrten im späteren 19. und im 20. Jahrhundert immer wieder auf die politische Agenda zurück und flossen schließlich in die Gestaltung der modernen deutschen Sozialpolitik ein. Das Prinzip der sozialen Marktwirtschaft, das Deutschland heute kennzeichnet, lässt sich teilweise auf diese Zeit zurückführen. Die Forderung nach Freiheit, politischen Rechten und sozialer Sicherheit, die die Menschen damals auf die Barrikaden trieb, findet sich in der heutigen Grundordnung der Bundesrepublik wieder.

Neben den politischen und sozialen Errungenschaften beeinflussten die kulturellen Auswirkungen der revolutionären Zeit ebenfalls das heutige Deutschland. Die Verbreitung der Ideen von Freiheit, Bildung und kultureller Teilhabe – insbesondere durch die Universitäten und die neu entstandenen Bürgersalons – legte den Grundstein für die heutige Kulturlandschaft Deutschlands. Bildung als Mittel des sozialen Aufstiegs und kulturelle Teilhabe als Basis für eine informierte und aktive Bürgerschaft sind Werte, die bis heute im deutschen Bildungssystem verankert sind.

Zusammenfassend lässt sich sagen, dass die Zeit zwischen Aufklärung und Revolution die ideellen, politischen und sozialen Grundsteine für das moderne Deutschland gelegt hat. Die damaligen Ereignisse und Entwicklungen haben nicht nur die Struktur des politischen Systems beeinflusst, sondern auch das Selbstverständnis der deutschen Nation nachhaltig geprägt. Sie sind der Ursprung vieler Werte, die heute als selbstverständlich angesehen werden – Freiheit, Demokratie, soziale Gerechtigkeit und nationale Einheit – und verdeutlichen, dass die moderne deutsche Gesellschaft tief in der Geschichte verwurzelt ist, die in *Zwischen Aufklärung und Revolution"* thematisiert wurde.

Weitere Bücher vom Autor

Im Online-Shop, direkt beim Verlag ------->

oder

www.thalia.de	www.amazon.de
www.lovelybooks.de	www.lehmanns.de
www.buecher.de	www.bookshop.de
www.seidel-millinger.de	www.eurobuch.at

Ralf Schönert
Eiserne Zeiten

Deutschland im Wandel des Ersten Weltkriegs

Einband: Kartoniert / Broschiert, Paperback
Sprache: Deutsch
ISBN-13: 9783757852351

Umfang: 222 Seiten